国家古籍整理出版专项经费资助项目
江苏"公民道德与社会风尚协同创新中心"成果
南京"历史文化传承与公共文化服务协同创新中心"成果
荣获2016年度全国"优秀古籍图书奖"二等奖

中国禅宗典籍丛刊

正法眼藏 上

〔宋〕大慧宗杲 著
董 群 点校

中州古籍出版社
·郑州·

图书在版编目(CIP)数据

正法眼藏 /（宋）大慧宗杲著；董群点校 . —郑州：中州古籍出版社，2016. 11（2025. 7 重印）
 ISBN 978-7-5348-4613-7

I. ①正… Ⅱ . ①大… ②董… Ⅲ . ①禅宗 – 语录 Ⅳ. ① B946.5

中国版本图书馆 CIP 数据核字（2014）第 003527 号

ZHENG FA YAN ZANG

正法眼藏

策划编辑　刘　晓
责任编辑　何慧婷　刘　晓
责任校对　苏晓园
装帧设计　曾晶晶

出 版 社	中州古籍出版社
地　　址	河南自贸试验区郑州片区（郑东）祥盛街 27 号 6 层　邮编：450016　电话：0371-65723280
发行单位	河南省新华书店发行集团有限公司
承印单位	郑州市毛庄印刷有限公司
开　　本	850 mm×1168 mm　1/32
印　　张	21.75
字　　数	500 千字
印　　数	16 001—19 000 册
版　　次	2016 年 11 月第 1 版
印　　次	2025 年 7 月第 6 次印刷
定　　价	45.00 元

本书如有印装质量问题，请联系出版社调换。

宗杲手迹(日本东京国立博物馆藏　图片来源:http://www.shufazidian.com/shufajia.php?ID=497)

总　序

在中国传统文化中，儒学、佛教和道教鼎足而立，是三个最主要的组成部分。它们在相互排斥的同时又相互吸收，共同丰富和发展了中华民族的文化。

佛教本是从印度传来的外来宗教，然而它在中国这块辽阔丰饶的具有悠久历史文化的国土上传播，经过漫长岁月，已经与中国传统文化和宗教习俗密切结合，演变成中国的民族的主要的宗教。隋唐时期具有民族特色的佛教宗派的创立，标志着佛教中国化历程的基本结束，此后进入中国佛教的持续发展时期。在这些佛教宗派中，天台宗、华严宗和禅宗是最富有民族特色的宗派。在它们的蕴涵深刻哲学思辨内容的教义理论中，有说色空、色心和体用相即的宇宙存在论，有论善恶、净染的心性论，有讲出世不离世间的修行解脱论，有用以沟通色空、色心和体用的"不二"的方法论……这些在中国历史文化，特别是在哲学思想领域都产生过极为深远的影响。研究中国历史文化，研究中国哲学思想都离不开对佛教的考察和研究，这早已成为人们的共识。

禅宗虽奉北魏时期来华的印度僧菩提达摩为初祖，但从历史真实情况考察，实际创立者应是被后世禅宗奉为四祖、五祖的道信（580~651）和弘忍（601~675）。在弘忍去世之后，他的门下形成以神秀（约606~706）及其弟子普寂（651~739）为代表的北宗，以惠能（638~713）及其弟子神会（668或686~760）、行思（671~740）、怀让（677~744）为代表的南宗。在"安史之乱"（755~763）后，北宗逐渐衰微以至湮灭无闻，而南宗则迅速传遍大江南北，日益昌盛，并在唐末五代形成禅门五宗——临济宗、沩仰宗、曹洞宗、云门宗、法眼宗。进入宋代，临济宗又分成杨岐、黄龙二派。两宋是禅宗发展史上的鼎盛时期，它一跃而成为中国佛教宗派中的主流派，在当时社会的各个阶层和文化思想领域都有很大的影响。此后，中国儒、释、道三教日益会通融合，佛教内部各宗也互相融通，禅宗与净土念佛信仰的结合最为密切，以至形成"念佛禅"。

禅宗虽标榜"以心传心，不立文字"，但从实际情况来看，它的文字著述最多，形式也多种多样，其中禅法语录最多。记录惠能言行的语录有《六祖坛经》，记录神会言行的语录有《菩提达摩南宗定是非论》等，此后怀让、马祖、怀海、希运以及禅门五宗的创始人义玄、灵祐和慧寂、良价和本寂、文偃、文益，后世各宗著名禅师几乎都有语录行世。语录有别集，有合集。在语录集子中既有禅师在开堂、上堂、小参、普说等各种场合的说法记录，也有师徒间的答问；有对前人公案的评说——拈古，也有评述这些公案的偈颂——颂古；有代前人回答质询的代语，也有在前人答语之外另作答语的别语；还有书信、法语、序跋、碑铭、题赞、札记、遗表等。在语录中，有贴近当时民众的通俗白话，有含意清丽玄远的诗偈；在语录外，有卷帙浩繁的史传，包括以语录为主的灯史、以记事为主的传记、按编年记述的通史。此外，还有论议、杂著、清规等。这些数量庞大的禅宗文献，无疑是我国宝贵的文化遗产。

我国在20世纪70年代末实行改革开放政策以后，随着社会科学界对宗教研究的深入展开，在对佛教文献的研究和整理、出版方面也取得很大的成绩，为从事佛教研究的人员和社会上广大读者提供了不少经过校订注释的有价值的佛教参考资料。然而在大量佛教文献面前，为了让研究者和读者使用方便，有必要按类别选择其中最重要的文献进行研究和整理，分阶段地作校勘、标点和注释出版。

现在奉献在诸位面前的《中国禅宗典籍丛刊》是一套中国禅宗系列的文献选编，其中收录了中国禅宗的部分重要史书、语录和清规等文献，皆请学者依据较好的版本作了校勘、分段和标点，并且一律改用现在通用的简化字。虽然所收文献的数量不是很大，但在目前公开出版的禅宗著述较少的情况下，这一套丛书的出版一定会给从事佛教禅宗研究和中国哲学、文史研究的学者和广大读者带来不少方便。我们深知此项工作并非轻而易举，希望边工作边改进，谨望读者今后经常给我们提出建议，不吝赐教，以便把这一工作做得更好。

杨曾文

1998年2月9日

目 录

导言 ·· 1
校释说明 ·· 1

正法眼藏 上

卷一

1. 琅邪船来陆来 ··· 2
2. 岩头大统纲宗 ··· 6
3. 真净佛法难得 ··· 9
4. 佛眼亲面一见 ·· 10
5. 云门得个入处 ·· 11
6. 归宗不同常流 ·· 11
7. 罗山跨门委得 ·· 12
8. 琅邪拟议便打 ·· 15
9. 雪峰勘僧剃头 ·· 16
10. 道简路逢猛虎 ·· 17
11. 晦堂一时击开 ·· 17
12. 赵州洗钵盂去 ·· 17
13. 黄龙登山入海 ·· 18

14. 保福雪峰弟子 …… 19
15. 真净快活似虎 …… 19
16. 庞蕴空诸所有 …… 20
17. 乌臼同坑之土 …… 20
18. 赵州东司唤僧 …… 21
19. 慈明佛性法身 …… 21
20. 保宁亦有一颂 …… 23
21. 赵州放下担取 …… 24
22. 法华释迦达磨 …… 24
23. 定慧劈脊便打 …… 25
24. 玄沙犹较些子 …… 25
25. 悟新清珠浊水 …… 26
26. 荐福具择法眼 …… 26
27. 自宝赞禅初祖 …… 27
28. 真净七颠八倒 …… 28
29. 赵州觅个住处 …… 29
30. 洞山佛向上事 …… 29
31. 慈明水出高源 …… 30
32. 保宁镬汤无冷 …… 30
33. 大沩不得动著 …… 30
34. 仰山插锹叉手 …… 31
35. 黄龙穷二老意 …… 32
36. 归宗有一味禅 …… 32
37. 真净不顺人情 …… 33

38.睦州展演之言 ………………………………………… *33*

39.投子不快漆桶 ………………………………………… *34*

40.琅邪具眼衲子 ………………………………………… *35*

41.大宁佛法无事 ………………………………………… *36*

42.归宗举拳示之 ………………………………………… *36*

43.清平井索钱索 ………………………………………… *37*

44.真净天地万物 ………………………………………… *38*

45.玄沙坚固法身 ………………………………………… *38*

46.疏山咸通前后 ………………………………………… *39*

47.法演开花结果 ………………………………………… *40*

48.慈明牧童之歌 ………………………………………… *41*

49.归宗划草断蛇 ………………………………………… *41*

50.琅邪过在甚处 ………………………………………… *42*

51.黄龙滴水滴冻 ………………………………………… *42*

52.马祖四嗣相别 ………………………………………… *43*

53.晓聪负柴上山 ………………………………………… *43*

54.严阳佛法僧祖 ………………………………………… *44*

55.道恒会良久处 ………………………………………… *44*

56.杨岐为师设斋 ………………………………………… *45*

57.临济辞黄檗师 ………………………………………… *46*

58.香严冬行春令 ………………………………………… *46*

59.黄龙万法本闲 ………………………………………… *47*

60.天衣甜瓜苦瓠 ………………………………………… *47*

61.慈明深山城郭 ………………………………………… *47*

62. 荐福徒劳刻舟 ……………………… 49
63. 保宁数目分明 ……………………… 49
64. 玄沙三种病人 ……………………… 49
65. 大宁谁是知音 ……………………… 50
66. 大隋东西南北 ……………………… 51
67. 慧忠城南草色 ……………………… 51
68. 洪英本色衲僧 ……………………… 52
69. 禾山四解打鼓 ……………………… 54
70. 马祖吸尽西江 ……………………… 55
71. 大沩思破灶堕 ……………………… 55
72. 天衣金鸡报晓 ……………………… 56
73. 法华正眼精明 ……………………… 56
74. 龙济凡夫圣人 ……………………… 57
75. 龙济是柱非柱 ……………………… 58
76. 灵源明用晓机 ……………………… 58
77. 守初向遮里寻 ……………………… 58
78. 大隋诸德求实 ……………………… 61
79. 慈明且坐吃茶 ……………………… 62
80. 琅邪问本分事 ……………………… 63
81. 真净天然气概 ……………………… 64
82. 南院祖意教意 ……………………… 65
83. 大愚接大雄孙 ……………………… 65
84. 大宁不危不溢 ……………………… 66
85. 泐潭独弄狮子 ……………………… 66

86.佛鉴透祖师关	67
87.佛日颂赵州柏	68
88.僧问大本小本	68
89.子湖衣钵下看	69
90.雪窦形名双举	69
91.鼓山参此大妄	70
92.法演问为人处	71
93.悟新赞六祖能	71
94.云盖笑老瞿昙	72
95.法灯他家儿孙	72
96.澄观答皇太子	73
97.慧忠问佛之义	74
98.大隋烧山挑蛇	75
99.黄龙切须自看	76
100.杨岐更有后语	77
101.神晏释然契悟	78
102.真净拄杖子语	78
103.悟真一时布施	79
104.洪英不涉波涛	79
105.保宁古人今人	80
106.晦堂七纵八横	80
107.悟新丝发不移	80
108.仰山宗门牙爪	81
109.云居道个何必	82

110. 云峰翠岩侍者 …… 82
111. 忠珠翠竹黄花 …… 83
112. 大宁前佛后佛 …… 85
113. 守初无味之句 …… 85
114. 琅邪一堆烂柴 …… 87
115. 慈明安身立命 …… 87
116. 法演过在甚处 …… 88
117. 真净谈三种乐 …… 88
118. 首山不要掠虚 …… 89
119. 叶县岂不庆快 …… 91
120. 可真哪个是觉 …… 92

卷二

121. 晦堂一时扫却 …… 93
122. 洪英伤盐伤醋 …… 93
123. 法演鬼窟活计 …… 94
124. 泐潭笑倒土地 …… 94
125. 云盖作个模子 …… 95
126. 盘山掷剑挥空 …… 96
127. 晓聪向上宗乘 …… 96
128. 明招胡氉氉地 …… 98
129. 南岳法从心生 …… 98
130. 花药道着即瞎 …… 99
131. 临济赤梢鲤鱼 …… 99
132. 杨岐脚踏实地 …… 100

133. 法昌宗门中事	100
134. 悟新薪尽火灭	103
135. 大沩放行把住	104
136. 长沙似个大虫	105
137. 智门藏身得么	105
138. 保宁彼自无疮	106
139. 云峰为众竭力	107
140. 守初冻杀饿杀	108
141. 智颛开悟因缘	109
142. 世尊唯我独尊	109
143. 赵州庭前柏树	110
144. 法演见处共知	111
145. 唐明把断咽喉	111
146. 慈明问无为法	112
147. 马祖信自心佛	113
148. 神鼎自见自悟	116
149. 天衣一时穿却	117
150. 天台成等正觉	118
151. 悟真作舞下座	118
152. 灵云桃花悟道	119
153. 杨岐身心清净	120
154. 德山朝暮无事	120
155. 慧忠三唤侍者	128
156. 雪窦锥头出也	128

- 157. 临济真正见解 …… 129
- 158. 婆舍与外道议 …… 133
- 159. 大宁入乡随俗 …… 134
- 160. 缘密何不启问 …… 134
- 161. 姜山今日为客 …… 135
- 162. 兴化开堂敬香 …… 137
- 163. 法演自云惺惺 …… 137
- 164. 子湖拦胸踢倒 …… 138
- 165. 法华增语剩语 …… 138
- 166. 玄沙契本明心 …… 138
- 167. 琅邪无事之乡 …… 141
- 168. 杨岐诸人鼻孔 …… 141
- 169. 灌溪十方四面 …… 141
- 170. 螆师掩耳偷铃 …… 142
- 171. 颖桥香匙拨火 …… 143
- 172. 三圣欲展坐具 …… 143
- 173. 大愚切宜忌口 …… 144
- 174. 可真二施无别 …… 144
- 175. 鼓山大须甄别 …… 145
- 176. 黄龙问那一边 …… 145
- 177. 南院合是汝行 …… 146
- 178. 百丈大好悄然 …… 146
- 179. 本净以颂答问 …… 147
- 180. 德山一时按过 …… 148

181. 真净拂子头上 …… 148
182. 泐潭相逢弹指 …… 150
183. 波罗提答佛性 …… 150
184. 调达身陷地狱 …… 151
185. 曹山披毛戴角 …… 152
186. 长沙题取一篇 …… 152
187. 五祖棒头有眼 …… 153
188. 西院接兴阳静 …… 154
189. 琅邪没量罪过 …… 154
190. 大龙坚固法身 …… 155
191. 可真本分衲僧 …… 155
192. 玄沙七尺八尺 …… 156
193. 法眼二僧卷帘 …… 156
194. 龙济出门入门 …… 157
195. 德遵问索火意 …… 157
196. 广慧入泥入水 …… 158
197. 桂琛不塞不坐 …… 159
198. 投子提起油瓶 …… 159
199. 曹山纸衣下事 …… 160
200. 赵州明珠在掌 …… 161
201. 资福汝问阿谁 …… 161
202. 南泉还草鞋钱 …… 162
203. 叶县法久成弊 …… 162
204. 蕴聪答僧诸问 …… 164

205. 报恩说师子话 ·················· 165

206. 可真举三转语 ·················· 165

207. 克符问四料简 ·················· 166

208. 三师识得凳子 ·················· 167

209. 德山托钵下堂 ·················· 167

210. 罗山于相锻金 ·················· 168

211. 雪窦道接手句 ·················· 169

212. 二师目前包裹 ·················· 169

213. 天衣色空二颂 ·················· 170

214. 保福四种谩人 ·················· 170

215. 赵州大死却活 ·················· 171

216. 罗山送矩长老 ·················· 171

217. 洪英沙罗盛油 ·················· 172

218. 荐福梵音何来 ·················· 172

219. 法眼融教二颂 ·················· 172

220. 青原甚么处来 ·················· 173

221. 系南拨火觅沤 ·················· 174

222. 云门通身饭水 ·················· 174

卷三

223. 达磨安心法门 ·················· 176

224. 石门指人正眼 ·················· 178

225. 广慧本来无事 ·················· 178

226. 真净大智方明 ·················· 179

227. 宝寿钉虚空么 ·················· 181

228.水陆用心即错 ······ 182

229.金峰二十年前后 ······ 182

230.黄檗大唐无师 ······ 183

231.庆诸无人识得 ······ 183

232.琅邪透脱一路 ······ 184

233.泐潭开方便门 ······ 185

234.降魔有佛有魔 ······ 185

235.石头达佛知见 ······ 186

236.三师逢定上座 ······ 187

237.白云路见不平 ······ 188

238.仰山剑刃上事 ······ 188

239.法演归堂吃茶 ······ 189

240.谭空勘开堂尼 ······ 190

241.三圣今日有事 ······ 190

242.兴化求安乐法 ······ 191

243.镜清妙中之妙 ······ 192

244.杨岐布袋盛锥 ······ 192

245.云门在甚么处 ······ 193

246.四祖任心自在 ······ 193

247.西山平生工夫 ······ 194

248.云峰莫谤正法 ······ 194

249.大宁本自天真 ······ 195

250.龙华照顾话头 ······ 196

251.南泉大难大难 ······ 197

252. 南院壁立千仞 …… 198
253. 龙山蝇子放卵 …… 198
254. 龙山此山无路 …… 199
255. 投子无可与汝 …… 200
256. 保宁此话大行 …… 201
257. 晦堂摩霄俊鹘 …… 201
258. 赵州不生不灭 …… 202
259. 崔禅州衙升座 …… 203
260. 克符答四宾主 …… 203
261. 兴化打中间底 …… 204
262. 智门向上一窍 …… 204
263. 普明一时散去 …… 205
264. 仰山问三圣名 …… 205
265. 临济无用功处 …… 206
266. 云门一乘里外 …… 210
267. 白云悟后遇人 …… 210
268. 大沩不历阶梯 …… 211
269. 黄龙自利利佗 …… 212
270. 唐明答二居士 …… 213
271. 悟新不进不退 …… 217
272. 菩萨如是而住 …… 218
273. 襄州冬行春令 …… 219
274. 太子谈汾阳禅 …… 219
275. 慧果从上来事 …… 220

276. 大愚不抬不放 ································· *221*

277. 芭蕉出身之路 ································· *221*

278. 临济棠得遮个 ································· *222*

279. 南泉引三种动 ································· *222*

280. 雪窦无事道人 ································· *224*

281. 多罗付嘱达磨 ································· *224*

282. 甄叔不言不用 ································· *225*

283. 石头问日用事 ································· *226*

284. 法华直下道取 ································· *227*

285. 鹫岭以手卓火 ································· *227*

286. 长爪投佛出家 ································· *228*

287. 洞山万里无草 ································· *229*

288. 破灶泥瓦合成 ································· *230*

289. 临济露地白牛 ································· *231*

290. 夹山未辜负汝 ································· *231*

291. 智常参六祖能 ································· *232*

292. 琅邪定乾坤句 ································· *233*

293. 云门识祖师么 ································· *234*

294. 长沙草深一丈 ································· *234*

295. 灵树屋没人修 ································· *235*

296. 香严会祖师禅 ································· *235*

297. 俱胝只竖一指 ································· *237*

298. 三角眨眼蹉过 ································· *238*

299. 智门实到这里 ································· *239*

300. 首山要得亲切 ……………………………… 240
301. 子祥此两般人 ……………………………… 240
302. 鲁祖僧来面壁 ……………………………… 241
303. 洛浦夹山卓庵 ……………………………… 241
304. 慧忠无情佛性 ……………………………… 242
305. 洞山睹影顿悟 ……………………………… 248
306. 临济谁受供养 ……………………………… 250
307. 叶县直须著忖 ……………………………… 250
308. 真净识得自己 ……………………………… 251
309. 清豁贼是家亲 ……………………………… 252
310. 志行实际理地 ……………………………… 252
311. 德山无事无求 ……………………………… 253
312. 大珠做无事人 ……………………………… 253
313. 云门但唤拄杖 ……………………………… 256

正法眼藏　下

卷四

314. 灵泉答祖师意 ……………………………… 258
315. 大安无如是刀 ……………………………… 258
316. 鹿门有盐无醋 ……………………………… 259
317. 泐潭看孔著楔 ……………………………… 260
318. 守初一咬咬断 ……………………………… 260
319. 咸启伏得龙么 ……………………………… 261
320. 夹山不落第二 ……………………………… 262

321. 六通烧畲答问 ………………………………… 263

322. 志罕文殊作闹 ………………………………… 263

323. 乾峰不得举二 ………………………………… 264

324. 慈明法身无相 ………………………………… 264

325. 乌石闭门独坐 ………………………………… 264

326. 道吾不识我语 ………………………………… 265

327. 关南击鼓吹笛 ………………………………… 265

328. 洪谭掩息如灰 ………………………………… 266

329. 杨岐因雪示众 ………………………………… 266

330. 胁尊设问童子 ………………………………… 267

331. 药山千圣不识 ………………………………… 268

332. 佛鉴十五日事 ………………………………… 269

333. 大愚阇梨老僧 ………………………………… 270

334. 真净狮子快鹰 ………………………………… 271

335. 百丈躬起夹火 ………………………………… 272

336. 船子钓尽江波 ………………………………… 273

337. 白云拄杖灯笼 ………………………………… 275

338. 南院南方一棒 ………………………………… 276

339. 法华曲不藏直 ………………………………… 277

340. 赵州真佛内坐 ………………………………… 278

341. 大沩脱白沙弥 ………………………………… 279

342. 子湖一只狞狗 ………………………………… 279

343. 提婆我天尔狗 ………………………………… 280

344. 花药保任此事 ………………………………… 281

345.石头哪是汝心	281
346.白马蛤蟆吞月	282
347.保宁无内无外	282
348.庆诸道遍不藏	283
349.云居言不要多	283
350.姜山饭是米做	284
351.缘密但参活句	284
352.云门学语之流	285
353.开先权道强名	286
354.法演落节拔本	287
355.睦州得个入头	288
356.龙牙透过祖佛	289
357.报慈丝毫不隔	290
358.蜀川水上卓旗	290
359.太原已相见了	291
360.真净唯用自心	291
361.西堂尽答言有	292
362.李翱马师言教	293
363.常兴汝何多事	294
364.智岩我狂欲醒	294
365.六祖示卧轮偈	295
366.疏山腊月莲花	295
367.主事礼拜狗子	296
368.祖师相见机缘	297

369.疏山有曹家女 ………………………………… 297

370.韶山青青黯黯 ………………………………… 298

371.琅邪自卖自买 ………………………………… 300

372.泐潭快便难逢 ………………………………… 301

373.打地寻棒不见 ………………………………… 301

374.谷山声色纯真 ………………………………… 302

375.华林磕破钟楼 ………………………………… 302

376.疏山亘塞虚空 ………………………………… 303

377.盘山开悟因缘 ………………………………… 303

378.夹山不惜眉毛 ………………………………… 304

379.法演未称平生 ………………………………… 305

380.慧棱开悟因缘 ………………………………… 306

381.六祖本来面目 ………………………………… 307

382.多福一丛竹子 ………………………………… 308

383.首山切忌踢著 ………………………………… 309

384.真净不得礼拜 ………………………………… 310

385.明招弄泥团汉 ………………………………… 310

386.奉先汝欠悟在 ………………………………… 311

387.雪峰鳌山成道 ………………………………… 311

388.天台澡浴省话 ………………………………… 313

389.六祖示法华意 ………………………………… 314

390.玄沙是自家事 ………………………………… 316

391.渐源觅先师骨 ………………………………… 317

392.晦堂无诤三昧 ………………………………… 318

393. 灵云灵柱怀胎 ………………………………… 318
394. 云门三家村汉 ………………………………… 319
395. 石门通上彻下 ………………………………… 320
396. 报慈闻声发问 ………………………………… 321
397. 守初自牧一牛 ………………………………… 321
398. 云峰知心体合 ………………………………… 322
399. 马祖下觑上觑 ………………………………… 322
400. 药山莫作等闲 ………………………………… 323
401. 翠岩邪法难扶 ………………………………… 324
402. 广慧锹爬镢子 ………………………………… 325
403. 诲玑不伤万类 ………………………………… 326
404. 药山指天指瓶 ………………………………… 327
405. 志师草贼大败 ………………………………… 327
406. 白水答曹溪事 ………………………………… 328
407. 鼓山须是个汉 ………………………………… 329
408. 鹅湖以何为道 ………………………………… 330
409. 仰山汝甚处人 ………………………………… 331
410. 盘山千圣不传 ………………………………… 332
411. 五泄拗折拄杖 ………………………………… 332
412. 元祐发明心地 ………………………………… 332
413. 西余楞严二颂 ………………………………… 333
414. 药山何不早道 ………………………………… 334
415. 琅邪防五种病 ………………………………… 335
416. 六祖都莫思量 ………………………………… 335

417. 香严如人上树 ·················· *337*

418. 永明同坑之土 ·················· *338*

419. 系南脑门百裂 ·················· *338*

420. 慧棱问如来语 ·················· *339*

421. 金峰不是枕子 ·················· *339*

422. 玄沙再来人也 ·················· *340*

423. 六祖叶落归根 ·················· *340*

424. 赵州门里门外 ·················· *341*

425. 首山家家火把 ·················· *341*

426. 永光非常之旨 ·················· *342*

427. 嵇山在甚么处 ·················· *342*

428. 香城一似两个 ·················· *343*

429. 疏山七虎无尾 ·················· *343*

430. 药山不是不是 ·················· *343*

431. 六祖诸佛护念 ·················· *344*

432. 智门甚么边事 ·················· *345*

433. 普化明日有斋 ·················· *346*

434. 赵州台山勘婆 ·················· *346*

435. 天台曹源一滴 ·················· *347*

卷五

436. 六祖听吾说法 ·················· *348*

437. 石头非但曹溪 ·················· *349*

438. 木平未发前事 ·················· *349*

439. 本生甚处为人 ·················· *350*

440. 仰山被索明珠 …… 350
441. 百丈三日耳聋 …… 351
442. 睦州将饼子来 …… 352
443. 洪英下个注脚 …… 353
444. 法昌不负来机 …… 353
445. 盘山复是何物 …… 354
446. 白水有个入处 …… 355
447. 赵州有么有么 …… 355
448. 麻谷大悲正眼 …… 356
449. 白云怎么看取 …… 356
450. 南泉打破粥锅 …… 357
451. 悟新可通可明 …… 358
452. 广慧无孔铁锤 …… 358
453. 日容死却遮汉 …… 359
454. 天衣点检分明 …… 359
455. 临济即今便吃 …… 360
456. 投子打设问僧 …… 360
457. 法演须明决择 …… 361
458. 云门塞却汝喉 …… 362
459. 明招禅偈二首 …… 363
460. 蚬子神前台盘 …… 363
461. 镜清辜负杀人 …… 364
462. 新罗答大人相 …… 364
463. 善藏答深深处 …… 365

464. 庆诸拙自何来 ……………………………… 365
465. 白云事同一家 ……………………………… 366
466. 天衣向遮里明 ……………………………… 366
467. 峻极会尽无生 ……………………………… 367
468. 元祐决择身心 ……………………………… 367
469. 云峰岩崖佛法 ……………………………… 368
470. 琅邪笑个甚么 ……………………………… 369
471. 天台问两尊宿 ……………………………… 369
472. 云门是瞌睡汉 ……………………………… 370
473. 西余不如筋斗 ……………………………… 371
474. 迦叶倒却刹竿 ……………………………… 371
475. 真净休瞌睡好 ……………………………… 371
476. 瑞岩如此作么 ……………………………… 373
477. 南院忽遇屎橛 ……………………………… 373
478. 系南直教粉碎 ……………………………… 374
479. 招庆好与拄杖 ……………………………… 374
480. 德山灭烛而悟 ……………………………… 375
481. 马祖石头路滑 ……………………………… 376
482. 灵照失却一片 ……………………………… 376
483. 广慧是甚么声 ……………………………… 377
484. 长髭红炉点雪 ……………………………… 377
485. 仰山似个甚么 ……………………………… 378
486. 杨岐朝离何处 ……………………………… 378
487. 睦州现成公案 ……………………………… 379

488. 悟真日月山河 ········· 379
489. 夹山云水自在 ········· 380
490. 睦州裂开捏聚 ········· 380
491. 大愚上堂示偈 ········· 381
492. 世尊未曾杀生 ········· 381
493. 曹山令佗不疑 ········· 382
494. 缘密青天犹在 ········· 382
495. 法眼随时及节 ········· 384
496. 广德盐尽炭无 ········· 384
497. 达摩与汝安心 ········· 385
498. 香林头重尾轻 ········· 385
499. 六祖即心即佛 ········· 386
500. 药山怎怪老僧 ········· 387
501. 西睦是一头驴 ········· 387
502. 叶县拗折竹篦 ········· 387
503. 法华抑而为之 ········· 388
504. 法演抛砖引玉 ········· 389
505. 云门某无气力 ········· 389
506. 玄沙佛道闲旷 ········· 390
507. 赵州法堂探水 ········· 392
508. 仰山某有验处 ········· 392
509. 桐峰争奈我何 ········· 393
510. 汾州心性本有 ········· 393
511. 沩山道人之心 ········· 394

512. 安国真性缘起 ………………………………… *395*

513. 越山睹日顿晓 ………………………………… *395*

514. 国清呵佛骂祖 ………………………………… *396*

515. 洛浦旨外明宗 ………………………………… *396*

516. 夹山直须挥剑 ………………………………… *397*

517. 洪英食饱伤心 ………………………………… *397*

518. 石头谁是后人 ………………………………… *398*

519. 太原一时佛在 ………………………………… *399*

520. 岩头究涅槃意 ………………………………… *400*

521. 汾阳放身舍命 ………………………………… *401*

522. 叶县通变道人 ………………………………… *402*

523. 唐明波斯鼻孔 ………………………………… *402*

524. 雪峰住持事繁 ………………………………… *403*

525. 悟新不落死活 ………………………………… *403*

526. 青林非吾子息 ………………………………… *404*

527. 广慧疏于财宝 ………………………………… *404*

528. 虔州六句外鉴 ………………………………… *405*

529. 沩山回光返照 ………………………………… *406*

530. 缘密普天普地 ………………………………… *406*

531. 世尊女子出定 ………………………………… *407*

532. 南台寂寂无依 ………………………………… *408*

533. 临济参三峰平 ………………………………… *408*

534. 泐潭先解此法 ………………………………… *409*

535. 云台鉴得出么 ………………………………… *410*

536. 天皇指示心要 ………………………………… *410*

537. 雪峰古涧寒泉 ………………………………… *411*

538. 法眼丙丁童子 ………………………………… *412*

539. 玄沙山中见虎 ………………………………… *413*

540. 庞蕴何方佛地 ………………………………… *413*

541. 黄龙第五不易 ………………………………… *414*

542. 石巩无下手处 ………………………………… *414*

543. 玄沙再复人身 ………………………………… *415*

544. 罗山起灭不停 ………………………………… *416*

545. 首山惜取眉毛 ………………………………… *416*

546. 云门有两般病 ………………………………… *417*

547. 德山诸圣去处 ………………………………… *418*

548. 雁荡弄影怖头 ………………………………… *419*

549. 大宁露地白牛 ………………………………… *419*

550. 镜清诸佛出身 ………………………………… *420*

551. 临济打一坐具 ………………………………… *421*

552. 赵州大王万福 ………………………………… *421*

553. 良遂初参麻谷 ………………………………… *422*

554. 漳州大道之源 ………………………………… *422*

555. 谷泉你较些子 ………………………………… *423*

556. 云门举三种人 ………………………………… *423*

557. 六祖常无常义 ………………………………… *424*

558. 怀恽截水停轮 ………………………………… *426*

559. 洞山过在甚处 ………………………………… *426*

560. 水潦吃马师蹋 427

561. 云峰以拂子打 427

562. 雪峰与汝相见 428

563. 雪峰乱走作么 428

564. 真净颂法界观 429

565. 洞山常于此切 430

566. 元祐金屑落眼 431

567. 白云得汗出来 431

568. 玄沙有中心树 432

569. 洞山问主人公 432

570. 镜清如理如事 433

571. 岩头呈桡舞棹 433

572. 马祖不少盐酱 434

573. 鼎州一喝大迟 434

卷六

574. 风穴参学眼目 435

575. 慧寂佛亦不立 436

576. 大颠须识本心 436

577. 琅邪说两转语 437

578. 玄沙不见一法 437

579. 黑水雪覆芦花 438

580. 梁山无相道场 438

581. 赵州万福大王 439

582. 常遇速道速道 439

583. 慧明近离甚处 *440*

584. 慈明不能勘汝 *441*

585. 长庆汝自是佛 *442*

586. 赵州曰吃茶去 *443*

587. 西余不曾见此 *443*

588. 大龙钵盂无柄 *444*

589. 夹山百草闹市 *444*

590. 黄龙二俱不受 *444*

591. 南泉饱吃油糍 *445*

592. 保唐非一非三 *446*

593. 六祖化神秀徒 *447*

594. 翠岩是大过患 *448*

595. 黄檗陷虎之机 *449*

596. 佛鉴如如不动 *450*

597. 智隍曹溪得道 *450*

598. 岩头拜德山喝 *451*

599. 明招偈语示众 *452*

600. 三角禾豆三宝 *452*

601. 子湖有偈示众 *453*

602. 南院宝应不在 *453*

603. 黄龙与么去兮 *454*

604. 南岳磨砖作镜 *454*

605. 长沙竿头进步 *456*

606. 归宗即汝便是 *457*

607. 真净问话且止 ································· *457*

608. 南泉作水牯牛 ································· *458*

609. 马祖说下堂句 ································· *459*

610. 晦堂得平稳去 ································· *459*

611. 六祖仁者心动 ································· *460*

612. 法眼毫厘天地 ································· *460*

613. 杲师周秦汉魏 ································· *461*

614. 苏溪鸭吞螺蛳 ································· *461*

615. 义端不能说得 ································· *462*

616. 天柱万古长空 ································· *462*

617. 鸟窠拈吹布毛 ································· *463*

618. 赵州狗子佛性 ································· *464*

619. 黄龙钟楼念赞 ································· *465*

620. 蕴聪西天路远 ································· *465*

621. 汾阳十智同真 ································· *466*

622. 宝寿一城人瞎 ································· *467*

623. 道巘因为初心 ································· *467*

624. 芭蕉有破草鞋 ································· *468*

625. 清干羊头车子 ································· *469*

626. 岩头洞山亏缺 ································· *469*

627. 仰山得名得地 ································· *470*

628. 云盖急著眼睛 ································· *471*

629. 世尊良马鞭影 ································· *471*

630. 永嘉一宿祖关 ································· *472*

- 631. 径山四威仪中 ······ 473
- 632. 德山问者吃棒 ······ 473
- 633. 云居从妄想有 ······ 474
- 634. 德山隔江招手 ······ 474
- 635. 真净识泐潭僧 ······ 474
- 636. 曹山滩下接取 ······ 475
- 637. 百丈不昧因果 ······ 476
- 638. 宝志身空法空 ······ 478
- 639. 琅邪且坐吃茶 ······ 478
- 640. 长沙蚯蚓佛性 ······ 479
- 641. 白云拄杖说法 ······ 479
- 642. 米胡遮野狐精 ······ 480
- 643. 临济开悟因缘 ······ 482
- 644. 盐官鬼家活计 ······ 483
- 645. 大梅回心达本 ······ 484
- 646. 法演耕白云田 ······ 484
- 647. 古灵窗蜂求出 ······ 485
- 648. 世尊金色之身 ······ 486
- 649. 云门明己底人 ······ 486
- 650. 惟政启帝信心 ······ 487
- 651. 汾阳临济宗旨 ······ 488
- 652. 六祖三身四智 ······ 489
- 653. 临济岂无方便 ······ 490
- 654. 保宁切忌道著 ······ 490

655. 法演白云万里 ·········· *491*

656. 云岩扫地示法 ·········· *491*

657. 守初法眼精明 ·········· *492*

658. 德山直上法堂 ·········· *493*

659. 妙喜示众总结 ·········· *494*

附录

重刻《正法眼藏》序　圆澄　撰 ·········· *510*

题刻大慧禅师正法眼藏　李日华　识 ·········· *512*

答张子韶侍郎书　宗杲　撰 ·········· *514*

大慧普觉禅师塔铭　张浚　撰 ·········· *516*

径山杲禅师　祖琇　撰 ·········· *520*

临安府径山沙门释宗杲传　如惺　撰 ·········· *526*

大慧普觉禅师年谱　祖咏　编　宗演　校订 ·········· *528*

《正法眼藏》所收佛教人物索引 ·········· *594*

主要参考文献 ·········· *614*

导 言

《正法眼藏》是中国佛教僧人、宋代临济宗杨岐派禅师大慧宗杲的重要作品,是专门对中国禅宗历史上的著名高僧为主的机缘法语加以拈提的汇集,明代收入《嘉兴藏》,后又为日本《卍续藏》所收。它既反映了宗杲对禅宗史的看法,基本体现了宗杲时代的唐宋禅学的风貌,也是其教学特色的体现,是禅门重要经典,可以说是当时的一部"禅宗百科"。古人曾给予极高的评价:"是书也,如悬白泽裘,精妖丧魄,秉金刚剑,魔外潜踪。四七古锥宗眼,二三老汉家珍,不涉程途,一览具足。知为后学指南,无加此矣。"① 这个评价是中肯的。在具体讨论《正法眼藏》的特点之前,有必要首先了解大慧宗杲的生平事迹、思想要旨,在此基础上,通过统计分析的方法,来呈现《正法眼藏》中佛教人物的分布特点、宗杲解释禅宗公案的特点。

一、大慧宗杲的生平事迹略述

据张浚《大慧普觉禅师塔铭》、祖琇《僧宝正续传》所载之

---

① 圆澄:《重刻〈正法眼藏〉序》。

《径山杲禅师》、祖咏《大慧普觉禅师年谱》（下简称《大慧禅师年谱》）和如惺《临安府径山沙门宗杲传》（简称《宗杲传》）等资料记载，宗杲（1089～1163），俗姓奚，宣州宁国（今安徽省宣城市）人。12岁时要求出家，其母不允（此据《大慧禅师年谱》，《宗杲传》称12岁出家，《径山杲禅师》称13岁出家），到16岁时方出家（《大慧禅师年谱》），17岁受具足戒，始习禅学，喜欢看云门文偃和睦州陈尊宿等禅师的语录，这一点在《正法眼藏》中也体现出来，拈提云门最多。但他不喜欢听乡里的经论之师所说，19岁时，外出寻访大善知识，先投曹洞宗门下，从芙蓉道楷（1043～1118）诸法嗣习禅，但不太认同他们弘传的曹洞禅法风格（这一点在《正法眼藏》中也有反映，其中没有拈提芙蓉道楷的禅法）。21岁时，改投黄龙慧南（1002～1069）法嗣门下，在湛堂文准（1061～1115）会下习禅，湛堂称赞他说："此子他日必能任重致远。"[①] 但又指出他的毛病："汝未曾悟，病在意识颂解，则为所知障。"[②] 宋政和五年（1115），文准去世之前，建议宗杲今后可以参"川勤"，即四川成都照觉寺的圜悟克勤（1063～1135），尽管文准并不认识克勤。

次年，宗杲28岁，为求文准塔铭之事，拜访丞相张商英（1043～1121），张是圜悟克勤门下开悟的居士，和克勤同是四川人。他见到宗杲后，相谈甚欢，朝夕与语，将宗杲所居之庵命名为"妙喜"（自此宗杲即以"妙喜"自称），又送给他"昙晦"之号，与其成为好友，并愿意为宗杲拜访克勤作推荐。但直到宣

---

① 祖咏：《大慧禅师年谱》。
② 祖琇：《径山杲禅师》。

和六年（1124），宗杲才因克勤奉旨出川到汴京（今河南开封）天宁寺驻锡，才有机会拜见，次年入克勤之门。

在克勤门下，有一次克勤升座，举古德公案，僧问云门：如何是诸佛出身处？云门回答说：东山水上行。克勤说：若是我即不这样答，而要答：熏风自南来，殿阁生微凉。听到这里，宗杲忽然有省。克勤评论说：你到这一步也不容易，但也有不足，"可惜死了不能得活，不疑语句，是为大病"。① 没有怀疑精神，是最大的缺点。后来，有一次宗杲问克勤在五祖法演门下参问的一段机缘，克勤问"有句无句，如藤倚树"时，法演答以"描也描不成，画也画不就"。克勤又问"忽遇树倒藤枯时如何"，法演答以"相随来也"。听到这里，宗杲说："某会也。"克勤又以其他公案勘验宗杲，宗杲都能出语无滞。从宣和七年（1125）四月初一宗杲到圜悟门下挂搭，到五月十三日悟道，历42天。② 自此，宗杲雄辩当时，为时贤所推崇。克勤也把自己所著的《临济正宗记》送给宗杲，同时让宗杲掌管书记室。尚书吕好问奏赐紫衣、雅号，皇帝赐宗杲紫衣和"佛日大师"号。

由于女真人的入侵，宗杲于靖康元年（1126）八月离开京师，开始四处流落（圜悟克勤也离开京师），到过扬州天宁寺、镇江金山寺、苏州虎丘。建炎二年（1128），听说圜悟克勤到了云居山，宗杲又投克勤而去，经金陵而到云居山，在克勤门下任首座。由于宗杲的到来，使得僧团内的禅学水准有了很大的提

---

① 祖咏：《大慧禅师年谱》。
② 祖咏：《大慧禅师年谱》。

高,"丛林由是改观"。① 但第二年,克勤有回四川之意,宗杲也在云居山找到古云居寺的旧址,创云门庵,而隐居于此,克勤曾写信给他指示住持之道。但鉴于社会动荡,宗杲在此居住了几个月之后,就于建炎四年(1130)避乱于湖南,等到局势有所安定,才于次年回到云门庵,途中曾登上江西仰山,访沩仰宗仰山慧寂故地。在云门庵,实际上是宗杲禅法的开宗之始。

绍兴四年(1134),宗杲来到福建,在此期间,宗杲做了体现其禅法立场的两件重要的事,一是烧毁《碧岩录》经版,二是批默照禅。宗杲曾因为克勤《碧岩录》的流行,担心人们执着于此书中的文字解释,而忽略禅的精神,就在福建烧毁了《碧岩录》的经版,体现了两人对于禅的不同理解。当然,宗杲只是烧掉了在福建的版子和流传的书籍,并未烧尽天下所有的《碧岩录》,所以,当后人重刻此书时,就是以其他仍然留存的本子为参考的。② 但此事还是阻碍了此书在当时的流行,自此之后,南宋及元朝的前30年不再流行此书。克勤于绍兴五年(1135)八月卒,次年四月,其讣音才传到福建,宗杲为其设法会悼念,说"遮个老和尚一生多口,搅扰丛林,近闻已在蜀中迁化了也,且喜天下太平"。③ 体现了两人对于禅与语言文字关系的不同观点。但在祭文中,宗杲则对其人品和影响有高度的称赞:"先师道德

---

① 祖咏:《大慧禅师年谱》。
② "张明远偶获写本后册,又获雪堂刊本及蜀本,校订讹舛,刊成此书。"(《碧岩录后序》,《碧岩录》卷十,《大正藏》第48册,第224页下)此序写于元延祐四年(1317),离宗杲烧经版已有近200年。
③ 祖咏:《大慧禅师年谱》。

高大,麾斥八极。"① 又写赞文称颂之:"道大德备之词,赞师之真。……超佛越祖之谈,赞师之禅。"② "遮老汉无置锥之地而不贫,有无价之宝而不富,睹众善而不欣,遇诸恶而不怖,一著当阳全提,要且秋毫不露,有时石火里藏身,却向电影中回互,塞却临济三玄门,截断岩头末后句。"③

默照禅是天童正觉(1091~1157)禅师提倡的禅法,宗杲称之为"邪禅","作《辨邪正说》以救其弊"。④《辨邪正说》今已不存,但宗杲的语录中留下了一些相关的批评记录。宗杲只是对法不对人,对于正觉禅师本人,宗杲非常推崇,视其为知音,说:"个是天童老古锥,妙喜知音更有谁?"⑤ 正觉去世之后,他也主持悼念活动,绍兴二十七年(1157)十二月,宗杲"主天童觉禅师丧"。⑥

绍兴七年(1137),宗杲应诏住杭州径山道场,法席盛极一时,人们"惟恐后拜其门,惟恐不得见"。⑦ "法席日盛,宗风大振,号临济中兴焉。"⑧ 由于人员众多,另建千僧大阁来容纳僧众。宗杲的法席中,名人众多,有一些是朝中人士,宗杲也因此致祸。绍兴十一年(1141),秦桧怀疑宗杲和主战派官员张九成(1092~1159)结党,毁衣焚牒,夺其僧籍,放逐到南方,先是将

---

① 祖咏:《大慧禅师年谱》。
② 《圜悟和尚》,《大慧普觉禅师语录》(下简称《大慧语录》)卷十二,《大正藏》第47册,第859页下。
③ 同上,第860页上。
④ 祖琇:《径山杲禅师》。
⑤ 《天童觉和尚》,《大慧语录》卷十二,《大正藏》第47册,第860页中。
⑥ 祖咏:《大慧禅师年谱》。
⑦ 张浚:《大慧普觉禅师塔铭》。
⑧ 祖琇:《径山杲禅师》。

其放逐到衡州（今湖南衡阳），绍兴二十年（1150）六月，又迁梅州（今属广东省），途中访六祖故地曹溪，十月到贬所。在梅州六年，其禅法也影响给梅州了，据说当地许多人家里都供奉其绘像。

绍兴二十六年（1156），宗杲奉旨结束这段生涯，恢复僧籍北还，先住宁波阿育王寺，绍兴二十八年（1158）敕住径山，这是他再住径山道场。其间也到无锡、金陵等地游化。隆兴元年（1163）七月中旬初示寂，八月初九，有弟子了贤等人求临灭偈语，宗杲弟子厉声骂道：无偈便死不得也？但终究因大家求偈心切，遂留偈一首：生也只怎么，死也只怎么，有偈与无偈，是甚么热大？① 投笔而遗，去世后谥号"普觉"。

由此可见，宗杲的一生，大致可以分为少年居家期、出家求法悟道期、悟后弘法期、放逐期和恢复僧籍期，基本上是在动荡中度过的。他一生留下的作品，后人辑有《大慧普觉禅师语录》（下简称《大慧语录》）三十卷行世，另有《宗门武库》（亦名《杂毒海》）、《正法眼藏》等作品存世。

二、大慧宗杲的禅学思想要义

宗杲禅学思想的核心，体现在破和立的一体两面，破主要是破斥默、语两病，默是默照禅，语是对公案作绕路说禅式的解释，立是倡导看话禅，他的禅法影响，有临济中兴之称。

默病是默照之病。默照禅是天童正觉禅师倡导的禅法，默而

---

① 祖咏：《大慧禅师年谱》。

常照，照不失默，以寂默的形式观照自性，他撰有《默照铭》和《坐禅箴》阐述其默照禅的观点。他曾这样描述默照禅的思想："枯寒身心，洗磨田地，尘纷净尽，一境虚明。"① 枯寒和洗磨都是表示去除心中的妄念，心中不存妄想。将妄念尘埃去除清净，就能恢复心体虚静光明。这并不是对于弘忍心门下包括玉泉神秀的禅法中的坐禅法门的回归，而是在新的时期的一种禅法理论和实践，正觉本人对于神秀的禅法也曾有所批评。神秀有偈，云："身是菩提树，心如明镜台，时时勤拂拭，勿使惹尘埃。"正觉则说："菩提无树镜非台，虚净光明不受埃。"② 但他的默照禅在形式上确实和坐禅相联系。

宗杲认为这种禅法是"邪禅"，他在福建时就批评此禅法，后来也没有停止这种批评。"近年以来有一种邪师，说默照禅，教人十二时中是事莫管，休去歇去。"③ 由于默照禅的影响不只在僧团内部，也影响到居士界，宗杲的一些批评就有针对居士而说的。有位姓郑的居士，怒气冲冲地专门找宗杲辩论，认为：默照禅是"法门中第一等休歇处"，你宗杲这样大力诋毁，我怀疑你并没有达到这一境界，所以不相信，又举维摩默然、达摩面壁等例子，说明默然静坐的意义。宗杲以儒家、庄子、佛教的诸多典故，说明古人的意思，"不在默然处坐地"。④ 宗杲并不反对坐禅，但反对默照，这是两个层面的问题，"虽然不许默照，须要人人面壁。既不许默照，为甚么却须面壁？不见白云师翁有言'多处

---

① 《宏智禅师广录》卷九，《大正藏》第48册，第77页上。
② 《宏智禅师广录》卷四，《大正藏》第48册，第37页中。
③ 《答郑少卿》，《大慧语录》卷二十六，《大正藏》第47册，第923页上。
④ 《大慧语录》卷十七，《大正藏》第47册，第885页中。

添些子,少处减些子'"?① 宗杲的意思是,坐禅不是目的,只是手段或方便,不能以手段当作目的,"借方便门以入道则可,守方便而不舍则为病"。② 宗杲认为,默照禅恰恰体现了这种禅病,他们"乍被邪师辈指令静坐,却见省力,便以为是,更不求妙悟,只以默然为极则"。③

语病是大立文字之病。禅到宋代已演变为以参究古人公案为重要手段,但是对于公案的参究,当时有一种流行,即从传统的不立文字而到大立文字,用许多语言文字解释公案的意义,典型之一是圜悟克勤的《碧岩录》,使用了大量的文字,宗杲担心人们执着于这种文字,而忽略了禅悟的目标,所以烧掉经版,以此激烈的做法体现其禅学立场。"因虑其后不明根本,专尚语言以图口捷,由是火之,以救斯弊也。"④ 宗杲提醒人们习禅的目的,不可依语生解,见指忘月,"士人博览群书,本以资益性识,而返以记持古人言语,蕴在胸中,作事业,资谈柄。殊不知圣人设教之意,所谓终日数他宝,自无半钱分。看读佛教亦然,当须见月亡指,不可依语生解"。⑤

宗杲提出自己的禅法参究方法——参话头。这不同于默照禅,也不是大立文字的参究公案,而是把一些公案中的关键性语句拈提出来,当作参究的对象。作为"话头"来参究的禅语有很多,宗杲经常提到的就有"庭前柏树子""麻三斤""干屎橛"

---

① 《大慧语录》卷四,《大正藏》第 47 册,第 858 页中。
② 《答曾侍郎》,《大慧语录》卷二十五,《大正藏》第 47 册,第 919 页上。
③ 《答郑少卿》,《大慧语录》卷二十六,《大正藏》第 47 册,第 923 页上。
④ 《重刊圜悟禅师碧岩集疏》。
⑤ 《示清净居士》,《大慧语录》卷十九,《大正藏》第 47 册,第 890 页下。

"狗子无佛性"等,宗杲经常参究的则是"狗子无佛性"中的"无"字:"但只看个古人入道底话头,移逐日许多作妄想底心来话头上,则一切不行矣。僧问赵州:狗子还有佛性也无?州云无。只遮一字,便是断生死路头底刀子也。妄念起时,但举个无字,举来举去,蓦地绝消息,便是归家稳坐处也。"①

参话头的关键,宗杲认为是疑,是在对话头起疑情,而不是在其他方面起疑情,因此,参话头实际上就是要疑话头,"千疑万疑,只是一疑,话头上疑破,则千疑万疑一时破。话头不破,则且就上面与之厮崖。若弃了话头,却去别文字上起疑,经教上起疑,古人公案上起疑,日用尘劳中起疑,皆是邪魔眷属"。② 这样的疑话头,不是看别人如何参破话头,而是要修行者自己亲自去参,实践自己的证悟,宗杲强调参禅的亲证原则,这也是禅宗的传统,"遮刀子杷柄,只在当人手中,教别人下手不得,须是自家下手始得。若舍得性命,方肯自下手"。③

具体的方法,宗杲提出时时提撕。如何提撕?"行也提撕,坐也提撕,喜怒哀乐时,应用酬酢时,总是提撕时节。提撕来,提撕去,没滋味,心头恰如一团热铁相似,那时便是好处,不得放舍。"④ 宗杲提醒说,提撕不是从文字理解,也不是作知解。比如参赵州的"无"字,不能这样理解:这个不是有无之"无",而是真无之"无",也不是虚豁之无。这样的理解,就不是提撕

---

① 《示妙心居士》,《大慧语录》卷二十二,《大正藏》第 47 册,第 903 页下。
② 《答吕舍人》,《大慧语录》卷二十八,《大正藏》第 47 册,第 930 页上。
③ 同上。
④ 《大慧语录》卷十七,《大正藏》第 47 册,第 886 页上。

的方法。①

三、《正法眼藏》结构分析

1. 成书缘起和宗旨

《正法眼藏》是宗杲在特殊的生活环境中因为答学人问而成，依笔者的统计，总共有659则，前后并无时间和逻辑的顺序，因问而答，从第1则琅邪慧觉和尚的机缘法语开始，到第658则德山宣鉴的机缘法语结束，最后一则全是宗杲的法语，可以视之为总结篇。在第1则后，宗杲加以注语，被称为《题篇首》，这一篇注语除了对此则机缘法语的禅解之外，对《正法眼藏》的成书背景、取名经过也作了说明。据其载：

> 予因罪居衡阳，杜门循省外，无所用心。间有衲子请益，不得已与之酬酢。禅者冲密、慧然随手抄录，日月浸久，成一巨轴。冲密等持来，乞名其题，欲昭示后来，使佛祖正法眼藏不灭。予因目之曰《正法眼藏》，即以《琅邪》为篇首，故无尊宿前后次序，宗派殊异之分，但取彻证向上巴鼻，堪与人解黏去缚，具正眼而已②。

宗杲因受张九成案件牵连而被逐衡阳是在绍兴十一年（1141），时年53岁，也许是吸取了他在杭州时广交宾客，因而致祸的教训，在衡阳期间，谢绝宾客，"自到衡阳，一向谢绝宾客，四方书问，一切阔略"。③虽然如此，对于一些禅僧的请益，

---

① 《大慧语录》卷十七，《大正藏》第47册，第886页上。
② 《新纂字续藏经》（以下简称《续藏》）第67册，第557页下。
③ 祖咏：《大慧禅师年谱》。

宗杲并没有拒绝。宗杲拈提一些禅师的机缘法语，作为指示学人开悟的重要内容，伊山冲密和雪峰慧然两位弟子将每次的谈话都记录下来，集腋成裘，几年下来，积成一部大书的内容。到绍兴十七年（1147），伊山冲密将书稿交给宗杲，请题书名（《大慧禅师年谱》），宗杲将其命名为《正法眼藏》，依中国禅宗的资料，此语是佛祖在灵山法会上传法给摩诃迦叶时所说的，宗杲用此语表示其中所拈提的内容都体现了禅的清净法眼，都对人们的开悟有益，能够去除人们的种种错误见解。

从内容上看，全书并没有一个所谓的"次序"结构，既没有禅宗史的历史顺序结构，也没有宗派的顺序结构，只要有利于人们解黏去缚、具正法眼的内容都加以收入。

此书在绍兴十七年（1147）就有了印本，并开始流传，《大慧禅师年谱》记载的宗杲在这一年的事迹就提及此事，如"寻以印本寄曾文清公，公欲作颂谢"。流通之后，也有人提出不同的意见，比如，张子韶根据自己对禅宗史人物的喜好，写信问宗杲：临济门下还有几个有好机锋的禅师，为什么不收入？像南阳慧忠国师这样的禅师，其禅法属于语言太多的"老婆禅"，为什么收入？绍兴十九年（1149），宗杲复书，强调《正法眼藏》的宗旨是："集《正法眼藏》，不分门类，不问云门、临济、曹洞、沩仰、法眼宗，但有正知正见可以令人悟入者皆收之。"宗杲的语言很激烈，体现了其性格特点，他说："观公之意，《正法眼藏》尽去除诸家门户，只收似公见解者方是。若尔，则公自集一书化大根器者，有何不可？不必须教妙喜随公意去之。"① 宗杲指出，人有根器的不同，而禅师们在说法时，不同的禅师有不同的特点，照顾到了不同的根器，《正法眼藏》不可能尽收所有开示大根器者的资料。所以，其方法是兼收并蓄。

2. 宗杲的注语

对于禅师的机缘法语，宗杲只是拈提出来，偶尔加以不说破的禅式解释，一般以"妙喜曰"三字开篇，绝大多数的解释都非常简短，一两句话，这和其师圜悟《碧岩录》解释公案时大立文字的风格截然不同。对第1则的解释篇幅稍长一些，有600多字，其中包含了对《正法眼藏》的说明，实际上有全书的"导言"的作用。最后一则"妙喜示众云"，全是宗杲自己的看法，篇幅非常长，有5500字左右，此段内容不见于语录，是在《正法眼藏》中首次披露，后来收入《指月录》卷三十二的《临安府径山宗杲大慧普觉禅师语要》之中，它对了解大慧的思想以及理解《正法眼藏》有重要意义，实际上是《正法眼藏》的结束语。从这个"导言"和"结语"的前后呼应看，《正法眼藏》也有其自身结构的特点。同时，依此"导言"篇和"结语"篇中的观点，可以更全面地看出《正法眼藏》所反映的宗杲的禅学思想，也有助于理解《正法眼藏》中的公案和宗杲的评说。

宗杲作注语的篇幅数，658则的内容之中，不算最后一则，

---

① 《大慧禅师年谱》称为此复信为《答无垢居士论正法眼藏书》，《大慧语录》中名《答张侍郎》，重刻《正法眼藏》入藏经的版本中，将此信作为序文之一，名《答张子韶侍郎书》。

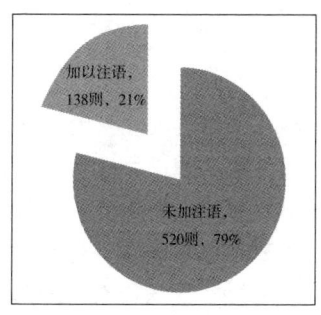

图 1

有 138 则,占总篇幅的 1/5(见图 1)。可以看出,宗杲基本上是述而不作的,其禅法倾向在其"述"的过程,即选择和叙述禅师机缘法语本身中体现出来。并不是说,宗杲加以注语的部分就特别重要,或者说,宗杲对它特别重视,但这些注语可以启发人们对于这部分内容的理解。

其中第 147 则"马祖信自心佛"的宗杲注语中提到的两件事很有价值。一是当时宗杲在云居山的首座寮中发现存有洞山晓聪禅师(?~1030)的《禅门宗要》《祖堂集》两部作品,又提到天衣义怀禅师(993~1064)的《通明》,今均已不存。二是马祖道一禅师的这段法语中,有"故《楞伽经》以佛语心为宗,无门为法门"一句,宗杲提到,当时很多人以为"以佛语心为宗"当为"云佛语心为宗",以至于认为《楞伽经》中有"佛语心为宗,无门为法门"的提法,在经中查找此语,实为可笑,像永明延寿禅师(904~975)的《宗镜录》和天衣义怀禅师的《通明》都这样讲。宗杲认为,马祖道一禅师的这段话,是他对《楞伽经》宗旨的概括,而《楞伽经》只有《佛语心》一品。他强调《宗镜录》《通明》也有这样的提法,可能是后人传抄错误,但洞山晓聪禅师的《禅门宗要》就没有这样的错误。

3. 人物构成

《正法眼藏》中涉及的佛教人物，大致在365人以上，其中中国禅宗史上的禅师在338人以上，这些人物，从世尊释迦牟尼开始，到宗杲生活时代的禅僧，时间跨度极长，但主要以中国禅宗史上的人物为主。从释迦牟尼至菩提达摩之间，涉及禅宗西天二十八祖系统中的一些禅师、达摩禅系之外的一些禅僧，前者包括释迦牟尼、一祖摩诃迦叶、二祖阿难、三祖商那和修、四祖优波毱多、十祖胁尊者、十五祖迦那提婆、十八祖伽耶舍多、十九祖鸠摩罗多、二十五祖婆舍斯多等，后者包括庐山慧远、华严宗清凉澄观、天台宗智顗、傅翕、宝志等，还有少量圣僧和佛教经典中的人物，如文殊、普贤、维摩诘等。

从菩提达摩到五祖弘忍一系，《正法眼藏》中涉及的人物（见图2①），不计牛头法融禅师和六祖慧能，共有14人，其中包括北宗的神秀系、剑南净众宗的益州无相和保唐宗的保唐无住。由此可以看出宗杲的禅宗史观，不是像唐代中期那样强调南北宗对立，而是包容吸收北宗的观点。

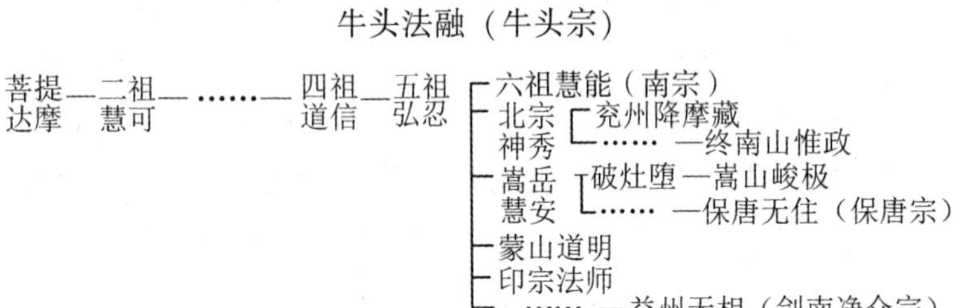

```
                       牛头法融（牛头宗）
菩提——二祖——……——四祖—五祖 ┬ 六祖慧能（南宗）
达摩   慧可           道信 弘忍 ├ 北宗 ┬ 兖州降摩藏
                                 神秀 └——终南山惟政
                              ├ 嵩岳 ┬ 破灶堕——嵩山峻极
                                 慧安 └——保唐无住（保唐宗）
                              ├ 蒙山道明
                              ├ 印宗法师
                              └……——益州无相（剑南净众宗）
```

图2

牛头宗一系，《正法眼藏》中涉及的人物有8人（见图3）。

---

① 此图中保唐无住的法系传承，是依宗密《圆觉经大疏钞》卷三之上的看法，若依《五灯会元》等后起的禅典，则称是益州无相法嗣。

```
牛头—牛头—……—牛头 ┌安国玄挺……径山—鸟窠—招贤
法融   智岩      智威 │         道钦  道林  会通
                    └天柱崇慧
```

图 3

《正法眼藏》中涉及的佛教人物主要集中在六祖慧能之后，慧能门下，涉及一传弟子 14 人（见图 4），其中产生重要影响的主要是南岳怀让、青原行思、荷泽神会和永嘉玄觉，宗杲重点拈提的是南岳怀让的南岳系和青原行思的青原系。

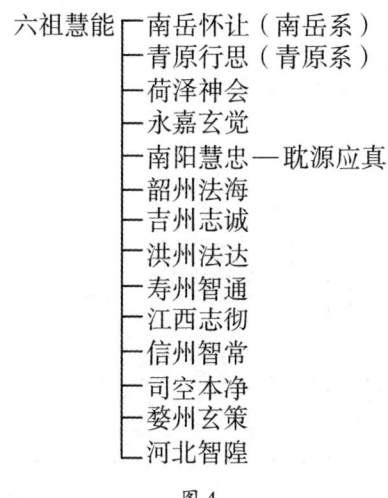

图 4

南岳一系，自怀让至此系发展出的沩仰宗之创始人之一的沩山灵祐和临济宗的创始人临济义玄，《正法眼藏》中涉及的该派人物总共有 67 人（含南岳怀让），其中马祖道一的一传弟子 30 人（见图 5 和图 6）。

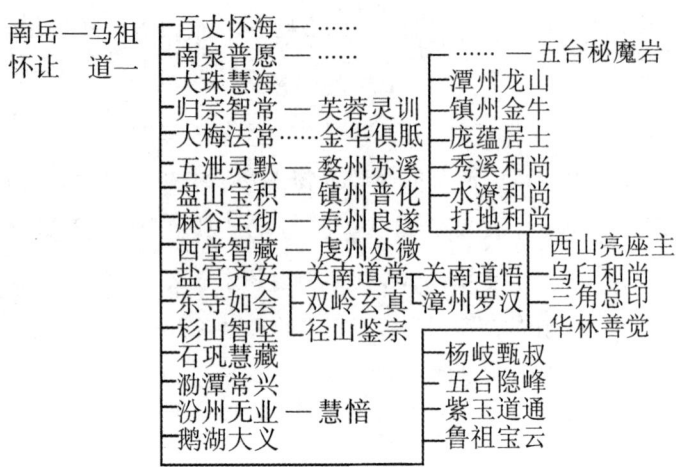

图 5

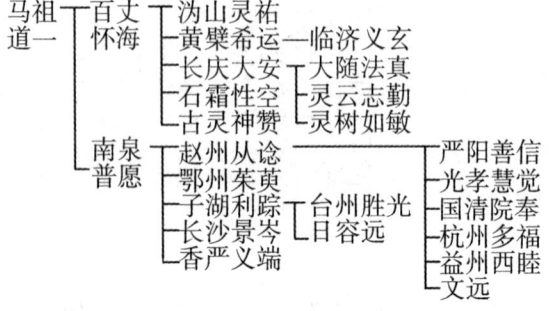

图 6

青原一系，自行思至曹洞宗的洞山良价、云门文偃和法眼文益，《正法眼藏》中涉及的该派人物总共有 70 人（含青原行思）（见图 7 和图 8），略多出南岳一系。

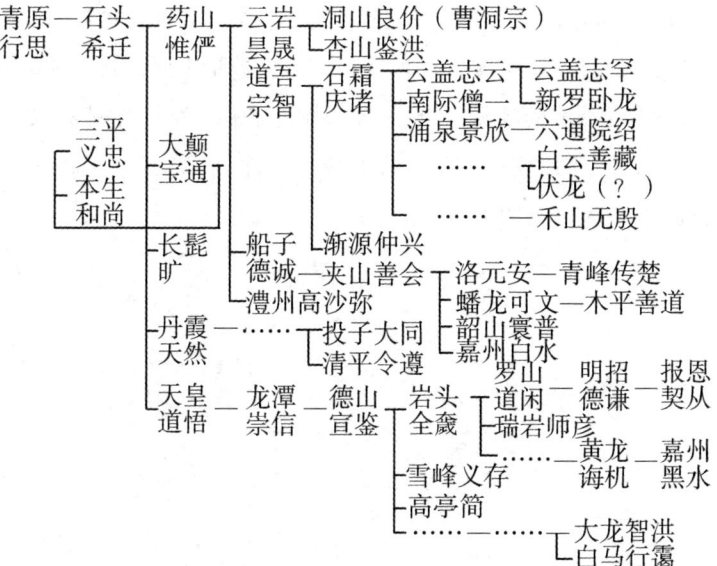

图7

图8

更多的人物集中于五家门下，依宗杲的宗旨，没有宗派之分，五家禅宗之中，只要有利于为人解除系缚，都加以讨论，一方面由于五家门派本身的兴盛程度有别，另一方面，也与宗杲的选择有关，《正法眼藏》中涉及诸宗人物数量不同，其中临济宗（包括黄龙派和杨岐派）76人（见图9和图10），曹洞宗30人（见图11），沩仰宗11人（见图12），云门宗23人（见图13），法眼宗10人（见图14）。

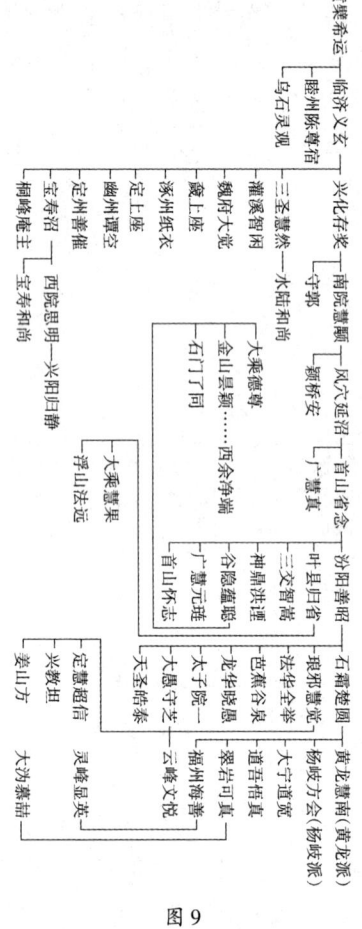

图9

导言 19

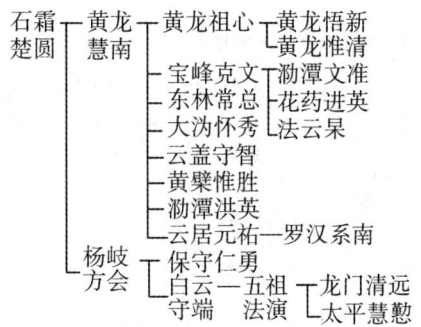

图 10

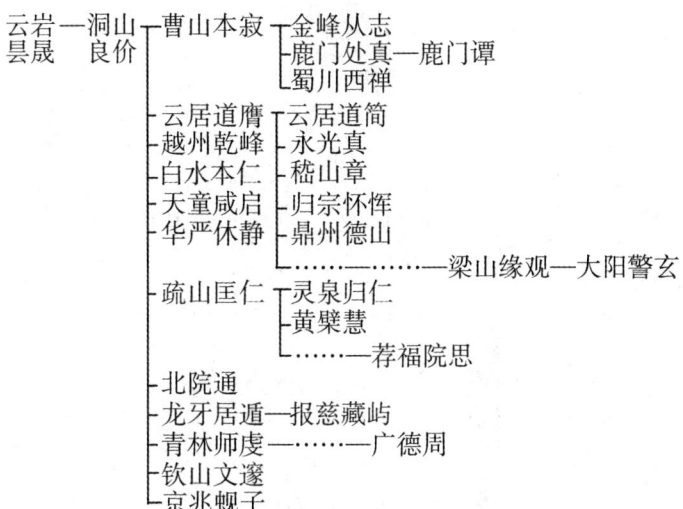

图 11

```
百丈 — 沩山 ┬ 仰山 ┬ 南塔光涌 — 芭蕉慧清
怀海    灵祐 │ 慧寂 ├ 霍山景通
              │      └ ……— 资福如宝
              ├ 香严智闲 — 大安清干
              ├ 径山洪諲
              ├ 京兆米胡
              └ 王敬初
```

图 12

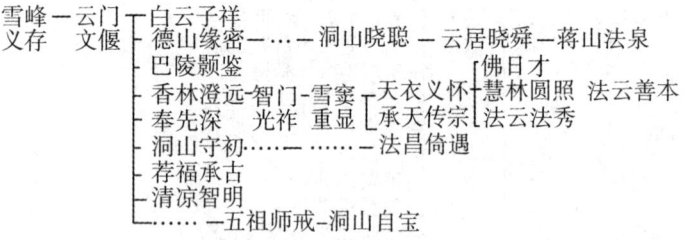

图 13

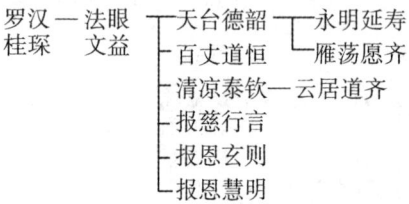

图 14

《正法眼藏》中涉及的五家禅宗宗派人物构成，可以清晰地显现出来（见图 15）。

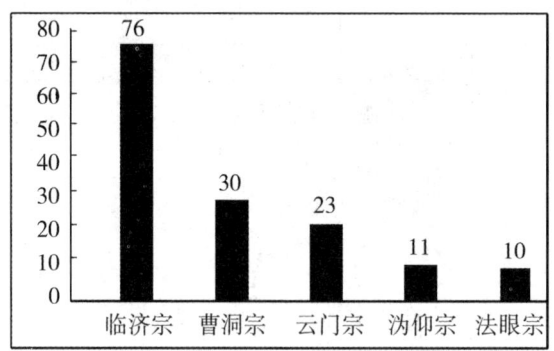

图 15

从整个南岳系和青原系看，涉及的佛教人物，两系大致相当（见图 16）。

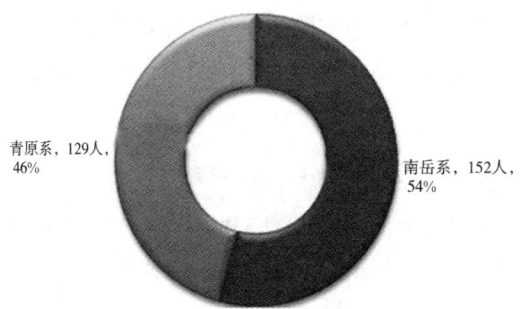

图 16

从达摩到五家禅，大致可以区分为达摩以下的如来禅系（不含弘忍，为了不重复计算，下同）、牛头禅系、弘忍门下的北宗禅系、慧能门下（不含南岳怀让和青原行思）南岳和青原两系、五家禅之前的超佛祖师禅系（不含五家禅第一位创始人）和五家分灯禅系，《正法眼藏》涉及的佛教人物大致呈现如下分布态势（见图17）。

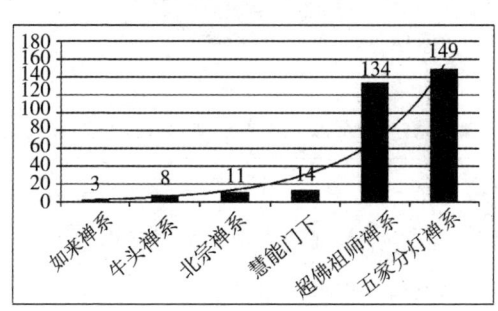

图 17

4.《正法眼藏》中的佛教人物个人分析

以上的数据分析，从一个方面可以看出宗杲关注的重点所在，这也反映了中国禅宗史发展的状态，但只是以时间段或宗派归属为单元，还没有涉及具体的禅师。如果以具体的禅师个人为分析单元，会有一些不同的数据变化。此处分析依据的指标有几项，一是个人出现的频率，二是一传弟子出现的数量，三是机锋法语的字数。

就第一项指标，禅师个人出现的频率而言，《正法眼藏》所涉及的中国禅宗史上的禅宗人物338人中，有1则机缘法语提及的禅师有193人，占57%；有2~3则提及的有59人，占17%；有4~5则提及的有22人，占7%；有6~10则提及的有36人，占11%；有11~15则提及的有13人，只占4%；有16则以上提及的有14人，也只占4%（见图18）；1~3则提及的要占到74%。

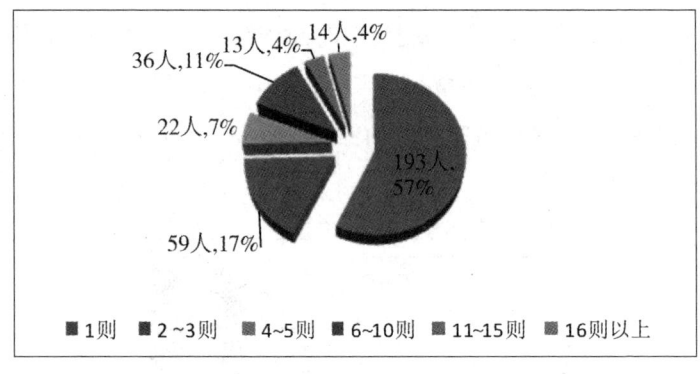

图18

毫无疑问，在这个数据结构中，被提及得越多的，从一定程度上讲，宗杲对其就越重视。如果落到具体的个人来分析，则可以看出这些人物的出现频率有哪些不同。有6~10则机缘法语提及的36名禅师见表1。

表 1

禅师\频率	6	7	8	9	10
云岩昙晟	6				
谷隐蕴聪	6				
长庆慧棱	6				
叶县归省	6				
云居道膺	6				
黄龙祖心	6				
镜清道怤	6				
睦州陈尊宿		7			
盘山宝积		7			
大宁道宽		7			
保福从展		7			
曹山本寂		7			
翠岩可真		7			
广慧元琏		7			
疏山匡仁		7			
罗山道闲		7			
兴化存奖		7			
投子大同		7			
泐潭洪英		7			
杨岐方会			8		
泐潭文准			8		
法华全举			8		
黄龙悟新			8		
百丈怀海				9	
白云守端				9	

续表

频率 禅师	6	7	8	9	10
洞山守初				9	
南院慧颙				9	
石霜庆诸				9	
归宗智常				9	
菩提达摩					10
南阳慧忠					10
黄檗希运					10
三圣慧然					10
药山惟俨					10
夹山善会					10
雪窦重显					10

有 11~15 则机缘法语提及的 13 名禅师见图 19。

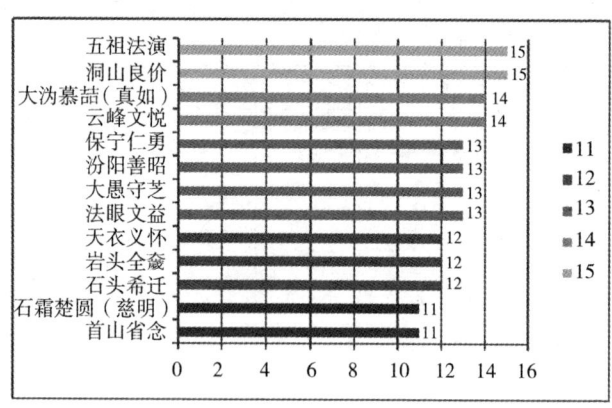

图 19

有 16 则以上机缘法语提及的 14 名禅师见图 20。

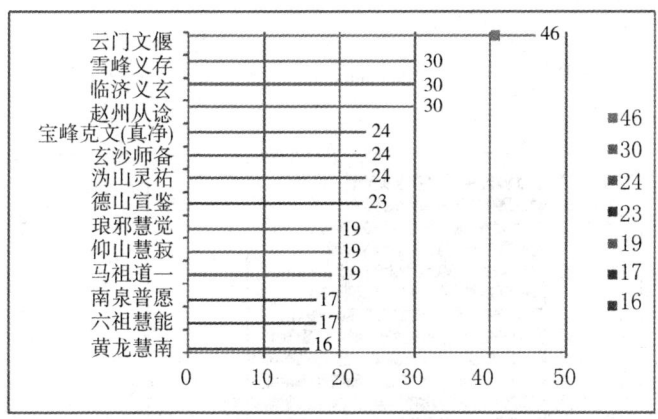

图 20

依此可知，云门文偃的排序遥遥领先，是宗杲在《正法眼藏》中提及最多的一位，这正和《大慧禅师年谱》中提及的宗杲尤其喜好云门语录相符。排序在第 2 位的 3 人中，雪峰义存属于青原系，赵州从谂属于南岳系，而临济义玄则是临济宗的创始人。排序在第 3 位的 3 人中，宝峰克文是临济宗黄龙派禅师，玄沙师备是青原系雪峰义存弟子，沩山灵祐则是沩仰宗的创始人之一。图 20 呈现的人物都是慧能以及其下南岳和青原两系，包括临济宗、沩仰宗和云门宗的禅师，没有出现曹洞宗和法眼宗的禅师。

这项分析仅仅是就禅师个人被提及的次数而言，其实，每一则机缘法语，都有其每件事主解，一般是以一个禅师为主角，体现其思想和风格，有的则出现多人，出现的 2 人或 3 人都是主角，体现"作家"相见，"主见主"的现象体现禅师间的机锋。同时，宗杲常常会将其他禅师对这一则内容的评论也加入其中，所以有些禅师很多情况下不是以叙事主角出场的。如果严格就主角出现的频率来看，数据又和上面的统计结果有所变化，以叙事主角身份出现的共有260人,与《正法眼藏》中出现的佛教人物总数的365人相比,相差105人。分数据段来看,出现频率在10次以上者共有14人(见图21)。

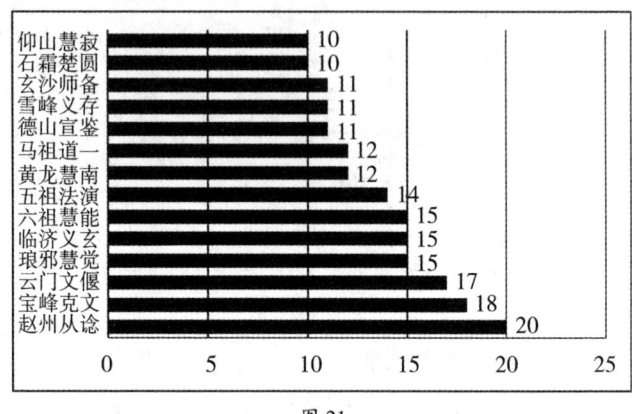

图21

出现频率在5~9之间的涉及22人,包括佛世尊(见图22)。

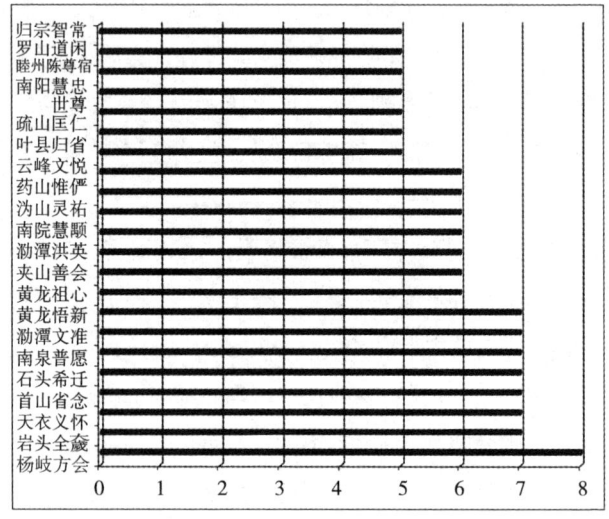

图22

如果依照某个禅师一传弟子出现的数量来衡量宗杲对其的重视度，以5为起点数据，统计的结果如下（见图23）：

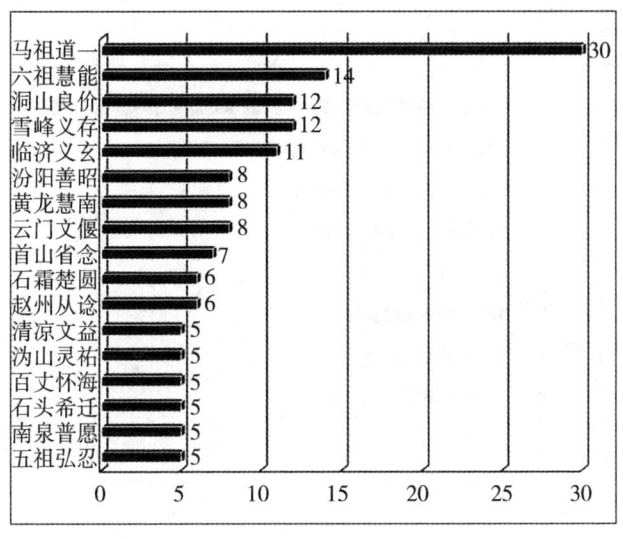

图 23

从前5名来统计，包括了马祖道一、六祖慧能、洞山良价、雪峰义存（与洞山良价并列排序第三）、临济义玄、汾阳善昭、黄龙慧南、云门文偃（与汾阳善昭、黄龙慧南并列排序第五），涉及的马祖道一的一传法嗣数量遥遥领先。除汾阳善昭和黄龙慧南外，这一统计中的其他人都和图21中的人物重叠。

如果从所列机锋法语的字数来统计，每则机缘法语的字数在1000字以上的共有8则，涉及7位禅师（见图24，禅师后面括号中的数字是所在机缘法语的序号），字数在500~999之间的有19则，涉及17位禅师（见图25）。

并不能绝对地说，字数越多的禅师，地位就越重要，宗杲就越重视,但可以从一个侧面反映这个禅师在《正法眼藏》中的位置。

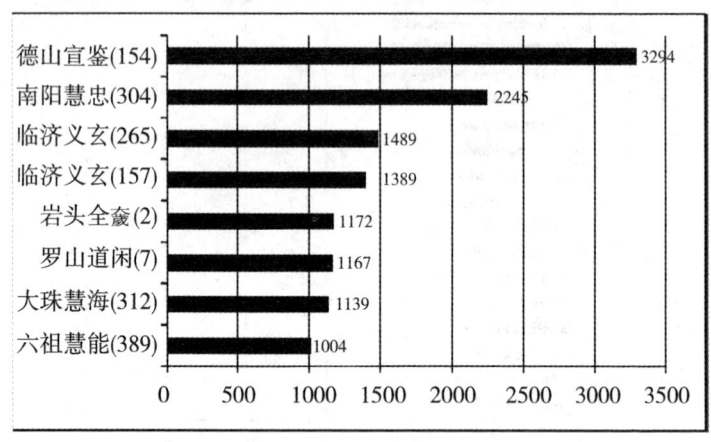

图 24

图 25

表1以及图19到图25，涉及人物共有73位（见附录：《正法眼藏》所收佛教人物综合统计表），如果设定分值来综合统计，基于这1表7图的数据，禅师在其中的排序，以排序1~20位来计分，在任何一张图（表）中，排列在第一位者，一次计20分，排列第二十者，一次计1分，这样，总分值在20以上的禅师有28位（见表2）。

表2

排序	禅师	分值	排序	禅师	分值
1	临济义玄	88	12	南阳慧忠	36
2	马祖道一	63	13	首山省念	35
3	六祖慧能	61	14	石头希迁	34
4	云门文偃	54	15	琅邪慧觉	33
5	赵州从谂	53	16	洞山良价	31
5	玄沙师备	53	17	罗山道闲	29
6	德山宣鉴	51	17	仰山慧寂	29
6	雪峰义存	51	17	五祖法演	29
7	黄龙慧南	45	18	汾阳善昭	27
8	沩山灵祐	41	19	法眼文益	24
9	南泉普愿	39	20	云峰文悦	22
10	石霜楚圆	38	21	天衣义怀	21
11	岩头全奯	37	21	泐潭洪英	21
11	宝峰克文	37	22	百丈怀海	20

这些禅师都集中在慧能及其南岳和青原两系，包括五家禅

宗，这一统计结果的核心部分其实基本上和图 20 和图 21 相近。

如果不将低分值的表 1 和体现每则机缘法语字数的图 24 和图 25 列入，以图 19 到图 23 综合统计，分值在 20 以上的禅师有 24 人，与表 2 相比，结果虽有所不同，少了罗山道闲、南阳慧忠、泐潭洪英和百丈怀海，但并没有太大的改变（见表 3），证明了宗杲所说的五家兼收的选择理念，以及慧能门下南岳、青原两系和五家禅法宗的选择特色。

表 3

排序	禅师	分值	排序	禅师	分值
1	云门文偃	54	10	石头希迁	34
2	临济义玄	53	11	琅邪慧觉	33
2	赵州从谂	53	12	玄沙师备	32
3	雪峰义存	51	13	洞山良价	31
3	马祖道一	51	13	德山宣鉴	31
3	六祖慧能	51	14	五祖法演	29
4	黄龙慧南	45	14	仰山慧寂	29
5	沩山灵祐	41	15	汾阳善昭	27
6	南泉普愿	39	16	法眼文益	24
7	宝峰克文	37	17	云峰文悦	22
8	石霜楚圆	36	18	天衣义怀	21
9	首山省念	35	18	岩头全奯	21

表 3 涉及的人物，呈现出来的曲线（见图 26）是和图 17 完全一致的，由于人物变动不大，自然也和表 2 呈现的曲线一致，

其横轴代表了禅宗的历史发展顺序。

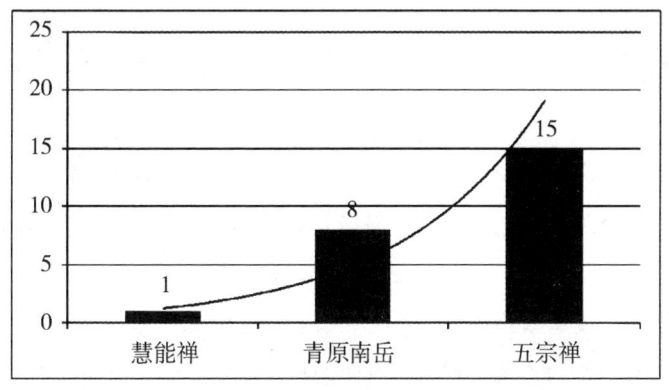

图 26

从《正法眼藏》中涉及的佛教人物来看，基本上和历史上的禅史资料一致，以后来比较流行的《五灯会元》为标准来比对，也可以看出这一点。《五灯会元》从七佛开始，《正法眼藏》则从释迦牟尼（称为世尊）开始，作为叙事主角出现的机缘法语，世尊有5次（见图22），从叙事主角出现的频率统计来看，这个数字排列第11位。然后是禅宗西天二十八祖，《正法眼藏》中涉及多位，体现了禅宗是从印度传至中国的历史特点。中国的禅学人物，《正法眼藏》中除了达摩一系以外，还涉及西天东土应化圣贤中的部分人物，像文殊、维摩诘等，以及其他禅系的禅僧，像傅大士（善慧大士）、宝志（《五灯会元》中也将此两位列入西天东土应化圣贤），等等，也包括教门的一些高僧，像天台宗的智颛（《五灯会元》中属西天东土应化圣贤）、华严宗的澄观。《五灯会元》未专门列澄观的篇目，只在介绍圭峰宗密的生平时提到宗密是其法嗣弟子，但宗杲专门列出其《答皇太子问心要》

作为禅学的文献而教育禅僧。在清代的《五灯全书》中，就将清凉澄观列为禅宗的五台无明禅师法嗣，尽管不列章次，也就是说不在正文中列出具体的机缘法语。这一编辑思路和宗杲有相近之处。

《正法眼藏》中涉及的佛教人物，有一些是从现存的禅典中找不出其师承关系，或者有师承关系而没有事迹记载的，只能列入"不详"系列，如矩长老、义丰禅师、简大德、宝月禅师、谷山、姜山爱、公安远、三峰平、畅和尚、龙光。这些禅僧中，宗杲对有些作为主角还列出了专门的机缘法语，提示其重要性，比如谷山（第374则）。三峰平是临济义玄参访过的禅僧，可见在当时有一定影响。畅和尚曾作为丛林议论的一个主题人物（第627则）出现，龙光也和临济义玄有过机锋对答（第653则）。宗杲对这些禅僧的提及，也提醒人们对他们应有所关注。

在《正法眼藏》所有的机缘法语涉及的佛教人物中，没有提到天童正觉，第212则中的天童不是天童正觉，而应是天童咸启，也没有提到圜悟克勤，难道原因就在于他不同意天童正觉的默照禅和圜悟克勤的《碧岩录》的写作理念？

四、由结语看《正法眼藏》内在禅学理念

《正法眼藏》的最后一则，全篇是"妙喜曰"，篇幅较长，有5500字左右，实际上是宗杲禅学思想的概括，也可以看作《正法眼藏》之"总结篇"，反映其拈提禅师机缘法语、辑成《正法眼藏》的内在理念，也提醒人们如何参禅，如何阅读《正法眼藏》。

宗杲在此篇提出了一个基本观点，即习禅者须有无分别的大

智，具有"心境一如"之境，而要达到这一点，不能落入任何窠臼，如果执着于古人言句、经教中的声名句义、古人公案、心性、寂默无言无说、日用动转施为、击石火、闪电光等方面，以为依此会得到禅的滋味，那么这些都将是窠臼。可以看出这包括了宗杲对禅界流行病的批评。

要想不落这些窠臼，宗杲认为要做到于心平等，无所染著，不作众生想、佛想、世间想、出世间想、求出离想、求佛智想，必须向欲起未起时猛著精彩，自然能够朗然独脱。而这个道理，只有证者方知。这种证悟，落实在心性论上，便是马祖道一的即心即佛论，这种本性，人人具足，添不得，减不得。

要达到这种证悟，流行的修行方法都不可用，礼佛、持诵、戒身口意，都"没交涉"，如同痴人埋头向西走，欲取东边物。模仿禅界古德的种种作略、言语，都没交涉。宗杲列举了人们模仿的种种类型，体现了对禅病的批评。宗杲要求人们珍惜光阴，趁着色力强健，猛著精神，不要执着于禅门的奇特言行，把杂毒积在心中。

宗杲在此篇批评了禅界参禅的种种不当之处，特别讨论了对于临济、云门禅法参究的种种流弊，人们常常将临济义玄和云门文偃禅系中的一些禅师语句单独拈提出来，以为它们分别代表了义玄三玄禅法中的体中玄、句中玄和玄中玄，体现了云门三句中的"函盖乾坤"句、"截断众流"句和"随波逐流"句，宗杲认为这都不是恰当的参究方法。同时，宗杲又列举了人们对于曹洞宗的偏正回互、五位禅法的种种不当理解，以及其他种种参禅的弊端。宗杲称这类人为狮子身中虫，自食狮子肉，都只是传播一些露布葛藤。以此标准来对照，学者可以知道自己的参禅方式是否恰当。

在此广泛批评的基础上，宗杲强调自己的禅法特点是"海蚌禅"，如同海蚌，开口便现本性，闭口则不露缝隙，"开口便见心肝五脏，羞珍异宝都在面前，闭却口时何处觅伊缝罅"？这种禅的开口处，正是直指人心；闭口处，正是不立文字。

涉及禅的根本问题，宗杲和历代高僧祖师一样，强调了自心佛性的"心性论"传统，众生自心本有佛性，"此是人人分上各自具足底事"。得之即解脱，失之即落入烦恼尘劳；解脱即是成佛，落入烦恼即是众生。因此，宗杲鼓励人们要努力修行，强调一个"信"字，引《信心铭》语作为全篇的结束。

五、总结

对于禅典研究，有种种方法，也形成了许多研究传统，从统计的角度研究，是一种尝试，上文的统计结果，只是显示《正法眼藏》中出现的佛教人物的分布状态，并回到其历史时代，复原一个特殊的禅宗史人物结构图，同时依据佛教人物出现的次数，包括作为机缘法语的叙事主角出现的次数，依据禅师的弟子被宗杲提及的次数，依据被宗杲拈提的机缘法语的文字长度，通过对这些选项的单项或综合统计分析，从一定程度上突出了宗杲对于佛教史人物，特别是禅宗史人物的重视特点，由此可以发现，重点集中于慧能、南岳及青原两系和五家禅，五家禅法之中，又集中于临济宗，其实，这个统计的结果，证明了宗杲在给张子韶的信中所表达的看法，没有宗派之分，五家尽收。同时，从人物的分布结构看，也说明宗杲坚持的是一个传统的禅宗史观，从佛祖开始，到西天祖师、中土禅师，和传统的禅宗灯录中对于禅宗史人物的选择模式是一致的。从宗杲对于所拈提的机缘法语的解释方式看，基本上是述而不作，但是述的本身是有选择的，即使有所解释，以"妙喜曰"的形式显现，也是禅式的解释，不说破，和圜悟克勤《碧岩录》中的绕路说禅的文字禅截然不同。

《正法眼藏》中所列的机缘法语，每则都是宗杲精心选出，集中于禅宗的高峰时代，可以说基本上展现了从慧能到五家分灯时期禅的全貌，每则对人们的参禅都有帮助，但是，究竟如何阅读这部书，不仅可以作为知识了解，还可参考宗杲在此书中的最后一则的长篇著语好好体证。

校释说明

《正法眼藏》在中国历史上的《大藏经》本中，只有明代《嘉兴藏》收入一次，后来又收入日本的《卍续藏》，《卍续藏》虽然没有说明版本来源，但此本当属《嘉兴藏》本。本书以日本《卍新纂续藏》第67册收入的《正法眼藏》为底本[①]，根据文中的具体内容，参考一些灯录、语录等禅典，对于《正法眼藏》中涉及的禅师机缘法语，回到相应的禅典中，作大致的比对。大慧宗杲在谈到这些禅师时，采用的是口语式的讲授，虽然不一定是对禅典中相关内容的精确复述，但今天来看其所涉及的内容和历史上的禅典相比，一些文字大致相同，许多文字完全一致，这就为今天的参校提供了很大的便利。这可以看出宗杲作为著名高僧，对于禅宗史和现状的精深掌握，同时，其弟子在整理成集时，也可能和相应的禅典作过比对。

正因为历史版本比较少，本书的校释，以释为主，以校为辅。在《正法眼藏》中的内容和现存相关禅典中的内容有表述，

[①] 笔者终校此稿时，正好有《嘉兴藏》引用，即以此本为底本。《正法眼藏》载《嘉兴藏》第二六九函，第一、二、三册。《续藏》本为参校本。

但在一些文字、概念上有重要区别时，才加以校注。有些字属于宗杲或记录整理者基于其时代的用法，我们只在其第一次出现时加以解释，不将其改成现代通行写法。这主要是"佗"和"遮"两个字，分别是"他"和"这"的含义。"底"字在表示今天"的"的意义时，也不改为"的"字。

释的部分，主要对禅僧、禅学概念和特殊语句、佛教一般概念、禅宗语言一般用词等加以解释，其中对于禅僧的解释，解释项一般包括法号、生卒年代、俗姓、禅系、法嗣系统等，资料中没有的则空缺。法号的表达，以《五灯会元》目录为准。有个别的词语会重复解释，比如有的词语既表示地名，又表示禅僧名，每次出现可能所指不同；有的雅号，不同的禅师都用，每次出现，可能所指不同。

底本并没有序号，但内容之间的分隔是以自然段来处理的，一般地讲，每一段机缘法语是一个自然段。遇到不易分出自然段的情形，文中则以分隔符号"⌞"表示。此次整理，根据这种特点，给每一个自然段标以现代序号，以方便阅读。有个别的内容，原在同一个自然段中的，则根据其内容的不同，分别为不同的序号，或者在不同的自然段中的，由于内容相同，则合并为同一个序号。

原本每一个自然段并没有标题，此次整理，为了突出每一段的主题，分别加上相应的标题，也方便现代读者的阅读。这种做法也是参考了禅宗史的传统，《无门关》《从容录》《请益录》等公案集，对于每一则公案都有名称，有时候同一则公案，历史上会有不同的名称概括。对于每一则的标题，尽量参考历史上已有的提法，同时又照顾到本书概括的格式，这种格式以六字为准，前两字是禅僧名号，后四字是内容概括。

底本中宗杲对于机缘法语的评论，一般以"妙喜曰"开始，也有其他方式的提示，其格式是比正文退后两个字，校释时依此。

正法眼藏　上

卷 一

《正法眼藏》卷第一之上
径山大慧禅师宗杲　集并著语
绣水春门居士徐弘泽　校阅

1. 琅邪船来陆来

琅邪和尚①问举和尚②："近离甚处③？"
举曰："两浙④。"
"船来？陆来？"
曰："船来。"
"船在甚么处？"
曰："步下。"
"'不涉程途⑤'一句，作么生⑥道？"

---

① 琅邪和尚：滁州琅邪山（或作琅琊）慧觉禅师，生卒年不详，宋代临济宗禅僧，汾阳善昭禅师法嗣。
② 举和尚：舒州法华院全举禅师，生卒年不详，宋代临济宗禅僧，汾阳善昭禅师法嗣。
③ 近离甚处：禅师堪验学人时常问的问题之一，表面上是问从何处来，然而隐含禅意，禅师会根据回答而进一步设问。离，离开某地来到某地。
④ 两浙：唐代设浙江东道和浙江西道，宋代改为两浙路，所辖地区包括今天的江苏省长江以南地区和浙江省全境。
⑤ 不涉程途：字面含义为不通过长途程而到目的地，有不通过渐修而觉悟之意。
⑥ 作么生：宋代俗语，意为"怎么样""如何"。

举以坐具①撼②一撼曰:"杜撰长老③,如麻似粟④。"便拂袖而出。

琅邪问侍者:"此是甚么人?"

曰:"举上座⑤。"

琅邪遂亲下旦过堂⑥,问:"莫是举上座么?莫怪适来⑦相触忤。"

举便喝,复问:"长老何时到汾阳⑧?"

曰:"某时到。"

举曰:"我在浙江早闻你名,元来⑨见解只如此,何得名播寰宇?"

琅邪遂作礼,曰:"慧觉罪过。"

妙喜曰⑩:宾则始终宾,主则始终主。二大士⑪蓦札⑫相

---

① 坐具:佛门用具,僧人坐卧之具,纺织品。
② 撼:音mí,击,打。
③ 杜撰长老:没有悟道的禅僧,所言所语不合禅理。"杜撰"一词常用作批评语。
④ 如麻似粟:非常普通,麻和粟都是普通之物。比喻禅僧没有奇特处,没有开悟。
⑤ 上座:寺院职位名,除了住持一职以外,没有其他职位高于此位,故名。禅门中也用于对僧人的尊称。
⑥ 旦过堂:也称旦过寮,禅院中供行脚僧晚间歇宿的房间,白天就离开。
⑦ 适来:刚才。
⑧ 汾阳:汾阳善昭禅师(947~1024),俗姓俞,宋代临济宗禅僧,首山省念禅师法嗣。琅邪和尚和法华院全举都是汾阳善昭的弟子,所以法华院全举问他何时到汾阳。
⑨ 元来:原来。
⑩ 妙喜曰:宗杲的评论部分。宗杲因居"妙喜庵",而称妙喜。此篇是《正法眼藏》的第一篇评语,所以也被称为《题篇首》。(见《大慧禅师年谱》之"绍兴十七年")
⑪ 大士:对得道高僧的尊称。
⑫ 蓦札:突然。蓦,表示突然,没有预期地忽然发生。札,表示眨,时间极短。

逢，主宾互换①，直下发明临济②心髓。苟非彻证向上巴鼻③，具出常情正眼④，未免作得失论量。或者⑤道，举公前来一一据实祗对⑥，琅邪末后不合⑦作佛法道理，是杜撰处。或者道，琅邪被举公道个杜撰，心中疑惑，即时倒戈卸甲⑧，遂挽留举公咨决此事，谓之坐参⑨。

一犬吠虚，千猱唯实⑩，盖由主法者智眼⑪不明，滥觞⑫宗教⑬，疑误后人。殊不知二大士激扬若日月丽天，龙象蹴踏，决非跛驴、盲者之事，井蛙、酰鸡⑭又焉知宇宙之宽旷邪？

予尝室中举此话问学者："你还肯⑮琅邪此语否？"曰："不肯。""何故不肯？"曰："不合作佛法道理。"

---

① 主宾互换：临济义玄禅师有四宾主：宾，指学僧，或不懂禅理者；主，指老师，或懂禅理者。宾主相见的一般情形，主则始终主，宾则始终宾。只有悟道者相见，才会宾主互换。
② 临济：此处既指临济义玄，也指义玄创立的临济宗。
③ 向上巴鼻：禅的根本。从末指本为向上；巴鼻即把鼻，把住鼻子，喻抓住了根本之处。
④ 正眼：即正法眼，彻见真理的智慧之眼，具有超出平常的见解。
⑤ 或者：有的人。
⑥ 祗对：恭敬地应对、回答、回应。
⑦ 不合：不应当，不该如此。合，应当。
⑧ 倒戈卸甲：比喻在机锋来往中失利，承认自己对禅法的体悟不如对方，转而拜对方为师。
⑨ 坐参：禅僧在晚参之前在禅堂坐禅澄心，等待晚参。
⑩ 一犬吠虚，千猱唯实：千獒唯实也作千獒嗁实。比喻一种本来是错误的见解，大家都这样认为，似乎就成为了正确的观点；也比喻禅的真理非知解可得。
⑪ 智眼：智慧之眼，正法眼。
⑫ 滥觞：喻事物的开始阶段，发展的基础阶段。"千里之程托于初步，滔滔之水起于滥觞。"（延寿：《万善同归集》卷中）
⑬ 宗教：佛教的宗门和教门，前者以心立宗，后者以经教立宗。
⑭ 酰鸡：一种小虫，也称蠛蠓。
⑮ 肯：认同、同意某禅师的禅言禅机。

予复举:"云门①问洞山②:'近离甚处?'曰:'查渡。''夏在甚处?'曰:'湖南报慈。''几时离彼?'曰:'八月二十五。'门云:'放③你三顿棒。'你还肯云门此语否?"曰:"肯。""肯者云何?"曰:"云门无佛法道理。"

予曰:"师家问处一般,学者答处无异,你为甚肯一不肯一?"学者伫思,予连棒打出,复召其僧:"且来!且来!"其僧回首,予曰:"你若作棒会④,带累我也,是个瞎汉。"其僧便礼拜,曰:"今日方知琅邪与举公非常情可测。"予曰:"你看遮⑤瞎汉乱统⑥。"又打喝出。

予因罪⑦居衡阳,杜门循省外,无所用心。间有衲子⑧请益⑨,不得已与之酬酢。禅者冲密⑩、慧然⑪随手抄录,日月浸久,成一巨轴。冲密等持来,乞名其题,欲昭示后来,使佛祖正法眼藏⑫不灭。予因目之曰《正法眼藏》,即以

---

① 云门:云门文偃禅师(864~949),俗姓张,唐、五代之际青原系禅僧,云门宗创始人,雪峰义存禅师法嗣。
② 洞山:洞山守初禅师(910~990),俗姓傅,五代、北宋之际云门宗禅僧,云门文偃禅师法嗣。
③ 放:饶恕,免除,放过。
④ 会:理解,领会,领悟。
⑤ 遮:这。
⑥ 乱统:乱说乱道。
⑦ 因罪:绍兴十一年(1141)五月,宗杲因受秦桧处理张九成案的牵连,被削除僧籍并发配衡阳等地。
⑧ 衲子:禅僧。
⑨ 请益:禅师对学僧已有所开示,学僧又再请示更多的道理。
⑩ 冲密:伊山冲密,大慧宗杲门下首座,《正法眼藏》记录者之一。《月江正印禅师语录》卷下《大慧禅师衡阳示密首座帖》也记此事。
⑪ 慧然:雪峰慧然,大慧宗杲法嗣,见《续传灯录总目录》卷下,《正法眼藏》记录者之一。
⑫ 正法眼藏:佛的智慧之眼洞见正确之法,含藏万德,禅宗视之为教外别传的心印。

《琅邪》为篇首,故无尊宿①前后次序,宗派殊异之分,但取彻证向上巴鼻,堪与人解黏去缚②,具正眼③而已。

2. 岩头大统纲宗

岩头和尚④示众⑤云:

夫大统纲宗中事,须识句⑥,若不识句,难作个话会。甚么是句?百不思时,唤作正句⑦,亦云居顶⑧,亦云得住⑨,亦云历历⑩,亦云惺惺⑪,亦云的的⑫,亦云佛未生时⑬,亦云得地⑭,亦云与么时,将与么时,等破一切是非,才与么,便不与么,便转辘辘地⑮。若也看不过,才被人刺著,眼眨瞪地,恰似杀不死底羊相似。不见古人道"沉昏不好,须转得始得"?触著便转⑯,

---

① 尊宿:德尊年长者。
② 解黏去缚:比喻去除种种禅病、错误见解。
③ 正眼:正法眼。
④ 岩头和尚:岩头全豁禅师(828~887),一作全豁,俗姓柯,唐代青原系禅僧,德山宣鉴禅师法嗣。此段法语后收入于淳熙十年(1183)撰成的《联灯会要》中,又被收入《指月录》和《御选语录》。
⑤ 示众:禅师为大众开示法要。
⑥ 句:解释事物所含的义理,特别是事法之间的差别性的语言表达。
⑦ 正句:正确的语句。
⑧ 居顶:达到最高处。佛教中有居顶菩萨。
⑨ 得住:得到解脱住所,喻达到了觉悟的境界。
⑩ 历历:比喻一个一个清晰地呈现,非常分明。
⑪ 惺惺:机警,清醒。
⑫ 的的:明白,真切。作副词时,则指的确、实在。
⑬ 佛未生时:喻人的本来状态,人的本性的根本之处。
⑭ 得地:得到解脱之地,也是指开悟。"我当时在耽源处得名,沩山处得地。"(《联灯会要》卷七)
⑮ 转辘辘地:骨碌碌地转。转,通过各种因缘表现出来,生起现行。辘辘,象声词,形容车轮滚动等发出的声音。
⑯ 触著便转:或作"拨著便转",比喻一经启发,便能了悟。

才与么,便不与么,是句亦刬①,非句亦刬,自然转辘辘,自然目前露倮倮地②,饱鼾鼾地③。不解却,不解咬。不见道④"却物为上,逐物为下"?瞥起微情,早落地上,若是咬猪狗眼赫赤。若有人问"如何是禅"?向伊道"合取屎孔⑤著",却有些子气息,便知深浅,硬纠纠⑥地。汝识取遮个狸奴面孔⑦,与么时,不要故採⑧伊,不要称量⑨伊。

于中有一般汉,撞著物,不解转,刺著,屙漉漉地⑩。遮般底,椎杀万个亦无罪过。若是本色⑪底,拨著便上,咬人火急,却似刺猬子相似。未触著时,自弄毛羽,可怜生⑫。才有人拨著,便瞋斗吽地⑬,有甚么近处?若也未得,与么荡荡⑭地,唤作依句修行,有则便须等破。与么时,一物不存。信知从来学得一切言句,隘在胸中,有甚么用处?不见道"辟观辟句,外不放入,内不放出"?截断两头,自然光烯烯地,不与一物作对,便是无诤三昧⑮。

---

① 刬:铲除,表示否定。
② 露倮倮地:裸裸地露,比喻没有一线执着。倮,同"裸"。
③ 饱鼾鼾地:鼾鼾地熟睡,比喻没有一丝牵挂、自在的样子。鼾鼾,熟睡时的鼻息声。
④ 不见道:疑问句的句首语,意为难道不了解(有这样的说法)吗?
⑤ 合取屎孔:相当于"闭上臭嘴"。
⑥ 硬纠纠地:坚硬结实的样子。纠,音 tōu,丝黄色。
⑦ 狸奴面孔:指猫的脸,有形体不完整之意。狸奴,指猫。
⑧ 故採:用语言、知见去分别。採是度量。
⑨ 称量:也是指分别、度量。
⑩ 屙漉漉地:湿漉漉地、哗啦啦地拉,比喻说得太多。漉漉,指湿、流淌,也是象声词。
⑪ 本色:指本来面目。本色禅僧,即真正的禅僧。
⑫ 生:此处用作语气词,相当于现代汉语的"啊""啦"之类。比如说,"太粗生""太高生",等等。
⑬ 瞋斗吽地:怒火中烧,非常愤怒。吽,音 hǒu,同"吼"。
⑭ 荡荡:此处指飘荡。
⑮ 无诤三昧:不与他人起争论的境界,没有烦恼的境界。

兄弟，若欲得易会，但向根本明取。欲出不出，便须转，一口咬断后，不用寻伊去住底远近，但放却，自然露倮倮地，不用思搭著，昏昏地，才有所重，便成窠臼，古人唤作贴体衣病①，最难治。是我向前行脚②时，参著一两处尊宿，只教日夜管带③，坐得骨臀生胝，口里水漉漉地。初向然灯佛④肚里，黑漆漆地，道我坐禅守取。与么时犹有欲在，不见道"无依无欲，便是能仁⑤？"古人道：置毒药安乳中，乃至醍醐⑥亦能杀人。遮个不是汝习学得底，遮个不是汝去住底，不是汝色里底。莫错认门头户口，赚汝腊月三十日，赤哄哄⑦地无益。当莫造作捏怪，但知著衣吃饭，屙屎送尿⑧，随分遣时，莫乱统，诈称道者，有一片衣不敢将出晒，恐人见，怕失道者名。图人赞叹作怎么？不中心行。

兄弟，亦不要信佗⑨绳床⑩上老榾柮⑪屙漉漉地，将为好诳諕⑫人，别造地狱著汝在。信知古风大好，不见道"有即是无，无即是有"？与么送出来时，便知深浅。遮个是古格，于中有一

---

① 贴体衣病：喻指严重的疾病，对禅法的宗旨根本不领会的疾病。
② 行脚：禅僧为了寻师访友及求证佛法而到处旅行。
③ 管带：也称管取，指体会禅的本意。
④ 然灯佛：即燃灯佛，又译锭光佛，释迦如来为其授记，在未来贤劫成佛。
⑤ 能仁：释迦牟尼的意译。
⑥ 醍醐：味道最好的乳制品，喻指佛性、涅槃等。
⑦ 赤哄哄：嘈杂喧闹。
⑧ 著衣吃饭，屙屎送尿：比喻将禅的修行落实在日常的自然生活中，禅是生活，也有无修之意。
⑨ 佗：音 tuō，指其他的、别的对象。在此大多当"他"解。
⑩ 绳床：禅师所坐的用绳子做成的椅子。
⑪ 老榾柮：指老禅师，贬义。
⑫ 诳諕：迷惑、欺骗。諕，音 xià，欺骗。

般汉，信彩①吐出来，有甚么碑记②？但知唤作禅道，但知唤作一句子，软嫩嫩地，真是无孔铁锤③，聚得一万个有甚么用处？若是有筋骨底，不用多，诸处行脚也须带眼始得，莫被人谩④。不见道"依法生解，犹落魔界"？夫唱教须一一从自己胸襟间吐得出来，与人为榜样。今时还有与么汉么？第一切须识取左右句，遮个是出头处。识取去底，识取住底。遮个是两头句⑤，亦是左右句，亦唤作是非句，才生便咬，自然无事。

兄弟，见与么说还会么？莫终日哄哄地，亦无了期。欲得易会，但知于声色前不被万境惑乱，自然露倮倮地，自然无事，送向声色前荡荡地，恰似一团火焰相似，触著便烧，更有甚么事？不见道"非是尘不侵，自是我无心"？时热，珍重⑥！

3. 真净佛法难得

真净和尚⑦示众云：佛法两字直是难得，人有底不信自己佛事，唯凭少许古人影响、相似般若⑧所知境界，定相法门，动即

---

① 信彩：本指蛇信，喻指语言。
② 碑记：本指刻在碑上的记事文章，此处指文字言说。
③ 无孔铁锤：比喻根性迟钝。
④ 谩：欺骗。
⑤ 两头句：相互对待的两种表述，每一句都是片面的，必须截断，而成中道。去住、左右、是非句，意义均似两头句。
⑥ 珍重：道别时常用的话，相当于"保重"之类。禅门中常用于禅师让大众回去自己参究自心。
⑦ 真净和尚：宝峰真净克文禅师（1025~1102），俗姓郑，北宋黄龙系禅僧，黄龙慧南禅师法嗣。
⑧ 相似般若：虚妄的相似性的知识。

背觉合尘①,黏将去,脱不得。或学者来,如印印泥②,递相印授。不唯自误,亦乃误佗。洞山③门下无佛法与人,只有一口剑,凡是来者,一一斩断,使伊性命不存,见闻俱泯,却向父母未生前④与伊相见。见伊拟近前,便与斩断。然则刚刀虽利,不斩无罪之人⑤,莫有无罪底么?也好与三十拄杖。

4. 佛眼亲面一见

佛眼和尚⑥示众云:千说万说,不若亲面一见。纵不说,亦自分明。王子宝刀喻⑦,众盲摸象喻⑧,禅学中隔江招手⑨事,望州亭相见⑩事,迥绝无人⑪处[事]、深山岩崖处事⑫,此皆亲面

---

① 背觉合尘:背离觉悟之道,落入烦恼之中。尘,指烦恼、不觉。
② 如印印泥:宗门三印(印空、印水、印泥)之一,原指文彩印于泥上,完整地显现出来。比喻由平等一如的本体显现的现象。
③ 此段是真净克文住洞山时所讲语录,故以"洞山"自称。
④ 父母未生前:指众生的本来面目。
⑤ 刚刀虽利,不斩无罪之人:禅门常用语。无罪之人指觉悟者,刚刀用于斩断人们的情执,但觉悟者不在此列。
⑥ 佛眼和尚:龙门清远禅师(1027~1120),俗姓李,北宋杨岐宗禅僧,五祖法演禅师法嗣,受赐"佛眼禅师"号。
⑦ 王子宝刀喻:典出《涅槃经》卷八。一位王子有宝刀,众人说此宝刀的形态,或说羊角,或说其色清净如优钵罗花,或说其色红如火,或说如黑蛇,都不知刀的真实之相。比如各种边见,不知真实相状。
⑧ 众盲摸象喻:典出《涅槃经》卷三十二。众盲人摸象,只摸到象的部分身体,就以为是象的全部特征。比如执着于经论文句中的一个方面,而不知佛法的整体。
⑨ 隔江招手:襄州高亭简禅师,隔江见德山,德山以手中扇子招呼他,忽然有悟。见本书第634则。
⑩ 望州亭相见:语出雪峰义存禅师:"诸上座,到望州亭与上座相见了。"
⑪ 迥绝无人:语出玄沙师备禅师:"深山迥绝无人处,你道还有否?"
⑫ 深山岩崖处事:据《五灯会元》卷十一,僧问谷隐蕴聪禅师:"深山岩崖中,还有佛法也无?"蕴聪答:"有。"再问:"如何是深山岩崖中佛法?"蕴聪答:"奇怪石头形似虎,火烧松树势如龙。"《宗门武库》也收录此典。

而见之，不在说也。

5. 云门得个入处

云门和尚①拈起拂子②云：遮里得个入处，去捏怪③也，日本国里说禅④，三十三天⑤有个人出来唤云：吽，吽，特舍儿⑥，担枷过状⑦。

妙喜曰：遮老汉克由耐耐⑧，冒姓佃官田，更不纳苗税。

6. 归宗不同常流

拭眼归宗和尚⑨示众云："从上古德不是无知解，佗高尚之士不同常流，今时不能自成自立，虚度时光。诸子，莫错用心，无人替汝，亦无汝用心处。莫就佗觅，从前只是依佗解，发言皆滞，光不透脱，只为目前有物。"

僧问："如何是玄旨？"

曰："无人能会。"

---

① 云门和尚：云门文偃禅师。
② 拂子：佛门用具，本为驱虫、去尘之用，后来也作为佛教活动中表达庄严之具。
③ 捏怪：做怪异荒诞之事。
④ 日本国里说禅：比喻禅不可说，越说离禅的本质越远。
⑤ 三十三天：音译为忉利天，佛经上所说的欲界六天的第二天。比喻极高。
⑥ 特舍儿：也作特舍汉、特舍奴，痴人的意思。
⑦ 担枷过状：戴着枷锁递状纸。比喻坐禅和说禅，都是造罪，自戴枷锁。
⑧ 克由耐耐：真可恨。
⑨ 拭眼归宗和尚：归宗智常禅师，俗姓陈，唐代南岳系禅师，马祖道一禅师法嗣，因为有眼疾，经常用药手按摩，双目通红，称赤眼归宗或拭眼归宗。

僧云:"向①者如何?"

曰:"有向即乖。"

僧云:"不向者如何?"

曰:"谁求玄旨?"又曰:"去,无汝用心处。"

僧云:"岂无方便门,令学人得入?"

曰:"观音妙智力,能救世间苦。"

僧云:"如何是观音妙智力?"

师敲鼎盖三下,曰:"子还闻否?"

僧云:"闻。"

曰:"我何不闻?"

僧无语,宗以棒趁②下。

7. 罗山跨门委得

罗山和尚③初入院④时,上堂⑤,才揽衣欲坐,即云"珍重",便下座。良久,却回云:"未识底,近前来。"

时有僧才出礼拜,山云:"也大苦。"

僧礼拜,起云:"某甲⑥咨⑦和尚。"山便喝出。

---

① 向:此处指趋向解脱境界。
② 趁:驱赶,追赶。此处为前者义。
③ 罗山和尚:罗山道闲禅师,俗姓陈,五代青原系禅僧,岩头全奯禅师法嗣,号法宝禅师。(《补续高僧传》卷六)
④ 入院:禅师到任住持寺院。
⑤ 上堂:依禅门规制,上堂时,僧众必须立而听法。
⑥ 某甲:僧人自称,为谦卑之语,有时也单用一个"某"字。
⑦ 咨:向某人请教。

僧问:"如何是奇特①一句?"

山云:"道甚么?"

良久,云:

若是上士②,脚才跨门便委得。若也觌面相呈③,犹是钝汉。口喃喃地,不消一镢,会么?不是禅,不是道,不是佛,不是法,是甚么?灵锋宝剑④,常露现前,亦能杀人⑤,亦能活人⑥。若能操持,一任操持。若也出场定当⑦,须是个汉⑧始得,机机相副,法法无根,互为宾主。虽然如此,切忌承当⑨。何故?你若野干鸣⑩,我即师子吼⑪;我若野干鸣,你亦师子吼;你若师子吼,我亦师子吼。临时布取意句⑫有主宰。所以道,意中句,句中意;意中不停句,句中不停意。意句不同伦,合⑬作么生会?意能划句,句能划意。意句交驰,是为可畏。意句不明,事理不通,只是个无孔铁锤,古人唤作流俗阿师⑭。似遮般底,如稻麻

---

① 奇特:指不可思议。
② 上士:上根机众生。
③ 觌面相呈:当面指示心要。
④ 灵锋宝剑:比喻智慧,如宝剑之锋利,斩断一切烦恼。
⑤ 杀人:指截断学人妄念情见。
⑥ 活人:指复活学人心中的真性。
⑦ 出场定当:大意指具备分辨禅门中事的能力。出场,指有所成就,值得造就。"九年面壁寻出场,接得一人又无臂。"(《五灯全书》卷五十六)定当,指分辨得清,妥帖。"诸人若能于此定当得,更不在指东划西"。(《圜悟禅师语录》卷四)
⑧ 须是个汉:必须是个顶天立地的汉子,有男子汉气概。
⑨ 承当:承受机缘,领悟禅法。
⑩ 野干鸣:指修行未到家而妄说真性。野干,指一种狐,颜色青黄,外形如狗,成群活动,常在夜间鸣叫,声音如狼。
⑪ 师子吼:即狮子吼,觉悟真性者所说禅理。
⑫ 意句:禅意以及表达禅意的语句。
⑬ 合:应当,必须要。
⑭ 流俗阿师:平庸之辈,不能脱俗。也指根性迟钝的人。阿师,对僧人的称呼。

竹苇,有甚么用处?此个门中须是个汉,眼卓朔地,点着便转辘辘地。岂是你清浊可羡,凡圣能诠?有恁么汉,上士相逢,如击石火,如爆龟纹,迅速如风,捷辩如电,快著精彩,一人半人,事褫言句,动逾万亿。低头学禅,卒不可得。所以道:恁么则易,不恁么则难。亦云恁么则难,不恁么则易。诸人作么生?大须细意。

兄弟,夫行脚也须带眼,莫被遮般底罩却,教你直须①冥然去,须得绵绵去。苦哉!被遮般底无辜枷著,有甚出期?遮个如水上葫芦子,有人按得么?常露现前,滔滔地自由自在,未曾有一法解盖得伊,未曾有一法解等得伊,拨着便露,触着便转辘辘地,盖声盖色,展即周流无滞,常露目前,岂是兀兀②底?出则无无不是,入则个个归源,声前迥迥地,岂堕有无?所以道:声前一句③,非圣不传;未曾亲近,如隔大千。声前一思,大家具知。遮个作么生会?寻常道,声前有路,从汝洞明,句后不来,犹亏一半,纤毫不透,如隔铁围。奇特相逢,将何诘对?

大凡唱教,须会目前生死意句杀活,方可褒扬。杀人刀,活人剑④,上古之机锋,亦是今时之枢要,摧魔破执,不得不无。直露真诠,须知己有,的能破的,大用无亏,圆通现前,魔难措手。若也未得如此,一切四威仪中合作么生明显?还见伊面孔么?遮里寻常道,面门⑤一思,常时无间。诸人还得恁么也无?

---

① 直须:应该。
② 兀兀:原意指昏昏沉沉,也指无事无修的自由境界。
③ 声前一句:未发出声音的一句,指佛祖的正法眼藏、涅槃妙心。
④ 杀人刀,活人剑:前者指截断学人妄念执着的机锋,后者指揭示学人真性的机锋。
⑤ 面门:面孔。

若实未明,且须自立,露倮倮地,不与万法为邻,一切法盖伊不得。所以古人道:目前无法,意在目前。不是目前法,非耳目之所到。第一须得本智现前,本地风光①,常露倮倮地,自由自在,出入无滞,方可违时。乃至龙神擎花无路,外道潜觑不见,有踪不是,泯形实去。

兄弟,透顶透底始得,莫只遮边那边逴得些子言句,到处插语,指东画西,举古举今。遮般底椎杀一万个有甚么罪过?明朝后日,锢鏴人家男女,打汝鬼骨臀有日在②,知么?宗门深奥,酌度胸襟。粗餐易饱,细嚼难饥③,根本差④殊,良由自错。虚劳一报,空腹高心。过是阿谁?食人言语,拣择是非。只占己长,终无是处。无事,珍重!

8. 琅邪拟议便打

琅邪觉和尚⑤上堂,有僧出来画一圆相⑥,琅邪拈拄杖,僧拟议⑦,琅邪便打,云:"道!"

僧云:"不道。"

"为甚么不道?"

---

① 本地风光:比喻每个人的本有的佛性。
② 有日在:句末语,表示将来一定会发生的事。
③ 粗餐易饱,细嚼难饥:参学的人过于粗疏,只看表象,看起来掌握了禅法,其实并没有得到根本。如果细细体会,掌握禅的精髓,则可以长久受用。
④ 差:原文作"荖",但诸禅典均作"差"。
⑤ 琅邪觉和尚:琅邪慧觉禅师,见第1则注。
⑥ 圆相:画圆相,本是仰山慧寂禅师的作略。
⑦ 拟议:迟疑,考虑,思考如何表达。

僧云："三世①诸佛，不出于此。"

琅邪又打，寻时趁出，乃云："教中道，以手指比丘，犯波逸提②罪。山僧③今日入地狱如箭射④。"

9. 雪峰勘僧剃头

雪峰山畔有一僧，卓庵⑤多年，不剃头，自作一柄木杓，去溪边舀水吃。时有僧问："如何是祖师西来意⑥?"

庵主云："溪深杓柄长。"

僧归举似⑦雪峰⑧，峰云："也甚奇怪，虽然如是，须是老僧勘⑨过始得。"

峰一日同侍者将剃刀去访他，才相见，便问："道得，即不剃汝头。"庵主便将水洗头，峰便与剃却。⑩

---

① 三世：过去世、现在世和未来世。
② 波逸提：译为堕，佛戒中罪的名称，犯此罪者，死后堕入地狱。
③ 山僧：僧人自称之语，居山之僧，表示不染尘俗。
④ 入地狱如箭射：迅速堕入地狱。
⑤ 卓庵：建茅庵。
⑥ 祖师西来意：达摩禅师从西天印度来东土的宗旨，喻指禅的本质，禅门中常问一句"如何是祖师西来意"。
⑦ 举似：转告，告诉。
⑧ 雪峰：雪峰义存禅师（822~908），俗姓曾，唐代青原系禅僧，德山宣鉴禅师法嗣。
⑨ 勘：勘验，禅师检验学人是否开悟。
⑩ 此则公案，《无门关》称为"州勘庵主"。

10. 道简路逢猛虎

云居简和尚①，僧问："路逢猛虎时如何？"
曰："千人万人不逢，偏汝便逢？"
问："孤峰独宿时如何？"
曰："闭着七间僧堂②不宿，阿谁教汝孤峰独宿？"

11. 晦堂一时击开

晦堂和尚③示众云："'知幻即离，不作方便。离幻即觉，亦无渐次。'④ 释迦老子⑤千门万户一时⑥击开，灵利汉才闻举着，撩起便行，更若踟蹰，君往西秦，我之东鲁⑦。"

12. 赵州洗钵盂去

僧问赵州⑧："学人乍入丛林⑨，乞师指示。"

---

① 云居简和尚：云居道简禅师，唐、五代之际曹洞宗禅僧，云居道膺禅师法嗣。
② 僧堂：禅林中僧众日常修禅起卧之堂舍。
③ 晦堂和尚：黄龙祖心禅师（1025~1100），俗姓邬，北宋临济宗黄龙派僧人，黄龙慧南禅师法嗣。
④ "知幻即离"四句：引自《圆觉经》。
⑤ 释迦老子：释迦牟尼，佛教的创始人。
⑥ 一时：一起，全部。
⑦ 君往西秦，我之东鲁：形容与禅的本性背道而驰。
⑧ 赵州：赵州从谂禅师（778~897），俗姓郝，唐代南岳系禅僧，南泉普愿禅师法嗣。
⑨ 丛林：指佛教僧团，许多僧人同聚一处，如同树林。也指寺院，特别是禅宗的大寺院，又称禅林。有时也指僧人。

州云:"吃粥了也未?"

云:"吃粥了也。"

州云:"洗钵盂去①。"

其僧因此大悟。

云门②云:"且道有指示无指示?若言有,赵州向伊道个甚么?若言无,遮僧为甚悟去?"

云峰悦和尚③云:"云门不识好恶,恁么说话,大似为蛇画足。云峰则不然:'遮僧怎么悟去,入地狱如箭射。'"

妙喜曰:云门老汉大似阿修罗王托动三有大城诸烦恼海。

随后喝云:寐语④作甚么。复云:云峰虽善背手抽金镞,翻身控角弓,争⑤奈蹉过⑥云门何?

13. 黄龙登山入海

黄龙南和尚⑦示众,举:大珠和尚⑧云:"身口意清净,是名佛出世⑨;身口不清净,是名佛灭度也。"好个消息,古人一期⑩

---

① 洗钵盂去:喝完粥后要做的事自然是洗钵盂。此一则公案,《从容录》《无门关》都称为"赵州洗钵"。
② 云门:云门文偃禅师,见第1则注。
③ 云峰悦和尚:云峰文悦禅师(997~1062),俗姓徐,北宋临济宗禅僧,大愚守芝禅师法嗣。
④ 寐语:说梦话。
⑤ 争:同"怎",怎么。
⑥ 蹉过:错过、错失。
⑦ 黄龙南和尚:黄龙慧南禅师(1002~1069),俗姓章,北宋临济宗禅僧,石霜楚圆禅师法嗣,临济宗黄龙派创始人。
⑧ 大珠和尚:大珠慧海禅师,俗姓朱,唐代南岳系禅僧,马祖道一禅师法嗣。
⑨ 出世:出现于世。
⑩ 一期:一时。

方便，与你诸人开个入路，既得个入路，又须得个出路。登山须到顶，入海须到底。登山不到顶，不知宇宙之宽广。入海不到底，不知沧溟之浅深。既知宽广，又知浅深，一蹋蹋翻四大海，一捆捆倒须弥山，撒手到家人不识，雀噪鸦鸣柏树间。

14. 保福雪峰弟子

僧问保福①："雪峰平生有何言句，得似羚羊挂角②时？"
福曰："不可我作雪峰弟子不得。"③

15. 真净快活似虎

真净和尚示众，举："三圣④问雪峰：'透网金鳞⑤，以何为食？'峰云：'待汝出得网来，即向汝道。'三圣云：'一千五百人⑥善知识⑦，话头⑧也不识。'俊哉俊哉！快活快活！恰似一只鹞子，莫惊著。报宁⑨即不然：'透网金鳞，以何为食？''待你

---

① 保福：保福从展禅师（？~928），俗姓陈，五代青原系禅僧，雪峰义存禅师法嗣。
② 羚羊挂角：据说羚羊夜间休息时，将角挂在树上，使得食肉猛兽找不到它。禅门中以此比喻没有踪迹可觅，表示禅的机锋不可捉摸，灵活多变。
③ "不可我作某某弟子不得"，是一个句型，比如，"我不可作马师弟子不得"。（《从容录》卷一）
④ 三圣：三圣慧然禅师，五代临济宗禅僧，临济义玄禅师法嗣。
⑤ 透网金鳞：又称三圣金鳞，公案名。冲透渔网的金鱼，以何为食？比喻挣脱束缚而达到解脱之境。
⑥ 一千五百人：比喻门下僧人众多。
⑦ 善知识：善于教导人们离于恶法、修行善法的人，在禅宗中，常指能够指示学人本性的人。
⑧ 话头：禅师所说的包含禅机的语句，公案中最关键的一句话。
⑨ 报宁：此是真净克文禅师住金陵报宁寺时的语录。

出得网来,即向你道.'待他道'一千五百人善知识话头也不识',但拽拄杖打出三门①外。"

复云:"也好快活,恰似一只虎,莫动著。诸禅德,且道报宁快活何似三圣快活?莫有快活底汉么?出来定当②看。"良久,喝一喝,云:"把手拽不住。"

16. 庞蕴空诸所有

庞居士③曰:"但愿空诸所有,慎勿实诸所无。"

17. 乌臼同坑之土

乌臼和尚④见玄、绍二上座来,便问:"二禅伯,近离甚么处?"

僧云:"江西。"臼便打。

僧云:"久响和尚有此机要。"

臼云:"你既不会,第二个近前来。"

僧拟议,臼又打,云:"同坑无异土⑤,参堂⑥去。"⑦

---

① 三门:佛教寺院大门开有三门,比喻空、无相、无作三解脱门,也有说象征智慧、慈悲、方便,或者信、解、行三义。但有时并非实指三个门,开一个门也可称三门。
② 定当:分辨清楚。
③ 庞居士:庞蕴,字道玄,唐代著名居士,马祖道一禅师法嗣。
④ 乌臼和尚:衢州乌臼禅师,唐代南岳系禅僧,马祖道一禅师法嗣。
⑤ 同坑无异土:比喻都是一类的货色,都不开悟。
⑥ 参堂:入僧堂参见首座、大众,并坐禅。
⑦ 宗杲曾颂此则公案说:"猛焰不容蚊蚋泊,大海那能宿死尸。任是三头并六臂,望风无不竖降旗。"(《大慧语录》卷十)

18. 赵州东司唤僧

赵州和尚一日在东司①上，见文远②过，遂唤③云："文远。"
远应喏。
州云："东司上不可与你说佛法。"④

19. 慈明佛性法身

慈明和尚⑤示众云："无明实性即佛性，幻化空身即法身。诸仁者，若也信得去，不妨省力，可谓善财⑥入弥勒⑦楼阁，无边法门，悉皆周遍，得大无碍，悟法无生，是谓无生法忍⑧。无边刹境，自他不隔于毫端⑨，十世古今，始终不离于当念⑩。且问诸人，阿那个是当念？只如⑪诸人无明之性即是汝本觉妙明之性，

---

① 东司：厕所。
② 文远：赵州从谂门下的侍者。
③ 唤：这里用的是唤名字法，意在说明不在执着于名字相，而应发明自己的本来面目。此法有时也表现为唤僧人的职务。
④ 宗杲曾颂此则公案说："赵州有密语，文远不覆藏。演出大藏教，功德实难量。"（《大慧语录》卷十，《大正藏》第47册，第851页下）
⑤ 慈明和尚：石霜楚圆禅师（986~1039），俗姓李，北宋临济宗禅僧，汾阳善昭禅师法嗣。
⑥ 善财：善财童子，典出《华严经》。
⑦ 弥勒：菩萨名，弥勒为姓，名阿逸多，意为慈悲无人能胜，住兜率天内院，佛教认为他将来要继释迦牟尼的位而成佛。
⑧ 无生法忍：安忍、安住于无生法的境界，即诸法无生无灭的境界。
⑨ 毫端：毫毛的一端，比喻空间方面极微小。
⑩ 当念：当下的刹那一念。
⑪ 只如：就像。

盖为不了生死根源，执妄为实，随妄所转，致堕轮回①，受种种苦。若能回光返照②，自悟本来真性不生不灭，故曰无明实性即佛性，幻化空身即法身。只如四大③、五蕴④，不净之身，都无实义，如梦如幻，如影如响，从无量劫⑤来流浪生死，贪爱所使，无暂休息，出此入彼，积骨如毗富罗山⑥，饮乳如四大海水。何故？为无智慧，不能了知五蕴本空，都无所实，逐妄受生，贪欲所拘，不得自在故。所以世尊⑦云：诸苦所因，贪欲为本。若灭贪欲，无所依止，汝等若能了知幻身虚假，本来空寂，诸见不生，无我、人、众生、寿者，诸法皆如，故曰幻化空身即法身。法身觉了无一物，唯听法说法，虚玄大道，无著真宗，故曰本源自性天真佛，又曰五阴⑧浮云空去来，三毒⑨水泡虚出没。若如是者，是为'度一切苦厄⑩'，乃至无量无边烦恼知解悉皆清净，是为清净法身。若到遮个田地，便能出此入彼，舍身受身，地狱天堂，此界佗方，纵横自在，任意浮沉，应物舒光，随机逗教，唤作千百亿化身。与么说话，可谓无梦说梦，和泥合水⑪，撒屎撒尿，不识好恶。"

---

① 轮回：佛教的基本理论之一，众生从无始以来，辗转生死于三界六道之中，如车轮一样旋转无穷。
② 回光返照：喻指向内观照自心真性，不向外驰求。
③ 四大：构成物质的四种要素——地、水、火、风。
④ 五蕴：构成人的生命之体的五种要素——色、受、想、行、识。
⑤ 劫：佛教表示很长的时间的一个概念，又称大时。
⑥ 毗富罗山：此山在古印度摩竭陀国。
⑦ 世尊：佛的尊号。佛具万德，是世之所尊。
⑧ 五阴：即五蕴。
⑨ 三毒：贪、嗔、痴。
⑩ 度一切苦厄：此句出自《心经》。
⑪ 和泥合水：指用语言文字的方法应机接引学人。

乃呵呵大笑，云："若向衲僧门下，十万八千未梦见佗汗臭气在。虽然如是，事不得一向①，'但以假名字，引导于众生'②。"喝一喝。

20. 保宁亦有一颂

保宁勇和尚③示众，举："'夜夜抱佛眠，朝朝还共起。起坐镇相随，语默同居止。分毫不相离，如身影相似。欲识佛去处，只遮语声是。'大众，傅大士④此之一颂，古今不坠，一切人知，向此瞥地⑤者亦多，错会者不少。玄沙和尚⑥云：'大小傅大士只认得个昭昭灵灵⑦。'洞山聪和尚⑧云：'你且道衲僧家⑨日里还曾睡也无？'此二尊宿⑩两转语⑪，谁言世上无仙客？须信壶中别有天。保宁亦有一颂：'要眠时即眠，要起时即起。水洗面皮光，啜茶湿却嘴。大海红尘生，平地波涛起。呵呵阿呵呵，啰哩哩啰哩。'"

僧问："如何是保宁境？"

云："主山头倒卓。"

---

① 一向：一成不变地，一味地。
② 此二句出自《法华经》卷一《方便品》。
③ 保宁勇和尚：保宁仁勇禅师，俗姓竺，北宋临济宗杨岐派禅僧，杨岐方会禅师法嗣，其弘法道场在金陵保宁禅院。
④ 傅大士：傅翕，号善慧，南朝梁代著名禅僧。
⑤ 瞥地：领会，体会。
⑥ 玄沙和尚：玄沙师备禅师（835~908），俗姓谢，唐代青原系禅僧，雪峰义存禅师法嗣。
⑦ 昭昭灵灵：众生本有的灵明之性。
⑧ 洞山聪和尚：洞山晓聪禅师（？~1030），俗姓杜，北宋云门宗禅僧，文殊应真禅师法嗣。
⑨ 衲僧家：禅僧。
⑩ 尊宿：对年高德重的禅僧的尊称。
⑪ 转语：使人从迷执中翻转为悟的关键的话语。

"如何是境中人?"

云:"鼻孔无半边。"

"如何是保宁家风①?"

云:"硬糊饼②,烂馎饦③。"

"忽遇客来,将何祇待④?"

云:"粗餐易饱,细嚼难饥。"

21. 赵州放下担取

严阳尊者⑤问赵州:"一物不将来时如何?"

州云:"放下着。"

严云:"既是一物不将来,又放下个甚么?"

州云:"放不下,便担取去。"

黄龙南和尚颂云:"一物不将来,两肩担不起。言下忽知非,心中无限喜。毒恶既忘怀,蛇虎为知己。光阴几百年,清风犹未已。"

22. 法华释迦达磨

法华举和尚⑥示众云:"释迦不出世,达磨⑦不西来。佛法遍

---

① 家风:某一禅师的风格特色。
② 糊饼:或作胡饼,从胡地传入的面粉制食品,粘有芝麻,炉中烘烤而成。
③ 馎饦:汤饼,一种水煮的面食。馎,原本作"𩞁"。
④ 祇待:即祇对,恭敬地应付、对付之意。
⑤ 严阳尊者:严阳善信尊者,五代南岳系禅僧,赵州从谂禅师法嗣。
⑥ 法华举和尚:法华全举禅师,注见第1则。
⑦ 达磨:菩提达摩禅师,禅宗东土第一祖师。

天下，谈玄口不开。"

　　妙喜曰：作贼人心虚。

23. 定慧劈脊便打

　　定慧信和尚①问僧："忠国师②无情说法③，南方尊宿如何商量？"

　　僧云："诸方皆云六根④互用信。"

　　云："教中道'无眼、耳、鼻、舌、身、意'，将甚么互用？"

　　僧拟议，信劈脊便打。

　　生法师⑤云："敲空作响，击木无声⑥。"云门以拄杖空中敲，云："阿耶耶。"又敲板头⑦，云："作声么？"

　　僧云："作声。"

　　云门云："遮俗汉。"又敲板头，云："唤甚么作声？"

24. 玄沙犹较些子

　　玄沙和尚问僧："甚处来？"

---

① 定慧信和尚：定慧超信禅师，宋代临济宗禅僧，琅邪慧觉禅师法嗣。
② 忠国师：南阳慧忠国师（？~775），俗姓冉，唐代禅僧，六祖慧能禅师法嗣。
③ 无情说法：出自慧忠门下的禅宗公案。草木瓦石等无情之物就是古佛心，包括了无情之物也有佛性、物我一如之意，等等。
④ 六根：眼、耳、鼻、舌、身、意。
⑤ 生法师：竺道生（355~434），俗姓魏，晋宋间义学高僧，竺法汰弟子，提出一阐提人都能成佛、顿悟等重要观点。
⑥ 敲空作响，击木无声：竺道生之语。无声即有声，有声即无声，所以，敲击虚空，却似有声，敲击木头，却似无声。
⑦ 板头：禅堂中的禅床，每床坐四人，依僧腊即出家资历依次而坐，第一位就是板头。

僧云："瑞岩①来。"

沙云："瑞岩有甚么言句？"

云："和尚寻常唤主人翁②，自应云：诺，惺惺着③，佗后莫受人谩。"

沙云："一等弄精魂④，犹较些子⑤。"

25. 悟新清珠浊水

黄龙新和尚⑥示众云："清珠下于浊水，浊水不得不清。念佛投于乱心，乱心不得不佛。佛既不乱，浊水自清。浊水既清，功归何所？"良久，云："几度黑风翻大海，未曾闻道钓舟倾。"

26. 荐福具择法眼

荐福古和尚⑦示众，举：百丈恒和尚⑧有时上堂，众才集，云："吃茶。"便下座。有时上堂，众才集，云："珍重。"便下座。有时上堂，众才集，云："歇。"便下座。往往多用此时节因

---

① 瑞岩：瑞岩师彦禅师，俗姓许，唐代禅僧，岩头全奯禅师法嗣，青原下六世。
② 主人翁：喻指众生的自性、清净本性。
③ 惺惺着：清醒点，机警着点。
④ 弄精魂：故弄玄虚，做出虚妄的行为。
⑤ 较些子：相对来说较好一些。
⑥ 黄龙新和尚：黄龙悟新禅师（1043~1114），俗姓黄，北宋禅宗黄龙派僧人，黄龙祖心禅师法嗣。
⑦ 荐福古和尚：荐福承古禅师（？~1045），北宋云门宗禅僧，云门文偃禅师法嗣。
⑧ 百丈恒和尚：洪州百丈道恒禅师，生卒年不详，五代时期法眼宗禅僧，清凉文益禅师法嗣。

缘①，众人罔测津涯。后来又自作一颂，颂此三转因缘云："百丈有三诀，吃茶、珍重、歇。直下便承当，敢保君未彻。"大众，只如恒和尚作此一颂，且道见处如何？还知得失否？要会么？据佗三度上堂时节，恰似个好人，后来作此一颂，恰如面上雕两行字。若是通人达士，举起便知。后学初机，难为拣辨。老僧与汝从头注出："百丈有三诀"，贼身已露。"吃茶、珍重、歇"，赃物出来。"直下便承当，敢保君未彻"，大似抱赃判事②。然虽如此，诸仁者，若具择法眼，方能证明。如或邪正不分，可谓颟顸③佛性，更须博问贤良。可惜虚生浪死④。

27. 自宝赞禅初祖

归宗宝和尚⑤《赞⑥初祖达磨（并序）》：

师真⑦徒邈，三界无著。

拟欲安排，知君大错。

虚劳指点，何处扪摸？

要识师真，乾坤廓落。

师相兮世所希，师眉兮阵云垂。

---

① 时节因缘：时节到来，因缘和合的机会。
② 抱赃判事：抱着赃物要求判官判其清白。比喻禅师以语言知解接引学人，却自认为不落言诠，并要人明白这一点。
③ 颟顸：糊涂，不明事理、不明自性的真相。
④ 虚生浪死：虚度人生，糊里糊涂就走向了一生终结的死亡。喻不明自性、不觉悟的状况。
⑤ 归宗宝和尚：瑞州洞山自宝禅师，生卒年不详，宋代云门宗禅僧，五祖师戒禅师法嗣。
⑥ 赞：一种文体，赞颂文。
⑦ 真：写真，人像画。在此像上题写赞颂文字，称为真赞。真也指真性。

师眼兮电光辉，师鼻兮耸须弥。

师口门无齿兮过在谁？

拟涉流沙兮何不自知非，彼此丈夫兮传法与阿谁？

更住少林①兮忸怩②却西归，遇衲僧兮好与一顿椎。

虽然如是兮不会莫针锥。

琅邪觉和尚睹此赞，乃述颂云："师眼兮深，师鼻兮大，师耳兮穿，师舌兮快，师身兮墨，师心兮戴。手携只履返流沙③，熊耳④石塔今犹在。"只将此颂验尽天下衲僧。

妙喜曰：戴此一字，不得动着，动着则祸生。

28. 真净七颠八倒

真净和尚示众，举：三圣云："我逢人即出，出则不为人⑤。"兴化⑥云："我逢人即不出，出则便为人。⑦"看这两个老古锥⑧，窃得临济⑨些子活计，各自分疆列界，气冲宇宙，使明眼衲僧⑩只得好笑。诸禅师，且道笑作甚么？还知落处么？若知，一任七

---

① 少林：嵩山少林寺，被视为禅宗第一祖庭。
② 忸怩：惭愧、狼狈。
③ 手携只履返流沙：传说达摩禅师最后西归，有人在葱岭（帕米尔高原）遇见达摩，见他手里拿着一只鞋子，独自西行。
④ 熊耳：河南熊耳山，双峰如同熊耳，达摩墓塔建于此山。
⑤ 为人：禅师出世接引、教化学人。
⑥ 兴化：兴化存奖禅师，唐代临济宗禅僧，临济义玄禅师法嗣。
⑦ 宗杲曾颂此两句："阳焰何曾能止渴？画饼几时充得饥？劝君不用栽荆棘，后代儿孙惹著衣。"（《大慧语录》卷十）
⑧ 老古锥：机锋锐利的历史上的大禅师。
⑨ 临济：临济义玄禅师（？～867），俗姓邢，唐代禅僧，临济宗创始人，黄檗希运禅师法嗣。
⑩ 明眼衲僧：根性慧利的明白禅僧。

颠八倒。若不知，且向三圣、兴化葛藤①里咬嚼。

29. 赵州觅个住处

赵州和尚到云居②，居云："老老大大，何不觅个住处③去？"

州云："作么生是某住处？"

居云："山前有个古寺基。"

州云："和尚自住取。"

次到茱萸④，萸亦云："老老大大，何不觅个住处去？"

州云："甚么处是某住处？"

萸云："老老大大，住处也不知。"

州云："三十年弄马骑，今日被驴子扑。"

30. 洞山佛向上事

洞山⑤云："须知有佛向上事⑥。"

僧问："如何是佛向上事？"

山云："非佛。"

---

① 葛藤：指烦琐的语言文字，如果执着于此，如同被藤蔓缠住而不能解脱。
② 云居：云居道膺禅师（？~902），俗姓王，唐代曹洞宗禅僧，洞山良价禅师法嗣。
③ 觅个住处：喻指站稳脚跟，寻找自己的本性。
④ 茱萸：鄂州茱萸禅师，生卒年不详，唐代南岳系禅僧，南泉普愿禅师法嗣。
⑤ 洞山：洞山良价禅师（807~869），俗姓俞，唐代禅僧，曹洞宗创始人之一，云岩昙晟禅师法嗣。
⑥ 此句出自《洞山良价禅师语录》："体得佛向上事，方有些子语话分。"指佛法的至要、精微之处。

云门云："名不得，状不得，所以言非。"

31. 慈明水出高源

僧问慈明和尚："如何是佛①？"
云："水出高源。"
又问："行脚不逢人时如何？"
云："钓丝绞水。"

32. 保宁镬汤无冷

保宁勇和尚示众云："有手脚，无背面，明眼人，看不见，天左旋，地右转。"拍膝云："西风一阵来，落叶两三片。"
僧问："如何是佛法大意②？"
云："镬汤无冷处。"

33. 大沩不得动著

大沩真如和尚③举：雪峰尝谓玄沙曰："有个南际长老④，

---

① 如何是佛：禅门常用问语，指诸佛的本质是什么。禅师对此的奇特回答，多要问者返回自性。
② 如何是佛法大意：禅门常用问语，指佛法的本质是什么。禅师对此一般不作直接正面回答，形成特殊的语言风格。
③ 大沩真如和尚：大沩慕喆禅师（？~1095），俗姓闻，北宋临济宗禅僧，翠岩可真禅师法嗣。
④ 南际长老：南际山僧一禅师，唐代青原系禅僧，石霜庆诸禅师法嗣。见《宗鉴法林》卷六十五。

问，无有答不得者。"际一日到雪峰，峰令访玄沙。沙问曰："古人道：此事唯我能知。长老怎么生？"际曰："须知有不求知者。"沙曰："山头老汉吃许多辛苦作么？"玄沙怎么道，大沩怎么举，不得动著，何故？如击涂毒鼓①，远近闻皆丧。

34. 仰山插锹叉手

沩山②问仰山③："甚处④来？"

仰山云："田中来。"

沩云："田中有多少人？"

仰插锹叉手而立。

沩云："今日南山大有人刈茅。"仰拽锹而去。⑤

雪窦⑥云："诸方咸谓'插锹'话奇特，大似随邪逐恶。据雪窦见处，仰山被沩山一问，直得草绳自缚，去死十分。"

> 妙喜曰：仁者见之谓之仁，智者见之谓之智。百姓日用而不知，故君子之道鲜矣。

---

① 涂毒鼓：毒鼓之声能杀人，《涅槃经》譬之为佛性常住之声，能杀害众生之五逆十恶，使入于佛道。
② 沩山：沩山灵祐禅师（771~853），俗姓赵，唐代禅僧，沩仰宗创始人之一，百丈怀海禅师法嗣。
③ 仰山：仰山慧寂禅师（807~883），俗姓叶，唐代禅僧，沩仰宗创始人之一，沩山灵祐禅师法嗣。
④ 《续藏》本作"么"，《嘉兴藏》本作"处"，今依《嘉兴藏》本。
⑤ 《空谷集》概括此公案为"仰山插锹"，也称为"插锹话"。
⑥ 雪窦：雪窦重显禅师（980~1052），俗姓李，北宋云门宗禅僧，智门光祚禅师法嗣。

35. 黄龙穷二老意

　　黄龙南和尚示众，举：僧问乾峰①："十方薄伽梵，一路涅槃门②，未审③路头④在甚么处？"峰以拄杖画，云："遮里。"僧请益云门，门拈起扇子，云："扇子𨁝跳⑤上三十三天，筑⑥著帝释⑦鼻孔。东海鲤鱼打一棒，雨似盆倾。会么？会么？"乾峰一期指路，曲为初机。云门乃通其变，故使后人不倦。汝等诸人须穷二老之意，莫逐二老之言。得意则返正道以归家⑧，寻言则荡邪途而转远⑨。

36. 归宗有一味禅

　　大愚⑩一日辞归宗，宗问："甚处去？"
　　愚云："诸方学五味禅⑪去。"

---

① 乾峰：越州乾峰禅师，唐代曹洞宗禅僧，洞山良价禅师法嗣。
② 此二句出自《楞严经》卷五。十方，指东、西、南、北、东南、西南、东北、西北、上、下十个空间方位。薄伽梵，指成就最高境界的人，佛的十号之一，有自在、炽盛与端严、名称、吉祥及尊贵六义。
③ 未审：疑问词，有"请问""是否知道"等意。
④ 路头：入门的门径，也喻指觉悟之门。
⑤ 𨁝跳：蹦跳。
⑥ 筑：打、击。
⑦ 帝释：忉利天之主，居住于须弥山顶的喜见城。
⑧ 归家：喻指禅僧通过明心见性而得觉悟。
⑨ 转远：越来越远。转，此处指"越来越"。
⑩ 大愚：高安大愚，唐代僧人，归宗智常禅师法嗣。
⑪ 五味禅：指由浅至深的外道禅、凡夫禅、小乘禅、大乘禅和最上乘禅。

宗云:"诸方有五味禅,我遮里只有一味禅①。"

愚便问:"如何是和尚一味禅?"

宗蓦口便打,愚忽然大悟,云:"嗄!我会也。"

宗云:"道!道!"愚拟开口,宗又打,趁出。

灌溪②初参临济,才入门,济蓦胸擒住,灌溪便云:"领!领!"济便托开。

37. 真净不顺人情

真净和尚示众云:佛法不顺人情,诸方长老大开口,尽道"我会禅,会道",且道,伊会也未?无端向屎坑里坐,谩神谎鬼。似遮般底,打杀千万个与狗子吃,有甚么过?又有一般禅和子③,大开着眼,被伊狐魅,殊不自知,蓦头着屎浇,亦不厌恶。大众,彼此丈夫争受怎么?自己合作么生?

38. 睦州展演之言

僧问睦州和尚④:"如何是展演之言?"

州云:"量才补职。"

又问:"如何是不展演之言?"

---

① 一味禅:不分阶级、不须渐进的顿悟禅法。
② 灌溪:灌溪志闲禅师(?~895),俗姓史,唐代临济宗禅僧,临济义玄禅师法嗣。
③ 禅和子:参禅的僧人。
④ 睦州和尚:睦州陈尊宿,名道明,唐代南岳系禅僧,黄檗希运禅师法嗣。

州云:"伏惟尚飨①。"

39. 投子不快漆桶

雪峰和尚到投子②,投子指庵前一片石谓峰云:"三世诸佛总在里许。"

峰云:"须知有不在里许者。"

投子云:"不快漆桶③。"

投子与峰游龙眠,路有两条,峰问:"那个是龙眠路?"

投子以杖指之。

峰云:"东去?西去?"

投子云:"不快漆桶。"

峰问:"一椎便就时如何?"

投子云:"不是性燥汉。"

云:"不假一椎时如何?"

投子云:"不快漆桶。"

又问:"此间还有人参也无?"

投子将镢头抛向面前,峰云:"恁么则当处掘去也。"

投子云:"不快漆桶。"④

---

① 伏惟尚飨:祭文的结束语。伏惟,伏在地上想,下对上陈述时的敬辞。尚飨,请享用祭品吧。
② 投子:投子大同禅师(819~914),俗姓刘,唐、五代之际青原系禅僧,翠微无学禅师法嗣。
③ 不快漆桶:比喻根性不慧利、心中漆黑的不开悟者。
④ 此则公案,《禅苑蒙求瑶林》称为"雪峰漆桶"。

40. 琅邪具眼衲子

琅邪觉和尚示众云："主宾①互换，坐断乾坤。料拣②双施，谁人举目？释迦③圣主示灭双林④，达磨大师真归熊耳。琅邪门下还有具眼⑤衲子、真正道流⑥么？若无，应病与药，诊候临时⑦。"

僧问："德山棒⑧，临济喝⑨，去此二途，请师别道⑩。"

琅邪云："千钧之弩不为鼷鼠而发机。"

僧便喝。

琅邪云："作家⑪！"

僧拟议，琅邪便打。

---

① 主宾：临济义玄禅师开创的四宾主的教育施设，主是指禅师，或开悟者；宾是学人，或未开悟者。
② 料拣：临济义玄禅师开创的四料简的教学施设。料拣指根据不同的情境而作出判断，应该采取何种针对性的方法。料是度量、分析，对学生根机的了解、场景的判断；拣是裁简、选择，决定用什么教育方法。
③ 释迦：释迦牟尼的简称。
④ 双林：释迦牟尼最后在拘尸那城娑罗树林中去世，此处的娑罗树，四个方向各有两株，故称双树、双林。
⑤ 具眼：具备智慧之眼。
⑥ 道流：学道、习禅的人们。
⑦ 应病与药，诊候临时：比喻在教学上根据学人的不同根机等情形而采取有针对性的有效手段。
⑧ 德山棒：德山，即德山宣鉴禅师（782~865），俗姓周，唐代青原系禅僧，龙潭崇信禅师法嗣，其作略以行棒著称。
⑨ 临济喝：临济义玄禅师的作略以施喝著称。
⑩ 请师别道：要求禅师能够不照搬历史上高僧的已有的看法，提出自己独特的见解和方法。这突出了禅的创新特色。
⑪ 作家：指优秀的禅僧，机锋敏捷。

41. 大宁佛法无事

大宁宽①和尚示众云:"佛法无事,人自迷源,祖佛出来,大家整顿。故有教流沙界,道播四方,尽皆舍短从长,穷究本性。本性若达,一切皆通,信手拈来,千般受用。且道,怎么说话还合得祖宗门下事么?"良久,云:"啼得血流无用处,不如缄口过残春。"

42. 归宗举拳示之

江州②刺史③李渤④问归宗:"教⑤中所言须弥纳芥子,渤即不疑,芥子纳须弥,莫是妄谈否?"

宗曰:"人传使君⑥读万卷书籍,还是否?"

李曰:"然。"

宗曰:"摩顶至踵如椰子大,万卷书向何处著?"李俛⑦首而已。

李异日又问云:"大藏教明得个甚么边事?"

---

① 大宁宽:大宁道宽禅师,北宋临济宗禅僧,石霜楚圆禅师法嗣。
② 江州:今江西九江市。
③ 刺史:官名,西汉武帝时设置,到唐代时已成虚衔,并不一定赴任,实权由知州掌握。
④ 李渤(773~831):字澹之,唐代文人和官员,《唐书》有传。
⑤ 教:禅宗判佛教为教门和宗门两大类,自称教外别传。教指经教,依经典立宗的各个教派。
⑥ 使君:对求法的官员的尊称。
⑦ 俛:通"俯"。

宗举拳示之，云："还会么？"

李云："不会。"

宗云："遮个措大①，空读万卷书，拳头也不识。"

43. 清平井索钱索

僧问清平和尚②："如何是大乘③？"

曰："井索④。"

"如何是小乘？"

曰："钱索。"

"如何是有漏⑤？"

曰："笊篱⑥。"

"如何是无漏？"

曰："木杓。"

法云圆通和尚⑦曰："大乘、小乘，井索、钱索，有漏、无漏，笊篱、木杓。"

---

① 措大：宋代骂人语，相当于今天的"笨蛋"之类，特别是讥讽贫寒文人之语。
② 清平和尚：清平令遵禅师（845~919），唐、五代之际青原系禅僧，翠微无学禅师法嗣。
③ 大乘：相对于小乘而称，乘有乘载之车船的比喻义，喻指可以普度众生至解脱彼岸。
④ 井索：大乘之"乘"的发音和绳相近，学生问大乘，清平禅师故意理解成"大绳"，井绳就是"大绳"。以此奇特语的回答，意思之一是表示不应该有大乘和小乘的分别心。
⑤ 有漏：相对于无漏而言，指有烦恼，烦恼通过六根漏泄不止，称为漏。
⑥ 笊篱：竹制的厨房用具，带网眼的漏勺，用以捞米饭等。学生问有漏，清平禅答以漏勺之有"漏"，意思之一是要求去除有和无的分别、有漏和无漏的分别。
⑦ 法云圆通和尚：法云寺法秀圆通禅师（1027~1090），俗姓辛，北宋云门宗禅僧，天衣义怀禅师法嗣。

法昌遇和尚①垂语云:"我要一个不会禅底做国师。"

妙喜曰:且道是醍醐句?是毒药句?

44. 真净天地万物

真净和尚示众云:"天地与我同根,万物与我一体②。脚头脚尾,横三竖四。北俱卢州火发,烧着帝释眉毛。东海龙王忍痛不禁,轰一个霹雳,直得倾湫倒岳,云暗长空。十字街头③廖胡子醉中惊觉起来,拊掌呵呵大笑,云:'筠云城中,近来少贼。'"乃拈拄杖,云:"贼,贼。"

45. 玄沙坚固法身

玄沙因误服药,遍身红烂。

僧问:"如何是坚固法身?"

沙云:"脓滴滴地。"

怀和尚④颂云:"滴滴通身是烂脓,钓鱼船上显家风。时人只看丝纶上,不见芦花对蓼⑤红。"

---

① 法昌遇和尚:法昌倚遇禅师(1005~1081),俗姓林,北宋云门宗禅僧,北禅智贤禅师法嗣。
② 此二句出自《肇论·涅槃无名论》。
③ 十字街头:热闹人杂之地,比喻尘世。禅宗主张不离世间而觉悟,比如说,在尘俗的十字街头而成就觉悟。
④ 怀和尚:天衣义怀禅师(993~1064),俗姓陈,北宋云门宗禅僧,雪窦重显禅师法嗣。
⑤ 蓼:音liǎo,草本植物名,生长在水边或水中,其花呈白色或浅红色。

端和尚①云:"曾有人问法华②:'如何是清净法身?'只答佗道:'屎臭熏天。'又云:'莲花叶上化生儿。'且道与古人是同是别?"

法华亦有颂云:"屎臭熏天亦偶然,法华争敢为君宣?鼻中若有通天窍,一任横行不著穿。"

46. 疏山咸通前后

疏山③示众云:"老僧咸通年④已前会得法身边事,咸通年已后会得法身向上事。"

云门问:"承闻和尚咸通年已前会得法身边事,咸通年已后会得法身向上事,是否?"

山云:"是。"

门云:"如何是法身边事?"

山云:"枯桩。"

门云:"如何是法身向上事?"

山云:"非枯桩。"

门云:"还许学人说道理也无?"

山云:"许你说。"

门云:"枯桩岂不是明法身边事?非枯桩岂不是明法身向

---

① 端和尚:白云守端禅师(1025~1072),俗姓葛,北宋杨岐派禅僧,杨岐方会禅师法嗣。
② 法华:法华全举和尚。
③ 疏山:疏山匡仁禅师,唐、五代之际曹洞宗禅僧,洞山良价禅师法嗣。
④ 咸通年:唐懿宗年号(860~874)。

上事?"

　　山云："是。"

　　门云："法身还该①一切否?"

　　山云："作么生不该?"

　　门指净瓶②云："法身还该遮个么?"

　　山云："阇梨③，莫向净瓶边会。"门便礼拜。

　　妙喜曰：云门礼拜，不是好心。

47. 法演开花结果

　　五祖演和尚④示众云："祖师道：'吾本来兹土，传法救迷情；一花开五叶，结果自然成。'达磨大师信脚来，信口道⑤，后代儿孙多成计较。要会开花结果处么？郑州梨，青州枣，万物无过出处好。"

　　又，僧问："如何是佛?"

　　云："肥从口入。"

　　问："祖意教意⑥是同是别?"

　　云："人贫智短，马瘦毛长。"

---

① 该：包括。
② 净瓶：贮水用以净手的瓶子。
③ 阇梨：全称阿阇梨，轨范师，意为正行，能纠正僧人的品行。禅门中也作为对僧人的尊称。
④ 五祖演和尚：五祖法演禅师（？~1104），俗姓邓，北宋杨岐派禅僧，白云守端禅师法嗣。
⑤ 达磨大师信脚来，信口道：禅宗认为上面这首偈颂是达摩所作。
⑥ 祖意教意：指禅门和教家各自的宗旨。丛林中常问"祖意教意是同是别"这样的问题。

48. 慈明牧童之歌

慈明和尚《牧童①歌》：

牧牛童，实快活，跣足披蓑双角撮。横眠牛上向天歌，人问如何牛未渴？

回面观，平田阔，四方放去休拦遏。八面无拘任意游，要收只在索头拨。

小牛儿，顺摩挱，角力未充难提掇。且从放在小平坡，虑上高峰四蹄脱。

日已高，休吃草，捏定鼻头无少老。一时牵向圈中眠，和泥看伊东西倒。

笑呵呵，好不好，又将横笛顺风吹，震动五湖山海岛。

倒骑牛，脱布袄，知音休向途中讨。若问牧童何处居？鞭指东西无一宝。

49. 归宗划草断蛇

归宗和尚划草次，有讲僧来参，忽有一蛇过，宗以锄断之。僧云："久响②归宗，元来是个粗行沙门。"宗按锄顾视僧，曰："你粗？我粗？③"

---

① 牧童：牧童的牧牛在禅门中常用来比喻自在境界的一种代表。
② 响：指有影响或声名远扬。
③ 禅宗丛林中称为"归宗斩蛇"。

后来雪峰问德山:"古人斩蛇,意旨如何?"

德山便打,雪峰便走。

德山召云:"布衲①!"

雪峰回首,德山云:"佗后悟去,方知老汉彻底老婆心②。"

50. 琅邪过在甚处

琅邪觉和尚示众云:"有句无句,如藤倚树③。树倒藤枯,恰好吃棒。你且道过在甚么处?"良久,云:"不是僧繇④手,徒说会丹青。"

51. 黄龙滴水滴冻

黄龙南和尚示众云:"江南之地,春寒秋热,近日以来,滴水滴冻。"

僧问:"滴水滴冻时如何?"

曰:"未是衲僧分上事⑤。"

---

① 布衲:对僧人的一种称呼。
② 老婆心:指慈悲心。在形式上,用语言细致地解释禅的真谛,实际上和不立文字是相违的。
③ 有句无句,如藤倚树:这两句最初可能出自福州大沩安和尚。疏山匡仁禅师听说后,就去问他:忽遇树倒藤枯,句归何处?大沩哈哈大笑而归方丈室。有无四句之中,第一句有句是肯定句,有而非无,正面描述对象的性质。第二句无句是否定句,无而非有,以否定的形式描述对象的性质。第三句亦有亦无是"双亦句"。第四句"非有非无"是"双非句"。对于禅的本质的把握,要求离四句,绝百非,超越语言。如藤倚树是比喻有句也好,语言文字都是对于禅的本性的障碍,并不是禅本身。
④ 僧繇:姓张,南朝著名画家,长于画佛画。此处用以喻作掌握某类对象之本性的悟道者。
⑤ 衲僧分上事:指禅僧最要紧的本分事,指明心见性、觉悟成佛、了脱生死之大事。

僧云："如何是衲僧分上事？"

曰："滴水滴冻。"

52. 马祖四嗣相别

南泉①、鲁祖②、杉山③、归宗四人离马祖④处，各谋住庵，于中路相别次⑤，南泉插下拄杖，云："道得也被遮个碍，道不得也被遮个碍。"宗拽拄杖打泉一下，云："也只是遮个，王老师⑥说甚么碍与不碍？"鲁云："只此一句语，大播天下。"

53. 晓聪负柴上山

洞山聪和尚尝自负柴上山，路逢一僧问："山上有柴，何故将上去⑦？"

聪便放柴于地，云："会么？"

僧云："不会。"

聪云："我要烧⑧。"

---

① 南泉：南泉普愿禅师（748~834），俗姓王，唐代南岳系禅僧，马祖道一禅师法嗣。
② 鲁祖：鲁祖宝云禅师，唐代南岳系禅僧，马祖道一禅师法嗣。
③ 杉山：杉山智坚禅师，唐代南岳系禅僧，马祖道一禅师法嗣。
④ 马祖：马祖道一禅师（709~788），俗姓马，唐代南岳系禅僧，南岳怀让禅师法嗣。
⑤ 次：放在表示动作的词之后，表示动作进行的过程中，相当于"……的时候"。
⑥ 王老师：南泉普愿禅师俗姓王，所以禅宗丛林中常常称其为"王老师"。
⑦ 山上有柴，何故将上去：隐喻之语。山上本来就有柴，为什么要从外面带柴上去？理解之一可以是，众生心中本有佛性，为什么要到心外去求佛性？
⑧ 我要烧：虽然人生本有佛是一个基本原理，但处处执着于此，挂在嘴边，也是一种障碍，所以洞山晓聪禅师以此看似平常的一句"我要烧"来否定这种执着。

54. 严阳佛法僧祖

僧问严阳尊者:"如何是佛?"

曰:"土块①。"

"如何是法?"

曰:"地动也。"

"如何是僧?"

曰:"吃粥吃饭②。"

"如何是新兴水③?"

曰:"前面江里。"

55. 道恒会良久处

百丈恒和尚侍立法眼④次,因请益"外道问佛⑤,不问有言,

---

① 土块:禅师答问的常见形式之一,即以无情之物来回答什么是佛、禅、道之类的问题,有多重含义,其中包含了截断问者思维之流的含义,佛性、禅、道等普遍存在于一切处,也存在于无情万物的含义,等等。
② 吃粥吃饭:禅师答问的常见形式之一,即以僧人的日常生活来回答什么是道、什么是僧、什么是禅等问题,有多重意义,此处的含义之一是僧人须注重日常生活的修行,将禅和生活结合起来。
③ 新兴水:新兴是六祖慧能的家乡,此问含有什么是六祖禅的本性等意。
④ 法眼:金陵清凉院文益禅师(885~958),俗姓鲁,唐、五代时期禅僧,法眼宗创始人,所以禅宗丛林中也称为法眼文益,罗汉桂琛禅师法嗣。
⑤ 外道问佛:据说,一位阿含外道向佛请教问题,不问有言,不问无言,佛只是踞座不言,外道赞叹说:世尊大慈,开我迷雾。于是向佛礼拜而退。阿难问佛:这位外道究竟明白了什么,就说自己明白了?佛说:如同良马,见鞭影而行。

不问无言",叙语未终,法眼曰:"住!住!汝拟向世尊良久处① 会那②?"恒于此大悟。

56. 杨岐为师设斋

杨岐和尚③为慈明④忌日设斋,众集至真⑤前,以两手握拳安头上⑥,以坐具画一画,打一圆相⑦,便烧香,退身三步,作女人拜⑧。

首座⑨云:"休捏怪⑩。"

曰:"首座作么生?"

座云:"和尚休捏怪。"

曰:"兔子吃牛奶。"

第二座近前,打一圆相,便烧香,亦退身三步,作女人拜。杨岐近前作听势⑪,第二座拟议,杨岐打一掌,曰:"这漆桶⑫,

---

① 良久处:即无言处,言说之外。良久,指沉默不语。
② 那:《续藏》本作"处",《嘉兴藏》本和《大正藏》本《文益语录》均作"那"。
③ 杨岐和尚:杨岐方会禅师(992~1049),俗姓冷,北宋南岳系禅僧,临济宗杨岐派创始人,石霜楚圆(慈明)禅师法嗣。
④ 慈明:石霜楚圆禅师。
⑤ 真:肖像画。
⑥ 两手握拳安头上:喻指头上长角,堕入畜生道。
⑦ 圆相:用手或用具画出圆形的作略,本是仰山慧寂门下的常用作略,论其源,始自南阳慧忠国师。
⑧ 女人拜:站立屈膝而拜。
⑨ 首座:禅门职事僧,即上座僧,居其次的称第二座。
⑩ 捏怪:此处指杨岐这一套从握拳到女人拜的作略,都是模仿仰山慧寂的作略,被首座看破。
⑪ 势:与"作"连用,"作……势",中间是表示动作的词语,表示装出相应动作的样子。
⑫ 漆桶:表示漆黑一团,内心没有光明,不开悟的人。第二座不知杨岐这一套作略出自何处,是什么意思,也跟着乱做,所以被杨岐骂。

也乱做。"

妙喜曰:杨岐老汉大似溺却一船麻,却来屎斗里扫。

57. 临济辞黄檗师

临济辞黄檗①,檗问:"甚么处去?"

济云:"不是河南,便是河北。"

檗便打。

济约②住棒,遂与一掌。

檗呵呵大笑,唤侍者:"将先师禅板、拂子来。"

济召侍者:"将火来。"

檗云:"汝但将去,已后坐却天下人舌头③去在④。"

58. 香严冬行春令

香严⑤初开堂⑥,沩山令人送拄杖并书到。香严接了,云:"苍天!苍天!"

僧便问:"和尚为甚如此?"

---

① 黄檗:黄檗希运禅师,唐大中(847~859)年中卒,唐代南岳系禅僧,百丈怀海禅师法嗣,其门下的临济义玄开创了临济宗。
② 约:阻拦,阻止。
③ 坐却天下人舌头:即截断人们的语言,不让天下人开口讲话,这是赞扬义玄将来的禅风非常峻烈,后人无法开口。
④ 去在:句末助词,表示行为在将来发生。
⑤ 香严:香严智闲禅师,唐代沩仰宗禅僧,沩山灵祐禅师法嗣。
⑥ 开堂:禅僧开始居山住持,弘演禅法。

曰："只为冬行春令①。"

59. 黄龙万法本闲

黄龙南和尚示众云："青萝夤缘，直上寒松之顶。白云淡泞，出没太虚之中。万法本闲，唯人自闹②。闹个甚么？咄！"下座。

60. 天衣甜瓜苦瓠

天衣怀和尚③示众云："青萝夤缘，直上寒松之顶。白云淡泞，出没太虚之中。何似南山起云，北山下雨④？若也会得，甜瓜彻蒂甜⑤。若也不会，苦瓠连根苦。"

61. 慈明深山城郭

慈明和尚示众，以拄杖击绳床一下，云："大众，还会么？不见道'一击忘所知，更不假修持，诸方达道者，咸言上上

---

① 冬行春令：违反了时令。
② 万法本闲，唯人自闹：丛林名句，比喻万法本来空幻，只是人们执虚为实，忙忙碌碌，空过一生。
③ 天衣怀和尚：天衣义怀禅师，见第45则注。
④ 南山起云，北山下雨：起云之后就要下雨，南山起云，为什么北山下雨？意义之一是指南北的无分别之境。
⑤ 甜瓜彻蒂甜：最甜的甜瓜，它的瓜蒂也是有些甜的。此处喻指觉悟之后的完全彻底的悟境。"瓜"，《续藏》本作"爪"。

机①'？香严怎么悟去，分明悟得如来禅②，祖师禅③未梦见在，且道祖师禅有甚长处？若向言中取则，误赚④后人。直饶⑤棒下承当，辜负先圣。万法本闲，唯人自闹。所以山僧居福严⑥，只见福严境界，宴起早眠。有时云生碧嶂，月落寒潭，音声鸟飞，鸣般若台前。娑罗花香，散祝融峰畔。把瘦筇⑦，坐盘陀石，与五湖衲子时话玄微，灰头土面。住兴化⑧，只见⑨兴化家风，迎来送去，门连城市，车马骈阗。渔唱潇湘，猿啼岳麓。丝竹歌谣，时时入耳。复与四海高人日谈禅道，岁月都忘。且道居深山、住城郭，还有优劣也无？试道看？"良久，云："是处是慈氏⑩，无门无善财。"

---

① 此一首偈为香严智闲的悟道偈。
② 如来禅：在圭峰宗密区分的五味禅中，最高的禅法称"最上乘禅"，也是如来清净禅，指众生顿悟自性本来清净，没有烦恼，具足无漏智慧，和佛无异。中唐以后，提出了如来禅和祖师禅的区分，这种区分中的如来禅是指停留于名相概念来理解禅法，是渐修渐悟的禅法。
③ 祖师禅：超佛越祖的禅法，一念相应，顿超佛地，不立语言文字。依仰山慧寂的评价，香严智闲"一击忘所知"的悟道偈，认为只是"夙习记持而成"，要他另述"正悟"，智闲于是颂出"去年贫，未是贫，今年贫始是贫。去年贫，犹有卓锥之地，今年贫，锥也无"的体会，仰山认为这种体悟只是如来禅的境界，还达不到祖师禅，后来智闲又有"我有一机，瞬目视伊。若人不会，别唤沙弥"的体会。仰山认为这才是祖师禅的境界。
④ 赚：诳骗。
⑤ 直饶：即使，纵然。
⑥ 福严：湖南衡山福严禅院。
⑦ 筇：一种竹子，可以做手杖。
⑧ 兴化：潭州兴化禅院。
⑨ 《嘉兴藏》本作"是"，依《续藏》本为"见"，与上文"只见福严境界"之"只见"相一致。
⑩ 慈氏：指弥勒菩萨。

62. 荐福徒劳刻舟

荐福古和尚示众云:"三世诸佛仰望不及,天下祖师结舌有分①。知有②者善自保任③,未知有者不休何待?"

又示众云:"剑去久矣,徒劳刻舟④。珍重!"

63. 保宁数目分明

保宁勇和尚云:"一是一,二是二,三是三,四是四,数目甚分明,上下依资次。依资次,有何事⑤?"以拄杖画一画,云:"大众,一时乱却六十甲子了也。"

64. 玄沙三种病人

玄沙和尚云:"深山悬崖,千年万年人迹不到处,还有佛法也无?若道有,唤甚么作佛法?若道无,佛法却有不到处。"

---

① 结舌有分:指无法言说。
② 知有:知晓,明了。
③ 保任:对觉悟之境的保持、维护。
④ 徒劳刻舟:以"刻舟求剑"之喻说明有求有修皆不能见性成佛。
⑤ 有何事:比喻众生佛性本是十分清楚明白的事,所以,在修行上以无事为修。

又示众云："诸方老宿①尽道接物利生②，忽遇三种病人③来作么生接？患盲者，拈椎竖拂，他又不见；患聋者，语言三昧，他又不闻；患痖者，教伊说又说不得，且作么生接？若接此人不得，佛法无灵验。有僧请益云门，门云：'汝礼拜着。'僧礼拜起，门以拄杖便挃。僧退后，门云：'你不是患盲。'复唤僧近前，僧近前，门云：'你不是患聋。'乃竖起拄杖云：'还会么？'僧云：'不会。'门云：'你不是患痖。'其僧于此有省。"④

汾阳昭和尚⑤颂云："权生聋、瞽、痖、癐、麻，要显吾宗验作家。金刚截铁如泥碎，透金才动失玄沙。"

佛眼和尚颂云："玄沙三种病人，有理不在高声。引得香严老子，却来树上悬身⑥。"

65. 大宁谁是知音

大宁宽和尚示众云："少林妙诀⑦，古佛⑧家风。应用随机，

---

① 老宿：老成而宿世有德，对根性慧利、见解分明的禅师的尊称。
② 接物利生：接引学人，利益众生。
③ 三种病人：盲、聋、痖三类病人，玄沙师备总结的禅界三种恶劣的学风，称为"玄沙三病人"。宗杲曾颂"三种病人"说："玄沙三种病人话，透出云门六不收。莫待是非来入耳，从前知己返为仇。"（《大慧语录》卷十）
④ 此则公案，《从容录》称为"玄沙三病"。
⑤ 汾阳昭和尚：汾阳善昭禅师。
⑥ 树上悬身：即"香严上树"公案。香严说：若论此事，如人上树，口衔树枝，脚不踏枝，手不攀枝。树下忽有人问：如何是祖师西来意？不对他，又违他所问。若对他，又丧身失命。当怎么时，作么生即得？
⑦ 少林妙诀：此指禅宗初祖达摩禅师的禅法。
⑧ 古佛：古代的佛，禅宗中是对历史上的佛祖或禅宗高僧的尊称，有时也作为对与言说者同时代的高僧的尊称。

卷舒自在。如拳作掌，开合有时。似水成沤①，起灭无定。动静俱显，语默全彰。万用自然，不劳心力。到遮里，唤作顺水放船，是人去得。且道逆风举棹，谁是知音？"良久，云："弄潮须是弄潮人。"

66. 大隋东西南北

僧问大隋和尚②："如何是大隋一面事？"

曰："东西南北。"

　妙喜曰：且道答这僧话？不答这僧话？

67. 慧忠城南草色

忠国师问紫璘③供奉④："甚处来？"

云："城南来⑤。"

国师云："城南草作何色？"

云："作黄色⑥。"

---

① 沤：泡沫。
② 大隋和尚：大隋法真禅师（878~963），俗姓王，唐、五代之际南岳系禅僧，长庆大安禅师法嗣。
③ 紫璘：唐代禅僧，具体事迹不详，当是慧忠国师门下僧人。
④ 供奉：管理佛教事务的一种僧官之职，由学德兼具的僧人担任。
⑤ 城南来：大凡禅师问从何处来，并非问其具体的实际来处，但紫璘却落在实处回答，已是回答错误。
⑥ 作黄色：禅师见学人不能回答第一个问题，就会接着其回答再问一句，慈悲指示，所以问他城南的草是什么颜色，这已经在表明他第一个问题答得不入禅理，但紫璘仍然不明白，再次落在实处答，这是第二重错误。所以，国师接着顺便找一个小童，问同样的问题，得到同样的答案，国师戏言，这孩子也会佛法。

国师乃问童子："城南草作何色？"

童子云："作黄色。"

国师云："只遮童子亦可帘前赐紫①，对御谈玄②。"

68. 洪英本色衲僧

泐潭英和尚③开堂日，僧礼拜起，便垂下袈裟角，云："脱衣卸甲时如何？"

曰："喜得狼烟息，弓梢壁上悬。"

僧却揽上袈裟，云："重整戈甲时如何？"

曰："不到乌江畔，知君未肯休。"

僧便喝，英曰："惊杀我。"

僧拍一拍，英曰："也是死中得活。"

僧礼拜，英曰："将谓是收燕破赵之才④，元来只是贩私盐贼⑤。"

僧问："如何是佛？"

曰："眉分八字，眼似流星。"

僧云："如何是祖师西来意？"

曰："一棒一条痕。"

---

① 赐紫：由皇帝向僧人赐紫色袈裟，嘉奖其学识、僧德。紫色是唐代皇室中高贵的颜色。
② 对御谈玄：向皇上谈玄妙的佛法。
③ 泐潭英和尚：泐潭洪英禅师（1012~1070），俗姓陈，北宋黄龙派禅僧，黄龙慧南禅师法嗣。
④ 收燕破赵之才：喻指有真正见解的禅僧。
⑤ 贩私盐贼：比喻自己并没有真正悟道，没有自己独特有个性化的风格，而从其他高僧那里模仿一些手段，不知者以为很有见解，明眼人一看，即如一个做非法生意的贼。

僧云："大众证明，学人礼谢。"

英呵呵大笑。

僧拜起，以左手画一圆相，英以拂子穿向右边。僧以右手画一圆相，英以拂子穿向左边。僧以两手画圆相托呈，英以拂子画一画，云："三十年来未曾逢沩仰子孙①，今日却遇着个蹋土墼汉②，还更有问话者么？"

良久，无人，遂云："问也无穷，答也无尽。问答去来，于道转远。何故？况为此事，直饶棒头荐③得，不是丈夫，喝下承当，未为达士④。那堪更向言中取则，句里驰求？语路尖新，机锋捷疾。如斯见解，尽是埋没宗旨，玷污先贤，于吾祖道，何曾梦见？只如我佛如来临般涅槃⑤乃云：'吾有正法眼藏，涅槃妙心，付嘱摩诃大迦叶⑥。'迦叶遂付阿难⑦，洎商那和修⑧、毱多大士⑨诸祖相继，至于达磨西来，直指人心⑩，见性成佛⑪，不立文字语言，岂不是先圣方便之道？自是当人不信，却自迷头认影⑫，奔逐狂途，致使伶俜流浪生死。禅德，若能一念回光返照，

---

① 沩仰子孙：此僧所用的圆相是沩仰宗的宗风特色，似乎此僧是沩仰真正的传人。
② 蹋土墼汉：踏泥做砖坯的人，比喻并不是沩仰宗这一门的，并没有真正悟道。
③ 荐：领悟。
④ 达士：达道觉悟之士。
⑤ 般涅槃：指佛教徒入灭、圆寂或死亡。
⑥ 摩诃大迦叶：即摩诃迦叶或大迦叶，"摩诃"就是"大"的意思，禅宗西天二十八祖之第一祖师。
⑦ 阿难：禅宗西天二十八祖之第二祖师。
⑧ 商那和修：禅宗西天二十八祖之第三祖师。
⑨ 毱多大士：优波毱多，禅宗西天二十八祖之第四祖师。
⑩ 直指人心：直接揭示众生心中的本有佛性。
⑪ 见性成佛：发明自心佛性，就与佛无异。
⑫ 迷头认影：也作认影迷头，典出《楞严经》卷四，有个愚者在镜子中看到自己的影像，非常高兴，但是离开镜子之后，却找不到这个影像了，又非常愤怒，认为有鬼魅作怪，因而狂跑乱奔。比喻愚人迷失本性，认假为真。

向自己脚跟下褫剥究竟将来，可谓洞门豁开①，楼阁重重，十方普现，海会齐彰，便乃凡圣贤愚、山河大地以海印三昧②一印印定，更无纤毫透漏。山僧如是举唱③，若是众中有本色衲僧④闻之，实谓掩耳而归，笑破他口。大众，且道本色衲僧门下一句作么生道？"良久，云："天际雪埋千片⑤石，洞门冰折几株松。"

69. 禾山四解打鼓

禾山⑥示众云："'习学谓之闻，绝学谓之邻⑦。'过此二者，是谓真过。"

僧问："如何是真过？"

曰："解⑧打鼓。"

"如何是真谛？"

曰："解打鼓。"

"即心即佛⑨即不问，如何是非心非佛⑩？"

---

① 洞门豁开：比喻自心之门顿开、佛性顿现的顿悟境界。
② 海印三昧：典出《华严经》，指一切法在一心中映现，如同大海能映现一切景象。禅宗以此说明自心映现万法，万法不出一心。
③ 举唱：举扬、宣说。
④ 本色衲僧：真正的有真实见解的禅僧。
⑤ 片：《续藏》本作"丈"。
⑥ 禾山：禾山无殷禅师（891~960），俗姓吴，五代青原系禅僧，九峰道虔禅师法嗣。
⑦ 此二句出自《宝藏论》。
⑧ 解：指会、懂得。
⑨ 即心即佛：马祖道一禅师提出的禅学观点，从正面肯定式地表达众生与佛相即关系的看法。
⑩ 非心非佛：马祖道一禅师提出的禅学观点，用否定式表达众生与佛的关系，去除对于即心即佛的执着。

曰:"解打鼓。"

"向上人①来如何接?"

曰:"解打鼓。"

70. 马祖吸尽西江

庞居士问马大师②:"不与万法为侣③是甚么人?"

曰:"待汝一口吸尽西江水④,即向汝道。"⑤

僧问:"如何是佛?"

曰:"即心是佛⑥。"

71. 大沩思破灶堕

大沩真如和尚示众云:"阿喇喇,是甚么?翻思破灶堕⑦,杖子才击着,方知辜负我。"以拄杖击香,卓一下,云:"堕!堕!"

僧问:"赵州庭柏⑧意旨如何?"

---

① 向上人:追求向上境界的禅僧。
② 马大师:马祖道一禅师。
③ 不与万法为侣:指超越于众现象的本体。
④ 一口吸尽西江水:意义之一是指不可能做到的事,由此截断学人理路,证明第一义不可说之理。
⑤ 此则公案,《从容录》称为"吸尽西江"。宗杲曾颂此公案说:"一口吸尽西江水,甲乙丙丁庚戊己。咄咄咄,啰啰哩。"(《大慧语录》卷十)
⑥ 即心是佛:佛性论的一种观点,认为众生心中本来具足佛性。
⑦ 破灶堕:法号已不为人知,唐代禅僧,嵩岳慧安国师法嗣。据说曾以杖击一神庙中供奉的泥灶,灶随之而碎堕。下文第288则载其事迹。
⑧ 赵州庭柏:公案名,也称赵州柏树子,僧问赵州从谂:如何是祖师西来意?赵州答:庭前柏树子。

曰："夜来风色紧,孤客已先寒。"
僧云："先师无此语,又作么生?"
曰："行人始知苦。"
僧云："十载走红尘,今朝独露身。"
曰："雪上加霜。"

72. 天衣金鸡报晓

天衣怀和尚示众云："玄黄不真,黑白何咎?六祖大师①道:叶落归根,来时无口②。若会此个说话,直入维摩③丈室,住金色光中,见十方世界四圣④、六凡⑤如观掌中庵摩勒果⑥。又见一类众生,寝生死长夜,惛惛睡眠,不觉不知,作金鸡报晓一声,令伊省寤,岂不快哉?若能如是,方可'将此深心奉尘刹,是即名为报佛恩⑦'。虽然如是,古人道:笑我者多,哂我者少。"

73. 法华正眼精明

法华举和尚示众云："夫参学须具择法眼,不得颠顸。若得正眼精明,一切无滞。不见古人道'一句语中须具三玄,一玄中

---

① 六祖大师:六祖慧能禅师（638～713）,俗姓卢,唐代禅僧,禅宗南派创始人,禅宗六祖,五祖弘忍禅师法嗣。
② 叶落归根,来时无口:出自宗宝本《坛经》。
③ 维摩:维摩诘居士。
④ 四圣:十界中之声闻、缘觉、菩萨、佛。
⑤ 六凡:十界中之地狱、饿鬼、畜生、修罗、人、天。
⑥ 庵摩勒果:印度的一种可以入药的树果,类似槟榔。庵摩勒,意为无垢、清净。
⑦ 此二句出自《楞严经》卷三。"即"当作"则"。

须具三要①'？古人恁么道，意在于何？鹅王择乳②，素非鸭类。"

僧问："万里无片云③即不问，一条霜刃事④如何？"

曰："谁敢动着？"

僧礼拜，举曰："小慈妨大慈。"便打。

问："智识不到处时如何？"

曰："三门不曾开。"

僧云："谁是知音者？"

曰："口似鼻孔⑤。"

74. 龙济凡夫圣人

龙济和尚⑥示众云："具足凡夫法，凡夫不知。具足圣人法，圣人不会。圣人若会，即是凡夫。凡夫若知，即是圣人。此语具一理二义，若人辨得，不妨于佛法中有个入处。若辨不得，莫道不疑。"

妙喜曰：点石化为金玉易，劝人除却是非难。

---

① 一句语中须具三玄，一玄中须具三要：临济义玄的"三玄、三要"宗风。
② 鹅王择乳：鹅王喻指佛陀，佛陀三十二相中的第五相为手足缦网相，指间有类似鹅鸭蹼一样的缦网。当水与乳交融在一起的时候，鹅王能够分别出乳而饮之，比喻能够分别善恶而行善，也指能居于世俗而不为尘俗染。
③ 万里无片云：清净无污，日月光明自然显现。也喻指内心空虚清净，无染无污，佛性自然显现。
④ 一条霜刃事：霜刃，指雪亮锋利的刀剑之刃，能一时斩断一切烦恼，丛林中有"霜刃剑"之说。也喻指机锋峻烈，无人能碰着。
⑤ 口似鼻孔：有多重含义。含义之一是口像鼻孔那么小，意为无法讲话。含义之二是口本来是讲话的，现在只能像鼻孔那样用来出入气息，失去了语言的功能。二者都有口不能说之意。
⑥ 龙济和尚：龙济绍修禅师，五代青原系禅僧，罗汉桂琛禅师法嗣。

75. 龙济是柱非柱

龙济又云："是柱不见柱，非柱不见柱。是非已去了，是非里荐取。"

妙喜咄云：又是从头起。

76. 灵源明用晓机

灵源和尚①示众云："'三世诸佛不知有'，恩无重报。'狸奴白牯却知有'②，功不浪施③。明大用，晓全机。踪迹处，不思议。归去好，无人知。冲开碧落松千尺，截断红尘水一溪。"

77. 守初向遮里寻

洞山初和尚④示众云："楚山北面，汉水南江。击法鼓而会禅徒，举宗风而明祖意。若以'扬眉瞬目、竖拳竖指、謦欬咳

---

① 灵源和尚：黄龙灵源惟清禅师（？～1117），俗姓陈，北宋黄龙派禅僧，黄龙祖心禅师法嗣。
② 三世诸佛不知有、狸奴白牯却知有：出自南泉普愿禅师法语。三世诸佛和狸奴白牯相对，狸奴指猫，白牯指白牛。宗杲曾颂此二句说："三世诸佛不知有，老老大大外边走。眼皮盖尽五须弥，大洋海里翻筋斗。狸奴白牯却知有，瀑布不溜青山走。堪笑无端王老师，错认簸箕作熨斗。"（《大慧语录》卷十）
③ 功不浪施：原本为"功有浪施"，诸禅宗典籍中"有"均作"不"，依诸本改。
④ 洞山初和尚：洞山守初禅师，见第1则注。

嗽①，是厨中拭钵帛②。'道甚么'、'会也无'③，也是衲僧破草鞋。'遮瞎汉'、'遮漆桶'④，是弄精魂鬼。"总恁么"、"总不恁么"⑤，是东司头厕筹子⑥，以此称提从上来事⑦，尽是邪魔所作，谤大乘⑧，灭胡种⑨，与你天地悬殊。且道，衲僧据甚么道理？出来对众道看！折脚铛子⑩，各出一只手，贵得宗乘⑪不断，亦表丛林有人。有么？若无，洞山不惜眉毛⑫，打葛藤去也。葛藤之事，只在目前。万象森罗⑬，乾坤大地，百千诸佛，日月星辰，地狱三涂⑭，起心动念，每日经历，皆是诸德自己，何不向遮里体当寻觅看？蓦然觑得倜傥分明，不虚行脚⑮也，自得个安乐田地。

---

① 扬眉瞬目、竖拳竖指、謦欬咳嗽：此三句指洪州宗的宗风。
② 拭钵帛：擦钵碗的布，表示否定古德作略，应该创造自身的宗风。下文"破草鞋"等也有此意，体现了禅宗"呵佛骂祖"的风格。
③ "道甚么"、"会也无"：沩仰宗门下可能最早用"道甚么"。此二句成为禅师提问时的模仿套话。
④ "遮瞎汉"、"遮漆桶"：临济义玄曾好用"瞎汉"一语，云门文偃好用"漆桶"一语。此二句成为禅师批评学人的套话。
⑤ "总恁么"、"总不恁么"：禅师接人，有时落在恁么、不恁么、总不恁么的套话中，不知其本来的含义。有人认为：恁么，是宾中宾；不恁么，是主中宾；恁么却不恁么，不恁么却恁么，是宾中主。(《揞黑豆集》卷八)
⑥ 厕筹子：古代禅门厕所中用来净体（擦屁股）的木片或竹片。以此物形容古德作略，表示否定和超越。
⑦ 从上来事：指明心见性之事。
⑧ 大乘：相对于小乘而言，利他的佛教法门，能够普度众生趋向解脱。
⑨ 胡种：佛教的发源地、菩提达摩的故乡印度，在古代中国称为胡地，胡种即是印度的佛教之种。
⑩ 折脚铛子：不中用的物品。铛是三足器物，折了任何一脚，都无法使用。
⑪ 宗乘：禅的法脉。
⑫ 不惜眉毛：依佛教的说法，如果不信佛教、不孝父母，会受眉须脱落的恶报（见《佛名经》），禅宗中也有因为不明禅法而眉须堕落之事（见丹霞禅师诸种传记）。此处指不惜因为使用语言文字指出禅的本质而遭人批评来帮助学人开悟。
⑬ 万象森罗：万事万物罗列于眼前，指天地间的现象之存在。
⑭ 地狱三涂：指六道轮回中的地狱、饿鬼、畜生三恶道。
⑮ 行脚：行走各地寻师问道。

洞山此语且作死马医①，若据明眼衲僧，将草鞋蓦口㧾②，还怪得佗也无？怪即不怪，你道凭个甚么捉得将来？脚跟下推寻，毫末参差，椎折你腰，莫粗心好。"

僧问："赤水求珠，犹是人间之宝；和云唱出，固非格外之谈。未审今日将何示人？"

曰："夜闻祭鬼鼓，朝听上滩歌。"

问："言超象表青霄外，出语幽玄事若何？"

曰："岸上行人声有韵，船中渔父和不齐。"

云："幽玄事若何？"

曰："钩长线短。"

问："闻师引出潭中意，直透青霄事若何？"

曰："甲己之年丙作首③。"

曰："今日事若何？"

曰："大好雪。"

问："如何是佛？"

曰："麻三斤④。"

问："如何是古佛心？"

---

① 死马医：也作"死马当作活马医"，明知病情严重，难以医治，仍做最后的努力，姑且一试。比喻禅师慈悲，对于顽愚难醒、执迷不悟的人仍做最后努力，教化开示，希望对其有所帮助。"世俗无可奈何，尚欲教之者，谓之死马医。"（南宋·朱翌《猗觉寮杂记》下卷）
② 㧾：打。
③ 甲己之年丙作首：原文"己"作"巳"，依《五灯全书》卷三十一《洞山守初宗慧禅师》改。干支纪年中的天干和干支纪月的天干的关系，天干纪年中凡天干是甲年、己年的，其正月的天干都是丙。原文全部内容是：甲己之年丙作首，乙庚之岁戊为头。丙辛便向庚寅起，丁壬壬寅顺流行。戊癸之年从何起？甲寅年首好追求。
④ 麻三斤：这一奇特语的回答，成为丛林著名的答话，常为人们参究，丛林中称为"洞山三斤"公案。

曰："巢知风，穴知雨。"

问："牛头未见四祖时如何①？"

曰："榔栗木拄杖②。"

云："见后如何？"

曰："窦八布衫③。"

问："佛法两字即不问，如何是从上来事？"

曰："眼里瞳人吹木笛。"

78. 大隋诸德求实

大隋和尚示众云："夫上代诸德莫非求实，不自谩昧④，岂比飞蛾投火，自伤自坏？他明白了，彼生死轮回，拘障不得，所以识不能识，智不能知。不闻道'释迦掩室⑤，净名杜口⑥，须菩

---

① 牛头未见四祖时如何：这与下文的"见后如何"是丛林中两句常见的问句。唐代一些碑记认为道信曾传法于法融，其相见事成为参究的对象。牛头，即法融禅师（594～657），俗姓韦，唐代禅僧，牛头宗创始人。四祖，道信禅师（580～651），俗姓司马，唐代禅僧，禅宗第四祖。
② 榔栗木拄杖：榔栗树做的拄杖。据说榔栗最适合于做拐杖之类，有时候榔栗直接就指拄杖。这一答句有多意，其中也有横担拄杖之意，指到处行脚。
③ 窦八布衫：又称窦八破布衫。禅门奇特语，据说窦八所穿的布衫非常破，根本不能遮体，不御寒，也无法补。
④ 谩昧：谩，徒劳无益；昧，昏昧不明。
⑤ 释迦掩室：释迦掩室于摩竭。据说释迦牟尼在摩竭陀国刚刚成道，在七日中思维佛道而不言说。此处有不可说之意。
⑥ 净名杜口：净名杜口于毗耶。净名即维摩诘居士。据《维摩诘经》，文殊菩萨和维摩诘在毗耶离讨论不二法门，文殊提出看法之后，维摩诘默然不语，表示不可说。文殊赞叹，这是真入不二法门。

提无说而说，释梵绝听而听①'？此事大难，大难。"

僧问："路逢古佛时如何？"

曰："你或逢驴驼象马，唤作甚么？"

问："万法从心起，未审心从何起？"

曰："石牛沿江走，水底火烧天②。"

问："如何是大人相③？"

曰："肚上不贴榜④。"

79. 慈明且坐吃茶

慈明和尚问僧："近离甚么处？"

云："云过千山碧。"

曰："著忙作甚么？"

云："雁去水声凄。"

明便喝，僧亦喝，明便打，僧亦打。明云："你看遮瞎汉，本分⑤打出三门外，念你是新到，且坐，吃茶。"

又问化主⑥："入廛化导⑦即不问你，入门⑧一句作么生道？"

---

① 须菩提无说而说，释梵绝听而听：须菩提是佛的十大弟子中解空第一，对空的理解最深。据说他在山岩上坐时，帝释天散花供养，并请其说法，须菩提以无说为说，帝释天也以未听而听。
② 石牛沿江走，水底火烧天：这一类奇特句的常见特点是，每一句都包含了常识中认为常态中不可能的事。石牛如何能走？水底怎么会有火？
③ 大人相：上根器众生之相。
④ 肚上不贴榜：大人的肚子上又没有贴上大人的标签。
⑤ 本分：此处指依照这样的情形，本来应该做的事。
⑥ 化主：寺院的职事僧，专门从事外出募化，作为寺院收入的一部分。
⑦ 入廛化导：进入尘世化导众生。
⑧ 入门：指进入醒悟之境，领会禅机。

僧便喝，明云："乱喝作甚么？"僧又喝，明便打。

又问僧："近离甚么处？"

云："杨岐。"

曰："今夏在甚么处？"

云："筠州兴教①。"

曰："兴教和尚还有鼻孔么？"

云："有。"明便打。

80. 琅邪问本分事

琅邪觉和尚示众云："翦除狂寇，扫荡搀抢②，犹是功勋边事③。君臣道合④，海晏河清⑤，犹是法身边事⑥。作么生是衲僧本分事？"良久，云："透网金鳞犹滞水，回途石马出纱笼。"

又颂"麻三斤⑦"话："洞山麻三斤，真输不博金。将钱买五彩，壁上画天神。"

---

① 兴教：兴教坦禅师，俗姓牛，北宋临济宗禅僧，琅邪慧觉禅师法嗣。
② 搀抢：彗星名，一说是妖星之名。
③ 功勋边事：含义之一是没有进入功勋，还在功勋边上，因而不是僧人的本分事。功勋，本是指洞山良价提出的五位功勋。
④ 君臣道合：洞山良价的接引学人的方法，即五位君臣中的第五位，最为玄妙的境界。
⑤ 海晏河清：大海平静，黄河水清，比如心如明镜的清净境界。有僧问云门文偃：如何是透法身句？云门答：海晏河清。此处在于说明，这些著名的接引或教学手段，都是古德的方法，学人应该寻求自己的方法，才是本分事。
⑥ 法身边事：意思是还未进入法身之中，至多只是达到法身边上。
⑦ 麻三斤：见第77则注。

颂"祖师投针①"话："龙猛盂中水，提婆毳上针。人人争得失，个个话疏亲。不睹云中雁，焉知沙塞深？农人移片磉②，磉下获黄金。"

81. 真净天然气概

真净和尚示众，举："雪峰云：'南山有条鳖鼻蛇，汝等诸人出入好看。'雪峰无大人相，然则蛇无头不行。长庆③恰如个新妇儿怕阿家④相似，便道'堂中今日大有人丧身失命'。'云门拽拄杖挥向雪峰面前作怕势'，为蛇画足。玄沙云'用南山作甚么'，道'我见处亲切⑤'，不免只在窠窟里，更无一人有些子天然气概。报宁⑥门下莫有天然气概底么？不敢望你别悬慧日，独振玄风，且向古人鹘臭布衫⑦上知些子气息也难得。"

---

① 祖师投针：据《祖庭事苑》卷四，提婆菩萨从师子国来造访龙猛（旧译龙树），龙猛素知提婆美名，就准备了一钵水，令弟子端出，提婆见后，默而不语，将针投入水中，龙猛赞叹道：水之清如我的品质，他投针沉底，如同一直探到我底，这样的人才可以谈玄论道。这个故事形容悟道高手相见的情形。
② 磉：房柱下的柱基之石。磉下金，比喻家里本来就有的黄金，人们本来具有的自家宝藏。
③ 长庆：长庆慧棱禅师（854—932），俗姓孙，唐、五代之际青原系禅僧，雪峰义存禅师法嗣。当时雪峰讲了"鳖鼻蛇"话，慧棱说了"丧失身命"话。这话又传到玄沙师备耳中。
④ 新妇儿怕阿家：新媳妇怕公婆，比喻没有自信。阿家，指丈夫的母亲，媳妇的婆婆。
⑤ 亲切：和禅的本质相应。
⑥ 此段发生在宝峰云庵真净禅师住金陵报宁寺期间（见《古尊宿语录》卷四十三），故以"报宁"自称。在此他对雪峰"鳖鼻蛇"话以及他门下的长庆慧棱、云门文偃、玄沙师备三人对此的反应都作了批评。
⑦ 鹘臭布衫：带有体臭的布衫，是对禅门高僧之禅法的不雅之称，以说明学人应该创新自己的宗风，而不是盲目照搬他人的禅风。

82. 南院祖意教意

僧问南院①："祖意、教意是同是别？"
曰："黄尚书，李仆射。"
僧云："不会。"
曰："牛头南，马头北。"
　　妙喜曰：前头答得着，后头答不着。

83. 大愚接大雄孙

大愚芝和尚示众云："大愚相接大雄孙②，五湖云水竞头奔。竞头奔，有何门？击箭宁知枯木存？枯木存，一年还曾两度春。两度春，帐里真珠撒与人。撒与人，思量也是慕西秦。"

又举："僧问汾州和尚③：'如何是接初机句？'州曰：'汝是行脚僧。''如何是辨衲僧句？'州曰：'西方日出卯。''如何是正令行底句？'州曰：'千里持来呈旧面。''如何是定乾坤底句？'州曰：'北俱卢州长粳米，食者无贪亦无嗔。'"自云：

---

① 南院：南院慧颙禅师（？~952），五代临济宗禅僧，兴化存奖禅师法嗣。
② 大雄孙：佛的子孙。大雄是佛的一个尊号，佛具有大力。
③ 汾州和尚：汾阳善昭禅师，见第1则注。善昭曾住汾州太子院。

"将此四句语①以验天下衲僧,大众,子细思量,将此四句语,被天下衲僧一时勘破。"

妙喜曰:诸人要识大愚么?三年无改于父之道,可谓孝矣②。

84. 大宁不危不溢

大宁宽和尚示众,拈拄杖云:"高而不危,满而不溢,在凡凡不舍,居圣圣难逃。十方都一照,大地绝纤毫。且道是甚么?"③ 喝一喝。

85. 泐潭独弄狮子

泐潭准和尚④示众,拈拄杖云:"衲僧家竿木随身,逢场作戏⑤,倒把横拈,自有意思。所以昔日药山和尚⑥问云岩⑦云:

---

① 四句语:此四句语,丛林中称为"汾阳四句"。"接初机句",当禅师接引初学者时,不逗机锋,而是直截了当指示。"辨衲僧句",为了辨别学人的根机,禅师以超越常情的奇特语句和作略来接引。"正令行句",正令本指佛法,此处指禅宗的不立文字、教外别传之法。"行"指通达无碍,具有大机大用的学人能够使禅法大行天下。"定乾坤句",佛法、禅法所到之处,无不扫除一切情见执着,使一切国土无一不定。
② 可谓孝矣:此一句出自《论语》。
③ 大宁道宽这一段描述都是指的众生本有之佛性,但不直接点破。
④ 泐潭准和尚:泐潭文准禅师(1061~1115),俗姓梁,北宋黄龙派禅僧,宝峰克文禅师法嗣。
⑤ 竿木随身,逢场作戏:本是邓隐峰参访石头希迁之前所说,指随时应机而变。
⑥ 药山和尚:药山惟俨禅师(751~834),俗姓韩,唐代青原系禅僧,石头希迁禅师法嗣。
⑦ 云岩:云岩昙晟禅师(?~841),俗姓王,唐代青原系禅僧,药山惟俨禅师法嗣。

'闻汝解弄师子①,是否?'岩云:'是。'山曰:'弄得几出?'岩云:'弄得六出。'山曰:'老僧亦解弄。'岩云:'和尚弄得几出?'山云:'老僧只弄得一出。'岩云:'一即六,六即一。'山便休。大众,药山、云岩钝置②杀人,两子父弄一个师子也弄不出。若是准上座③,只消独自弄拽得来,拈头作尾,拈尾作头,转两个金睛,攫几钩铁爪,吼一声,直令百里内猛兽潜踪,满空里飞禽乱坠。准上座未弄师子,请大众高著眼先看,做一个定场④。"掷下拄杖云:"个中消息子,能有几人知?"

86. 佛鉴透祖师关

佛鉴和尚⑤示众云:"'至道无难,唯嫌拣择⑥。'桃花红,李花白,谁道融融只一色?燕子语,黄莺鸣,谁道关关⑦只一声?不透祖师关梜子⑧,空认山河作眼睛。"

---

① 弄师子:即民间的舞狮子,能弄狮子者,禅门中喻为好手。
② 钝置:折腾、折磨。
③ 准上座:泐潭文准自称。
④ 定场:既指演员刚出场,表演的念白或动作,也指压场,演员技艺高超。
⑤ 佛鉴和尚:太平慧勤禅师(1059~1117),俗姓汪,北宋杨岐宗禅僧,五祖法演禅师法嗣。与佛眼清远禅师、佛果克勤禅师同称"三佛"。
⑥ 至道无难,唯嫌拣择:语出《信心铭》,意为体悟禅之道并非难事,首先应该避免的是用知解去分别它。
⑦ 关关:鸟类雌雄相和的鸣叫声。
⑧ 祖师关梜子:领悟祖师禅机的关键之处。

87. 佛日颂赵州柏

佛日才和尚①颂"柏树子②"话:"赵州庭柏,说向禅客。黑漆屏风,松罗亮隔。"

88. 僧问大本小本

僧问圆照和尚③:"如何是露地白牛④?"

曰:"放出无寻处。"

僧问大通和尚⑤:"如何是无缝塔⑥?"

曰:"烟霞生背面,星月绕檐楹。"

"如何是塔中人?"

曰:"竟日不干清世事,长年占断白云乡。"

---

① 佛日才和尚:佛日智才禅师,北宋云门宗禅僧,天衣义怀禅师法嗣。
② 柏树子:禅门著名公案。僧问赵州从谂:如何是祖师西来意? 赵州答:庭前柏树子。
③ 圆照和尚:慧林宗本圆照禅师(1020~1099),俗姓管,北宋云门宗禅僧,天衣义怀禅师法嗣,世称"大本"。
④ 露地白牛:据《法华经》,三界火宅外的露天地上,置放着吸引迷人出逃火宅的大白牛车,本指菩萨乘佛法,禅门中也用来指禅的最高境界或禅的本质。
⑤ 大通和尚:法云善本大通禅师(1035~1109),俗姓董,北宋云门宗禅僧,慧林宗本圆照禅师法嗣,世称"小本"。
⑥ 无缝塔:语出南阳慧忠国师,原指没有缝隙的整块石塔,喻指禅法的玄妙,难以用语言描述,也喻机锋严密,无缝可钻。禅门中经常以"如何是无缝塔""如何是塔中人"为一组问题而提问。依《五灯会元》卷十六,此处的第一个问题其实是:"宝塔元无缝,如何指示人?"

89. 子湖衣钵下看

子胡和尚①示众云："诸法荡荡，何绊何拘？汝等于中自生难易。心源一统，绵亘十方，上上根人自然明白。不见南泉道如斯痴钝，世且还稀②？历历分明，有无不是，只少个丈夫之志，致见如斯疲劳。汝欲得易会么？自古及今，未曾有一个凡夫圣人出现汝前，亦无有一个善语恶语到汝分上，为甚么故？为善善无形，为恶恶无相。既已无我，把甚么为善恶立？那个是凡圣？汝信否？还保任否？有甚么回避处？恰似日中逃影相似，还逃得么？今之既尔，古之亦然，今古齐时，汝还讳得么？佛法玄妙，了得者自相策发，无为小缘妨于大事。汝不见道'宁可终身立法，谁能一旦亡缘'？仁者，要得会禅么？各归衣钵下③看。"

90. 雪窦形名双举

雪窦显和尚示众云："形兴未质，名起未名。形名既兆，游气乱清。④"拈起拄杖云："大众，拄杖子是形名双举，还有过也

---

① 子胡和尚：子湖利踪禅师（800~880），俗姓周，唐代南岳系禅僧，南泉普愿禅师法嗣。
② 如斯痴钝，世且还稀：据《古尊宿语录》卷十二，南泉普愿禅师曾说："近日禅师太多。觅个痴钝人不可得。"常为后世禅僧参究。
③ 归衣钵下：即返归自心，明心见性。衣钵下，喻指人的本性。
④ 此几句出自《宝藏论》。

无？有即水里月①，无即形名兆②。若也究得，实谓恩大难酬。"

91. 鼓山参此大妄

鼓山③示众云："诸和尚尽道'向诸方参学'，未委④参甚么？学甚么？还有参得者无？有即出来对众验看。诸和尚，为复⑤参禅、参道？参佛、参法？参毗卢师⑥、法身主？参佛向上事、涅槃后句？若实参此句，得为大妄，唤作望上心不息，与诸和尚了无交涉⑦。"

时有僧问："如何是佛法大意？"

曰："吐却著。"

问："凡有言句尽是触犯宗风，未审如何是宗门中事？"

曰："合取口⑧。"

---

① 有即水里月：不能片面地执着于事物为实有，因为事物如同水中月，是虚幻不实的。
② 无即形名兆：不能片面地执着于事物为空无，因为事物还有假象存在，不是绝对的不存在。
③ 鼓山：鼓山神晏兴圣国师（卒于937~942年间），俗姓李，五代青原系禅僧，雪峰义存禅师法嗣。
④ 未委：不知。
⑤ 为复：疑问句的句首语，有"究竟是"之义。
⑥ 毗卢师：与和尚相对。毗卢是毗卢舍那的简称，指佛的法身。毗卢师有参身外佛之意，参禅应参自性佛。
⑦ 了无交涉：或作没交涉，没有关系，对人生的解脱没有任何意义。
⑧ 合取口：闭嘴。

92. 法演问为人处

五祖演和尚四面①示众，举："古者道：'若有一人发真归源，十方虚空悉皆消殒②。'双泉③则不然：'若有一人发真归源，十方虚空筑着磕着。'"

又示众，举："古人云：'我若向你道，即秃却我舌。若不向你道，即瘂却我口④。'且道，还有为人处也无？四面有时拟为你吞却，只被当门齿碍。拟为你吐却，又为咽喉小。且道，还有为人处也无？四面自来柳下惠⑤。"

93. 悟新赞六祖能

黄龙新和尚赞祖师云："六祖⑥当年不丈夫，倩⑦人书壁自涂糊。明明有偈言无物⑧，却受佗家一钵盂⑨。"

妙喜曰：且道钵盂是物不是物？若道是物，死心⑩老亦

---

① 四面：此段属于五祖法演禅师住四面山时的语录，所以此时自称"四面"。
② 此二句语出《楞严经》卷九："汝等一人发真归元，此十方空皆悉销殒。"
③ 双泉：五祖法演自称。
④ 瘂却我口：据《洞山语录》，此一段原为乌石灵观禅师向前来行脚参访的曹山本寂所说：若言我不道，即瘂却我口；若言我道，即秃却我舌。
⑤ 柳下惠：春秋时期鲁国大夫，姓展，名获，字禽，食邑柳下，谥惠，善于贵族礼仪。
⑥ 六祖：即六祖慧能。此首赞名为《赞六祖》，见《死心悟新禅师语录》。
⑦ 倩：此处作"请"解，读音与请字同，请人做某事。慧能因不识字，不会写，成偈后请人代书于墙。
⑧ 明明有偈言无物：慧能偈中有"本来无一物"之语。
⑨ 却受佗家一钵盂：指慧能密受五祖弘忍衣钵事。
⑩ 死心：黄龙死心悟新禅师。

非丈夫汉。若道非物,争奈钵盂何?

94. 云盖笑老瞿昙

云盖智和尚①示众云:"紧峭②离水靴,踢破湖湘月。手把铁蒺藜,打破龙虎穴。翻身倒上树,始见无生灭。却笑老瞿昙③,弹指超弥勒。"

95. 法灯他家儿孙

云居齐和尚④,因法灯和尚⑤问:"适来有人问:'如何是祖师西来意?'老僧向伊道:'不东不西。'藏主⑥作么生?"

齐云:"不东不西。"

灯云:"恁么会又争⑦得?"

齐当时懵然,莫知其旨。至晚,再伸请益,灯云:"佗家自有儿孙在。"齐于言下顿然契悟,有颂曰:"接物利生绝妙,外生终是不肖。佗家自有儿孙,将来用得恰好。"

---

① 云盖智和尚:云盖守智禅师(1025~1115),俗姓陈,北宋黄龙派禅僧,黄龙慧南禅师法嗣。
② 紧峭:紧凑。此处指系紧、束紧。
③ 瞿昙:释迦牟尼的姓,此处指佛祖。
④ 云居齐和尚:云居道齐禅师(929~997),俗姓金,北宋法眼宗禅僧,清凉泰钦禅师法嗣。
⑤ 法灯和尚:清凉泰钦法灯禅师(?~974),俗姓王,北宋法眼宗禅僧,清凉文益禅师法嗣。
⑥ 藏主:寺院中掌握、负责经藏方面事务的僧人。
⑦ 争:作"怎么"解。

96. 澄观答皇太子

清凉国师①《答皇太子问心要②》：

至道本乎其心，心法本乎无住③。无住心体，灵知④不昧，性相寂然，包含德用，该摄内外，能深能广，非有非空⑤，不生不灭⑥，无终无始。求之而不得，弃之而不离。迷现量⑦则惑苦纷然，悟真性则空明廓彻。虽即心即佛，唯证者方知⑧。然有证有知⑨，则慧日沉没于有地。若无照无悟⑩，则昏云掩蔽于空门。若一念不生⑪，则前后际断⑫，照体独立，物我皆如⑬，直造心源，无智无得⑭，不取不舍，无对无修。然迷悟更依，真妄相待，若求真去妄，犹弃影劳形。若体妄即真，似处阴影灭。若无心忘

---

① 清凉国师：清凉澄观法师（738~839，一说737~838），俗姓夏侯，华严宗四祖，唐德宗时，召入内殿讲经，赐号清凉国师。
② 《答皇太子问心要》：即《答顺宗心要法门》，有宗密注本。此篇思想和禅宗多有相通，故为禅门所重。
③ 本乎无住：心以无住为本，语出《维摩诘经》："从无住本，立一切法。"无住，是指心不停留于一处，不执着于一法。
④ 灵知：灵灵不昧、了了常知的智慧，指众生心中本有的智慧。
⑤ 非有非空：依据中道方法论而对事物的理解，妙有不是空，真空而不有。
⑥ 不生不灭：中道方法论体现的八不之第一句。
⑦ 现量：本是因明用语，和感性知识相关，是感觉器官对事物的具体性质的分别反映，禅宗用以指虚幻的现象，与真性本体相对。
⑧ 证者方知：对于自心佛性的觉悟，必须是人们亲自证得，才有亲切的体会。
⑨ 有证有知：如果执着于证知，是有念，反而为障碍。
⑩ 无照无悟：指对于无的执着，也成障碍。
⑪ 一念不生：即无念，没有虚妄的想法。
⑫ 前后际断：指不能常住不灭，不能从前至后延续。
⑬ 物我皆如：主体的我和客体事物都以真如为本体。
⑭ 无智无得：对于灵知本体的认识，不可以用语言思虑取得。

照,则万虑都捐。若任运①寂知②,则众行爱起。放旷任其去住,静鉴觉其源流,语默不失玄微,动静未离法界。言止则双亡知寂,论观则双照寂知,语证则不可示人,说理则非证不了。是以悟寂无寂,真知无知。以知寂不二之一心,契空有双融之中道。无住无著,莫摄莫收,是非两亡,能所双绝,斯绝亦寂,则般若现前。般若非心外新生,智性乃本来具足。然本寂不能自现,实由般若之功。般若之与智性,翻覆相成。本智之与始终③,实无两体。双亡证入,则妙觉圆明。始末该融,则因果交彻。心心作佛,无一心而非佛心。处处成道,无一尘而非佛国。故真妄物我,举一全收。心佛众生,浑然齐致。是知迷则人随于法,法法万差而人不同。悟则法随于人,人人一致④而融万境。言穷虑绝,何果何因?体本寂寥,孰同孰异?唯志⑤怀虚朗,消息冲融。其犹透水月华,虚而可见。无心鉴像,照而常空矣。

97. 慧忠问佛之义

忠国师问紫璘供奉:"佛是甚么义?"

云:"是觉义。"

曰:"佛曾迷否?"

云:"不曾迷。"

---

① 任运:任由心的本性自由运用。
② 寂知:虚寂之知,虚寂心体上自有先天智慧能知。
③ 始终:原本作"始修",今依宗密注本的《华严心要法门注》改。
④ 一致:原本作"一智",今依宗密注本的《华严心要法门注》改。
⑤ 志:原本作"忘",宗密注本的《华严心要法门注》作"志",今从之。

曰："用觉作么？"

供奉无对。

妙喜代①曰：若不入水，争见长人？

98. 大隋烧山挑蛇

大隋和尚因烧山次，见一蛇，以杖挑向火中，咄云："遮个形骸，犹自不放舍，你向遮里死，如暗得灯。"②

遂有僧问："正当恁么时，还有罪也无？"

曰："石虎叫时山谷响，木人吼处铁牛惊③。"

又问僧："向甚么处去？"

僧云："西山住庵去。"

曰："我向东山唤汝，汝便来得么？"

云："不然。"

曰："汝住庵未得。"

问："如何是和尚家风？"

曰："赤土画簸箕。"

云："未审此理如何？"

曰："簸箕有唇，米跳不出。"

---

① 代：代语，代为说话。
② 此则公案，禅门中称为"大隋烧畲"。
③ 石虎叫时山谷响，木人吼处铁牛惊：禅门奇特语。石虎如何能叫，木人如何能吼？另一层含义，也许具有无声即是有声之意。

99. 黄龙切须自看

　　黄龙南和尚住同安①，示众云："今日四月八，我佛降生之日，天下精蓝②皆悉浴佛。记得遵布衲③在药山会里充殿主，浴佛之次，药山问：'汝只浴得遮个④，还浴得那个⑤么？'遵云：'把将那个来。'药山便休。大众，古人随时一言半句，亦无巧妙，今人用尽心力安排，终不到他境界。众中商量，或云：'这个是铜像，那个是法身。铜像有形，可以洗涤。法身无相，如何洗得？药山只知其一，不知其二，被遵公倒靠，直得口似匾担⑥，不胜懡㦬。'又云：'古德垂问只要验人，问汝那个，便道把将那个来，正是随声逐色⑦，咬他言句，上他圈缋⑧。药山见伊不会，所以便休。'又道：'药山怎么来，早是无事起事，好肉上剜疮。遵公不见来病，却向灸疮瘢上更著艾爁⑨。'有云：'古人得了，逢场作戏，无可不可，何高何低？彼此知有，自是后人强生分

---

① 同安：黄龙慧南曾住同安崇圣禅院，所以也自称同安。
② 精蓝：寺院。
③ 遵布衲：唐代禅僧，曾在药山惟俨禅师下当殿主，其在佛诞节浴佛时与药山惟俨禅师的问答流传于禅门，成为禅师经常参究的一则公案。布衲，僧衣，也用以指代僧人。
④ 遮个：有具体形象的佛像。
⑤ 那个：一般可以理解为没有具体形象的法身佛，或者每个人心中的具体的佛性，但禅门忌在说破，也反对这样的解释。
⑥ 口似匾担：喻哑口无言，无话可说。
⑦ 随声逐色：只看表面现象，不知对方言句中暗藏机锋。
⑧ 圈缋：圈套。缋，本是指布帛的一头一尾，将其圈连在一起，形成圈套。
⑨ 灸疮瘢上更著艾爁：灸疮瘢是以前烧出的疮疤，在这上面再烧艾绒，比喻错上加错，同一个地方再犯错。

别.'如前所解,盖不遇人①。一失其源,迷而不复。所以只凭识心,思量计较,以当宗乘,殊不知有作思惟从有心起。用此思惟辨于佛境,如取萤火烧须弥山②,纵经尘劫,终不能着。是故行脚高人切须自看,从上来事合作么生?毕竟③将何敌佗生死④?勿以少许浮粗识见自作障碍,佛法不是这个道理。同安今日不避口业,与汝诸人说破,此二尊宿一出一入,未见输赢,三十年后不得错举。"

100. 杨岐更有后语

杨岐和尚示众云:"有句、无句,如藤倚树。文殊、维摩⑤,撒手归去。杨岐恁么道,也是看锢鏴⑥,更有后语⑦,不得错举。"

妙喜曰:利动君子。

---

① 盖不遇人:因为不遇真正的悟道的高僧。盖,表示原因的句首词。
② 取萤火烧须弥山:比喻根本不可能的事,根本做不到的事。
③ 毕竟:究竟。
④ 敌佗生死:或简称敌生死,指超越生死。
⑤ 文殊、维摩:此处文殊菩萨代表的是有句,以他为代表的一批菩萨曾用语言解释不二法门,维摩诘代表的是无句,他用默然无言来回答什么是不二法门的问题。文殊,菩萨名,佛教中是智慧的化身,其形象骑狮子,持宝剑。维摩,维摩诘居士,意为净名,清净之名远播。
⑥ 锢鏴:可能是指补漏铁锅,锢是铜补,鏴,可能是"漏"字读音讹变而成。铁锅上有漏洞,将生铁化后补上。大慧宗杲说"看锢鏴著生铁",意思是看有多大的洞,要化多少铁。宋代无准师范禅师的《再铸粥锅》有"不解多方锢鏴成,一锤打破与重烹"等句。
⑦ 后语:后面一段话,指更为关键的话。

101. 神晏释然契悟

晏国师①初参雪峰，才入门，峰扭住，云："是甚么？"晏释然契悟，举手摇曳。

峰云："子作道理邪？"

晏云："何道理之有②？"

峰乃抚而印③之。

102. 真净拄杖子语

真净和尚示众，拈拄杖云："涅槃心易晓，差别智难明。古人道：'你有拄杖子，我与你拄杖子；你无拄杖子，我夺却你拄杖子④。'归宗⑤则不然：'你有拄杖子，我夺却你拄杖子；你无拄杖子，我与你拄杖子。'大众，芭蕉怎么，归宗不怎么，且道怎么是？不怎么是？"掷下拄杖，云："是甚么？"良久，云："是即龙女顿成佛⑥，非即善星生陷坠⑦。"

---

① 晏国师：鼓山神晏国师，见第91则注。
② 何道理之有：表示亲证的悟境不可说，如人饮水，冷暖自知。
③ 印：印可，认为学人的悟解达到了标准，加以认可。
④ 此为芭蕉慧清禅师所说。
⑤ 此段属于真净禅师住庐山归宗寺时的语录，故以归宗自称。
⑥ 龙女顿成佛：源出《法华经》，即娑婆竭罗龙王之女由于受持《法华经》而顿时转女为男，成就正觉。
⑦ 善星生陷坠：据《涅槃经》卷三十三，善星是佛陀在出家前所生之子，出家后诵读十二部经，修得第四禅定，但是后来因为结交恶友，退失四禅，坠入地狱，禅宗以此作为"一迷而成众生"的旁证。

103. 悟真一时布施

道吾真①和尚示众,举:"洞山②云:'五台山上云蒸饭,佛殿阶前狗尿天。幡竿头上煎馉子,三个猢狲夜簸钱。'老僧即不然:'三面狸奴脚踢月,两头白牯手拿烟。戴冠碧兔立庭柏,脱壳乌龟飞上天。'老僧葛藤尽被汝诸人觑破了也。洞山老人甚是奇特,虽然如是,只行得三步四步③,且不过七跳八跳④,且道谬讹⑤在甚么处?老僧今日不惜眉毛,一时布施。"良久,云:"叮咛损君德,无言真有功。任从沧海变,终不为君通。"

104. 洪英不涉波涛

泐潭英和尚示众云:"石门巉险铁关牢,举目重重万仞高。无角铁牛⑥冲得破,毗卢海内鼓波涛。大众,且道'不涉波涛'一句作么生道?"良久,云:"一句不遑⑦无著问,迄今犹作野盘僧⑧。"

---

① 道吾真:道吾悟真禅师,北宋临济宗禅僧,石霜楚圆禅师法嗣。
② 洞山:即洞山守初禅师,见第1则注。此处所引为洞山守初的《因事颂》。
③ 三步四步:比喻非常平常。
④ 七跳八跳:意义同三步四步大致相同。
⑤ 谬讹:错处,谬误。
⑥ 无角铁牛:牛都有角,以无角论牛,是禅门奇特句。
⑦ 不遑:来不及,没有时间。
⑧ 野盘僧:奔走于不同禅宗山头之间的禅僧。禅宗主张归家稳坐,而不是一味外出游走,求他人做主。

105. 保宁古人今人

保宁勇和尚示众云:"古人底今人用,今人底古人为。古今无背面①,今古几人知?哪呜咿,一九与二九②,相逢不出手。"

又云:"无种灵苗火里栽,铁花还向树头开。蓦然结个团圞③果,指似时人处得来。"

106. 晦堂七纵八横

晦堂和尚示众云:"'有句无句,如藤倚树',且任诸人点头,及乎'树倒藤枯',上无冲天之计,下无入地之谋。灵利汉,遮里著得一只眼④,便见七纵八横⑤。"乃举拂子云:"太阳溢目,万里不挂片云。若是覆盆⑥之下,又争怪得老僧?"

107. 悟新丝发不移

黄龙新和尚示众云:"达磨心宗⑦传至今日,涓滴不漏,丝发不移。既丝发不移,作么生传?宝印当风妙,重重锦缝开⑧。"

---

① 古今无背面:古今之意的融通无碍。
② 一九与二九:天气极冷的季节。
③ 团圞:指圆形的。作动词时指团圆,作名词时指月亮。圞,音 luán,圆。
④ 一只眼:指法眼,能够洞察诸法真相的智慧之眼。
⑤ 七纵八横:悟道之后的自在新境界。
⑥ 覆盆:倾盆大雨。
⑦ 心宗:指禅宗,以心传心之宗。
⑧ 此二句出自洞山良价禅师颂"敲唱俱行"偈,见《洞山语录》。

108. 仰山宗门牙爪

沩山问仰山："既称善知识，争辨得诸方来者知有不知有？有师承无师承？是义学①是玄学②？子试说看。"

仰山曰："慧寂有验处③，但见诸方僧来，便竖起拂子，问伊：'诸方还说遮个不说？'又云：'遮个且置，诸方老宿作么生？'"

沩山叹曰："此是从上宗门中牙爪④。"

仰山问僧："近离甚处？"

云："向南。"

仰山拈起拄杖云："彼中还说遮个么？"

云："不说。"

仰云："不说遮个，还说那个么？"

云："不说。"

仰召大德参堂去，僧便去，仰复召⑤大德，僧应喏，仰云："近前来。"僧近前，仰便打。

云门云："仰山若无后语，争识得人？"

---

① 义学：义理之学，指从名相、义理角度加以研究的学问。
② 玄学：玄妙之学，本指魏晋时期的哲学流派，此处指代禅宗之学。
③ 验处：鉴别、检验的方法。
④ 牙爪：厉害的手段。
⑤ 复召：禅师接引学人的重要方法之一，先让学人出去另参，待学人真的要离开时，忽然又召其回来，再问上一句，往往这一句会使学人开悟。

109. 云居道个何必

云居膺和尚①示众云："老僧二十年前住三峰庵时，有魏府兴化长老②来问：'权借一问，以为影草③时如何？'老僧当时机思迟钝，道不得，为伊置得个问头奇特，不敢辜佗。伊云：'想和尚答遮话不得，不如礼拜了退。'而今思量，当时不消道个'何必'？后因化主到魏府，兴化乃借问：'山中和尚④住三峰庵时，老僧曾问伊话，祗对⑤不得，而今道得也未？'化主遂举前话。兴化云：'云居二十年只道得个何必。兴化即不然，争如道个不必？'"

三圣云："云居二十年道得底，犹较⑥佗兴化半月程。"

妙喜曰：何必、不必，绵绵密密，觌面当机，有人续得末后句⑦，许你亲见二尊宿。

110. 云峰翠岩侍者

云峰悦和尚翠岩⑧示众云："'道远乎哉？触事而真。圣远乎

---

① 云居膺和尚：云居道膺禅师，见第29则注。
② 兴化长老：兴化存奖禅师，见第28则注。
③ 影草：将青草集于水面成影，诱鱼聚集于此而捕之，比喻启发的手段。
④ 山中和尚：指云居道膺禅师。
⑤ 祗对：恭敬地回答。
⑥ 较：与某个对象相比还要差一些。
⑦ 末后句：到最后大彻大悟时所说出的话，表示最重要的话。对于禅宗来讲，这种末后句也必须超越，要有自己的真见解。超越末后句，称为"续"。
⑧ 翠岩：翠岩寺，位于今江西南昌市，云峰文悦禅师曾驻锡于此。

哉？体之即神。'① 所以娑婆世界②以音声为佛事，香积世界③以香饭为佛事。翠岩遮里只于出入息④内，供养承事过、现、未来尘沙诸佛，无一空过者。过、现、未来尘沙诸佛是翠岩侍者⑤，无一不到。如一不到，三十拄杖。诸上座还会么？'将此深心奉尘刹，是则名为报佛恩。'"

111. 忠珠翠竹黄花

僧问忠国师："古德云：'青青翠竹，尽是法身；郁郁黄花，无非般若⑥。'有人不许，云是邪说。亦有信者，云不思议。不知若为⑦？"

国师曰："此盖普贤、文殊境界⑧，非诸凡小而能信受，皆与大乘了义⑨经意合。故《华严经》云：'佛身充满于法界，普现一切群生前，随缘赴感靡不周，而常处此菩提座⑩。'翠竹既不出

---

① 语出僧肇的《肇论》。
② 娑婆世界：我们所居住的世俗世界，意为忍土，释迦牟尼佛教化的现实世界，这个世界的众生，本性刚强难化，宁可忍受众苦而不肯出离。
③ 香积世界：《维摩诘经》中所说的上方世界中的香积佛的众香世界，其香气流布十方。
④ 出入息：呼吸。此处比喻无佛可供养，无事可做，除了一呼一吸，并无别事。
⑤ 翠岩侍者：云峰文悦以诸佛作为自己的侍者，体现其禅法精神中的超佛越祖特色。
⑥ 青青翠竹，尽是法身；郁郁黄花，无非般若：这体现出无情有性的看法，也是一种泛性论的观点。南阳慧忠国师自己就有"无情说法"的观点，赞同这一无情有性论。但大珠慧海不同意此说。
⑦ 若为：如何，怎么样。
⑧ 普贤、文殊境界：指菩萨的境界。普贤、文殊为两大菩萨，普贤象征理之德，文殊象征智之德。
⑨ 了义：与不了义相对，指究竟之义，对于阐释的对象做出完全彻底的说明，意义最为精当完备。
⑩ 此四句见《华严经》卷六《如来现相品第二》。

于法界，岂非法身乎？又，《般若经》云：'色无边故，般若亦无边①。'黄花既不越于色，岂非般若乎？深远之言，不省者难为措意。"于是禅客作礼而去。

又，华严座主②问大珠和尚曰："禅师何故不许③'青青翠竹尽是法身，郁郁黄花无非般若'？"

珠曰："法身无像，应翠竹以成形。般若无知，对黄花而显相。非彼黄花、翠竹而有般若、法身。故经④云：'佛真法身，犹若虚空。应物现形，如水中月。'黄花若是般若，般若即同无情。翠竹若是法身，翠竹还能应用。座主会么？"

云："不了此意。"

珠曰："若见性人，道是亦得，道不是亦得，随用而说，不滞是非。若不见性人，说翠竹著翠竹，说黄花著黄花，说法身滞法身，说般若不识般若。所以皆成诤论。"

座主礼谢而去。

妙喜曰：众中商量道："二尊宿怎么切磋，一人得其体，一人得其用。得其用者事上建立，得其体者理上扫除。"所谓"实际理地⑤不受一尘，佛事门中不舍一法⑥"。我为法王⑦，于法自在，或抑或扬，无得无失。怎么见解，唤作矮

---

① 此二句见《般若经》卷二十七，原文为："色无边故，当知般若波罗蜜亦无边。"
② 座主：教家对一座之主的称呼，也用以称呼那些学问优秀的僧人、精通佛经的僧人。
③ 不许：不赞同，不主张。
④ 经：此段引自《金光明经》卷二。
⑤ 实际理地：真实无二、清净无染的禅悟境界。
⑥ 此二句为沩山灵祐禅师法语，原文为"实际理地不受一尘，万行门中不舍一法"。
⑦ 法王：本指佛祖，此处也指诸禅者，我佛一体，我即是佛。

子看戏①。妙喜见处，也要诸人共知，不见道"破驴脊上足苍蝇②"？

112. 大宁前佛后佛

大宁宽和尚示众，拈拄杖云："前佛性命，后佛纪纲，总在这里，如今用去也，为云为雨，为瑞为祥，利人利天，出生入死，佗方世界，出没卷舒。若也通身是口③，说不能尽，通身是眼④，照不能穷，一念相应⑤，刹那万劫⑥。"

113. 守初无味之句

洞山初和尚示众云："明机自昧，息虑迷源。万法同尘，语默难显。不是情中法，莫生种种心。离此章句，别有商量。且道离却作么生商量？还有委悉⑦者么？明明地拣破，明明地显示，明明地举唱，明明地歌咏，更无囊藏被盖⑧，纯说干剥剥⑨地禅。

---

① 矮子看戏："矮子看戏，随人上下"之略，矮子看戏时，被前面的高个子挡住，只能随着前面人的上下移动而动，比喻没有自己的真实见解，只能依附别人的看法。此语有歧视矮子之嫌。
② 破驴脊上足苍蝇：字面意思是说驴脊背受伤肉烂臭，招来成群苍蝇。
③ 通身是口：比喻机锋敏捷，言语严密，别人无法下口插话。
④ 通身是眼：比喻眼光敏锐，洞察一切。
⑤ 一念相应：对于顿悟的描述，指念念无住之心，忽然有一念和自心本性相契合，就能顿成正觉。
⑥ 刹那万劫：指一悟而永恒。刹那之间的顿悟，所悟之理万劫不会丢失。
⑦ 委悉：明白、了解、知道。
⑧ 囊藏被盖：比喻不自由、被束缚的状态。
⑨ 干剥剥：干脆，毫无遮饰。

若是灵利衲僧，才闻举着，便合眼卓朔①地知个落处，岂不是自家具眼？其奈罕遇其人，盖缘洞山这里，言无味，食无味，法无味，无味之句塞断人口。兄弟，到遮里难为凑泊②，若向遮里觑得分明，天下尊宿到与不到、彻与不彻，总被你验破。何故？盖智有邪正，道有真伪，多只恁么心机意识，认得门前屋后底，学得路布葛藤③，一堆一担，蕴在胸襟，道'我会禅''会道'，还梦见禅、道也未？唤作打底，不遇作家，到老只成骨董④。待到明朝后日，蓦札⑤地蹋著正脉⑥，省⑦前所行履处，方始羞见本命元辰⑧。"

僧问："智不落千差，请师通不犯。"

曰："蒸饼揾饧⑨。"

问："心未生时，法在甚么处？"

曰："池中荷叶动，决定有鱼行⑩。"

问："诸上善人皆说不二法门⑪，居士默然⑫，意旨如何？"

---

① 卓朔：张开，翘起。
② 凑泊：此处有亲近、契合等意。
③ 路布葛藤：都是指语言。路布，或作露布。
④ 骨董：无用的旧杂碎。
⑤ 蓦札：突然。
⑥ 正脉：正统法脉，这里指众生的自性。
⑦ 省：省悟。
⑧ 本命元辰：众生的本来面目。
⑨ 蒸饼揾饧：做饼子的时候加些糖。揾，音 wèn，一指把东西按入水中，二指用手按。饧，音 xíng，用麦芽或谷芽熬成的饴糖。
⑩ 池中荷叶动，决定有鱼行：形容通过一些现象可以推知事物的本性，体现比量的作用，比类量度而知其然，如同隔山见烟，必知有火，隔墙见角，必知是牛。
⑪ 不二法门：体现平等无二、无差别对立的佛法原理，中观思想的一种表述，俗语中则变义为唯一的方法。
⑫ 居士默然：即净名杜口，维摩诘居士对于什么是不二法门，默而不答。

曰:"无目不画眉。"

问:"幻与非幻,未是学人极则①处,如何是入理之谈?"

曰:"八十翁翁牙不动。"

114. 琅邪一堆烂柴

琅邪觉和尚云:"'有句无句,如藤倚树','树倒藤枯',好一堆烂柴②。"

妙喜曰:琅邪大似认贼为子③,虽然如是,恩大难酬。

115. 慈明安身立命

慈明和尚示众云:"道吾④打鼓,四大部洲⑤同参。拄杖横也,挑括乾坤大地。钵盂转也,覆却恒沙世界。且问汝等诸人,向甚么处安身立命?若也知安身立命处,北俱卢洲吃粥吃饭⑥,若也不知,长连床上吃粥吃饭⑦。"

---

① 极则:至极妙理。
② 一堆烂柴:比喻语言文字,包括奇特语,比如大沩安和尚的"有句无句,如藤倚树"和疏山匡仁禅师对此的"树倒藤枯"的疑问,都不能恰当地表达禅的本性,如同一堆没有用处的烂柴。
③ 认贼为子:比喻本末颠倒,认虚妄为真实。
④ 道吾:此是石霜楚圆住潭州道吾山时的语录,故以道吾自称。
⑤ 四大部洲:在须弥山四周的四个大洲,东边的称东胜身洲,南边的称南赡部洲,西边的叫西牛货洲,北边的叫北俱卢洲。
⑥ 北俱卢洲吃粥吃饭:北俱卢洲是四大部洲中最好的一个洲,人民寿足年丰,平等安乐。如果能悟得真性,就可以享受到这个境界的生活。
⑦ 长连床上吃粥吃饭:长连床是僧堂所置的通铺。如果不能悟得真性,就只能在这样的状态中生活。同样是吃粥吃饭,所处境界有所不同。

116. 法演过在甚处

五祖演和尚四面示众云:"满口道得底却不知有①,知有底又道不得②,且道,过在甚么处?将成九仞之山,莫惜一篑之土。"

又举:"僧问洞山③:'如何是善知识眼?'山云:'纸捻无油。'洞山老汉不是无,只是太俭。忽有人问四面④'如何是善知识眼'?只向伊道'瞎'。何故?且要相称。纸捻无油也大奇,不堪拈掇⑤有谁知?回身却忆来时路,月下腾腾⑥信脚归。"

117. 真净谈三种乐

真净和尚示众云:"是日已过,命亦随减。如少水鱼,斯有何乐?唯二乘⑦禅定,寂灭为乐,是为真乐。学般若菩萨⑧,法喜、禅悦⑨为乐,是为真乐。三世诸佛,慈、悲、喜、舍四无量

---

① 有:此是指真性之有。
② 道不得:无法将自己的体悟表达出来。
③ 洞山:指洞山守初禅师,此处所引洞山之语见《古尊宿语录》卷三十八《洞山语录》。
④ 四面:五祖法演禅师住四面山,故以四面自称。
⑤ 拈掇:使用禅门机锋话语。
⑥ 腾腾:自由自在的样子。
⑦ 二乘:指声闻和缘觉二乘。此二乘所修的禅定,以寂灭为最高的境界和快乐。
⑧ 菩萨:菩提萨埵的简称,意思为大觉有情,能自力觉悟,并能帮助大众觉悟的利他者。
⑨ 法喜、禅悦:法喜是由闻法修法而产生的快乐,禅悦是修习大乘禅定达到的快乐。

心①为乐，是为真乐。石霜普会②云：'休去③，歇去，冷湫湫地去。'是谓二乘寂灭之乐。云门云：'一切智通无障碍。'拈起扇子云：'释迦老子来也。'是谓法喜、禅悦之乐。德山棒、临济喝，是三世诸佛慈、悲、喜、舍之乐。除此三种乐外，不为乐也。且道归宗④一众，在三种内、三种外？"良久，云："今日庄主设馈饭⑤，俵僽钱⑥，参退，僧堂内普请⑦，吃茶去⑧。"喝一喝。

118. 首山不要掠虚

首山念和尚⑨示众云："诸上座，不得盲喝乱喝⑩，遮里寻常向你道：宾则始终宾，主则始终主。宾无二宾，主无二主。若有

---

① 四无量心：指慈、悲、喜、舍无量心。慈无量心是给予他人以快乐之心，悲无量心是去除他人痛苦之心，喜无量心是见他人离苦得乐而生喜悦之心，舍无量心是平等无偏之心。
② 石霜普会：石霜庆诸禅师（807~888），俗姓陈，唐代青原系禅僧，道吾宗智禅师法嗣，敕谥普会大师。
③ 休去：石霜普会禅师有七去，据曾任其侍者的九峰道虔禅师说，这分别是休去、歇去、冷湫湫地去、一念万年去、寒灰枯木去、古庙香炉去、一条白练去。休去，停止一切动作行为；歇去，泯绝一切妄念；冷湫湫地去，熄灭一切昏热之想，达于清凉之地；一念万年去，保持一念而如如不动；寒灰枯木去，不存任何情识，如同寒灰和枯木；古庙香炉去，去除执着，就像撒尽古庙香炉中的香灰；一条白练去，在领悟禅法时，对于偏正、宾主都能区分清楚，如同一条纯净的白绸子。
④ 归宗：此是宝峰克文住庐山归宗寺时语录，所以以归宗自称。
⑤ 馈饭：以羹浇之饭。馈，音zàn，以羹浇饭。
⑥ 俵僽钱：用斋后俗家人向僧人布施钱物。俵，音biào，方言，把东西分给人。
⑦ 普请：禅林内聚集僧众一起劳动。
⑧ 吃茶去：本为赵州从谂禅师的接引方式之一。
⑨ 首山念和尚：首山省念禅师（926~993），俗姓狄，五代、北宋间临济宗禅僧，风穴延沼禅师法嗣。
⑩ 盲喝乱喝：盲目模仿临济义玄的喝的作略，乱喝一气，不知喝的意义。禅贵在有个性的创新，反对一味模仿他人。

二宾二主,即是两个瞎汉。所以我若立时你须坐,我若坐时你须立,坐则共你坐,立则共你立。虽然如是,到遮里急著眼①始得。若也眼孔定动②,即千里万里③。何故如此?如隔窗看马骑④相似,拟议即没交涉。诸上座,既然于此留心,直须子细,不要掠虚⑤好,佗日异时赚著你在。诸人若也有事,近前。无事,珍重。"

僧问:"菩萨未成佛时如何?"

曰:"众生。"

僧云:"成佛后如何?"

曰:"众生,众生。"

问:"觉⑥花未发时,如何辨真实?"

曰:"冬不寒,腊后看。"

僧云:"莫便是也无?"

曰:"错。"

问:"鱼鼓未鸣时如何?"

曰:"望天不见天。"

僧云:"鸣后如何?"

曰:"觑地不见地。"

问:"和尚是大善知识,为甚么却首山?"

曰:"不坐孤峰顶,常伴白云闲。"

---

① 著眼:张眼,特指张开智慧之眼。
② 眼孔定动:眼睛眨动,比喻迟疑、不明白、茫然的样子。
③ 千里万里:比喻离得非常遥远。
④ 隔窗看马骑:一闪而过,比喻非常迅捷,不容迟疑。
⑤ 掠虚:做虚妄事,说虚妄话。
⑥ 觉:《续藏经》本作"实",误,《古尊宿语录·首山念和尚语录》也为"觉"。

问:"四众围绕,师说何法?"
曰:"打草要惊蛇。"
僧云:"未审怎生下手?"
曰:"适来洎合①丧身失命。"
问:"不落三寸②,请师速道。"
曰:"老僧到遮里却道不得,阇梨道看?"
僧云:"犹落三寸,请师别道。"
曰:"首山今日失利③。"

119. 叶县岂不庆快

叶县省和尚④示众云:"达磨西来,为传东土,直指人心,见性成佛,独标万像,物外宣扬。悟之者纤毫不隔,迷之者背觉合尘。中下之机也须子细,莫虚过时光,各各有之。况以西来的意,教外别传⑤,道契一言,纵横自在?打破髑髅,揭却脑盖,岂不是庆快⑥?"

僧问:"不落诸缘,请师道。"
曰:"落。"
问:"如何是无缝塔?"
曰:"头不梳,面不洗。"

---

① 洎合:几乎,差一点。
② 不落三寸:指不得用语言。三寸,指舌头,比喻言说。
③ 失利:指在机锋来往中没有居上风,有时也是禅师的一种谦辞。
④ 叶县省和尚:叶县归省禅师,俗姓贾,北宋临济宗禅僧,首山省念禅师法嗣。
⑤ 教外别传:诸佛言教之外另有心传,专指禅而言。
⑥ 庆快:庆幸喜悦。

问:"如何是出家人?"

曰:"紧裹头。"

僧云:"怎么则在家出家?"

曰:"粗麻鞋。"

120. 可真哪个是觉

翠岩真和尚①示众云:"众生为解碍,菩萨未离觉②。"拈拄杖云:"拄杖子是碍,那个是觉?若也会去,解碍为碍,而不自在。若也不会,'归源性无二,方便有多门③'。"

---

① 翠岩真和尚:翠岩可真禅师(?~1064),北宋临济宗禅僧,石霜楚圆禅师法嗣。
② 此二句出自《圆觉经》。
③ 此二句出自《楞严经》卷六,源,经中作"元"。

卷 二

《正法眼藏》卷第一之下

径山大慧禅师宗杲　集并著语

绣水春门居士徐弘泽　校阅

121. 晦堂一时扫却

晦堂和尚示众云："'敲空作响',谁是知音？'击木无声',徒劳侧耳。不是目前法,莫生种种心。起灭不相知,个中无背面。象王①行处,狐兔绝踪,水月现前,风云自异。到遮里,乾坤收不得,宇宙不知名,千圣立下风,谁敢出头道？诸仁者,应是从前活计,所作施为,会与不会,一时扫却。不如策杖归山去,长啸一声烟雾深。"

122. 洪英伤盐伤醋

宝峰英和尚②示众云："先圣③道：'江月照,松风吹,永夜清宵何所为？佛性戒珠心地印,雾露云霞体上衣。'诸禅德,先

---

① 象王：大象之王,喻指佛,禅宗中也指悟道的尊宿。
② 宝峰英和尚：即泐潭洪英禅师,见第68则注。
③ 先圣：指永嘉玄觉。此处所引出自其《永嘉证道歌》。

圣虽然如此道，可谓伤盐伤醋①。若是山僧即不然，'江月照，松风吹，永夜清宵何所为？牧童岭上一声笛，惊起群鸦绕树飞'。"

123. 法演鬼窟活计

五祖演和尚示众云："佛祖生冤家，悟道染泥土。无为无事人，声色如聋瞽。且道如何即是？恁么也不得，不恁么也不得，恁么不恁么总不得②。忽有个出来道：'恁么也得，不恁么也得，恁么不恁么总得。'只向伊道：'我也知你向鬼窟里作活计③。'"

124. 泐潭笑倒土地

宝峰准和尚④示众云："大道纵横⑤，触事现成⑥，云开日出，水绿山青。"蓦拈拄杖，卓一下，云："云门大师来也，说道：'观音菩萨将钱买糊饼，放下却是馒头。'大众，云门只见锥头利，不见凿头方⑦。宝峰即不然。"乃掷下拄杖，云："勿于中路

---

① 伤盐伤醋：浪费了许多调味料，菜的味道反而不好，比喻说得过多，并没有准确表达禅的本质。
② 恁么也不得：此三句称为"三恁么"，原是石头希迁禅师所说，意在破除一切执着。"恁么也不得"相当于"非有"，"不恁么也不得"相当于"非非有"，"恁么不恁么总不得"相当于"非有非非有"，是中道的具体体现。
③ 鬼窟里作活计：指陷于虚妄之中，妄作妄为。
④ 宝峰准和尚：即泐潭文准禅师，见第85则注。
⑤ 大道纵横：指真性之道普遍存在于一切现象之中，理在事中。
⑥ 触事现成：大道体现在每一事物之中，从每一事物都能体会禅的本质。
⑦ 只见锥头利，不见凿头方：比喻只看到事物的表象，不知表象背后的真相或本性。

事空王①，策杖还须达本乡②。昨日有人从淮南来，不得福建路信，却道嘉州大像吞却陕府铁牛③。"喝云："是甚说话？笑倒云居土地④。"

125. 云盖作个模子

云盖智和尚示众云："'不离当处⑤常湛然⑥，觅即知君不可见⑦。'虽然先圣⑧恁么道，且作个模子搭却。若也出不得，只抱得古人⑨底。若也出得，方有少分⑩相应。云盖即不然，骑骏马，绕须弥，过山寻蚁迹，能有几人知？"

---

① 空王：在过去空劫中最初出现的佛，或一般意义上的佛。
② 达本乡：回到本心之乡，指发明自心之佛性。
③ 嘉州大像吞却陕府铁牛：禅门著名奇特语，有时也作"陕府铁牛吞却嘉州大像"，表示否定。嘉州即今四川乐山，大像即乐山的弥勒大佛像。陕府（今河南陕县）铸造的铁牛非常著名，用于黄河大桥系铁索的基座。
④ 土地：土地神，守护一方土地的神灵。
⑤ 当处：指人们日常生活所面对的各种现象。
⑥ 湛然：清澈透明的样子，是对觉悟境界的描述。
⑦ 此二句出自《永嘉证道歌》。
⑧ 先圣：指永嘉玄觉。
⑨ 抱得古人：指没有超越古代禅僧的见解。
⑩ 少分：少许，一些。

126. 盘山掷剑挥空

盘山和尚①云:"譬如掷剑挥空,莫论及之不及,斯乃空轮无迹,剑刃无亏。若能如是,心心无知。"②

妙喜曰:咄!咄!咄!我王库内无如是刀③。

127. 晓聪向上宗乘

洞山聪和尚开堂日,僧问:"大众云臻,师登宝座,向上宗乘④,请师举唱。"

曰:"下坡不走,快便难逢⑤。"

云:"师唱谁家曲?宗风嗣阿谁⑥?"

曰:"竹杖挑擎千界月,钵囊盛贮五天云。"

问:"德山入门便棒,犹是起模画样⑦。临济入门便喝,未免

---

① 盘山和尚:盘山宝积禅师,生卒年不详,唐代南岳系禅僧,马祖道一禅师法嗣。
② 此则公案,《禅苑蒙求瑶林》称为"宝积剑空"。
③ 我王库内无如是刀:语出《涅槃经》卷八,原文为"我库藏中无如是刀"。以净刀喻佛性,而众生都不知净刀真相。禅门中引用此语,有禅不可说、我不会说法、我不这样说等义。
④ 向上宗乘:至极玄妙的禅的本性。
⑤ 下坡不走,快便难逢:这个东西正在下坡的途中,你要是不快些追赶,就要失去与其相逢的机会了。此处也有鼓励大家抓紧努力之意。快便难逢单独使用,形容千载难逢的好机会。
⑥ 师唱谁家曲?宗风嗣阿谁:禅门中常用参问之语,问禅师的禅法宗旨及师承。
⑦ 起模画样:装模作样,比喻做出虚妄的行为,说虚妄的语言。

捏目生花①。离此二途,未审洞山如何为人?"

曰:"天晴久无雨,近日有云腾。"

云:"佗后若有人问洞山意旨,教学人如何举似?"

曰:"园蔬枯槁甚,担水泼菠薐②。"

问:"无根树子向甚么处栽?"

曰:"千年常住一朝僧。"

问:"既是泗州大圣③,为甚么却在扬州出现?"

曰:"君子爱财,取之有道。"

问:"古镜④未磨时如何?"

曰:"此去汉阳不远。"

云:"磨后如何?"

曰:"黄鹤楼前鹦鹉洲。"

又,因发⑤供养主⑥,示众云:"住持之道,劳佗十方高人,且'实际理地不受一尘,佛事门中不舍一法⑦',盖为清众⑧之故,所以忘劳。然尽大地作一个糊饼,天下人尽得吃,唯有深沙

---

① 捏目生花:空中本无花,揉捏眼睛,满眼生花,比喻虚妄不实。
② 菠薐:菠菜。薐,音 léng。
③ 泗州大圣:又称泗州僧伽大师,《景德传灯录》卷二十七有载,《五灯会元》将其列入西天东土应化圣贤类。泗州在今江苏省盱眙县境内,古泗州已被淹入洪泽湖底。
④ 古镜:喻久被尘垢蒙覆本有佛性的众生心。
⑤ 发:启程,送行。
⑥ 供养主:寺院中专门从事在外募化的僧人。
⑦ 语出沩山灵祐,原句为"实际理地不受一尘,万行门中不舍一法",比喻真性之理清净光明,同时普遍存在于万法之中。
⑧ 清众:清净众,指僧众。

神①不得吃，怒发将蒺藜杖②打一棒，瓦解冰消。"

128. 明招胡𩭊𩭊地

明招和尚③领众至尧庵，乃提起绦子④云："得恁么胡𩭊𩭊⑤地。"

庵主云："莫错认定盘星⑥。"

招云："恰是。"

129. 南岳法从心生

南岳让和尚⑦示徒曰："一切万法皆从心生，若达心地，所作无碍。"

僧问："如镜铸像，像成后光归何处？"

曰："如大德未出家时相状向甚么处去？"

僧云："成后为甚么不鉴照？"

曰："虽然不鉴照，谩他一点也不得。"

---

① 深沙神：佛教的护法神，也称深大将，能去除灾难、保护修行者。据《觉禅钞·深沙神卷》载，其形象极丑，如果有人见到，都会心神迷惑。
② 蒺藜杖：带蒺藜状尖刺的兵器，禅门中指能打破一切情执的手段。蒺藜，蒺藜的果实，有刺。
③ 明招和尚：明招德谦禅师，五代青原系禅僧，罗山道闲禅师法嗣。
④ 绦子：用丝线编成的绳子或带子。
⑤ 胡𩭊𩭊：散乱无头绪。𩭊，音 sān，指毛发、枝条等细长垂拂、纷披散乱的样子。
⑥ 定盘星：老式杆秤上的起点星，为基准之星。
⑦ 南岳让和尚：南岳怀让禅师（677~744），俗姓杜，唐代南岳禅系的创始人，六祖慧能禅师法嗣。

130. 花药道着即瞎

花药英和尚①示众云："十七、十八,道着即瞎。十九、二十,人信不及。更欲待枯木生花,糊饼出汁。"

131. 临济赤梢鲤鱼

洛浦②久为临济侍者,济常称美曰:"临济门下一只箭,谁敢当锋?"

浦一日辞济,济问:"甚么处去?"

云:"南方去。"

济以拄杖画一画,云:"过得遮个便去。"

浦乃喝,济便打,浦作礼。济明日升堂③,云:"有一条赤梢鲤鱼,摇头摆尾向南方去,不知向谁家齑瓮里淹杀④。"

---

① 花药英和尚:花药进英禅师(?~1122),俗姓罗(此据《僧宝正续传》卷二),一说俗姓李(此据《云卧纪谭》卷一),北宋禅僧,宝峰克文(真净)禅师法嗣。丛林中有"英铁嘴"之称。
② 洛浦:洛浦元安禅师(834~898),俗姓淡(一说谈),唐代青原系禅僧,夹山善会禅师法嗣。
③ 升堂:登上禅堂讲坛作开示。
④ 向谁家齑瓮里淹杀:喻指只能沉溺于别人的旧观点或做法,没有自己的创新。元安所行的喝,本是临济的宗风,不是元安自己的。所以临济对他有此评价。但此处也有赞扬元安之处,肯定了他对临济的喝运用得比较好。齑瓮,酿菜坛子。表面上喻指吃咸菜,日子贫穷;也指不新鲜,没有新意。齑,即齏,原指捣碎的姜、蒜或韭菜碎末儿。

132. 杨岐脚踏实地

杨岐和尚示众云："春风如刀，春雨如膏，律令①正行，万物情动。你道'脚踏实地'一句作么生道？出来向东涌西没②处道看？直饶道得，也是梁山颂子③。"

133. 法昌宗门中事

法昌遇和尚在双岭受请，与英④、胜⑤二首座相别云："三年聚首，无事不知，检点⑥将来，不无渗漏⑦。"以拄杖画一画，云："遮个且止，宗门事作么生？"

英云："须弥安鼻孔。"

曰："恁么则临崖看浒眼⑧，特地⑨一场⑩愁。"

英云："深沙⑪努眼睛。"

---

① 律令：指自然界的节律时令，自然规律。
② 东涌西没：喻禅悟者的自在畅通。
③ 梁山颂子：比喻你即使说了，也是说些别人的体会，不是自己的。
④ 英：指泐潭洪英禅师，见第68则注。他是福建邵武人，所以下文法昌倚遇禅师称其为"邵武子"。
⑤ 胜：指黄檗惟胜禅师，俗姓罗，北宋禅宗黄龙系禅僧，他与泐潭洪英禅师同为黄龙慧南禅师法嗣。
⑥ 检点：检查、辨识、检讨、反省等。
⑦ 渗漏：指错误、不当之处。
⑧ 临崖看浒眼：站在悬崖边看崖底水眼。
⑨ 特地：反而，更加。
⑩ 一场：一番，一回。
⑪ 深沙：即深沙神。

曰:"争奈圣凡无异路,方便有多门。"

英云:"铁蛇钻不入。"

曰:"遮般汉有甚共语处?"

英云:"自缘根①力浅,莫怨太阳春。"却画一画,云:"宗门事且止,遮个事作么生?"

法昌便掌英云:"这漳州子②莫无去就③。"曰:"你遮般见解,不打,更待何时?"又打英云:"也是老僧招得。"

英、胜二人到山相访,英云:"和尚寻常爱检点诸方④,今日为甚却来古庙里作活计?"

曰:"打草只要蛇惊。"

英云:"且莫涂糊人好。"

曰:"你又刺头入胶盆⑤作甚么?"

英云:"古人⑥道,'我见两个泥牛斗入海',所以住山,未审和尚见个甚么?"

曰:"你佗时异日⑦,有把茅盖头⑧人来问你,作么生祗对?"

英云:"山头不如岭尾。"

曰:"你且道当得'住山'事么?"

---

① 原本作"相",《续藏》本作"根",《法昌倚遇禅师语录》也作"根",依之改。
② 漳州子:泐潭洪英是漳州人,所以法昌称其为漳州子。
③ 莫无去就:即不要没有规矩,因为泐潭洪英也学法昌倚遇的动作和问话。去就,此处指规矩、礼貌。
④ 检点诸方:指评判禅宗中各种禅学观点的得失。
⑤ 刺头入胶盆:把头伸入胶水盆,即陷入迷妄执着之中。
⑥ 古人:此处指龙山(或隐山)和尚。洞山良价禅师问:你悟得个什么道理,而能住此山? 龙山禅师说:我见两个泥牛斗入海,直至如今绝消息。
⑦ 佗时异日:将来,有朝一日。
⑧ 把茅盖头:指禅师住持寺院。

英云:"使镢不及拖犁。"

曰:"还曾梦见古人么?"

英云:"和尚又作么生?"

法昌展两手。

英云:"鰕跳不出斗。"

曰:"莫将三寸烛,拟并太阳辉。"

英云:"争奈公案①见在②。"

曰:"乱统禅和③,如麻似粟。"

又问二人:"我欲来遮里起法堂④,且道,作得个甚么向当⑤?"

英云:"贼是小人。"

曰:"邵武子动着便作屎臭气。"

英云:"曾经霜雪苦。"

曰:"明珠自有千金价,谁肯林边打雀儿?"

英云:"大似持钵不得,诈道不饥。"

法昌却指胜曰:"你且道,合作得个甚么向当?"

胜云:"本来无位次,不用强安排。"

曰:"你遮驴汉,安向甚处著?"

胜云:"一任敲砖打瓦。"

曰:"也只是个杜撰巡官⑥。"

---

① 公案:禅宗中典型的案例,包括机锋、教学手段等,成为参究的对象。
② 见在:存在。见,即现。
③ 乱统禅和:胡言乱语的禅僧。
④ 法堂:寺院中讲经说法的专用场所。依百丈清规,禅宗中不立佛堂,只立法堂。
⑤ 作得个甚么向当:怎么办?
⑥ 杜撰巡官:喻指胡乱言说的禅僧。

英云:"若是千金宝,何须打雀儿?"

曰:"东家人死,西家助哀①。"

英云:"路见不平②。"

云门云:"'法身吃饭,幻化空身即法身。'乾坤大地何处有也?物物不可得,以空噇空③。若约点检④来,将谓合有与么说话⑤。"

妙喜曰:龙头蛇尾⑥得人憎。"法身吃饭","以空噇空",唤作无,得么⑦?我怎么道,且作死马医。

134. 悟新薪尽火灭

黄龙新和尚示众,举:"雪峰道:'三世诸佛向火焰里转大法轮⑧。'云门道:'火焰为三世诸佛说法,三世诸佛立地听。'雪峰、云门,交互争辉,薪尽火灭⑨,三世诸佛向甚处听?莫恋白云深处坐,切忌⑩寒灰烧杀人。"

---

① 东家人死,西家助哀:本是雪窦重显评价雪峰普请公案之语,原为"东家死人,西家助哀",东家死了人,办丧事是东家人的事。比喻开悟众生自悟自度之事,他人无法代替。
② 路见不平:元曲中已有"路见不平,拔刀相助"的说法,可能北宋也有此说。此处用以说明他人的帮助对自身的开悟也有促进作用。
③ 以空噇空:以虚空大口吞吃虚空。比喻不可得,吃的主体和对象都是虚幻的。
④ 点检:检查,辨别。
⑤ 将谓合有与么说话:我以为应当这样讲。将谓,以为,原以为。合,能够,应当,必须要。与么,如此,这样。
⑥ 龙头蛇尾:始终不一致,有始无终。
⑦ 得么:句末疑问词,可以吗?行吗?合适吗?
⑧ 转大法轮:转佛法之大轮,即演说佛法原理。
⑨ 薪尽火灭:黄龙死心悟新禅师以此超越云门文偃禅师和雪峰义存禅师的说法,两人的说法中都有火的主题,而没有了薪,火灭了,怎么办?
⑩ 切忌:务必避免,儆戒之辞。

135. 大沩放行把住

大沩真如和尚示众云："月生一，大地茫茫谁受屈？月生二，东西南北没巴鼻①。月生三，善财特地向南参②。所以道，放行③则怛萨④舒光，把住⑤则泥沙匿耀。且道放行是？把住是？"良久，云："圆伊三点水⑥，万物自尖新。"

僧问："如何是城里佛？"

曰："万人⑦丛里不插标。"

"如何是村里佛？"

曰："泥猪疥狗。"

"如何是山里佛？"

曰："绝人往还。"

"如何是教外别传一句？"

曰："翻译不出。"

---

① 没巴鼻：不能把握根本。巴鼻，即握住鼻子。
② 善财特地向南参：善财童子的参学过程，经历了五十三参。此句突出了其参学的特点。
③ 放行：禅师机锋往来或接引学人时使用的方法之一，与"把住"相对，指使用方便的方法给对方一个入门的通路。
④ 怛萨：怛萨阿竭的略称，"如来"的梵语音译。
⑤ 把住：禅师机锋往来或接引学人时使用的方法之一，与"放行"相对，指截住学人理路，不让有退路，没有用心之处。
⑥ 圆伊三点水：译音为"伊"的一个悉昙梵文字母 ∴，其形象是由三点组成的倒三角，三点既不是横排，也不是纵排，被解释为非纵非横、非前非后之中道。"水"，原本作"永"，《续传灯录·翠岩真禅师法嗣》之《潭州大沩慕哲真如禅师》和《续藏》本均作"水"，依之改。
⑦ 人：原本作"国"，《续传灯录·翠岩真禅师法嗣》之《潭州大沩慕哲真如禅师》和《续藏》本均作"水"，依之改。禅门中又有"万人丛里插高标"之说。

136. 长沙似个大虫

长沙岑和尚①与仰山玩月次,山云:"人人有遮个,只是用不得。"

岑云:"我倩汝用始得。"

山云:"你作么生用?"

岑劈胸与一蹋,山云:"囡,直下似个大虫②。"

137. 智门藏身得么

智门祚和尚③示众云:"数日好雨,且道,雨从甚么处来?若道从天降,那个是天?若道从地出,唤甚么作地?若更不会,所以古人道:'天地之前径,时人莫强移,个中生解会,眼上更安锥④。'"

又云⑤:"赫日⑥里我人,云雾里慈悲,霜雪里假褐,雹子里藏身。还藏身得么?若藏不得,却被雹子打破髑髅。"

---

① 长沙岑和尚:长沙景岑招贤禅师,唐代南岳系禅僧,南泉普愿禅师法嗣。
② 直下似个大虫:丛林中因此对长沙景岑招贤禅师有"岑大虫"之称。大虫,指老虎。此则公案,《禅苑蒙求瑶林》称之为"长沙猛虎"。
③ 智门祚和尚:智门光祚禅师,北宋云门宗禅师,香林澄远禅师法嗣。
④ 此段为沧溪璘禅师所说。沧溪璘禅师,五代云门宗禅师,云门文偃禅师法嗣,为智门光祚禅师先辈,所以智门光祚禅师称其为"古人"。
⑤ 又云:这是智门光祚禅师的另一段法语。
⑥ 赫日:红日。

僧问："国师三唤侍者①，意旨如何？"

曰："怜儿不觉丑。"

云："国师辜负侍者②，意旨如何？"

曰："美食不中饱人餐。"

云："侍者辜负国师③，意旨如何？"

曰："粉骨碎身未足酬。"

138. 保宁彼自无疮

保宁勇和尚示众云："释迦老子四十九年说法，不曾道着一字。优波毱多丈室盈筹④，不曾度得一人。达磨不居少室⑤，六祖不住曹溪⑥。谁是后昆？谁为先觉？既然如是，彼自无疮，勿伤之也。"拍膝顾众，云："且喜得天下大平。"

颂"风幡话⑦"云："荡荡一条官驿路，晨昏⑧曾不禁人行。浑家⑨不是不进步，无奈当门荆棘生。"

---

① 国师三唤侍者：南阳慧忠国师三次唤侍者，侍者三次答应。国师说：本来以为是我辜负你，原来是你辜负我。侍者只认得自己的职位，而忘记了自己的本性。见第155则。
② 国师辜负侍者：即南阳慧忠国师所讲的：将谓吾辜负汝。
③ 侍者辜负国师：即南阳慧忠国师所讲的：谁知汝辜负吾。
④ 丈室盈筹：优波毱多是禅宗西天二十八祖之第四祖师，他每度一人，就在自己居住的石室中放一根筹子，最后筹子充满了屋子。
⑤ 少室：少室山，在今河南省登封市以北，属于嵩山，禅宗初祖菩提达摩在此面壁。
⑥ 曹溪：慧能在广州落发后长期所居的曹溪宝林寺。
⑦ 风幡话：风吹幡动，小僧争论，一个说风动，一个说幡动，六祖慧能禅师说，不是风动，不是幡动，是你们的心在动。
⑧ 昏：黄昏。
⑨ 浑家：一指我的妻子，二指我的全家。

139. 云峰为众竭力

云峰悦和尚示众云："德山入门便棒，临济入门便喝，看遮两个老汉一场败阙①。然则事不孤起，起必有因。云峰不著便②，盖是为众竭力。你等诸人平地吃交③，过在阿谁？"良久，云："当断不断，返遭其乱。"蓦拈拄杖，一时趁下。

僧问："不涉廉纤④，请师速道。"

曰："须弥山。"僧拟议，峰便打。

僧问："如何是第一要⑤？"

曰："蛇穿鼠穴。"

"如何是第二要？"

曰："猢狲上树。"

"如何是第三要？"

曰："村里人草鞋。"

问："如何是般若体？"

曰："箭穿杨叶⑥。"

"如何是般若用？"

---

① 一场败阙：一番失败、失利。败阙，又作"败缺"，指挫折，失败。
② 不著便：没有得着便宜，不起运，倒霉。
③ 平地吃交：在平坦的地面上都摔跤、跌倒，喻指比较倒霉、糊涂。
④ 不涉廉纤：不要使用琐碎语言。廉纤，本意是细小，禅宗中指啰唆、琐碎的语言。
⑤ 第一要：此处讨论的是临济义玄禅师教学方法中的"三玄三要"之"三要"。义玄并未对三要作具体的解释，后人多有不同的理解。
⑥ 箭穿杨叶：以军事技能为例，般若之体可以喻作对军事技能的精湛掌握，比如能百步穿杨。

曰:"李广陷番①。"

问:"如何是衲衣下事②?"

曰:"皮裹骨。"

140. 守初冻杀饿杀

洞山初和尚示众云:"语中有语,名为死句③。语中无语,名为活句④。诸禅德,作么生是活句?到遮里实难得人。若也不动一尘,不拨一境⑤,见事便道答话长老下脚不得⑥,东西南北,莫知多少,要得去离泥水,活人眼目,举唱宗风,激扬大事,不道全无,其奈还少。只缘未达其源,落在第八魔境界中,识得个不名不物,无是无非,头头物物,无不具足,道我得安乐田地,更不求余。凡有扣击问难,即便敲床、竖拂⑦,更不惜便施便设,便行便用,向恶水坑⑧里头出头没,弄个无尾猢狲,到腊月三十日⑨,鼓也打破,猢狲又走却了,手忙脚乱,一无所成,悔将何

---

① 李广陷番:以李广的经历为喻,般若之用就是要能解决具体困难。李广,西汉名将,曾征战匈奴被俘,后用智慧脱逃。
② 衲衣下事:指禅僧应当做明心见性的大事。衲衣,僧人所穿衣服,也用来指代僧人。
③ 死句:若禅师的句子让人觉得还有别的含义可以思考,鼓励人们的知解,就是死句,也会让人死于句下。
④ 活句:若禅师的句子超越了语言、义理和情识分别,一下子截断学人的理路,断绝学人的情执见解,使之无路可走,就是活句。于活句中参透,就有开悟之机。禅门中的奇特语,就属于这类活句。
⑤ 不动一尘,不拨一境:都表示无心、无事、无修。
⑥ 下脚不得:不下脚,喻指无修无事。也作下口不得。
⑦ 敲床、竖拂:禅师常用的两种手段,此处指一味模仿别人的方法,没有自己的见解。
⑧ 恶水坑:对别的禅师的宗风、手段的贬义性称呼,表示应当超越他们。
⑨ 腊月三十日:指年底,喻人生最后的时刻。

及？若是个衲僧，乍①可冻杀饿杀，终不著他鹘臭布衫。"

141. 智颛开悟因缘

天台智者②大师在南岳诵《法华经》，至《药王品》云"是真精进，是名真法供养如来"，于是悟法华三昧③，获旋陀罗尼④，见灵山一会⑤俨然未散。

> 妙喜曰：而今未获旋陀罗尼者，还见灵山一会否？若见，以何为证？若不见，"是真精进，是名真法供养如来"。只恁么念过，却成剩法⑥矣。

142. 世尊唯我独尊

世尊才生下，乃一手指天，一手指地，周行七步，目顾四方，云："天上天下，唯我独尊。"⑦

云门云："我当时若见，一棒打杀与狗子吃⑧，贵图天下

---

① 乍：宁可。
② 天台智者：智颛（538~597），俗姓陈，南朝陈代以及隋朝之间的僧人，天台宗实际创始人。
③ 法华三昧：《法华经》的精妙之理。
④ 旋陀罗尼：法华三种陀罗尼之一，指达到旋转自在的境界。陀罗尼，作持，总持，能持善法不使散，持恶法不使起。
⑤ 灵山一会：灵山法会，灵山是灵鹫山的简称。禅宗有佛世尊在灵山拈花示众，迦叶微笑之说，是禅宗的灵山法会。佛教又有佛在灵山会上讲《法华经》之说。
⑥ 剩法：多余、累赘之物。
⑦ 宗杲曾颂此公案说："老汉才生便著忙，周行七步似颠狂。赚他无限痴男女，开眼堂堂入镬汤。"（《大慧语录》卷十）
⑧ 一棒打杀与狗子吃：此语为云门体现的禅宗否定对心外之佛的权威崇拜的名言。

太平。"

云峰悦云:"云门虽有定乱之谋,且无出身之路。"

保宁勇颂云:"混沌未分人未晓,乾坤才剖事潜彰。天生伎俩能奇怪,末上输佗弄一场。"

143. 赵州庭前柏树

赵州和尚示众云:"此事的的,没量大人①出遮里不得。老僧到沩山,见僧问'如何是祖师西来意',沩山云'与我过②床子来'。若是宗师,须以本分事接人始得。"

时有僧问:"如何是祖师西来意?"

州云:"庭前柏树子。"

僧云:"和尚莫将境示人。"

曰:"我不将境示人。"

云:"如何是祖师西来意?"

曰:"庭前柏树子。"③

后法眼④问光孝觉⑤和尚:"近离甚处?"

曰:"赵州。"

云:"承闻赵州有'柏树子'话,是否?"

曰:"无。"

---

① 没量大人:超越数量限制的人,指自心之佛。
② 与我过:后面接名词,意为给我把某某物品拿过来。
③ 此则公案,丛林中称为"柏树子话",《禅苑蒙求瑶林》称为"真际庭柏"。
④ 法眼:清凉文益禅师。
⑤ 光孝觉:光孝院慧觉禅师,唐代南岳系禅僧,赵州从谂禅师法嗣。

云:"往来皆谓:僧问'如何是祖师西来意',州云'庭前柏树子'。上座何得道无?"

曰:"先师实无此语,和尚莫谤先师好。"

144. 法演见处共知

五祖演和尚示众,举:"药山问石头①:'三乘十二分教②,某甲粗知,承闻南方③直指人心、见性成佛,实未明了,伏望和尚慈悲指示。'石头云:'恁么也不得,不恁么也不得,恁么不恁么总不得。'山僧在众④日,闻兄弟商量道:即心即佛亦不得,不即心即佛亦不得。若恁么说话,敢称禅客。何故?殊不知石头老人文武兼备,韬略双全。若是五祖见处,也要诸人共知:只见波涛涌,不见海龙宫。"

145. 唐明把断咽喉

唐明嵩和尚⑤示众云:"文殊仗剑,五台横行⑥,唐明一路,

---

① 石头:石头希迁禅师(700~790),俗姓陈,唐代青原系禅僧,青原行思禅师法嗣。
② 三乘十二分教:指各种佛教经典。三乘,即声闻乘、缘觉乘和菩萨乘(或佛乘)。十二分教,指十二个种类的佛经。
③ 南方:此指六祖慧能。
④ 在众:禅僧在大众中一起参问。
⑤ 唐明嵩和尚:三交智嵩禅师,因住承天院,也称承天嵩,又称三交嵩,北宋临济宗禅僧,首山省念禅师法嗣。《古尊宿语要》称其"铁佛嵩",但另有一个忻州铁佛院智嵩,也是首山省念禅师法嗣。
⑥ 文殊仗剑,五台横行:中国佛教认为山西五台山是文殊师利的道场。文殊代表智慧,其造像持剑,宝剑喻智慧锋利。

把断妖讹。三世诸佛，未出教乘，网底游鱼，龙门难渡。垂钩四海，只钓狞龙①，格外玄谈②，为求知识③。若也举扬④宗旨，须弥直须粉碎。若也说佛说祖，海水便须枯竭。宝剑挥时，毫光万里。放汝一路⑤，通方说话。把断咽喉⑥，诸人甚处出气？"

僧问："钝根乐小法，不自信⑦作佛，作佛后如何？"

曰："水里捉麒麟⑧。"

云："恁么则便登高座也。"

曰："骑牛上三十三天⑨。"

问："古人拈椎、竖拂，意旨如何？"

曰："骑驴不著靴⑩。"

146. 慈明问无为法

慈明和尚示众云："'一切贤圣皆以无为法⑪而有差别⑫。'前是案山，后是主山⑬，那个是无为法？"良久，云："向下文长，

---

① 只钓狞龙：喻指追求最高境界。
② 格外玄谈：超越常情的玄妙之语。
③ 知识：此处指大善知识，对自己的解脱有帮助的开悟者。
④ 举扬：举说、弘扬。
⑤ 放汝一路：即放行，使用灵活方便的手段接引学人。
⑥ 把断咽喉：即把住，把断语路，截断情解。
⑦ 自信：众生应当相信自己本有佛性，都能成佛，因而不向外驰求。
⑧ 水里捉麒麟：麒麟是陆生动物，不在水里。此句含有否定之意。
⑨ 骑牛上三十三天：牛是陆行动物，不能飞行上天。此句含有否定之意。
⑩ 骑驴不著靴：比喻有出格才能的人。穿靴的作用之一是易于骑马骑驴，而技艺高超者可以不穿靴而骑。
⑪ 无为法：清净寂灭的离因缘作用的事法，指真如实相。
⑫ 此句出自《金刚经》。
⑬ 前是案山，后是主山：案，原作"桉"，依《石霜楚圆语录》卷一改。案山、主山是风水术语。案山，宅地前的护砂，作用如同屏风；主山，宅田后面的龙山。

付在来日。"

147. 马祖信自心佛

马祖示众云:"汝等诸人各信自心是佛,此心即佛。达磨大师从南天竺国来至中华,传上乘一心之法,令汝等开悟,又引《楞伽经》以印众生心地,恐汝颠倒,不自信此一心之法各各有之,故《楞伽经》以佛语心①为宗,无门②为法门。夫求法者应无所求,心外无别佛,佛外无别心。不取善,不舍恶,净秽两边俱不依怙,达罪性空,念念不可得,无自性故。故三界唯心③,森罗及万象,一法之所印。凡所见色,皆是见心,心不自心,因色故有。汝但随时言说,即事即理,都无所碍。菩提道果亦复如是,于心所生,即名为色,知色空故,生即不生。若了此意,乃可随时著衣吃饭,长养圣胎,任运过时,更有何事④?汝受吾教,听吾偈曰:心地随时说,菩提亦只宁。事理俱无碍,当生即不生。"

僧问:"如何是修道?"

曰:"道不属修,若言修得,修成还坏,即同声闻⑤。若言不修,即同凡夫。"

又问:"作何见解,即得达道?"

---

① 佛语心:《楞伽经》以佛语心为唯一的一品,《一切佛语心品》。佛语心又指佛所说的如来藏心。
② 无门:没有具体的门径可入。
③ 三界唯心:整个世界都只依自心为本体,这是一种唯心论,禅宗讲的唯心,是主观自心。
④ 更有何事:以无事为修行。
⑤ 声闻:指下根众生,闻佛道之声,而能悟四谛真理,断惑证道。

师曰:"自性本来具足①,但于善恶事中不滞,唤作修道人。取善舍恶,观空入定,即属造作。更若向外驰求②,转疏转远。但尽三界心量,一念妄心即是三界生死根本,但无一念,即除生死根本,即得法王无上珍宝。无量劫来,凡夫妄想、谄曲③、邪伪、我慢、贡高合为一体,故经云:'但以众法,合为此身',起时唯法起,灭时唯法灭,'此法……起时不言我起,灭时不言我灭'④。前念、后念、中念,念念不相待,念念寂灭,唤作海印三昧,摄一切法。如百千异流同归大海,都名海水,住于一味,即摄众味。住于大海,即混诸流。如人在大海中浴,即用一切水。所以声闻悟迷,凡夫迷悟。声闻不知圣心本无地位、因果、阶级、心量妄想,修因证果,住于空定⑤八万劫、二万劫,虽即已悟,悟已却迷。诸菩萨观如地狱苦,沉空滞寂,不见佛性。若是上根众生,忽尔遇善知识指示,言下悟去,更不历于阶级、地位,顿悟本性。故经云:凡夫有返复心而声闻无也⑥。对迷说悟,本既无迷,悟亦不立。一切众生从无量劫来不出法性三昧⑦,长在法性三昧中著衣吃饭、言谈祗对,六根运用,一切施为,尽是法性。不解返源⑧,随名逐⑨相,迷情妄起,造种种业。若能一念

---

① 本来具足:指众生自性本来就具备佛性、智能,完备无缺,只是众生不知、不信。
② 向外驰求:不知、不信自心佛性,而向外求佛。
③ 谄曲:谄媚,曲意迎合。原本作"韶曲",今依《古尊宿语录》卷一改。
④ 此语出自《维摩诘经》卷中。
⑤ 空定:观察空相的禅定。也叫四空定,四无色定。
⑥ 此语出自《维摩诘经》卷中,凡夫对佛法有反复,而声闻无反复。
⑦ 法性三昧:观照诸法本性的禅定。
⑧ 返源:返回自性的佛性本源。
⑨ 逐:原本作"定",依《古尊宿语录》卷一和《字续藏经》本改。只有《联灯会要》所引马祖语录作"定"字。

返照全体圣心，汝等诸人各达自心。莫记吾语，纵饶①说得河沙②道理，其心亦不增。总说不得，其心亦不减。说得亦是汝心，说不得亦是汝心。乃至分身③放光，现十八变，不如还我死灰来。淋过死灰无力，喻声闻妄修因证果。未淋过死灰有力，喻菩萨道业纯熟，诸恶不染。若说如来权教三藏，河沙劫说不尽，犹如钩锁，亦不断绝。若悟圣心，总无余事。久立，珍重！"

妙喜曰：予建炎④中首众⑤瓯峰⑥时，首座寮有洞山聪禅师所集《禅门宗要》《祖堂》二录，《宗要》末上以石头、马祖二师语为准式。故马祖示众篇，其略云："故《楞伽经》以佛语心为宗，无门为法门。"则知后人错以"以"字为"云"字无疑。后永明寿禅师⑦、天衣怀禅师于《宗镜》《通明》⑧二集中因之，后之学者不本来由，往往皆以"以"字为"云"字，更于经中求"佛语心为宗，无门为法门"之语，良可笑也，岂不知《楞伽经》乃"佛语心"一品耳。马师⑨云："故《楞伽经》以佛语心为宗，无门为法门。"此二句皆马祖指经大旨，非经语也。天衣云："无门之门直须得门入始得。"此乃天衣指马师无门之门之语，亦非经语也。

---

① 纵饶：即使。
② 河沙：恒河沙数之简称，比喻无数，数量如同恒河中的沙子。
③ 分身：指诸佛、菩萨基于慈悲心而用方便力变出各种化身，在大众中救众。
④ 建炎：南宋高宗赵构年号，1127~1130。
⑤ 首众：大众之首，也称前堂首座。
⑥ 瓯峰：又称欧峰，云居山的别名。据《宗杲年谱》，宗杲于南宋建炎二年（1128）十月入云居山圜悟克勤道场，任首座。
⑦ 永明寿禅师：永明延寿禅师（904~975），俗姓王，五代、北宋之际法眼宗禅僧，天台德韶禅师法嗣，著有《宗镜录》百卷，发展了圭峰宗密的禅教融合思想。
⑧ 《通明》：即《通明集》，天衣义怀禅师所作，集古今尊宿的契悟因缘，今已不传。
⑨ 马师：马祖道一禅师。

然《宗镜》《通明》，二圣师所集，未必皆错，恐后来传者之误耳。谚云：一字三写，乌焉成马①。信然，博达之士如阅《楞伽》，果无"佛语心为宗，无门为法门"之语，则当以聪禅师②《宗要》所载为正。

148. 神鼎自见自悟

神鼎谭和尚③示众，举："僧问首山：'一毫未发时如何？'曰：'路逢穿耳客④。'云：'发后如何？'曰：'不用更迟疑。'曾有僧问神鼎：'一毫未发时如何？'向伊道：'白云岭上。'云：'发后如何？'曰：'涧下水流。'若是前来两转语，有可咬嚼，东看西看。若是神鼎遮语，如吃木札瓦片⑤相似，实无滋味，直是自见自悟⑥始得，会么？天高东南，地倾西北⑦。"

---

① 乌焉成马：指繁体字的乌、焉、马三字易混。
② 聪禅师：洞山晓聪禅师。
③ 神鼎谭和尚：神鼎洪谭禅师（生卒年不详），俗姓扈，宋临济宗禅僧，首山省念禅师法嗣。
④ 穿耳客：或作穿耳僧，西域来的僧人喜好穿耳环，此指菩提达摩。
⑤ 吃木札瓦片：比喻毫无味道。
⑥ 自见自悟：自作主宰的悟修方式。自己发明本性，自悟自心佛性。
⑦ 天高东南，地倾西北：故意与传统的"天倾西北，地陷东南"说法有异。据《列子·汤问》："共工氏与颛顼争为帝，怒而触不周之山，折天柱，绝地维。故天倾西北，日月星辰就焉；地不满东南，故百川水潦归焉。"不周山在西北方向，西北方向的天柱折断，东南方向的地维绝陷，所以天从西北方向向下倾斜，地在东南方向下陷。

149. 天衣一时穿却

天衣怀和尚示众云："二千年前，大觉世尊欲将诸圣众往第六天①上说《大集经》②，敕佗方、此土、人间、天上一切狞恶鬼神悉皆集会，受佛付嘱，拥护正法，设有不赴者，四天门王飞热铁轮追之令集。既集会已，无有不顺佛敕者，各发弘誓③，拥护正法。唯有一魔王谓世尊曰：'瞿昙，我待一切众生成佛尽，众生界空，无有众生名字，我乃发菩提心。'临危不变，真大丈夫。诸仁者，作么生著得一转语与黄面瞿昙④出气？寻常神通妙用，智慧辩才，到此总使不着，尽阎浮⑤大地人无不爱佛，到遮里，何者是佛？何者是魔？还有人辨得么？"良久，云："欲识魔么？开眼见明。欲识佛么？合眼见暗。魔之与佛，以拄杖一时穿却鼻孔。"

妙喜曰：天衣老汉恁么批判，直是奇特。虽然如是，未免话作两橛。若向"何者是佛""何者是魔"处便休去，不妨使人疑着，却云："欲识魔么？开眼见明。欲识佛么？合眼见暗。"郎当⑥不少。又云"魔之与佛，以拄杖一时穿却鼻

---

① 第六天：指欲界的第六天，他化自在天，传说佛成道时，此天魔王即来障碍。
② 《大集经》：全称为《大方等大集经》，佛教认为此经是佛在欲界和色界广集十方诸佛菩萨所说的大乘佛法，所以称之为"大集经"。
③ 弘誓：宏大的誓愿，佛教修行的重要内容之一。
④ 黄面瞿昙：黄脸孔的佛，是对佛祖的亲切性的称呼。释迦牟尼俗姓 Gautama，旧译为瞿昙，后译为乔达摩。下文的"黄面老子"也是指佛。
⑤ 阎浮：Jambudvipa，旧译阎浮提，后译为赡部洲，须弥山南方的一个大洲，就是我们地球人居住之处。
⑥ 郎当：说得太多。

孔"，雪上加霜。妙喜却为黄面老子代一转语①：待遮魔王道"众生界空，无有众生名字，我乃发菩提心"，只向佗道"几乎错唤你作魔王"。此语有两负门②，若人点检得出，许③你具衲僧眼④。

150. 天台成等正觉

韶国师⑤示众云："真宗不二，万德无言，正当明时，如王宝剑。所以如来于一切处成等正觉⑥，于刀山剑树上成等正觉，于镬汤炉炭里成等正觉，于棒下成等正觉，于喝下成等正觉。所以，一动一静，一去一来，一生一灭，未曾有纤毫异相，未曾有纤毫别相，更无毫厘丝发许作见闻心识解会，何故？诸仁者，诚谓是非路绝，妙性天机。所以云：汝生我亦生，汝杀我亦杀。生杀轮王机，交驰如电掣。"

151. 悟真作舞下座

道吾真和尚示众云："师子儿哮吼，龙马驹踌跳。古佛镜中明，三山孤月皎。"乃作舞下座。

---

① 代一转语：简称"代语"，代别人说出关键性的使人转迷为悟的话语。
② 负门：失利的关键之处。负，即输、败，与人论辩失利，称为落入负门。
③ 许：承认，认可。
④ 具衲僧眼：简称"具眼"，具备了真正禅僧所拥有的智慧之眼。
⑤ 韶国师：天台德韶禅师（907~971），俗姓陈，法眼宗禅僧，清凉文益禅师法嗣。
⑥ 等正觉：即无上正等正觉，是最圆满的觉悟，佛境界的觉悟。

僧问:"凝然便会时如何?"

曰:"老鼠尾上带研椎①。"

"如何是佛?"

曰:"洞庭为盖。"

"古人道,'来时不将丝头来,去时不将丝头去',意旨如何?"

曰:"三生②、六十劫,未是长期。"

僧无语。

曰:"会么?"

僧云:"不会。"

曰:"洞庭八百里未是阔。"

问:"如何是真如③体?"

曰:"夜叉屈膝眼睛黑。"

"如何是真如用?"

曰:"金刚杵打铁山摧。"

152. 灵云桃花悟道

灵云④因见桃花悟道⑤,有颂云:

三十年来寻剑客,几回叶落又抽枝。

---

① 研椎:研磨、椎打的器具。
② 三生:前生、今生与来生。
③ 真如:真实、如常之佛教真理。
④ 灵云:灵云志勤禅师,五代南岳系禅僧,长庆大安禅师法嗣。
⑤ 见桃花悟道:禅门中悟道的机缘非常多样,此是见花悟道。

自从一见桃花后,直至如今更不疑。①

举似沩山,山云:"从缘入者,永不退失,汝善护持。"

玄沙云:"谛当②,甚谛当,敢保老兄未彻在。"③

妙喜曰:一家有事百家忙。

153. 杨岐身心清净

杨岐和尚示众云:"身心清净,诸境清净;诸境清净,身心清净。还知杨岐老人落处么?河里失钱河里摝④。"

154. 德山朝暮无事

德山和尚示众云⑤:

诸子,从朝至暮有甚么事?莫要逞驴唇马嘴⑥。问德山老汉么?我且不怕你,未审诸子有何疑虑?近来末法时代⑦多有鬼神群队傍家走⑧,言"我是禅师",未审学得多少禅道?说似老汉

---

① 此则公案,《空谷集》称为"灵云桃花",《禅苑蒙求瑶林》称为"灵云见花"。宗杲曾颂此公案说:"总道见桃华悟道,此语不知还是无。茫茫宇宙人无数,那个男儿是丈夫。"
② 谛当:精当,妥帖。
③ 宗杲曾颂玄沙"谛当"之评:"打破鬼门关,日轮正当午。一箭中红心,大地无寸土。"(《大慧语录》卷十,《大正藏》第47册,第853页下)
④ 河里失钱河里摝:什么地方出现问题,就在什么地方解决这个问题。摝,捞取。
⑤ 此段法语后收入《联灯会要》《指月录》等。
⑥ 逞驴唇马嘴:指用语言不恰当地表达禅的见解。
⑦ 末法时代:佛教认为,在释迦牟尼入灭后,佛教的发展区分为三个时期:正法时代、像法时代、末法时代。末法时代,很少有大德出现,众生根机浅漏,无修无证。
⑧ 傍家走:挨家挨户地行脚,而不明自性。

来。你诸方老秃奴①教汝修行作佛,傍家走,成得几个佛也?你若无可学,又走作甚么?若有学者,你将取学得底来呈似老汉看!一句不相当,须吃痛棒始得。你被佗诸方老秃奴魔魅著,便道"我是修行人",打硬作模作样,恰似得道底人面孔。莫取次用心,万劫千生轮回三界,皆为有心。何以故?心生则种种法生。若能一念不生,则永脱生死,不被生死缠缚,要行即行,要坐即坐②,更有甚么事?

仁者,我见你诸人到处发心,向老秃奴会下学佛法,荷负不惜身命,皆被钉却诸子眼睛,断诸子命根,三二百个淫女相似。道我王化建立法幢,为后人开眼目,自救得么?

仁者,如此说修行,你岂不闻道老胡③经三大阿僧祇劫④修行即今何在?八十年后死去,与你何别?诸子莫狂,劝你不如休歇去,无事去。你瞥起一念心,便是魔家眷属,破戒俗人。你见德山出世,十个、五个总拟聚头来难问,待教结舌无言。你是偻㑩⑤儿,今何不出来?破布袋里盛锥子⑥,不出头是好手。我要问你实底,莫错。

仁者,波波⑦地傍家走,道"我解禅、解道",点胸点肋⑧,

---

① 老秃奴:指得道禅僧、祖师。德山喜好用这样的骂人话,表示要超佛越祖。
② 要行即行,要坐即坐:指开悟后的自在境界。
③ 老胡:指佛祖释迦牟尼。
④ 阿僧祇劫:无数劫,极长的一个时间概念。阿僧祇,无数之意。
⑤ 偻㑩:一指机灵、干练,二指绿林或盗贼的部下、仆从。此处指前一义。
⑥ 破布袋里盛锥子:常态之下,破布袋子里的锥子总是要出头。而禅的出格境界,要求超越常情,而能不出头。
⑦ 波波:到处奔波。
⑧ 点胸点肋:或称点肋点胸,简称点胸,指自我炫耀。

称杨称郑①，到遮里须尽吐却，始得无事。你但外不著声色，内无能所②知解，体无凡圣，更学甚么？设学得百千妙义，只是个吃疮疣鬼③，总是精魅。

我遮个虚空，道有且不是有，道无且不是无，言凡不凡，言圣不圣，一切处安著佗，不得与你万法为师，遮个老汉不敢谤佗。所以老胡吐出许多方便涕唾，教你无事去，莫向外求。你更不肯，欲得采集殊胜言句，蕴在胸襟，巧说言辞，以舌头取办，高著布裙，贵图人知，道"我是禅师"，要出头处。若作如此见解，打那鬼骨臋，入拔舌地狱④有日在。到处觅人，道"我是祖师门下客"，被佗问著本分事，口似木楑⑤，便却与佗说菩提涅槃、真如解脱，广引三藏言教，是禅是道，诳佗间阎⑥，有甚么交涉？谤我先祖。

德山老汉见处即不然，遮里佛也无，法也无，达磨是老臊胡⑦，十地菩萨⑧是担粪汉，等、妙二觉⑨是破戒凡夫，菩提、涅

---

① 称杨称郑：到处炫耀。
② 能所：两种相互关联的对象，主动的一方为能，被动的一方为所。从哲学的角度讲，主体的一方是能，客体的一方是所。
③ 吃疮疣鬼：对知解宗徒的批评之词。
④ 拔舌地狱：依佛教的因果报应论，造作口业之恶者，堕入这类地狱。
⑤ 口似木楑：又作口似扁担，闭口无言，说不出。木楑，关门用的立木。
⑥ 间阎：指平民百姓，根机浅陋的一般人。间，住户，中国古代以二十五家为间；阎，里巷的门。
⑦ 达磨是老臊胡：此一段是德山呵佛骂祖的典型语言。
⑧ 十地菩萨：证得十地圣位的菩萨。
⑨ 等、妙二觉：等觉和妙觉。等觉指平等觉，妙觉指自觉、觉他、觉行圆满之不可思议的觉悟。两者都是指佛的觉悟境界。

槃是系驴橛①，十二分教是鬼神簿拭疮脓纸，四果②、三贤③、初心④、十地⑤是守古冢鬼，自救得也无？佛是老胡屎橛。

仁者，莫错，身被⑥疮疣衣，学甚么事？饱吃饭了，说真如涅槃，皮下还有血么⑦？须是个丈夫始得。汝莫爱圣，圣是空名。向三界、十方世间，若有一尘一法可得，与你执取生解、保任贵重者，尽落天魔外道。是有学得底，亦是依草附木⑧，精魅野狐。

诸子，老汉此间无一法与你诸子作解会，自己亦不会禅，老汉亦不是善知识，百无所解，只是屙屎放尿，乞食乞衣，更有甚么事？德山老汉劝你，不如无事去，早休歇去，莫学颠狂。每人担个死尸浩浩地去，到处向老秃奴口里爱佗涕唾吃，便道"我是入三昧，修蕴积行，长养圣胎，愿成佛果"。如斯等辈，德山老汉见，似毒箭入心，花针乱眼，辜负先祖，带累我宗，图佗道"我是出家儿"，如此消佗十方施主水也消不得。莫箅⑨道敢向佗国王地上行，父母不供甘旨，岂为无罪？莫错用心，阎罗王征你草鞋钱⑩有日在，穿你鼻孔⑪，系⑫著橛上，偿佗宿债。莫言老汉

---

① 系驴橛：原意为拴驴子的木桩，驴也喻指精神本性。比喻不得自由，障碍真性。
② 四果：小乘声闻修行所证得的四种境界，分别为预流果、一来果、不还果、阿罗汉果。
③ 三贤：十住、十行、十回向。菩萨修行的五十二位中，第二个十位就是十住，第三个十位是十行，第四个十位是十回向。
④ 初心：初发心学佛。
⑤ 十地：菩萨修行的五十二位中，第五个十位。
⑥ 被：披。
⑦ 皮下还有血么：禅宗强调应当皮下有血、眼里有睛。皮下有血指有血气，是个大丈夫。
⑧ 依草附木：比喻依附他人，没有自立的见解。
⑨ 箅：谋划、算计。
⑩ 征你草鞋钱：找你征收草鞋钱，因为你到处行走，穿破许多双草鞋，却没有悟道。
⑪ 穿你鼻孔：喻受人制约而不能超脱。
⑫ 系：原文为"击"，当为"系"，击、系繁体相似，今依《联灯会要》卷二十《德山宣鉴禅师》改。

不道,是你诸人大似有福,遇著德山出世,与你解却绳索,脱却笼头,卸却角驮,作个好人去,三界六道①收摄你不得,更无别法,是个烜赫虚空②,无碍自在。不是你庄严得底物,从佛从祖皆传此法而得出离,一大藏教只是整理你今时人。

诸子,莫向别处求觅,乃至达磨小碧眼胡僧到此来,也只是教你无事去,教你莫造作,著衣吃饭,屙屎送尿,更无生死可怖,亦无涅槃可得,无菩提可证,只是寻常一个无事人。第一莫拱手作禅师,觅个出头处,巧言语魔魅后生,欲得人唤作长老,自己分上都无交涉,徒知心识浩浩地日夜捏怪不休,称杨称郑:我是江西马大师宗徒。德山老汉且不是你群队人,我见石头和尚③不识好恶,老汉所以骂伊诸子。你但莫著声色名言句义境致、机关道理、善恶凡圣,取舍攀缘染净明暗、有无诸念,可中与么得,方是个无事人。佛亦不如你,祖亦不如你。仁者,莫走蹋汝脚板阔去,别无禅道可学,若有学得者,即是二头三首④外道见解。亦无神通变现可得,汝道神通是圣,诸天龙神、五通神仙⑤、外道修罗亦有神通,应可是佛也?"孤峰独宿⑥、一食卯斋⑦、长

---

① 三界六道:三界,即欲界、色界和无色界,凡夫生死往来的世界。六道,也是凡夫轮回的世界。
② 烜赫虚空:非常大的虚空世界。烜(xuǎn)赫,昭著,显赫。
③ 石头和尚:石头希迁禅师。
④ 二头三首:不是第一首,而是第一首之外的第二首、第三首,表示不是第一义的见解,因而是多余的看法。
⑤ 五通神仙:得五通的神仙,五通即天眼通、天耳通、他心通、宿命通、如意通五种神通。佛教不以得神通为修行的目的。
⑥ 孤峰独宿:对远离喧闹而修禅定的描述,慧能以后的南宗禅反对这样的修行。
⑦ 一食卯斋:午前只吃一餐的修行方法,属于头陀行的修行。

坐不卧①、六时礼念②"，疑佗生死。老胡③有言：诸行无常，是生灭法。若言入定、凝神、静虑得者，尼乾子④等诸外道师亦入得八万劫大定，莫是佛否？明知邪见精魅。

仁者，老胡不是圣，佛是老胡屎橛，且要仁者辨取好恶，莫著人我，免被诸圣橛、菩提橛、解脱殊胜、名言妙义没溺系缚汝。何以故？一念妄心不尽，即是生死相续。

仁者，时不待人，莫因循过日，时光可惜。老汉不图你田舍奴⑤荷负，若肯即信取，若不肯，每人有个屎钵，担取去。老汉亦不求你，诸方大有老秃奴，取一方处所说禅说道，你急去学取、抄取，我此间终无一法与你诸人。

仁者，问取，学取，以为知解，老汉不能入拔舌地狱，若有一尘一法示诸人，说言有佛有法、有三界可出者，皆是野狐精魅。诸仁者，欲得识么？只是个虚空，尚无纤尘可得，处处清净，光明洞达，表里莹彻，无事无依，无栖泊处，有甚么事？老汉从生至死只是个老比丘，虽在三界生，而无垢染，欲得出离何处去？设有去处，亦是笼槛，魔得其便。

仁者，莫用身心，无可得。只要一切时中莫用佗声色，应是从前行履处，一时放却，顿脱羁锁⑥，永离盖缠。一念不生，即前后际断，无思无念，无一法可当情。仁者，作么生拟下口嘴？

---

① 长坐不卧：指坐禅的修行方法。
② 六时礼念：临济义玄禅师称为"六时行道"，在昼夜六时修行礼忏。这种修行过于强调修行的仪式。
③ 老胡：佛。
④ 尼乾子：Nirgrantha，又译作尼犍，印度佛教所称的一种外道。
⑤ 田舍奴：乡下佬。
⑥ 顿脱羁锁：顿时脱离羁绊枷锁，是对顿悟的描述。

你多知解，还曾识渠①面孔么？出家儿，乃至十地满心菩萨，觅佗踪迹不著，所以诸天欢喜，地神捧足，十方诸佛赞叹，魔王啼哭。何以故？缘此虚空活鲅鲅②地，无根株，无住处。若到遮里，眼孔定动，即没交涉。

仁者，莫求佛，佛是大杀人贼，赚多少人入淫魔坑。莫求文殊、普贤，是田舍奴。可惜许，一个堂堂丈夫儿，吃佗毒药了，便拟作禅师面孔，见神见鬼，向后狂乱傍家走，觅师婆③打瓦卜④去，被无知老秃奴便即与卜道，教你礼祖师鬼、佛鬼、菩提涅槃鬼。是小淫女子不会，便问"如何是祖师西来意"？遮老秃奴便打禅床作境致，竖拂子云"好晴"、"好雨"、"好灯笼"，巧述言词，琼森节目，言有"玄路、鸟道、展手⑤"，若取如是说，如将宝器贮于不净，如将人粪作旃檀香。

仁者，彼既丈夫，我亦尔，怯弱于谁？竟日就佗诸方老秃奴口嘴接佗涕唾吃了，无惭无愧。苦哉！苦哉！狂却子去，因果分明。水牯牛牵犁拽耙，眼睛突出，气力不登，大棒打你脊，劫佛衣食，道"我修行了也"。若不明大理，饶⑥你去佛肚里过来，只是个能行底屎橛，不曾遇著好人。便即认得六根门头光影，向口里说取露布⑦，是隐言妙句，光彩尖新，争奈你自家无分。仁者，

---

① 渠：他。
② 活鲅鲅：活泼泼。鲅，指鱼摆尾跳动。
③ 师婆：占卜的女性卜师，此处喻指禅师。
④ 打瓦卜：找占卜师算命，此处喻无知的行为。瓦卜，古代的一种占卜方法，击瓦而观其纹理，由此定吉凶。
⑤ 玄路、鸟道、展手：此为洞山三路接人，指洞山良价禅师接引学人的三种方法。
⑥ 饶：任凭，尽管。
⑦ 露布：语言。

是别人涕唾。更有一辈，三三两两，聚头商量，甚么处无事好，经冬过夏，快说禅道，有知解，会义理。仁者，总作如此见解觅便宜，岂有如此道理？入地狱有日在，莫道不向诸子说。到处菜不择一茎，柴不般①一束，一朝福尽，只是吃草去②，虚消信施，滥称参学，更作禅师模样，无益于人。自己分上，十二时③中行履处，心常附物，见人只欲妖媚掉尾子④，指东话西，眼里口边果然不见，只欲将相似语勘当解处。老汉与你诸人何别？郎君子，莫取一期眼下口快，吃佗毒药了，似贪淫女人不持斋戒。瞎秃奴，群羊僧，颠却佗人入地狱。

仁者，莫取次看册子⑤，寻句义，觅胜负，一递一口⑥，何时休歇？老汉相劝，不是恶事，切须自带眼目辨取清浊，是佛语，是魔语，莫受人惑。所以殊胜名言，皆是老胡一期方便施设，切须休歇去，莫倚一物，领佗言语作解会，拣择亲疏，浮虚诈伪，记佗闲言长语，皆是比量⑦。

仁者，老汉只恐诸子堕坑落堑，作薄福业，事襵唇嘴，得少为足，向静处立，不肯进前，自惑诸境，乱走佗人，由巡万法。盖为不信虚空本来无事，增减佗不得。你诸人好似老鸦，身在虚空，心在粪堆上，只觅死物吃。诸子，莫道德山老汉不曾入丛林商量，高声骂取，无人情，不怕业。只为诸子不守分，驰骋四

---

① 般：即搬，《联灯会要》作"搬"。
② 吃草去：喻来生转生为畜类，以草料为食。
③ 十二时：比喻一整天。
④ 掉尾子：狗摇尾巴，表示献媚。
⑤ 看册子：看禅典。
⑥ 一递一口：喂一口，吃一口；你一口，我一口。也表示谈话，你一言，我一语。
⑦ 比量：因明术语，推理而行的知识。禅宗喻指不是亲证的体验对自己的解脱没有真正的益处。

方,傍佗门户,恰似女姑鬼,传言送语,依事作解。心迹不忘,自犹不立,常负死尸,担枷带锁,五百一千里,来到德山面前,八字立地,如欠伊禅道相似,"和尚须为我说,指示我"。老汉全体作用,大棒铠遮田舍奴,骂贼屎孔面,不识好恶。到我遮里,恰似遇澧州人煮鱼羹,烂臛①一顿。且图你放下重担,去却枷锁,作个好人去。还肯么?若肯,即住。不肯,一任脱去。珍重!

155. 慧忠三唤侍者

国师②三唤侍者③,侍者三应。国师云:"将谓吾辜负汝,谁知汝辜负吾。"④

妙喜曰:国师还见侍者么?侍者还见国师么?

156. 雪窦锥头出也

雪窦和尚示众云:"布袋里盛锥子,不出头是好手。大众,雪窦锥头出也,莫有傍不肯底禅客出来?"良久,云:"诸人既乃缩头,且听诸方检责。"

一日,问僧:"你浴⑤未?"

---

① 臛:音 huò,肉羹。
② 国师:南阳慧忠禅师。
③ 三唤侍者:唤是禅师常用的唤名法或唤职务法,要求学人认清自己的本来面目,而不是自己的名字或职务。
④ 此则公案,《无门关》和《禅苑蒙求瑶林》称为"国师三唤",《空谷集》和《请益录》称为"国师侍者"。宗杲曾颂此则公案:"哑子得梦与谁说?起来相对眼麻弥。已向人前输肺腑,从教他自觅便宜。"(《大慧语录》卷十,《大正藏》第47册,第851页上)
⑤ 浴:看似平时的洗浴,实也含有禅意,浴佛之浴,浴自心之浴。

僧云："某此生不浴。"

曰："你不浴，图个甚么？"

僧云："今日被和尚勘破。"

曰："贼不打①贫儿家。"

157. 临济真正见解

临济和尚示众云：

今时学佛法者，且要求真正见解，若得真正见解，生死不染，去住自由，不要求殊胜，殊胜自至。道流，只如自古先德皆有出人底路，如山僧指示人处，只要你不受人惑，要用便用，更莫迟疑。如今学者不得，病在甚处？病在不自信处。你若自信不及，即便忙忙②地徇③一切境，被佗万境回换，不得自由。你若能歇得念念驰求心，便与祖佛不别。你欲得识祖佛么？只你面前听法底是。学人信不及，便向外驰求，设求得者，皆是文字名相，终不得佗活祖意④。此时不遇，万劫千生轮回三界，徇好恶境掇去，驴牛肚里生⑤。道流，约山僧见处，与释迦不别，每日多般用处，欠少甚么？六道神光未曾间歇。若能如是见得，即是一生无事人。

---

① 打：打劫，偷。
② 忙忙：急匆匆的样子，也指事务烦冗，不得空闲。《古尊宿语录》卷四中作"茫茫"，模糊不清楚。
③ 徇：顺从，依从。
④ 活祖意：祖师的真精神。
⑤ 驴牛肚里生：堕入畜生道。

大德，三界无安，犹如火宅①，此不是你久停住处，无常杀鬼②，一刹那间，不择贵贱老少。你要与祖佛不别？但莫外求，一念清净心光是你屋里法身佛③，一念无分别心光是你屋里报身佛，一念无差别心光是你屋里化身佛。此三种身，是你即今目前听法底人，只为不向外驰求，有此功用。若据经论家，取三种身为极则④。约山僧见处不然，此三种身是名言⑤，亦是三种依⑥。古人云：身依义立，土据体论。法性身，法性土，明知是光影。大德，你且识取弄影⑦底人，是诸佛之本源，一切处是道流归舍处，是你四大色身⑧不解说法、听法，脾、胃、肝、胆不解说法、听法，虚空不解说法、听法，是甚么解说法、听法？是你目前历历⑨底物，一段孤明⑩，是遮个解说法、听法。若如是见得，便与祖佛不别。但一切时中更莫间断，触目皆是⑪，只为情生智隔，想变体殊，所以轮回三界，受种种苦。约山僧见处，无不甚深，无不解脱。

道流，心法无形，通贯十方，"在目曰见，在耳曰闻，在鼻

---

① 三界无安，犹如火宅：典出《法华经》，表示三界之痛苦和无常。
② 无常杀鬼：无常是杀人的鬼，把无常比作杀鬼，无常表示不是永恒的存在，人都是有生有死。
③ 法身佛：三身佛之一。禅宗讲一切众生都有佛性，临济义玄从三身佛的角度阐明这一点，众生自心本有法身佛、报身佛和化身佛。
④ 极则：最高的原理、原则。
⑤ 名言：名称与言说，指概念。
⑥ 依：依怙。
⑦ 弄影：原意指在光中摆弄身影，禅门中指追求虚幻之物，做虚妄之事。
⑧ 四大色身：肉体之身由地、水、火、风四大元素组成。
⑨ 历历：非常清晰。
⑩ 孤明：指众生本有的自性清净心，这是听法、说法的主体。
⑪ 触目皆是：一切现象都是真性之体的显现，从中都可以体会真性。

嗅香，在口谈论，在手执捉，在足运奔①"。本是一精明，分为六和合②，一心既无，随处解脱。山僧怎么说，意在甚处？只为一切处驰求心不能歇，上佗古人闲机境。

道流，取山僧见处，坐断③报化佛④头，十地满心犹如客作儿⑤，等、妙二觉担枷锁汉，罗汉、辟支犹如厕秽，菩提、涅槃如系驴橛。何以如此？只为道流不达三祇劫空，所以有此障碍。若是真正道人，终不如是，但能随缘消旧业，任运著衣裳，要行即行，要坐即坐，无一念心希求佛果。缘何如此？古人云，若欲作业求佛，佛是生死大兆。

大德，时光可惜，只据⑥傍家波波地，学禅学道，认名认句，求佛求祖，求善知识意度⑦，莫错，道流，你只有一个父母⑧，更求何物？你自返照看。古人云，演若达多⑨失却头，求心歇处即无事。大德，且要平常⑩，莫作模样。有一般不识好恶秃兵⑪，便

---

① 此几句引用波罗提化异见王之语，见《景德传灯录》卷三，《景德传灯录》作"在眼曰见"，"在鼻辨香"。也见本书第183则。
② 六和合：心的作用体现在具体的六种认识器官（六根）与六种对象（六境）的结合之中，形成六种认识（六识）。
③ 坐断：截断，断除。
④ 报化佛：报身佛和化身佛，泛指三身佛。
⑤ 客作儿：本义为作佣工。江西的骂人话。禅门中指不识自家宝藏而向他处求解脱的人。这一段是临济义玄禅师的呵佛骂祖之言。
⑥ 据：《古尊宿语录》卷四作"拟"，表示"意欲""打算"。
⑦ 意度：以通常的见解为推度。
⑧ 只有一个父母：父母指众生本有的佛性，只有自己本心中的佛性才是自己的父母。
⑨ 演若达多：意译为"祠受"，因祭祠天而求到的孩子。《楞严经》记载他照镜子时发现了镜子中自己的头，非常高兴，想回过来看自己的头，却看不到，因而生恨。禅门中以自己的本来的头喻作真性，以镜子中的头喻作虚妄之性。
⑩ 平常：以平常为修行，平常心是道。
⑪ 秃兵：对不识自性的僧人的称呼，骂人话。

即见神见鬼,指东画西,好晴好雨①。如是之流尽须抵债,向阎罗王前吞热铁圆②有日在。好人家男女被遮般野狐精魅所著,便即捏怪瞎屡生③,索饭钱④有日在。

道流,切要求取真正见解,向天下横行,免被遮一般精魅惑乱身心,更莫造作,只是平常。你才拟心,早是错了也。且莫求佛,佛是名句。你还识驰求底么?三世十方佛祖出来也只为求法,如今参学道流也只为求法。得法始了,未得,依前轮回五道。云何是法?法者是心法。心法无形,贯通十方,目前见用。人信不及,便乃认名认句,向文字中求其意度,与佛法天地悬隔⑤。

道流,山僧说法,说甚么法?说心地法,便能入净入秽,入凡入圣,入真入俗。要且⑥不是你真俗凡圣,能与一切真俗凡圣安名,一切真俗凡圣安著个名字不得。道流,把得便用,更莫安排,方契玄旨。山僧说法与天下人别,只如有个文殊、普贤出来目前,各现一身问法,才道"咨和尚",我早辨了也。何以如此?只为我见处别,外不取凡圣,内不住根本,见彻本法,更不疑谬。

---

① 好晴好雨:一些禅师的教学手段。回答僧人的问题时,说些大好晴天、大好雨天之类的话。
② 吞热铁圆:《古尊宿语录》卷四,作"吞热铁丸"。指堕入地狱。
③ 瞎屡生:愚痴者,盲目虚妄者,对禅法没有真正见解者。
④ 索饭钱:虚度了时光,没有认清自己的本性,最后要被阎王讨要饭钱。
⑤ 天地悬隔:相差太远。
⑥ 要且:却是。

158. 婆舍与外道议

二十五祖婆舍斯多①因与外道无我尊论议,外道曰:"请师默论,不假言说。"

祖曰:"不假言说,孰知胜负?"

曰:"但取其义。"

曰:"汝以何为义?"

曰:"无心为义。"

曰:"汝既无心,安得义乎?"

曰:"我说无心,当名非义。"

曰:"汝说无心,当名非义。我说非心,当义非名。"

曰:"当义非名,谁能辨义?"

曰:"汝名非义,此名何名?"

曰:"为辨非义,是名无名。"

曰:"名既非名,义亦非义,辨者是谁?当辨何物?"

如是往返五十九翻,外道杜口信伏。

妙喜曰:婆舍斯多何用忉怛②?当时若见佗道"请师默论,不假言说",便云"义堕也"。即今莫有要与妙喜默论者么?或有个衲僧出来道"义堕也",我也知你在鬼窟里作活计。

---

① 婆舍斯多:禅宗西天二十八祖之第二十五祖师。
② 忉怛:啰唆,多话。

159. 大宁入乡随俗

大宁宽和尚示众云:"无念为宗,无住为本①,真空为体,妙有为用②。所以道,尽大地是真空,遍法界是妙有。且道,是甚么人用得?四时运转,日月长明,法本不迁,道无方所,随缘自在,逐物升沉,此土佗方,入凡入圣。虽然如是,且道入乡随俗③一句作么生道?"良久,云:"西天梵语,此土唐言。"

160. 缘密何不启问

圆明和尚④示众云:"灵山付嘱⑤,相传十方,诸佛出现于世,唤作建置道场,转大法轮。如斯之法,只在如今。若于祖宗门下,天地悬殊。上上之流何不启问?"

时有僧出,明云:"去去西天路,迢迢十万余。"

问:"灵山一会,意旨如何?"

曰:"当初妄想,直至如今。"

云:"如何是最初一句?"

曰:"三生六十劫。"

---

① 无念为宗,无住为本:此二句出自《坛经》,是六祖慧能禅师的观点。无念,无是无妄想,念是念真如。无住,念念不住,观念不停留于一法,不执着于一法。
② 真空为体,妙有为用:真空是万法的本性,空而不空,性空而假有。妙有是真空的作用,有而不有,假有而性空。
③ 入乡随俗:根据不同的条件而用不同的方法体会真性。
④ 圆明和尚:德山缘密圆明禅师,五代、北宋年间云门宗禅僧,云门文偃禅师法嗣。
⑤ 灵山付嘱:传说释迦牟尼在灵山法会上传禅法于摩诃迦叶,是为禅宗之源。

云:"大悟底人还有过也无?"

曰:"铁山横在路。"复云:"坐断日头,天地黯黑,忙忙①者匝地普天②。与么之时,佛祖出头来,好与三十棒。虽然如是,官不容针,私通车马③。"

161. 姜山今日为客

姜山方和尚④示众云:"不是道得道不得,诸方尽把为奇特。寒山⑤烧火满头灰,笑骂丰干⑥遮老贼。"

僧问:"莲花未出水时如何?"

曰:"穿针嫌眼小。"

云:"出水后如何?"

曰:"尽日展愁眉。"

问:"如何是不动尊⑦?"

曰:"单著布衫穿市过。"

云:"学人未晓。"

曰:"骑驴蹋破洞庭波。"

---

① 忙忙:据《联灯会要》卷二十六,作"茫茫"。
② 匝地普天:比喻非常多,充满天地之间。
③ 官不容针,私通车马:原指官家律法严明,但私下可以融通。关防之处连一根针都不放过,但私底下却能让车马通过。禅门中指禅师在接引学人时,不能僵化和教条主义,可以根据不同的情形而灵活采用相应的方法。
④ 姜山方和尚:越州姜山方禅师,北宋临济宗禅僧,琅邪慧觉禅师法嗣。
⑤ 寒山:唐代僧人,曾隐居天台山国清寺,相传为文殊菩萨的化身。
⑥ 丰干:唐代僧人,曾居天台山国清寺。
⑦ 不动尊:本指密教中的不动明王,此处是指不变不动的本性之佛。

问:"透过三级浪①,专听一声雷。"

曰:"伸手不见掌②。"

云:"还许学人进向也无?"

曰:"蹋地告虚空。"

云:"雷门之下,布鼓难鸣③。"

曰:"八花球子上,不用绣红旗。"

云:"三十年后此话大行。"

方便打。

问:"奔流度刃,疾焰过锋,未审姜山门下还许借借也无?"

曰:"天寒日短夜更长。"

云:"锦帐绣鸳鸯,行人难得见。"

曰:"髑髅里面气冲天。"

云:"和尚!"

曰:"鸡头凤尾。"

云:"诸方泥里洗,姜山画将来。"

曰:"姜山今日为客,且望阇梨善传。然虽如是,不得放过。"乃拍禅床一下。

---

① 三级浪:传说黄河中的鲤鱼跳过龙门(禹门)之后,就能化为龙,禹帝凿龙门为三级,故有三级浪。雪窦重显颂法眼文益"汝是慧超"公案,有"三级浪高鱼化龙"句。
② 伸手不见掌:比喻黑,没有智慧光明。
③ 雷门之下,布鼓难鸣:雷门,会稽城门,此门设有大鼓,越国击此鼓,声闻洛阳城。布鼓,以布为鼓面,击而无声,比喻浅陋。

162. 兴化开堂敬香①

兴化和尚开堂示众云:"遮一炷香,本分为三圣师兄②。三圣为我太孤,便合承嗣大觉③,大觉为我大赊④。我于三圣处会得宾主句,若不遇大觉师兄,洎合误却我平生。我在大觉吃棒⑤,见得临济先师在黄檗处吃棒⑥底道理。此一炷香,供养我临济先师。"

僧问:"多子塔⑦前共谈何事?"

曰:"一人传虚,万人传实⑧。"

163. 法演自云惺惺

五祖演和尚示众云:"真如凡圣,皆是梦言,佛及众生,并为增

---

① 这一段法语的背景,见《正法眼藏》第242则。
② 三圣师兄:即三圣慧然禅师。兴化存奖、魏府大觉和三圣慧然都是临济义玄的嗣法弟子,后来兴化又到三圣的道场任首座,所以称三圣为师兄。
③ 大觉:魏府大觉禅师,唐代临济宗禅僧,临济义玄禅师法嗣。兴化存奖曾到魏府大觉道场任院主。
④ 大赊:据《古尊宿语录》卷五,作"太赊",指太多,与上文的"太孤"相对。三圣只让兴化体会到先师临济义玄的四宾主原理,明白了问答之间,有宾有主,但他觉得收获太少,而魏府大觉则让他知道了临济所悟的根本之处,这种收获就非常珍贵了。
⑤ 在大觉吃棒:吃棒因缘,见《正法眼藏》第242则。
⑥ 临济先师在黄檗处吃棒:指临济义玄三向黄檗希运问什么是佛法大意,三度被打。
⑦ 多子塔:古代印度毗舍离城中四塔之一,禅宗认为释迦牟尼在此塔前分半座给摩诃迦叶,是为禅法传承之始。
⑧ 一人传虚,万人传实:也作"一犬吠虚,千猱唯实",本来是虚幻不实的对象,被大家言语相传,似乎成为真实之事,由此可见语言的负面作用。禅宗也以此说明禅贵在亲证。

语①。或有人出来道：盘山老②聻③？但向伊道：不因紫陌花开早，争得黄莺下柳条？若更问道：五祖④老聻？自云：嗻，惺惺著。"

164. 子湖拦胸蹋倒

子湖⑤镢地次，亚⑥镢头，回视胜光⑦，云："事即不无，拟心即差。"胜光便问："如何是事？"被子湖拦胸蹋倒，从此省悟。

165. 法华增语剩语

法华举和尚示众云："若开口，又成增语，不开口去，又成剩语⑧。"乃云："金轮天子敕⑨，草店家风别。"

166. 玄沙契本明心

玄沙和尚示众云：

夫古佛真宗，常随物现，堂堂应用，处处流耀，隐显坦然，

---

① 增语：多余的、无意义的话。"真如凡圣，皆是梦言，佛及众生，并为增语"是盘山宝积禅师法语。
② 盘山老：盘山宝积老禅师。
③ 聻：音 nǐ，句末语气词，相当于呢、哩等。
④ 五祖：据《法演禅师语录》，为"四面"，此段是法演住四面山时的语录。
⑤ 子湖：子湖利踪禅师。
⑥ 亚：《景德传灯录》卷十二作"按"，此当为"按"义。
⑦ 胜光：台州胜光禅师，唐代南岳系禅僧，子湖利踪禅师法嗣。
⑧ 剩语：剩在心中的话语，心中有话却表达不出来。
⑨ 敕：原本作"来"，据文意改。

高低尽照。是以沙门上士道眼唯先契本明心,方为究竟。森罗万像,一体同源,廓尔无边,谁论有滞?尘劫中事,都在目前。

时人旷隔年深,致乖常体,迷心认物,以背真宗,执有滞空①,不遇良朋道友,只自于私作解,纵有商量,浑成②意度。及至寻穷理地,不辨正邪,况平生自己未曾捞摝③。

若乃先贤古德,便自知时,克己推功④,庵岩石室⑤。古德云:情存圣量,犹落法尘;己见未忘,还成渗漏。不可道⑥持斋持戒、长坐不卧、住意观空、凝神入定便当去也,有甚么交涉?西天外道入得八万劫定,凝神寂静,闭目藏睛,灰身灭智,劫数满后不免轮回。盖为道眼不明⑦,生死根源不破。

夫出家儿即不然,不可同佗外道也。莫非真实明达,具大知见,能与诸佛同彻,寂照忘知,虚含万像。如今甚么处不是?汝甚么处不分明?甚么处不露现?何不与么会去?若无遮个田地,时中⑧争奈诸般渗漏何?总成虚妄,阿那个便是平生得力处?

如实未有发明,切须在急时中忘餐失寝,似救头然⑨,如丧身命,冥心自救,放舍闲缘,歇却心识,方有少许相亲。若不如

---

① 执有滞空:对有和空都不能正确认识。要么执着于有,要么执着于空,不达有无关系的中道。
② 浑成:原意指天然生成,此处当形成、构成讲。
③ 捞摝:在水中捞物。
④ 推功:推让功绩。《玄沙师备语录》卷上作"惟功",误,而《玄沙广录》卷下则是"推功"。
⑤ 庵岩石室:古德坐禅之处,指坐禅之功。
⑥ 不可道:此一段讲持戒和凝心入定的坐禅都不是明心见性的真正修行。
⑦ 道眼不明:智慧的眼睛不亮,实际上指没有智慧。
⑧ 时中:平时。
⑨ 似救头然:即似救头燃。如同有人的头上着火,应当如何救?佛教以此比喻修行的紧迫性。

是，明朝后日尽被识情带将去，有甚么自由分？

如今却不如佗无情之物敷唱分明。土木石头说法①，非常真实，只是少人能听。若闻此说，始可商量。且道，"无情说底法"作么生商量？试道看？不可道无言无说也，无视无听也，不可道无问而自说称叹所行道。不见善财童子参五十三人知识？末后见弥勒，弹指之顷得入门。才入门后，其门自闭，于楼阁中睹百千诸佛过去舍身、受身，所参一百二十人知识化境于楼阁中，一时俱现，为其证明，善财疑心顿息。

大凡三条椽下②，具遮个真实发明，即可商量，便向四生、六道中，同于诸佛净土，更惧何生死？且阿谁知佗一切诸法都无实体？至于灵山会上，迦叶亲闻，犹如话月③。古德云"善恶都莫思量④"，还同指月⑤，乃至三乘行位解脱、菩萨涅槃、圣德圣果，并如空花兔角⑥。不见道"却来观世间，犹如梦中事⑦"？有为心法，不可相依，日久年深，全无利益。只为违真弃本，厌离凡情，忻心圣道，作此见知⑧，不出佗限量，抛佗五阴不去。不见道"诸行无常，是生灭法⑨"？你只拟向前，争能明得？可中彻

---

① 土木石头说法：即是"无情说法"，南阳慧忠国师首倡此说。
② 三条椽下：原指禅床，此指僧堂。僧堂中的禅床，每人的座位上方有三条椽子，故指禅床为三条椽下。
③ 话月：以语言的方法指向佛性，不是体会佛性的根本方法。月，喻指佛性。
④ 善恶都莫思量：慧能之语，无念的境界。
⑤ 指月：以手指头指向月亮。比喻只是手段，不是目标本身。
⑥ 空花兔角：喻指虚妄不实之事，空中之花、兔子的角，都不存在。
⑦ 却来观世间，犹如梦中事：出自《楞严经》卷六，体现诸法如梦之空理。
⑧ 忻心圣道，作此见知：原本"忻"作"折"，《玄沙师备语录》卷三作"忻心圣道"，意义更恰当。忻，表示欣慕和追求。见知，知见，《玄沙师备语录》卷上与此同，《玄沙广录》作"知见"，与诸种禅籍均有异。
⑨ 诸行无常，是生灭法：出自法显译本《涅槃经》卷下。

去，方得知之，若未究得，当知尽是虚头，世间难信之法，具大根器力能明达。今生若彻去，万劫亦然。古德云：直向今生须了却，谁能累劫受余殃①？珍重！

167. 琅邪无事之乡

琅邪觉和尚示众曰："进前即死，退后即亡，不进不退②，落在无事之乡。何故如此？长安虽乐，不是久居。"

妙喜曰：啼得血流无用处，不如缄口过残春。

168. 杨岐诸人鼻孔

杨岐会③和尚示众，拈拄杖云："一即一切，一切即一。"画一画，云："山河大地、天下老和尚百杂碎④，作么生是诸人鼻孔？"良久，云："剑为不平离宝匣，药因救病出金瓶。"

喝一喝，卓一下。

169. 灌溪十方四面

灌溪闲⑤和尚示众云："十方无壁落，四面亦无门，露倮倮，

---

① 此二句本为黄檗希运禅师所说，原文是"著力今生须了却，谁能累劫受余殃？"
② 不进不退：进退之间的中道，慧觉禅师以此中道释无事，以无事为修。
③ 杨岐会：即杨岐方会禅师。杨，原本作"扬"，当为"杨"。
④ 百杂碎：杂乱的破碎片。
⑤ 灌溪闲：灌溪志闲禅师。

赤洒洒，没可把①。"

僧问："如何是祖师西来意？"

曰："钵盂盛饭，桶里盛羹。"

云："学人不会。"

曰："饥即吃，饱即休。"

问："久向灌溪，到来只见沤麻池②。"

曰："你只见沤麻池，且不见灌溪。"

云："如何是灌溪？"

曰："劈箭急。"

170. 羲师掩耳偷铃

羲上座③参德山，德山才见便作抽坐具势。羲云："遮个则且止，心境一如底来，向佗道个甚么，即免诸方检责？"

曰："犹较昔日三步在④，别作个主人翁来。"

羲便喝，山不对，羲云："塞却遮老野狐咽喉。"

沩山闻举云："羲上座虽得便宜，争奈掩耳偷铃。"

---

① 露倮倮，赤洒洒，没可把：对虚空清净世界的描述。赤洒洒，天真自然，没有一丝伪装。
② 沤麻池：沤麻表示长久浸渍，在这样的池中长久浸渍，比喻十分平常之物。
③ 羲上座：唐代临济宗禅僧，临济义玄禅师法嗣。
④ 犹较昔日三步在：和以往相比还差三步。

171. 颖桥香匙拨火

颖桥安铁胡①一日在风穴②团炉内坐③,有锺司徒来见,便问:"三界焚烧,如何出得?"安将火匙④拨火开,司徒拟议,安曰:"司徒,司徒。"

172. 三圣欲展坐具

三圣和尚参德山,才欲展坐具,山云:"住,不用展炊单⑤,遮里无残羹馊饭与汝⑥。"

曰:"赖遇无,设有,向甚么处著?"

山便打,圣接住,推倒向床上,山大笑,圣哭"苍天"便下,参堂。

堂中首座号踢天泰,问:"行脚高士须得本道公验⑦,作么生是本道公验?"

圣云:"道甚么?"座再问,圣打一坐具,云:"遮漆桶,前后触忤多少贤良。"座拟人事⑧,圣便过第二座人事。

---

① 颖桥安铁胡:颖桥安禅师,号铁胡,五代时期临济宗禅僧,南院慧颙禅师法嗣。
② 风穴:风穴延沼禅师(896~973),俗姓刘,五代时期临济宗禅僧,南院慧颙禅师法嗣。
③ 团炉内坐:诸种禅典多载"向火次",即烤火、取暖的时候。
④ 火匙:诸种禅典多载"香匙"。
⑤ 炊单:炊巾,僧人吃饭时用。
⑥ 遮里无残羹馊饭与汝:意为我实无一法与人。
⑦ 公验:正式验证,也指僧人受戒时官方所发的证明书。
⑧ 人事:此处指依照人与人相处的原则礼拜、行礼,也指见面礼。

173. 大愚切宜忌口

大愚芝和尚示众，举："盘山颂云：光非照境，境亦非存。光境俱忘，复是何物①？"乃竖起拂子，云："微尘诸佛光明总在遮里，照破你诸人心肝五脏。衲僧面前不得道著，切宜忌口②。"

小参③示众云："一击响玲珑，喧轰宇宙通。知音才侧耳，项羽过江东。怎么会，恰认得驴鞍桥作阿爷下颔④。"

174. 可真二施无别

翠岩真和尚举："黄檗在南泉作首座，甘贽行者⑤请施财，檗云：'财、法二施，等无差别。'行者舁⑥钱出堂，须臾复，云：'请施财。'檗云：'财、法二施，等无差别。'贽便行钱⑦。甘贽行者黠儿落节⑧，黄檗施财何曾梦见？"

妙喜曰：一等是随邪逐恶，遮云居罗汉⑨较些子。

---

① 此引盘山宝积禅师法语，前面还有两句，即"心月孤圆，光吞万象"。
② 忌口：指不要用语言来表达禅。
③ 小参：禅寺中在规定时间以外的参问或说法。"非时说法谓之小参。"（《祖庭事苑》卷八）
④ 驴鞍桥作阿爷下颔：把驴骨中的像鞍一样的骨头当作父亲的下颔骨，比喻不辨真假。阿爷，指父亲。
⑤ 甘贽行者：唐代南岳系修行者，南泉普愿禅师法嗣。行者，居住佛寺但带发修行的人。
⑥ 舁：携带。
⑦ 行钱：施舍金钱。
⑧ 黠儿落节：聪明人吃了亏。落节，吃亏。
⑨ 云居罗汉：居于云端之上的罗汉。喻指超俗之士。

175. 鼓山大须甄别

鼓山和尚示众云:"大事未办,宗脉不通,切忌记持言句,意识里作活计。不见道'意为贼,识为浪'?尽被漂沦没溺去,无自由分。诸和尚必若大事未通,不如休去,大歇去,身心纯静去好。时中莫驻著事,却易得露遮个,是事不得已相劝之言,古人唤作死马医。若是个汉,向佗与么道,如同寐语一般,且诸人分上作么生?十二分教还用得一字么?诸方老宿语还用得一句么?若十二分教是,兄弟在阿那教中?若诸方老宿语当得,兄弟在阿那句中?所以道,十二分教唱不得,凡圣摄不得,今古流不得,言句该不得。与么说话,盖为刺头入在教门①里,且与伊拆开。若有个汉总未通遮个消息,向佗与么道,被伊蓦口掴,'屎沸②作么'?不可怪得佗也。兄弟,大须甄别,莫吉凶不辨,有辨者出来对众验看?时寒,久立!"

176. 黄龙问那一边

黄龙南和尚示众云:"鹤勒那③空中变现曼拏罗④,指地为泉。德山会下光前绝后,临济门前只得一边。"良久,云:"作么生是那一边?"

---

① 刺头入在教门:一头刺入经教中,拘泥于经教而不知禅,违背了禅的教外别传特色。
② 屎沸:不雅的骂人话。屎,可能指动物尾巴下面的孔道。
③ 鹤勒那:禅宗西天二十八祖之第二十三祖。
④ 曼拏罗:也作曼荼罗,众圣集会处,坛场。

177. 南院合是汝行

僧问南院："从上诸圣甚么处去？"

曰："不上天堂即入地狱。"

云："和尚作么生？"

曰："还知宝应老①落处么？"僧拟议，院以拂子蓦口打，复唤僧近前，曰："令合是汝行②。"又打一拂子。

雪窦云："令既自行，且拂子不知来处。雪窦道个瞎③，且要雪上加霜。"

妙喜曰：权衡临济三要、三玄④，须还佗南院始得。雪窦为甚么却道"拂子不知来处"？妙喜亦道个瞎，且图两得相见。

178. 百丈大好悄然

百丈⑤问赵州："近离甚处？"

曰："南泉。"

丈云："南泉有何言句？"

---

① 宝应老：宝应老和尚，即南院慧颙。
② 令合是汝行：正令应当由你本人去执行，强调了禅的亲证。令，禅门教外别传之命令。合，应当，必须。
③ 道个瞎：表示一种否定和超越。
④ 三要、三玄：即三玄三要，临济义玄的教学手段。"一语须具三玄门，一玄门须具三要，有权有实，有照有用。"（《人天眼目》卷一）
⑤ 百丈：百丈怀海禅师（720~814），俗姓王，唐代南岳系禅僧，马祖道一禅师法嗣。

曰:"未得之人,直须悄然①。"

丈便喝,州作怕势。

丈云:"大好悄然②。"

州乃作舞而出。

179. 本净以颂答问

司空山净③禅师因学者请问,师以颂答之,今录三首:

四大无主复如水,遇曲逢直无彼此。
净秽两处不生心,壅决何曾有二意?
触境但似水无心,在世纵横有何事?

见闻觉知无障碍,声香味触常三昧。
如鸟空中只么飞,无取无舍无憎爱。
若会应处本无心,始得名为观自在。

见道方修道,不见复何修?
道生如虚空,虚空何所修?
遍观修道者,拨火觅浮沤④。

---

① 悄然:寂静、忧愁。
② 大好悄然:好一个"悄然"。大好,此处的用法有讽刺之意,把对方的观点放在"大好"两字之后,表示讥讽。南泉普愿告诉赵州从谂要"悄然",而赵州从谂的做法一点也不"悄然",所以百丈这样说。
③ 司空山净:司空山本净禅师(667~761),俗姓张,唐代禅僧,六祖慧能禅师法嗣。
④ 浮沤:水中漂浮的泡沫。

但看弄傀儡①,线断一时休。

180. 德山一时按过

德山问维那②:"今日几人新到?"
曰:"八人。"
山云:"唤来,一时生按过③。"

181. 真净拂子头上

真净和尚解夏④示众云:"有问话者么?"乃以拂子击禅床,云:"天地造化,有阴有阳,有生有杀。日月照临,有明有暗,有隐有显。江河流注,有高有下,有壅有决。明王治化,有君有臣,有礼有乐,有赏有罚。佛法住世,有顿有渐⑤,有权有实⑥,有结有解⑦。结也,四月十五,十方法界是圣是凡,若草若木。"以拂子左边敲云:"从遮里一时结。"举拂子云:"总在拂子头上,还见么?"

---

① 弄傀儡:摆弄牵线木偶。
② 维那:寺院职事僧,负责主持法事仪式,管理僧众纪律等。维,指纲维。那,梵语,意为悦众。
③ 一时生按过:一起验过。一时,即一起、全部。生,此处作后缀词,放在形容词或副词之后。
④ 解夏:佛教律制规定夏季的三个月中,僧侣禁止外出并致力坐禅修学,此谓之结夏安居,又名坐夏、坐腊。解夏即意味着夏安居结束。
⑤ 有顿有渐:佛法的顿渐,有诸佛说法的顿渐、众生发心修行的顿渐、根性悟入的顿渐。
⑥ 有权有实:佛法也有了义和不了义。了义是佛法根本之理,是实理;不了义是佛法方便之教,是权说。
⑦ 有结有解:夏安居,有开始和结束的规制。四月十五是结夏之日,七月十五是解夏之日。

乃喝云:"解也,七月十五日,十方法界若草若木,乃圣乃凡。"以拂子右边敲云:"从遮里一时解。"举拂子云:"总在拂子头上,还见么?"

乃喝云:"只如四月十五日已前,七月十五日已后,且道是解是结?"举拂子云:"总在拂子头上,还见么?"

乃喝云:"诸高德,此三喝中,有一喝是金刚王宝剑①,有一喝是踞地师子②,有一喝是探竿影草③。若人一一辨得,始见临济大师④道出常情,黄檗被掌,大愚遭筑⑤。虽相去三二百年,许汝亲为嫡子。然后大开不二妙门⑥,权诸祖道,摧邪显正,扶宗立教,整顿颓纲,纵大知见,耀大法眼,不动本际⑦,决胜魔军。"

乃喝云:"更须知有一喝不作一喝用⑧,到遮里,须是具烁迦罗眼⑨,向未屙已前⑩蓦提得去。诸高德,且道提得个甚么?"

良久,喝一喝。

---

① 金刚王宝剑:宝峰克文此处的喝,有模仿临济义玄之处,是叫人分辨临济的精神。临济义玄的喝有四层含义,此是其一,此喝如同宝剑,斩断人们的一切虚妄执着。
② 踞地师子:临济喝的第二义,如同狮子吼,令一切愚昏者猛醒。
③ 探竿影草:临济喝的第三义,如同捕鱼的探竿和影草,有诱导作用。探竿,是捕鱼的人在竹竿顶端扎上羽毛,在水中诱鱼出来。影草,是在水中放一堆草,诱使鱼在草影下聚集。
④ 临济大师:临济义玄禅师,喝为其著名的教学手段。
⑤ 黄檗被掌,大愚遭筑:临济义玄在黄檗希运和大愚守芝门下开悟后的一些超格、超出常情的做法,他在大愚处被指点开悟后,在大愚肋下打了三拳,回到黄檗处又掌黄檗一下。这都是在机锋来往中的自然行为。
⑥ 不二妙门:以不二之中道为根本的不可思议法门,指禅法。
⑦ 本际:本源的真实,指真如、佛性等。
⑧ 一喝不作一喝用:临济喝的第四义,也是最重要的一义,此一喝中没有特定的含义,但包含多重含义,需要根据具体情形来理解。
⑨ 烁迦罗眼:金刚眼,智慧眼,能辨别是非邪正。
⑩ 未屙已前:粗言之喻,比喻未说以前,超越语言。

182. 泐潭相逢弹指

泐潭准和尚示众云:"今朝腊月十,夜来天落雪。群峰极目高低白,绿竹青松难辨别。必是来年蚕麦熟,张公李公皆欣悦。皆欣悦,鼓腹讴歌笑不彻。把得云箫撩乱吹,依稀又如'杨柳枝'①。又不觉手之,舞之,足之,蹈之,左之,右之。"喝一喝,云:"禅客相逢只弹指②,此心能有几人知?"

183. 波罗提答佛性

异见王③问波罗提④曰:"何者是佛?"

答曰:"见性是佛。"

王曰:"师见性否?"

曰:"我见佛性。"

王曰:"性在何处?"

曰:"性在作用⑤。"

王曰:"是何作用?我今不见。"

曰:"今现作用,王自不见。"

王曰:"于我有否?"

---

① 杨柳枝:古曲的一种曲牌。
② 弹指:古代印度的习俗,相见时以弹指表示喜悦、赞叹。
③ 异见王:禅宗称为西天异见王,曾对佛教有所轻毁。
④ 波罗提:据菩提达摩传记资料,波罗提尊者受达摩之命去化导异见王。
⑤ 性在作用:佛性体现在各种现象、作用之中。

曰:"王若作用,无有不是。王若不用,体亦难见。"

王曰:"若当用时,几处出现?"

曰:"若出现时,当有其八①。"

王曰:"其八出现,当为我说。"

波罗提曰:"在胎曰身,处世名人,在眼曰见,在耳曰闻,在鼻辨香,在舌谈论,在手执捉,在足运奔。遍现俱该法界,收摄在一微尘。识者知是佛性,不识唤作精魂。"

王闻,心即开悟。

  妙喜曰:即今敢问诸人:"那个是佛性?那个是精魂?"

184. 调达身陷地狱

调达②谤佛,生身陷地狱,佛令阿难传旨③:"汝在狱中安否?"

达云:"我虽在狱中,如三禅天乐④。"

佛又令阿难问:"汝还求出否?"

达云:"我待世尊来便出。"

阿难云:"世尊是三界大师,岂有入地狱分?"

达云:"我岂有出地狱分?"

翠岩真云:"亲言出亲口。"

---

① 当有其八:佛性体现在具体的八种现象或对象之中,即身、人、见、闻、香、谈论、执捉、运奔。
② 调达:即提婆达多,因造三逆罪而堕入地狱。
③ 佛令阿难传旨:因为提婆达多是阿难之兄。
④ 三禅天乐:欲界三禅天的快乐,是由深妙的禅定而产生的身心之快乐。

185. 曹山披毛戴角

云门问曹山①:"如何是沙门行②?"

山曰:"吃常住苗稼③者是。"

门云:"便怎么去时④如何?"

曰:"汝还畜⑤得么?"

门云:"畜得。"

山曰:"汝作么生畜?"

门云:"著衣吃饭⑥有甚么难?"

山曰:"何不道披毛戴角⑦?"

门便礼拜。

186. 长沙题取一篇

长沙和尚⑧,有秀才看《千佛名经》⑨,问曰:"百千诸佛但闻其名,未审居何国土?还化物也无?"

---

① 曹山:曹山本寂禅师(840~901),俗姓黄,唐代禅僧,曹洞宗创始人之一,洞山良价禅师法嗣。
② 沙门行:僧人的修行。沙门,音译,意为勤修佛道和息诸烦恼,用于对修佛道者的称呼。
③ 吃常住苗稼:吃寺院饭。常住的意义之一是寺院的舍宇、什物、树木、田园、米麦等物。
④ 时:原本作"是",今依《联灯会要》卷二十二《本寂禅师》改。
⑤ 畜:畜养。字面的意思指畜养畜生,实际上指如何修行。
⑥ 著衣吃饭:指平常心是道,日常生活就是修行。
⑦ 披毛戴角:指堕入畜生道。
⑧ 长沙和尚:长沙景岑禅师,见第136则注。
⑨ 《千佛名经》:有《过去庄严劫千佛名经》《现在贤劫千佛名经》《未来星宿劫千佛名经》三种。

曰:"黄鹤楼崔颢①题后,先辈还曾题未?"

曰:"未曾。"

曰:"无事题取一篇。"

黄龙新颂云:"黄鹤楼前法战时,百千诸佛竖降旗。渠无国土归何处?赢得多才一首诗。"

187. 五祖棒头有眼

五祖演和尚白云②示众,举:"雪峰问德山:'从上诸圣以何法示人?'山云:'我宗无语句,亦无一法与人。'雪峰从此有省。僧问雪峰:'和尚见德山,得个甚么便休去?'峰云:'我空手去,空手归③。'白云今日说向透未过者④。有两个人从东京⑤来,问伊:'甚么处来?'佗却道'苏州来'。便问伊'苏州事如何'?伊道'一切寻常'。虽然如是,谩白云不过。何故?只为语音各别。毕竟如何?苏州菱,邵伯藕⑥。"

又示众,举:"僧问曹山:'佛未出世时如何?'曰:'曹山不

---

① 崔颢:唐代诗人(?~754),开元十一年(723)进士,曾登黄鹤楼题诗,即《黄鹤楼》。李白登黄鹤楼时,见崔颢已有题诗,就不再作。感叹"眼前有景道不得,崔颢题诗在上头"。长沙景岑禅师建议秀才也题一首,是要其一试自己是否有超佛越祖之才。
② 白云:舒州白云山。此段也是五祖法演住白云山海会寺时的语录,所以下文以"白云"自称。
③ 空手去,空手归:意为本自具足,得而无得。
④ 说向透未过者:向未透过者说。未透,尚未开悟。
⑤ 东京:汴梁,今河南省开封市。
⑥ 苏州菱,邵伯藕:有两人本来是从西边的汴梁来,非说是从苏州来。问苏州之事,似乎也能说出一些,但是这瞒不过行家,因为语言表达不同,同样一个对象,比如苏州人称为菱,到了邵伯又称为藕。邵伯属今江苏省的江都,以产菱著称。而当时则称为"藕"。

如。''出世后如何？'曰：'不如曹山。'若以世谛①观之，曹山合吃二十棒。若以祖道②观之，白云合吃二十棒。然虽如是，棒头有眼③。两人中一人全肯，一人全不肯。若人点检得出，许你具半只眼④。"

188. 西院接兴阳静

兴阳静和尚⑤初参西院⑥，便问："拟问不问时如何？"

院便打静，良久，院云："汝若唤作棒，则眉须堕落⑦。"静于言下大悟。

189. 琅邪没量罪过

琅邪觉和尚示众，举："汾阳先师⑧颂云：三玄三要事难分，得意忘言道易亲。一句分明该万象，重阳九日菊花新。"乃喝一

---

① 世谛：世俗谛，为了导俗而讲的世俗道理。与真谛相对。
② 祖道：真谛，佛教的真理，此处也是指禅宗之道。
③ 棒头有眼：禅师使用棒打这一教学手段时，并不是任意乱打。
④ 具半只眼：具眼，具备智慧之眼，而具备半只智慧之眼，表示对禅有入门之路了。
⑤ 兴阳静和尚：兴阳归静禅师，生卒年不详，大致为五代、北宋时期临济宗禅僧，西院思明禅师法嗣。
⑥ 西院：西院思明禅师，生卒年不详，大致为五代、北宋时期临济宗禅僧，宝寿沼禅师法嗣。
⑦ 眉须堕落：眉毛和须发脱落，本是指躯体的疾病，佛教称之为癞病，为恶报之一种结果。此处用来形容禅僧的语言或做法不合禅理。
⑧ 汾阳先师：汾阳善昭禅师。琅邪慧觉是汾阳善昭法嗣，故称其为"先师"。所引汾阳颂为汾阳善昭颂临济义玄的三玄三要。

喝,云:"是第几玄?"良久,云:"汝也有没量罪过①,我也有没量罪过。"

僧问:"如何是佛?"

曰:"铜头铁额。"

僧云:"不会。"

曰:"鸟嘴鱼腮。"

190. 大龙坚固法身

僧问大龙和尚②:"色身败坏,如何是坚固法身?"

曰:"山花开似锦,涧水湛如蓝。③"

妙喜曰:若以此两句明坚固法身,生身入地狱。

191. 可真本分衲僧

翠岩真和尚在归宗南和尚④会中为首座时,南问:"承闻首座常将女子出定⑤话为人,是否?"

真云:"无。"

---

① 没量罪过:罪过非常大。
② 大龙和尚:大龙智洪禅师,生卒年不详,白兆志圆禅师法嗣,北宋青原系禅僧。
③ 此段为著名的公案,称"坚固法身"或"大龙法身"。
④ 归宗南和尚:黄龙慧南禅师,慧南曾经住江西归宗寺。
⑤ 女子出定:据《诸佛要集经》卷下,文殊菩萨曾到诸佛所集之处,看到一位名叫离意的女子在佛身边入定,他就问佛:为什么这个女子可以坐在佛身边入定,而我却不能这样?佛说:你可以让她出定再去问她。文殊让其出定不得,而佛令罔明菩萨来,罔明却能让此女子出定。此成为禅门中常参的议题之一:为什么作为初地菩萨的罔明能够让女子出定,而作为七佛之师的文殊却不能?

南曰:"奢而不俭,俭而不奢,为甚道无?"

真云:"若是本分衲僧,也少佗盐酱不得。"

南却回首唤侍者:"报典座①,明日只煮白粥。"

192. 玄沙七尺八尺

玄沙和尚侍雪峰行次,峰指面前地云:"遮一片田地,好造个无缝塔。"

沙曰:"高多少?"

峰乃上下顾视②。

沙曰:"人天福报③即不无,和尚灵山授记④未梦见在。"

峰云:"汝作么生?"

沙曰:"七尺八尺。"

琅邪觉云:"国清才子贵,家富小儿娇。"

193. 法眼二僧卷帘⑤

法眼因僧来参次,以手指帘,寻有二僧齐去卷,法眼云:"一得一失。"

---

① 典座:禅林中负责僧众的床座和斋粥等事的僧人。
② 上下顾视:有很高之意。
③ 人天福报:六道中人和天两道的果报。
④ 灵山授记:指佛教关于佛世尊在灵山法会上向大迦叶付法之事。
⑤ 此则公案,《从容录》称为"法眼指帘",《无门关》《禅苑蒙求瑶林》称为"二僧卷帘"。

194. 龙济出门入门

龙济问僧："甚处来？"

云："翠岩①来。"

曰："翠岩有何言句示徒？"

云："常道出门逢弥勒，入门见释迦。"

曰："与么道又争得？"

僧便问："和尚又如何？"

曰："出门逢阿谁？入门见甚么？"

僧于言下有省。

195. 德遵问索火意

大乘遵和尚②在慈照③会中，一日问："古人'索火'，意旨如何？"

照曰："任佗灭。"

云："灭后如何？"

曰："初三十一。"

云："恁么则好时节也。"

曰："汝见甚么道理？"

---

① 翠岩：翠岩令参，他和龙济都是五代禅僧，令参为青原下五世雪峰义存禅师法嗣，龙济绍修为青原下七世罗汉桂琛禅师法嗣，令参辈分高于龙济。
② 大乘遵和尚：大乘山德遵禅师，宋代临济宗禅僧，谷隐蕴聪（慈照）禅师法嗣。
③ 慈照：谷隐蕴聪禅师，号慈照，俗姓张，宋代临济宗禅僧，首山省念禅师法嗣。

云:"今日一场困。"

照便打。

遵乃有颂:"索火之机实快哉,藏锋妙用少人猜。要会我师亲的旨,红炉火尽不添柴。"

196. 广慧入泥入水

广慧琏和尚①示众云:"祖令当行,人天泯迹,若通一线道②,且与说葛藤。何故如此?拟议之间,早是丧身失命了也。山僧不避诸方检责,入泥入水③为汝诸人,莫有会底么?试通个消息?"良久,云:"看看,总在魔界里作活计④也。"遂拈拄杖,云:"速道!速道!"众拟议,乃喝一喝。

僧问:"如何是无位真人⑤?"

曰:"上木下铁。"

云:"恁么则罪归有处也。"

曰:"判官掷下笔。"

僧礼拜,琏云:"拖出。"

---

① 广慧琏和尚:广慧元琏禅师,俗姓陈,宋代临济宗禅僧,首山省念禅师法嗣。
② 通一线道:开通一线通道,即方便之道。
③ 入泥入水:不惜入语言的污泥浊水之中为人开示。
④ 魔界里作活计:陷于虚妄的魔窟里。
⑤ 无位真人:语出临济义玄,指超越一切阶位的人,对自心佛的一种描述。真人概念出自道家。

197. 桂琛不塞不坐

罗汉琛①和尚问保福僧②："彼中佛法如何示人？"

曰："保福有时示众云：塞却汝眼，教汝覻不见。塞却汝耳，教汝听不闻。坐却汝意根，教汝分别不得。"

琛云："吾问汝，不塞汝眼，汝见个甚么？不塞汝耳，汝闻个甚么？不坐汝意根，汝作么生分别？"

僧于言下有省。

> 妙喜曰：富嫌千口少，贫恨一身多。

198. 投子提起油瓶

投子和尚在桐城县，因赵州问："莫便是投子庵主么？"

师云："茶盐钱布施我来。"

州先归庵，晚间见师自携油回，州云："久向投子，到来只见卖油翁。"

师云："汝只识卖油翁，且不识投子。"

州云："如何是投子？"

师提起油瓶云："油，油。"

---

① 罗汉琛：漳州罗汉院桂琛禅师，俗姓李，青原系禅僧，玄沙师备禅师法嗣。
② 保福僧：保福从展门下的僧人。

199. 曹山纸衣下事

曹山因纸衣道者①来,山问:"莫便是纸衣道者否?"

衣云:"不敢。"

山曰:"如何是纸衣下事②?"

衣云:"一裘才挂体,万法悉皆如③。"

山曰:"如何是纸衣下用?"

衣近前应诺,便立脱④去。

山曰:"汝既解恁么去,何不恁么来?"

纸衣忽然开眼,问:"一灵真性⑤,不假胞胎时如何?"

山曰:"未是妙。"

衣云:"如何是妙?"

山曰:"不借借⑥。"

纸衣珍重⑦,却便坐化⑧。

山乃有颂曰:

觉性圆明无相身,莫将知见妄疏亲。

念异便于玄体⑨昧,心差不与道相邻。

---

① 纸衣道者:涿州纸衣和尚,唐代临济宗禅僧,临济义玄禅师法嗣,又称克符道者。
② 纸衣下事:追问纸衣的本性。
③ 如:真如,真实如常,佛教所指的最高的真理。
④ 脱:指僧人圆寂。
⑤ 一灵真性:灵灵不昧有真实本性。
⑥ 不借借:曹洞宗"四借借"理论之第三"借借不借借"中的术语。
⑦ 珍重:表示告别之语。
⑧ 坐化:端坐而化,指僧人死亡。
⑨ 玄体:玄妙的本体,指众生的本有佛性。

情分万法沉前境，识鉴多端丧本真。

如是句中全晓会，了然无事昔时人。

僧问："一牛饮水，五马不嘶时如何？"

曰："曹山解忌口。"

200. 赵州明珠在掌

赵州和尚示众云："兄弟，若从南方来者，即与下载，若从北方来者，即与装载。所以道，近上人问道即失道，近下人问道即得道。兄弟，正人说邪法，邪法亦随正。邪人说正法，正法亦随邪。诸方难见易识，我遮里易见难识。"

又示众云："此事如明珠在掌，胡来胡现，汉来汉现①。老僧拈一枝草作丈六金身②用，将丈六金身作一枝草用。佛即是烦恼，烦恼即是佛。"

201. 资福汝问阿谁

僧问资福③："如何是一尘入正受④？"

福作入定势。

僧云："如何是诸尘三昧起？"

---

① 胡来胡现，汉来汉现：比喻没有分别心，胡人来就显现胡人的样子，汉人来就显现汉人的样子。
② 丈六金身：指佛的化身，有时也指佛像。
③ 资福：资福如宝禅师，沩仰宗禅僧，西塔光穆禅师法嗣，仰山慧寂禅师再传弟子。
④ 正受：音译为三昧，心的澄净状态。"言受者，想心都息，缘虑并亡，三昧相应，名为正受。"（善导：《观无量寿佛经玄义》卷一）

福曰:"汝问阿谁?"

云门云:"遮阿师,话堕①也不知。"又云:"前头早是葛藤,又道'汝问阿谁'。"

202. 南泉还草鞋钱

南泉问黄檗:"定慧等学②,明见佛性③,此理如何?"

檗曰:"十二时④中不依倚一物始得。"

泉云:"莫便是长老见处么?"

檗曰:"不敢。"

泉云:"浆水钱⑤且置,草鞋钱教谁还⑥?"

檗休去。

　　妙喜曰:不见道,路逢剑客须呈剑,不是诗人不献诗⑦?

203. 叶县法久成弊

叶县省和尚,僧问:"忽逢大阐提人⑧来,师还相为也无?"

---

① 话堕:指说话不符合禅理。
② 定慧等学:慧能的观点,定和慧体一不二,不能分作两截。
③ 明见佛性:也作明心见性,要求发明自心佛性,禅宗以此指出认识和修行的方向。
④ 十二时:一天的十二个时辰,每个时辰合今天的两个小时。
⑤ 浆水钱:喻指吃饭的花费。
⑥ 草鞋钱教谁还:暗含对禅人见解的不认同。行脚参禅磨破的草鞋需要钱,草鞋都走破了,却只是这种见解,谁来还草鞋钱?
⑦ 语出临济义玄禅师。
⑧ 大阐提人:佛教一般指没有善根的极难成佛的人,禅宗则讲此类人也有佛性,也能成佛。

曰:"法久成弊。"

云:"慈悲何在?"

曰:"年老成魔。"

问:"宝剑未出匣时如何①?"

曰:"劈口著。"

云:"出匣后如何?"

曰:"拈却牙齿。"

问:"如何是论顿也不留朕迹②?"

曰:"日午打三更,石人侧耳听③。"

云:"如何是语渐也返常合道?"

曰:"问处分明,觌面相呈④。"

问:"如何是超师之作?"

曰:"老僧眉毛长多少?"

问:"如何是尘中独露身?"

曰:"塞北千人帐,江南万斛船。"

云:"恁么即非尘也。"

曰:"学语之流⑤,一札万行。"

问:"如何是和尚深深处⑥?"

曰:"猫有缩血之功,虎有起尸之德。"

---

① 宝剑未出匣时如何:宝剑未出匣时如何?出匣后如何?此为禅僧常问的一种问题,称"宝剑话"。
② 论顿也不留朕迹:法华全举之语,全文为"语渐也返常合道,论顿也不留朕迹"。
③ 日午打三更,石人侧耳听:典型的禅门奇特语。日午指白天正午,三更指半夜。打更是晚上的报时行为,白天怎么打更?石人之耳如何能听到这种打更的声音?
④ 觌面相呈:当面向学生指示禅的机要。
⑤ 学语之流:学舌之辈,没有自己的见解。
⑥ 深深处:最根本之处。

云:"莫便是也无?"

曰:"碓捣东南,磨推西北。"

204. 蕴聪答僧诸问

石门聪和尚①,僧问:"日往月来迁,不觉年衰老。还有不老者②么?"

曰:"有。"

云:"作么生是不老者?"

曰:"虬龙筋力高声叫,晚后精灵转更多。"

问:"如何是学人深深处?"

曰:"乌龟水底深藏六。"

云:"未审其中事若何?"

曰:"路上行人莫与知。"

问:"承古有言,'只遮如今谁动口③',意旨如何?"

曰:"莫认驴鞍桥作阿爷下颔。"

---

① 石门聪和尚:谷隐蕴聪禅师。此段为石门禅师居谷隐山太平寺时的语录,见《古尊宿语录》卷九《石门山慈照禅师凤岩集》。
② 不老者:超越性的永恒存在。
③ 只遮如今谁动口:全句为"未了之人听一言,只遮如今谁动口"?语出《志公和尚十二时歌》。

205. 报恩说师子话

报恩从和尚①,僧问:"师子未出窟②时如何?"
曰:"锋铓难击。"
云:"出窟后如何?"
曰:"藏身无路。"
云:"欲出不出时如何?"
曰:"命似悬丝。"
云:"向去③事如何?"
曰:"拶。"

206. 可真举三转语

翠岩真和尚示众,举:"僧问巴陵④:'如何是道?'答云:'明眼人落井。'又问宝应⑤:'如何是道?'答云:'五凤楼前。'又问首山:'如何是道?'答曰:'脚下深三尺。'此三转语,一句壁立千仞⑥,一句陆地行船⑦,一句宾主交参⑧,众中莫有拣得者

---

① 报恩从和尚:报恩契从禅师,青原系禅僧,明招德谦禅师法嗣。
② 师子未出窟:师子未出窟时如何?出窟后如何?这一组问题称为"师子话"。师子,即狮子。
③ 向去:以后。
④ 巴陵:巴陵颢鉴禅师,五代云门宗禅僧,云门文偃禅师法嗣。
⑤ 宝应:即南院慧颙禅师,慧颙曾住宝应禅寺。
⑥ 壁立千仞:高不可攀,无下手处。也比喻无偏无执。
⑦ 陆地行船:比喻极其困难之事。
⑧ 宾主交参:宾位和主位交互相参。

么?出来道看?如无,且行罗汉慈,破结贼①故,行菩萨慈,安众生故,行如来慈②,得如相故。"

207. 克符问四料简

克符道者③问临济:"如何是夺人不夺境④?"

曰:"煦日发生铺地锦⑤,婴儿垂发白如丝⑥。"

云:"如何是夺境不夺人⑦?"

曰:"王令已行天下遍⑧,将军塞外绝烟尘⑨。"

云:"如何是人境俱不夺⑩?"

曰:"王登宝殿,野老讴歌⑪。"

云:"如何是人境俱夺⑫?"

曰:"并汾绝信,独处一方⑬。"

师于言下领旨,深入三玄、三要、四句之门,颇资玄化。

---

① 结贼:烦恼为结,此结如贼。
② 如来慈:此处讲到了三个层次的慈:罗汉慈、菩萨慈和如来慈,如来慈为最高层次。
③ 克符道者:即涿州纸衣和尚,见第 199 则注。
④ 夺人不夺境:临济义玄教学方法中的四料简之一,对有人我执者,夺其人执,没有法执,则不夺。
⑤ 煦日发生铺地锦:此句不夺境。
⑥ 婴儿垂发白如丝:此句夺人。婴儿怎么会有白如丝的头发?表示否定。
⑦ 夺境不夺人:四料简之一,对有法执者,夺其法执,没有人我之执,则不夺。
⑧ 王令已行天下遍:此句夺境,国王的禁止令已传遍天下。
⑨ 将军塞外绝烟尘:此句存人,不夺人。将军在外,不受军令,自主决定。
⑩ 人境俱不夺:四料简之一,如果没有我法两执,则都不夺。
⑪ 王登宝殿,野老讴歌:前句存境,后句存人。
⑫ 人境俱夺:四料简之一,对于存在我法两种执着者,夺其两执。
⑬ 并汾绝信,独处一方:上句夺境,下句夺人。并、汾为两个州名。

208. 三师识得凳子①

法眼指凳子云:"识得凳子,周匝有余②。"
云门云:"识得凳子,天地悬殊③。"
天衣云:"识得凳子,栲楠木做④。"

妙喜曰:识得凳子,好剃头洗脚。虽然如是,大有人错会在。

209. 德山托钵下堂⑤

德山和尚,一日饭迟,先托钵下堂,雪峰时作饭头⑥,才见便问:"遮老汉,钟未鸣,鼓未响,托钵向甚么处去?"山便归方丈。⑦

雪峰举似岩头,头云:"大小德山不会末后句⑧。"山闻举,令侍者唤岩头来问:"汝不肯老僧那?"岩头密启其意。⑨

---

① 此则公案,《禅苑蒙求瑶林》称为"崇寿凳子",是法眼禅师在临川崇寿院时所说。
② 识得凳子,周匝有余:认识了凳子的本性,就能够了解整个世界的本性,一即一切,都是性空之物。
③ 识得凳子,天地悬殊:认识凳子的本性与认识整个世界,相距如同天地之隔。
④ 识得凳子,栲楠木做:认识了凳子,只是明白了它是栲楠木做的,没有什么奇特之处。
⑤ 此则公案,《无门关》和《禅苑蒙求瑶林》称为"德山托钵",《从容录》称为"雪峰饭头"。
⑥ 饭头:禅门中专管斋粥的僧人。
⑦ 宗杲曾颂此公案:"一挞涂毒闻皆丧,身在其中总不知。八十翁翁入场屋,真诚不是小儿嬉。"(《大慧语录》卷十)
⑧ 末后句:达到彻底省悟的最后一句话,指最关键的一句话。
⑨ 此则公案,也称"岩头末后句"。

山来日上堂,与寻常说话不同。头向堂前抚掌大笑,云:"且喜堂头老汉①会末后句,佗后天下人不奈何。虽然如是,只得三年②。"后三年,果迁化③。

210. 罗山于相锻金

于頔④相公问紫玉⑤:"佛法至理,乞师一言。"

玉曰:"相公,佛法至理,须去其情理。"

公云:"便请和尚去其情理。"

玉曰:"便请问来。"

公云:"如何是佛?"

玉召相公,公应喏,玉曰:"更莫别求。"

药山后闻此语,曰:"噫!可惜于相公生埋向紫玉山下。"相公闻得,特访药山,乃问:"如何是佛?"

山召云:"相公。"公应喏,山曰:"是甚么?"公于此有省。

招庆⑥共罗山⑦举次,庆曰:"一等是道,甚是奇特,云泥有隔⑧。"

---

① 堂头老汉:也称堂头,一寺之主,方丈的别称。
② 《五灯会元》卷七《岩头全奯禅师》在此句后多一"活"字。
③ 迁化:指僧人去世。此处指德山去世应验了岩头的预言。
④ 于頔(dí):(?~818),字允元,工诗书,官至太子宾客。
⑤ 紫玉:紫玉道通禅师,唐代南岳系禅僧,马祖道一禅师法嗣。
⑥ 招庆:招庆道匡禅师,长庆慧棱禅师法嗣。后来的一些禅典中,如《教外别传》卷五、《宗鉴法林》卷十三均为"长庆",恐误。
⑦ 罗山:罗山道闲禅师。
⑧ 云泥有隔:比喻相距甚远。乘云行泥,云在天,泥在地,相差天地之远。

罗山云:"大师①也不得草草②。当时赖遇于相公,可中③草窠里若拨着个焦尾大虫④,何处有药山也?"

庆曰:"作么生?"

罗山曰:"还知于相⑤是锻了金么?"

211. 雪窦道接手句

雪窦和尚曰:"'十方无壁落,四面亦无门'⑥,古人向甚处见客?或若道得接手句,许汝天上天下。"

212. 二师目前包裹

云门到天童⑦,童云:"汝还定当得么?"

门云:"和尚道甚么?"

童云:"不会即目前包裹。"

门云:"会即目前包裹。"⑧

---

① 大师:对招庆禅师的尊称。
② 草草:不认真对待。
③ 可中:有"如果""正好"等义。此处当是前一义。
④ 焦尾大虫:老虎,此处喻指机锋猛烈、见解超绝之人。
⑤ 于相:于相公的简称。
⑥ 此二句出自灌溪志闲禅师,云门文偃到灌溪,有僧人举此语请益。雪窦为云门后人,也重视此句。
⑦ 天童:应是天童寺咸启禅师,生卒年不详,洞山良价禅师法嗣,青原下五世,云门文偃是青原下六世。
⑧ 此段法语见《云门语录》卷下。

妙喜曰：十字街头石敢当①。

213. 天衣色空二颂

天衣怀和尚《色空②颂》二首。

色空空色色空空，碍却潼关路不通。
劫火③洞然毫末尽，青山依旧白云中。

东西南北，十万八千。
空生罔措，火里生莲④。

214. 保福四种谩人⑤

保福问僧："殿里是甚么佛⑥？"僧云："和尚定当⑦看⑧。"曰："释迦佛。"云："和尚莫谩人好。"曰："却是汝谩我。"

又问僧："汝名甚么？"云："咸泽。"曰："忽遇枯涸者如何⑨？"云："谁是枯涸者？"曰："我是。"云："和尚莫谩人好。"

---

① 石敢当：旧时在家门口或街衢巷口设立小石碑或石雕武士像，上刻有"石敢当"三字，以为镇邪之物。禅宗用以指勇猛人物，对禅师的褒扬之词。
② 色空：色，指现象。空，指本性。
③ 劫火：世界变化到坏劫时产生的大火。
④ 火里生莲：比喻在欲望世界能够实现禅的超越。典出《维摩诘经》卷二《佛道品》："火中生莲花，是可谓希有，在欲而行禅，希有亦如是。"
⑤ 此则公案，《祖庭事苑》称为"保福谩人"，《禅苑蒙求瑶林》称为"四处谩人"。
⑥ 殿里是甚么佛：表面上问的是殿里佛，实际所问的是心中的佛。
⑦ 定当：分辨清楚。
⑧ 看：此处是一个助词，是"看怎么样"的省略。
⑨ 此是就学人名号"咸泽"之"泽"而顺势设问，体现禅的情景教育的特点。

曰："却是汝谩我。"

又问饭头："镬阔多少？"曰："和尚试量看？"师以手作量势。曰："和尚莫谩某甲。"曰："却是汝谩我。"

又见一僧，乃曰："汝作甚么业来，得恁么长大？"曰："和尚短多少？"师蹲身作短势。僧曰："和尚莫谩人好。"曰："却是汝谩我。"

215. 赵州大死却活①

赵州问投子："大死底人②却活时如何？"

投子云："不许夜行，投明须到③。"

216. 罗山送矩长老

罗山在禾山④，送同行矩长老⑤出门次，师把拄杖向前一撺，矩无对。师云："石牛拦古路，一马勿双驹。"

后有僧举似疏山，山云："石牛拦古路，一马生三寅。"⑥

---

① 此则公案，收入《碧岩录》第41则，《从容录》称为"赵州问死"。宗杲曾颂此公案："禾黍不阳艳，竞栽桃李春。翻令力耕者，半作卖华人。"（《大慧语录》卷十《颂古》，《大正藏》第47册，第851页中）
② 大死底人：经历大死境界的人。大死，指断尽一切妄想。
③ 不许夜行，投明须到：字面含义是夜里不许行路，但天明必须到达目的地。禅门著名奇特语，含义丰富。
④ 禾山：在今江西省吉安市吉州区，无殷禅师曾在此驻锡，丛林中称为禾山无殷。
⑤ 矩长老：五代禅僧，具体事迹不详。
⑥ 宗杲曾对此则公案加以唱颂："出门握手话分携，古路迢迢去莫追。却笑波心遗剑者，区区空记刻舟时。"（《大慧语录》卷十《颂古》，《大正藏》第47册，第852页上）

217. 洪英沙罗盛油

泐潭英和尚示众云:"释迦老子①当时一手指天,一手指地云:'天上天下,唯我独尊。'释迦老子可谓傍若无人,当时若遇个明眼衲僧,直教佗上天无路,入地无门。然虽如是,也须是铜沙罗里盛油②始得。

妙喜曰:可贵可贱。

218. 荐福梵音何来

荐福思和尚③,僧问:"古殿无佛时如何?"
曰:"梵音④何来?"
又问:"不假修证,如何得成?"
曰:"修证即不成。"

219. 法眼融教二颂

法眼禅师《三界唯心颂》:
三界唯心,万法唯识。唯识唯心,眼声耳色。

---

① 释迦老子:即释迦牟尼。
② 铜沙罗里盛油:能够在铜沙罗里盛满油,喻指出格超人的境界。铜沙罗,可能是指一种细密的筛子。"盛油",《续藏》本作"油盛"。
③ 荐福思和尚:荐福院思禅师,曹洞宗禅僧,护国守澄禅师法嗣,疏山匡仁再传法嗣。
④ 梵音:此处指西天佛法。

色不到耳，声何触眼？眼色耳声，万法成办。

万法匪①缘，岂观如幻。大地山河，谁坚谁变？

又，《华严六相②颂》：

华严六相义，同中还有异。

异若异于同，全非诸佛意。

诸佛意总别，何曾有同异？

男子身中入定时，女子身中不留意。

不留意，绝名字，万象明明无理事。

220. 青原甚么处来

青原③问神会④："从甚么处来？"

会云："曹溪⑤来。"

曰："将得甚么物来？"

会振身而立。

师曰："犹带瓦砾在。"

会云："和尚莫有真金与人否？"

---

① 匪：同"非"，表示否定。
② 华严六相：华严宗的重要教义，指总相、别相、同相、异相、成相、坏相，华严宗强调六相圆融。
③ 青原：青原行思禅师（？~740），俗姓刘，唐代禅僧，六祖慧能禅师法嗣，禅宗青原系的始祖。
④ 神会：荷泽神会禅师（684~758），俗姓高，唐代禅僧，其禅派称为荷泽宗，六祖慧能禅师法嗣。
⑤ 曹溪：指六祖慧能道场，在今广东省韶关市。

曰:"设有①,汝向甚么处著②?"

221. 系南拨火觅沤

罗汉南③和尚示众云:"红霞穿碧落,白鹭点沧洲。不是寒山子④,时临古渡头。骑骏马,骤高楼,万里银河辊玉球。别明真解脱,拨火觅浮沤⑤。"

又示众云:"禅不禅,道不道,三寸舌头胡乱扫。昨夜日轮飘桂花,今朝月窟出芝草。阿呵呵,万两黄金无处讨。一句绝思量,诸法不相到。"

222. 云门通身饭水

雪峰云:"饭箩边坐饿死人,临河渴死汉⑥。"
玄沙云:"饭箩里坐饿死汉,水里没头浸渴死汉⑦。"
云门云:"通身是饭,通身是水⑧。"

---

① 设有:如果有的话。设,假如,如果。
② 汝向甚么处著:意为我无真金与人。
③ 罗汉南:罗汉系南禅师(1050~1094),俗姓张,宋代临济宗黄龙派禅僧,云居元祐禅师法嗣。
④ 寒山子:即寒山,唐代的圣僧,隐居于天台山的国清寺,相传是文殊的化身。清雍正十一年(1733),封寒山为和圣,另一位圣僧拾得为合圣,民间称为和合二仙。
⑤ 浮沤:水中浮泡。
⑥ 此二句形容人们不知自心佛性,守着自家佛性宝藏而不知,但是用了"边"和"临"字。
⑦ 此二句形容同样的意思,但用了"里"字,意义更进一步。至此处构成的公案,《禅苑蒙求瑶林》称为"师备饭箩"。
⑧ 此二句形容同样的意思,但用了"通身"二字。

妙喜举了，喝云：多嘴阿师，可杀①忍俊不禁②，"通身是饭，通身是水"，那里得遮消息来？

---

① 可杀：亦作"可煞"，犹言"非常"。
② 忍俊不禁：忍不住要笑出声来。不禁，不能自制。

卷 三

《正法眼藏》卷第二之上

径山大慧禅师宗杲　集并著语

后学黄叶庵沙门智舷　校阅

223. 达磨安心法门

达磨①大师《安心法门②》云：

迷时人逐法，解时法逐人。解则识③摄色④，迷则色摄识。但有心分别计较自心现量⑤者，悉皆是梦。若识心寂灭，无一动念处，是名正觉。

问：云何自心现量？

答：见一切法有，有自不有，自心计作有。见一切法无，无自不无，自心计作无。乃至一切法亦如是，并是自心计作有，自心计作无。又，若人造一切罪，自见己之法王⑥，即得解脱。若

---

① 达磨：即菩提达摩禅师。宗杲曾有《初祖达磨大师》赞一首："来时已没当门齿，去时唯有一只履。葱岭那边逢宋云，十分彰露丑举止。"（《大慧语录》卷十二）
② 安心法门：少室六门之一。
③ 识：认知活动中的主体。
④ 色：认知活动中的对象，指物质现象。
⑤ 现量：显现度量。指人的感觉器官分别认识其对象，从而产生相应的认识。从因明的角度看，现量是三量之一，指基于种种感觉而产生的认识，是感性的认识形式。
⑥ 己之法王：自心的内在法王。

从事上得解者气力壮，从事中见法者即处处不失念，从文字解者气力弱，即事即法者深，从汝种种运为，跳踉颠蹶，悉不出法界①，亦不入法界。若以法界入法界即是痴人，凡有所施为，终不出法界心，何以故？心体是法界故。

问：世间人种种学问，云何不得道？

答：由见己②，故不得道。己者，我也。至人③逢苦不忧，遇乐不喜，由不见己故。所以不知苦乐者，由亡己故。得至虚无，己自尚亡，更有何物而不亡也？

问：诸法既空，阿谁修道？

答：有阿谁须修道？若无阿谁，即不须修道。阿谁者，亦我也，若无我者，逢物不生是非，是者我自是而物非是也，非者我自非而物非非也，即心无心，是为通达佛道，即物不起见，名为达道，逢物直达，知其本原，此人慧眼开。智者任物不任己，即无取舍违顺。愚者任己不任物，即有取舍违顺。不见一物名为见道，不行一物名为行道。即一切处无处，即作处无作处，无作法，即见佛。若见相时即一切处，见鬼取相故堕地狱，观法故得解脱。若见忆想分别即受镬汤炉炭等事，现见生死相，若见法界性即涅槃④性，无忆想分别即是法界性。心非色故非有，用而不废故非无。又，用而常空故非有，空而常用故非无。

---

① 法界：意义非常丰富，一般指意识所缘之境。
② 见己：执着于自己，我执。
③ 至人：解脱之人，得正觉之人。
④ 涅槃：佛教用以指所要达到的最高境界。

224. 石门指人正眼

石门聪和尚①示众云:"问答须教起倒全,龙头蛇尾自欺谩。如王秉剑由王意,似镜当台要绝观。开口早经千万里,低头思虑万重关。指人若也无正眼,何啻前程作野干?②"

僧问:"如何是古佛心?"
曰:"蹋著秤锤硬似铁。"
云:"意旨如何?"
曰:"明日向汝道。"
问:"青山绿水即不问,急切一句作么生道?"
曰:"手过膝,耳垂肩③。"

225. 广慧本来无事

广慧琏和尚示众云④:"佛法本来无事,从上诸圣尽是捏怪,强生节目,压良为贱,埋没儿孙。更有云门、赵州、德山、临济,死不惺惺,一生受屈。老僧遮里即不然,便是释迦老子出来,也贬向佗方世界,教伊绝迹去。何故如此?免虑丧我儿孙。老僧与么道,你等诸人作么生会?若于遮里会得去,岂不庆快?

---

① 石门聪和尚:谷隐蕴聪禅师,此段法语见《联灯会要》卷十二《襄州石门慈照聪禅师》等。
② 此首偈颂名为《问答须知起倒》,见《景德传灯录》卷二十九《云顶山僧德敷诗十首》。
③ 此是描写异人之相。《三国演义》中称刘备双耳垂肩,双手过膝,这是帝王之相。
④ 《续藏》本中,本节与石门聪和尚一节相连,未分段,但从《嘉兴藏》本看,可以另成一段。

教你脱却毛衫①，做个洒洒地衲僧去。更若不会，来年更有新条在，恼②乱春风卒未休。"

有僧入室请益，云："和尚适来言'便是释迦老子出来，也贬向佗方世界'。"举未了，琏云："你若怎么会，入地狱如箭射③。"

云："未审作么生会？"

琏便打，僧拟议。

曰："会么？"

僧云："不会。"

曰："山僧今日不避诸方检责，为你说破。'将此深心奉尘刹，是即名为报佛恩。'"

妙喜举了，咄曰：好人不肯做，须要尿里卧。

226. 真净大智方明

真净和尚示众云："新丰古洞④，万迭争攒。悟本⑤真踪，千林竞簇。古今胜地，佛事长兴。所以昔日悟本大师有时提唱云：'唯有佛菩提，是真归仗处。'复喝一喝，云：'犹作⑥遮个去就

---

① 脱却毛衫：比喻脱去束缚、烦恼尘染。
② 恼：原文作"脑"，据《联灯会要》卷十二《广慧元琏禅师》和其他诸禅籍均为"恼"，依此改之。
③ 射：原文无此字，据《联灯会要》卷十二《广慧元琏禅师》补。
④ 新丰古洞：新丰当是指江西的新丰，洞山在新丰，故称新丰古洞。据《古尊宿语录》卷四十二《宝峰真净语录》，此段法语为真净克文住筠州圣寿寺时因受洞山僧众之请而说，所以会涉及与洞山良价相关的议题。
⑤ 悟本：洞山良价禅师谥号。
⑥ 作：《洞山语录》中此字为"有"，"犹有者个去就在"。

在。'诸禅德,只如大师道'犹作遮个去就在',且道意作么生?还知落处么?丛林中多有商量者,有底道:闻佛闻法,似生冤家,况更有归仗处?故遭悟本大师检点。有底道:悟本只要人休歇去。有底道:悟本只见锥头利,不见凿头方①。似怎么匹配,又何曾梦见佗古人?既不如是,又且如何?诸禅德,此个大事须子细,不可粗心,一等参禅,穷教到底,宗门中千差万别,隐显殊途,唯大智方明,降兹已往,莫测涯际。而今多是抱不哭孩儿②,打净洁球子③,把缆放船④,抱桥柱澡洗⑤。彼此丈丈,阿谁无分?若便明去,驱耕夫之牛,夺饥人之食⑥,入火不烧,入水不溺⑦,于一切处不留,一切处成就,灵光独耀,烜⑧赫殊分,可谓荡荡乎,落落乎,张起济岸帆,拨动渡人舟,于生死海内,白浪堆中,出没去来,逍遥自在。"乃喝云:"从佗谤,任佗非,雨中兼蒻笠蓑衣。而今暂别海门月,携鱼且向市廛归。"

---

① 只见锥头利,不见凿头方:见第124则注10。
② 抱不哭孩儿:比喻多此一举,弄巧成拙。带孩子的经验是,孩子不哭就不要去抱他,不需要你抱。如果是别人家的孩子,本来不哭,你去一抱,说不定反而会哭。
③ 打净洁球子:形容一般性的禅学见解和修养,没有出格、超常之处。这个比喻可能和唐代以来的"打球"游戏有关,禅门中多有此语。"不得打净洁球子。"(《普宁禅师语录》卷三)"打净洁球子谁人不会?"(《无文道燦禅师语录》)
④ 把缆放船:抓住缆绳,放船航行,船只不能自由航行。比喻不能超越固有的限制。
⑤ 抱桥柱澡洗:在河里游泳时,抱住桥柱子。比喻没有达到自由境界,内心抱住原有的教条不放。
⑥ 驱耕夫之牛,夺饥人之食:出自临济义玄对于四为照用教育方法的一种描述,表示照用同时。一种激烈的去除学人执着的方式。
⑦ 入火不烧,入水不溺:本是道家对于真人的描述,见《庄子·大宗师》,佛教中也曾用来描述佛,《理惑论》中称佛能够"蹈火不烧,履刃不伤"等,此处用来描述解脱境界的精神自由。
⑧ 烜,原本作烜,依《续藏》本改。

227. 宝寿钉虚空么

宝寿和尚①，有胡钉铰②来参，寿问："莫是胡钉铰否？"

胡云："不敢。"

寿云："还钉得虚空③么？"

胡云："请和尚打破将来④。"

寿便打，胡钉铰不肯，寿云："已后有多口阿师⑤为汝点破去在。"⑥

后参赵州，州云："莫是胡钉铰么？"

胡云："不敢。"

州云："还钉得虚空么？"

胡云："请和尚打破将来。"

州云："且钉遮一缝。"

胡遂举宝寿行棒因缘，州云："我与么道，与佗宝寿千里万里。"⑦

---

① 宝寿和尚：宝寿沼禅师，唐代临济宗禅僧，临济义玄禅师法嗣。
② 胡钉铰：唐代居士，名令能，以钉铰为业，故名，善诗。事迹见《祖庭事苑》卷一。
③ 钉得虚空：利用胡钉铰的名字中的"钉"字而随缘接引，验其禅机。
④ 打破将来：你能把虚空打破了拿给我，我就为你缝上。这是胡钉铰充满自信甚至我执的回答，所以宝寿要打。
⑤ 多口阿师：多嘴、啰唆的禅师，又作多嘴阿师。
⑥ 此则公案，《禅苑蒙求瑶林》称为"宝寿钉空"。
⑦ 宗杲曾颂此则公案："直饶钉得遮一缝，点检将来非好手。可怜两个老禅翁，却向俗人说家丑。"(《大慧语录》卷十，《大正藏》第47册，第852页上)

228. 水陆用心即错

僧问水陆和尚①:"如何是学人用心处?"
曰:"用心即错。"
僧云:"不起一念时如何?"
曰:"没用处汉。"
僧云:"此事如何保任?"
曰:"切忌。"
问:"狭路相逢时如何?"
曰:"便与拦胸托一托。"

229. 金峰二十年前后

金峰和尚②示众云:"金峰二十年前有老婆心③,二十年后无老婆心。"
僧便问:"如何是二十年前有老婆心?"
曰:"问凡答凡,问圣答圣。"
云:"如何是二十年后无老婆心?"
曰:"问凡不答凡,问圣不答圣。"

---

① 水陆和尚:唐代临济宗禅僧,三圣慧然禅师法嗣。
② 金峰和尚:金峰从志禅师,唐代曹洞宗禅僧,曹山本寂禅师法嗣。
③ 老婆心:老太婆之心,老太婆话多,比喻禅师的言说过多。

230. 黄檗大唐无师

黄檗和尚示众云:"汝等诸人尽是噇酒糟汉①,与么行脚,何处有今日?还知大唐国里无禅师么?"②

时有僧云:"只如诸方匡徒领众③又作么生?"

曰:"不道无禅,只是无师。"④

沩山问仰山:"作么生?"⑤

仰山云:"鹅王择乳,素非鸭类。"

沩山云:"此实难辨⑥。"

231. 庆诸无人识得⑦

云盖安和尚⑧问石霜⑨:"万户俱闭即不问,万户俱开时

---

① 噇酒糟汉:吃酒糟的家伙。酒糟是酿酒过程中产生的副产品,酒是精华,剩下的是酒糟。此喻不能掌握精妙之处,只会大吃提取精华后的剩余物的人。也比喻没有自己的独立见解,只会学些别人的语句、做法,所以才会到处行脚,而不知归家稳坐。
② 宗杲曾颂此公案说:"身上著衣方免寒,口边说食终不饱。大唐国里老婆禅,今日为君注破了。"(《大慧语录》卷十)
③ 匡徒领众:指禅师出世开法教育徒众。
④ 此则公案,收入《碧岩录》第11则,《从容录》称为"黄檗噇糟"。无师:没有真正悟道的禅师。
⑤ 此处沩山举古,举出黄檗这则公案,再问仰山慧寂这个问题。
⑥ 此实难辨:要做到像鹅王那样实在很难,也表示要找到真正开悟的大禅师实在很难。
⑦ 此则公案,《空谷集》称为"万户俱开",《请益录》称为"云盖万户",《禅苑蒙求瑶林》则称为"云盖半载",因为云盖禅师在回答"堂中事作么生"一问时,经过了半年,才答出一句"无人接得渠"。此则公案载于《联灯会要》卷二十二,也收入了妙喜的评论。
⑧ 云盖安和尚:云盖志元禅师,青原系禅僧,石霜庆诸禅师法嗣。
⑨ 石霜:石霜庆诸禅师,见《景德传灯录》卷十五《道吾山圆智禅师法嗣·石霜山庆诸禅师》。

如何?"

霜云:"堂中事作么生?"

安云:"无人接得渠。"

霜云:"道也煞道,只道得八成。"

云:"却请师道。"

霜云:"无人识得渠。"

妙喜曰:一对无孔铁锤,就中一个最重。

232. 琅邪透脱一路

琅邪觉和尚示众云:"'本来无一物①',压杀世间人。直饶便分明,坐在粪坑里。作么生是透脱一路?'妙音观世音,梵音海潮音②。'"

颂"百丈野狐话③"云:

明镜当台鉴者稀,禅人到此拟何之?

直饶点破秋天月,元来只是野狐儿。

颂清平"大乘小乘话④"云:

山高日出早,岩下青松老。

蹋折杏花枝,一任寒风扫。

颂"风幡话⑤"云:

---

① 本来无一物:此引慧能得法偈中语。
② 妙音观世音,梵音海潮音:此二句出自《法华经·普门品》。
③ 百丈野狐话:具体内容见本书第637则。
④ 大乘小乘话:具体内容见本书第43则。
⑤ 风幡话:具体内容见本书第611则。

不是风兮不是幡,多口阇梨莫可诠。

若将巧语求玄会,特地千山隔万山。

233. 泐潭开方便门

泐潭准和尚示众云:"祖师关捩子,幽隐罕人知。不是悟心者,如何举向伊?"乃喝一喝,云:"是何言欤?若一向恁么,达磨一门扫土而尽。所以大觉世尊初悟此事,便乃开方便门,示真实相,普令南北东西、四维上下、郭大、李二、邓四、张三同明斯事。云岩①今日不免效古,开方便门去也。"以拂子击禅床一下,云:"方便门开也,作么生是真实相?"良久,云:"十八十九,痴人夜走。"

234. 降魔有佛有魔

降魔藏和尚②参北宗秀和尚③,秀问:"汝名降魔,此无山精木怪,汝翻作魔邪?"

曰:"有佛有魔。"

秀曰:"汝若是魔,必住不思议境界。"

曰:"是佛亦空,何境界之有?"

---

① 云岩:文准的自称之词。
② 降魔藏和尚:兖州降魔藏,唐代北宗禅僧,俗姓王,神秀禅师法嗣。
③ 北宗秀和尚:北宗神秀禅师(606~706),俗姓李,唐代北宗禅僧,五祖弘忍禅师法嗣,北宗的重要代表之一。

235. 石头达佛知见

石头和尚示众云:"吾之法门,先佛传授,不论禅定、精进,唯达佛之知见①,即心即佛,心佛众生,菩提、烦恼,名异体一。汝等当知自己心灵,体离断常,性非垢净,湛然圆满,凡圣齐同,应用无方,离心意识,三界②、六道③,唯自心现,水月镜像,岂有生灭?汝能知之,无所不备。"

僧问:"如何是解脱?"

曰:"谁缚汝?"

曰:"无人缚。"

曰:"谁求解脱?"

问僧:"从甚么处来?"

僧云:"江西④来。"

曰:"见马大师么?"

云:"见。"

头乃指一橛柴,曰:"马师何似遮个?"

僧无对,却回举似马大师。

马曰:"汝见橛柴大小?"

云:"没量大。"

马曰:"汝甚有力。"

---

① 佛之知见:佛的大智慧。
② 三界:欲界、色界、无色界。
③ 六道:即地狱、饿鬼、畜生、阿修罗、人、天,为众生的六种轮回之途。
④ 江西:指马祖道一禅师(马大师)的道场。

僧云:"何也?"

马曰:"汝从南岳负一橛柴来①,岂不是有力?"

236. 三师逢定上座

岩头共雪峰、钦山②去参临济,中路逢定上座③,头乃问:"甚么处来?"

定曰:"临济来。"

曰:"和尚万福④。"

定云:"和尚已迁化也。"

曰:"某三人特去礼拜,又值和尚迁化,某等薄福,不见和尚,未审有何言句?请上座举一两则。"

定遂举:

> 临济上堂云:"赤肉团⑤上有一无位真人,常从汝等诸人面门出入,未证据者看看?"时有僧问:"如何是无位真人?"济下禅床,擒住云:"道!道!"僧拟议,济便托开,云:"无位真人是甚么干屎橛?"便归方丈。⑥

岩头不觉吐舌,钦山云:"何不道赤肉团上非无位真人?"

定便擒住,云:"无位真人与非无位真人相去多少?速道!

---

① 从南岳负一橛柴来:此僧从石头希迁处来,希迁的道场在南岳。希迁问他:马祖像不像这捆柴?此僧不悟,带着这个问题回到江西来问马祖,马祖所以有此问。
② 钦山:钦山文邃禅师,唐代曹洞宗禅僧,洞山良价禅师法嗣。
③ 定上座:唐代禅僧,临济义玄禅师法嗣。
④ 万福:古代女子行礼时,口称万福,祝对方多福。
⑤ 赤肉团:心、心脏。
⑥ 宗杲曾颂此则"无位真人"公案:"脑后见腮村僧,大开眼了作梦。虽然趁得老鼠,一棒打破油瓮。"(《大慧语录》卷十,《大正藏》第47册,第851页中)

速道!"

钦山直得面青面黄,语不得。

岩头、雪峰同劝云:"遮新戒①触忤上座,且望慈悲②。"

定云:"若不是遮两个老汉,堲③杀遮尿床鬼子④。"

237. 白云路见不平

白云端和尚⑤示众云:"'泥佛不度水,木佛不度火,金佛不度炉,真佛内里坐。'⑥ 大众,赵州老子十二剂骨头、八万四千毛孔一时抛向诸人怀里了也,圆通⑦今日路见不平,为古人出气。"以手拍禅床,云:"须知海岳归明主,未信乾坤陷吉人。"

238. 仰山剑刃上事

僧问仰山:"法身⑧还解说法也无?"

曰:"我说不得,别有一人说得。"

僧云:"说得底人在甚么处?"

仰推出枕子。

沩山闻云:"寂子用剑刃上事。"

---

① 新戒:沙弥之初受戒者。
② 且望慈悲:还要请原谅。
③ 堲:击、打。
④ 尿床鬼子:骂人话,像还在尿床的小孩子,比喻不懂事。
⑤ 白云端和尚:白云守端禅师。
⑥ 此为赵州从谂禅师所说。
⑦ 圆通:此段法语是白云守端住江州圆通崇胜禅院时的语录,故以"圆通"自称。
⑧ 法身:佛的三身之一,指真如法性之身、智慧之身。

妙喜曰：沩山真是怜儿不觉丑①。仰山"推出枕子"已是漏逗②，更著个名字，唤作"剑刃上事"，误佗学语之流，便怎么承虚接响③，流通将去。妙喜虽似借水献花④，要且理无曲断⑤，即今莫有傍不肯者出来，我要问你：推出枕子还当得法身说法也无？

239. 法演归堂吃茶

五祖演和尚示众云："十方诸佛，六代祖师⑥，天下善知识，皆同遮个舌头。若识得遮个舌头，始解大脱空⑦，便道山河大地是佛，草木丛林是佛。若也未识得遮个舌头，只成小脱空⑧，自谩去，明朝、后日大有事在。五祖怎么说，还有实头处⑨也无？"自云："有。如何是实头处？归堂，吃茶去。"

---

① 怜儿不觉丑：喜欢自己的孩子就感觉不到他长得丑。仰山是沩山的法子，所以妙喜如是评说沩山。
② 漏逗：比喻言语啰唆。
③ 承虚接响：承受虚幻不实之事。
④ 借水献花：借此相遇的机会之水，使人生之花更美丽。比喻借此机会之水表达对禅理之花的看法。
⑤ 理无曲断：经常与"车不横推"连用，意为佛理不能被错误地理解。
⑥ 六代祖师：中土禅宗从达摩初祖到慧能六祖。
⑦ 大脱空：认识到自己的本来面目。
⑧ 小脱空：虚妄的言语。大脱空、小脱空两个词语的解释，见《应庵和尚语录》卷八："五祖谓一切妄言绮语，小脱空是也；觑见本来面目，大脱空是也。"（《卍续藏经》第69册，第541页上）
⑨ 实头处：指根本之处，真实之处。

240. 谭空勘开堂尼

谭空和尚①因有尼②要开堂③，空勘④云："尼有五障⑤，不得开堂。"

尼云："龙女成佛⑥有几障？"

空云："龙女成佛现十八变，你试变看？"

尼云："不是野狐精，变个甚么？"

空便打。

镇州牧主后闻云："和尚拄杖折那？将此见解，拟欲为人？"

翠岩芝⑦云："且道尼具眼么？只担得个断贯索⑧，作么生会？"

241. 三圣今日有事

三圣和尚在仰山会下，有官人来看仰山，山问："官居何位？"

---

① 谭空和尚：幽州谭空禅师，又作谈空禅师，唐代临济宗禅僧，临济义玄禅师法嗣。（见《联灯会要》卷一）
② 尼：比丘尼。此尼为镇州牧之姑，行脚回来后想开堂，这位地方官就说请禅师勘验了再说吧。（见《天圣广灯录》卷十二《幽州谈空禅师》）
③ 开堂：僧人初次演说佛理。
④ 勘：勘验。
⑤ 尼有五障：女人之身具有的五种障碍，典出《法华经》，不能成为梵天王、帝释、魔王、转轮圣王、佛身。这是小乘佛教的观点。
⑥ 龙女成佛：据《法华经》，八岁小龙女由于受持《法华经》的功德而即身成佛。
⑦ 翠岩芝：大愚守芝禅师。
⑧ 断贯索：断的长绳。

云:"推官①。"

仰山竖起拂子,云:"还推得遮个②么?"

官人无语。仰山令大众下语③,总皆不契。

三圣不安④,在涅槃堂⑤内将息,仰令侍者去请下语。

圣云:"但道和尚今日有事⑥。"

仰又令侍者去问:"未审有甚么事?"

曰:"再犯不容。"

242. 兴化求安乐法

兴化和尚在三圣会下常言:"我向南方行脚一遭,挂杖头不曾拨着一个会佛法底。"后到大觉处,请为院主⑦。觉一日唤:"院主,我闻你道:'向南方行脚一遭,挂杖头不曾拨着一个会佛法底。'你凭个甚么道理?"兴化便喝,觉便打。化又喝,觉又打。

兴化来日在法堂上,觉唤:"院主,我直下疑着你遮两喝⑧。"化依前又喝,觉便打。化又喝,觉又打。

化云:"我在三圣处学得个宾主句,总被师兄⑨折倒了也,告

---

① 推官:官职名,主理司法事务,唐时设置,沿至清代。
② 推得遮个:这是因推官之"推"字而随缘设问。
③ 下语:表达自己的看法。
④ 不安:生病。
⑤ 涅槃堂:又称延寿堂,病僧在此入灭。
⑥ 今日有事:有事,表示没有空闲回答你的问题。这是禅家常用的回避法,表达一种回答。
⑦ 院主:又称寺主,禅院中的监事。
⑧ 疑著你遮两喝:怀疑兴化模仿临济之喝而无自己的真见解。
⑨ 师兄:兴化存奖和魏府大觉同为临济义玄禅师法嗣,故兴化存奖敬称魏府大觉为师兄。

师兄与某一个安乐法门。"

觉云:"遮瞎驴来遮里纳败阙①,脱下衲衣,痛打一顿。"②

243. 镜清妙中之妙

镜清和尚③示众云:"有舟无楫亦不得,有楫无舟亦不得,舟楫俱备亦不得,亦不得亦不得,诸人作么生?"

有时云:"一人到亦不得,一人不到亦不得,二人俱到亦不得,不得亦不得,诸人作么生?此是妙中之妙,拂尽青霄,通霄不碍。"

244. 杨岐布袋盛锥

杨岐和尚示众云:"景色乍晴,物情舒泰,举步也千身弥勒,动用也随处释迦。文殊、普贤,总在遮里,众中有不受人谩底,便道杨岐和麸粜面④。然虽如是,布袋里盛锥子⑤。"

---

① 败阙:或作败缺,挫败,遭受失败。
② 因为这个经历,兴化后来才说,"三圣为我太孤","大觉为我太赊"。见本书第162则。
③ 镜清和尚:镜清道怤禅师(868~937),俗姓陈,唐、五代之际青原系禅僧,雪峰义存禅师法嗣。
④ 和麸粜面:有时也作"和麸籴面",籴(dí)是买进,粜(tiào)是卖出。买进或卖出面粉时夹杂着麦麸,比喻不真实,掺杂假货。
⑤ 布袋里盛锥子:此句一般有个下句,即不出头是好手。锥子总是要出头的,真正的好手则不让其出头。

245. 云门在甚么处

云门一日云:"折半裂三,针筒鼻孔①,在甚么处?与我个个拈出来看?"自代云:"上中下。"

妙喜曰:倚门傍户②弄精魂。

246. 四祖任心自在

四祖谓融禅师③曰:"夫百千法门同归方寸④,河沙⑤妙德总住心源。一切戒门、定门、慧门、神通变化,悉自具足,不离汝心。一切烦恼业障本来空寂,一切因果皆如梦幻。无三界可出,无菩提可求。人与非人,性相平等。大道虚旷,绝思绝虑。如是之法,汝今已得,更无阙少,与佛何殊?更无别法。汝但任心自在,莫作观行,亦莫澄心,莫起贪嗔,莫怀愁虑,荡荡无碍,任意纵横,不作诸善,不作诸恶,行住坐卧,触目遇缘,总是佛之妙用,快乐无忧,故名为佛。"

---

① 折半裂三,针筒鼻孔:折半裂三,也作"裂半作三""裂半分三"等,依《祖庭事苑》卷一,当为"析半列三","折,当从木作析,音锡,劈析也;烈,当作列,分解也。烈火盛貌,非义"。针筒鼻孔,也作"鼻孔针筒"。依《翻译名义集》卷六,有"鼻如盛针筒"之说,盛针筒为僧家用物。此语亦为学人参究。"问:如何是和尚家风?师曰:裂半作三。僧曰:学人未晓。师云:鼻孔针筒。"(《建中靖国续灯录》卷三《金陵天宝禅师》)"裂三折半缺中边,鼻孔针筒话未圆,别有一人穿不得,道!道!"(《揩黑豆集》卷三,《卍续藏经》第85册,第303页下)
② 倚门傍户:比喻没有自己的见解,一味依从于别人的观点。
③ 融禅师:牛头法融禅师。
④ 方寸:心。
⑤ 河沙:恒河沙数,比喻无数。

247. 西山平生工夫

亮座主①参马祖,祖问曰:"见说座主大讲得经论,是否?"
亮云:"不敢。"
祖曰"将甚么讲?"
云:"将心讲。"
曰:"心如工伎儿②,意如和伎者,争解讲得经?"
亮抗声云:"心既讲不得,虚空莫讲得么?"
祖曰:"却是虚空讲得。"
亮不肯,便出,将下阶,祖召③云:"座主。"亮回首,豁然大悟,便礼拜。
祖曰:"遮钝根阿师④,礼拜作么?"
亮归寺,告听众曰:"某甲所讲经论,谓无人及得,今日被马大师一问,平生工夫冰消瓦解。"径入西山,更无踪迹。

248. 云峰莫谤正法

云⑤峰悦和尚示众云:"语不离巢道,焉能出盖缠?片云横谷

---

① 亮座主:西山亮座主,唐代南岳系禅僧,马祖道一禅师法嗣。
② 工伎儿:善于歌舞的人。
③ 召:这是"下堂句"的教学方式,在学人出禅堂,走到门口时,再召唤一句,等僧人回过头来,追问一句,"是什么",或唤一声法号,学人往往因此而开悟。
④ 钝根阿师:批评语,根性愚钝的人。
⑤ 云:原文为雪,当为云(雲)之误。《续藏》本对此字存疑而未改。此段开示见《古尊宿语录》卷四十之《云峰悦禅师初住翠岩语录》。

口，迷却几人源？所以'言无展事，语不投机，承言者丧，滞句者迷①'。汝等诸人到遮里凭何话会？"良久，云："欲得不招无间业，莫谤如来正法轮②。"

又示众云："'拂子吞却须弥山'，寻常言论，'德山卓牌闹市里③'，作么生商量？"良久，云："官不容针，私通车马。"

249. 大宁本自天真

大宁宽和尚示众云："从上来事④，非从佛得，不就祖求。丈夫禀性，本自天真，动止含仪，去来无著。如鱼在水，任性浮沉。似鸟飞空，都无罣碍。如斯说话，谁是知音？"良久，云："一气不言含有像，万灵何处谢无私？"

僧问："教中云'始知众生本来成佛⑤'，为甚么有烦恼菩提？"

曰："甘草甜，黄连苦。"

僧云："却成两个去也。"

曰："你不妨会得好。"

---

① "言无展事"四句：此四句为洞山守初名句。言无展事，语言并不能展示事物的真正的本质。语不投机，语言本身不一定符合学人的根机。承言者丧，以语言文字来承当佛教大事，将会丧失佛教的根本。滞句者迷，执着于语言文字的人，不能认清佛法的本质，反而容易陷入迷惘状态。
② 欲得不招无间业，莫谤如来正法轮：典出《永嘉证道歌》。无间业，此生和来生的地狱果报之间没有间隔的大恶业，此生与来生的异熟果报之间没有任何业或生命类型作为间隔。有五种这样的恶业。
③ 此句出自《祖庭事苑》卷一："德山卓牌闹市里，牌上书字云：佛来也打，祖来也打。"
④ 从上来事：自古以来的这件事，指明心见性之事、了悟生死之事。
⑤ 始知众生本来成佛：此语出自《圆觉经》。

问:"既是一真法界①,为甚么却有千差万别?"

曰:"根深叶盛。"

僧云:"未审还出得遮个也无?"

曰:"弄巧成拙。"

问:"作、止、任、灭,教中四病②,后学之流如何趣向?"

曰:"巧匠运斤斧,斫木不抨绳。"

250. 龙华照顾话头

龙华愚和尚③示众云:"摩腾④入汉,已涉繁词。达磨西来,不守己分。山僧今日与么道,也是'为佗闲事长无明'⑤。"

愚行脚时见五祖戒和尚⑥,戒问:"'不落唇吻⑦'一句作么生道?"

愚曰:"老老大大⑧,话头也不照顾。"

---

① 一真法界:华严宗的重要概念,是无二不妄、交彻融摄的世界,也是具有本体地位的法界。统唯一真法界,化为四法界。
② 教中四病:《圆觉经》中讲的作、任、止、灭四病。作病,有人执着于作种种行以求圆觉,但圆觉不因"作"而得。任病,有人执着于任运,任彼一切,随诸法性,以求圆觉,但圆觉不因任运而得。止病,有人执着于止息一切欲念,寂然平等,以求圆觉,但圆觉不因止寂而得。灭病,有人以为断灭一切烦恼可以求圆觉,但圆觉不因寂灭而得。这四种病,在禅界也存在,依圭峰宗密的看法,天台禅有作病,洪州禅有任病,牛头禅有止病,神秀北宗禅有灭病。(见其《圆觉经大疏》卷下之三)
③ 龙华愚和尚:蕲州龙华寺晓愚禅师,宋代临济宗禅僧,汾阳善昭禅师法嗣。
④ 摩腾:摄摩腾,又称迦叶摩腾,印度僧人在华开始翻译佛经之代表。
⑤ 为佗闲事长无明:出自《洞山和尚自诫》。
⑥ 五祖戒和尚:蕲州五祖师戒禅师,云门宗禅僧,双泉师宽禅师法嗣,云门文偃禅师再传法嗣。
⑦ 不落唇吻:禅应当不落于言诠,禅不在嘴如何说。
⑧ 老老大大:那么大的年纪。

戒便喝，愚亦喝，戒拈棒，愚拍手下去。

戒曰："阇梨，阇梨，话在。"愚将坐具搭肩上，更不顾，便下去。

251. 南泉大难大难

南泉和尚示众云："然灯佛①道了也！若心相所思，出生诸法，虚假皆不实，何以故？心尚无有，云何出生诸法？犹如形影，分别虚空，如人取声，安置箧中，亦如吹网，欲令气满。故老宿②云'不是心，不是佛，不是物'，且教你兄弟行履。据说十地菩萨③住首楞严三昧，得诸佛秘密法藏，自然得一切禅定解脱、神通妙用，至一切世界普现色身，或示现成等正觉④，转大法轮，入般⑤涅槃，使无量入毛孔，演一句，经无量劫，其义不尽，教化无量亿千众生得无生法忍，尚唤作所知愚⑥，极微细所知愚，与道全乖。大难，大难，珍重！"

---

① 然灯佛：也作燃灯佛，过去世诸佛之一，据说他出生时身边光明如灯，故名。
② 老宿：江西老宿，指马祖道一，"江西老宿云：不是心，不是佛，不是物"（《古尊宿语录》卷十二《普愿禅师语要》）。马祖的佛性论讲三句：即心即佛，非心非佛，不是物。南泉普愿概括并发展为不是心，不是佛，不是物。
③ 十地菩萨：达到十地境界的菩萨，菩萨五十二阶位中已达到第五十位，再往上就是等觉和妙觉。
④ 等正觉：无上正等正觉。
⑤ 般：《古尊宿语录》卷十二《普愿禅师语要》，此处无"般"字。
⑥ 所知愚：当指微细所知愚。佛断十地菩萨的两种愚，一是微细所知愚，二是极微细所知愚。指由于所知障而导致的愚痴。

252. 南院壁立千仞

南院和尚示众云:"赤肉团上,壁立千仞。"
有僧问:"赤肉团上壁立千仞,岂不是和尚语?"
曰:"是。"
僧便掀倒禅床。
院曰:"你看遮瞎汉乱做。"
僧拟议,院便打趁①出。

妙喜曰:我今为汝保任,此事终不虚也②。

253. 龙山蝇子放卵

龙山和尚③问僧:"甚么处来?"
僧云:"老宿处来。"
曰:"老宿有何言句?"
僧云:"说即千句万句,不说即一字也无。"
曰:"恁么即蝇子放卵。"
其僧礼拜,山便打。

---

① 趁:逐,驱赶。
② 此二句出自《法华经》,佛讲完三车喻后所说。保任,从字面上讲,此处有确保、担保、证明等意。而与禅家所讲的悟后之"保任"有别。
③ 龙山和尚:潭州龙山和尚,亦称隐山和尚,唐代南岳系禅僧,马祖道一禅师法嗣。

254. 龙山此山无路

洞山价和尚迷路到龙山①,因参礼次,山问:"此山无路,阇梨向甚么处来?"

价云:"无路且置,和尚从何而入?"

曰:"我不曾云水②。"

价云:"和尚住此山多少时邪?"

曰:"春秋不涉。"

价云:"此山先住?和尚先住?"

曰:"不知。"

价云:"为甚么不知?"

曰:"我不从人天来。"

价却问:"如何是宾中主③?"

曰:"长年不出户。"

云:"如何是主中宾?"

曰:"青天覆白云。"

云:"宾主相去几何?"

曰:"长江水上波。"

云:"宾主相见,有何言说?"

曰:"清风拂白月。"

---

① 龙山:即潭州龙山和尚。
② 云水:僧人行脚,如行云流水。也指行脚僧。
③ 宾中主:这是以曹洞宗的四宾主理论来提问。宾中主是用中之体,主中宾是体中之用。

价又问:"和尚见个甚么道理,便住此山?"

曰:"我见两个泥牛斗入海①,直至如今没消息。"因有颂云:"三间茅屋从来住,一道神光万境闲。莫把是非来辨②我,浮生穿凿不相关。"

255. 投子无可与汝

投子和尚示众云:"汝诸人来遮里拟觅新鲜语句,攒花簇锦,口里贵有可道。我老人气力稍劣,唇舌迟钝,汝若问我,我便随汝答对,也无玄妙可及于汝,亦不教汝揉根③,终不说向上向下,有佛有法,有凡有圣,亦不存坐系缚。汝诸人变现千般,总是汝生解④,自担带将来⑤,自作自受。遮里无可与汝,不敢诳谎汝,无表无里可得说似汝,诸人还知么?"

时有僧问:"表里不收时如何?"

曰:"汝拟向遮里揉根那?"

问:"大藏教中还有奇特事也无?"

曰:"演出大藏教。"

---

① 两个泥牛斗入海:禅门中著名的奇特语之一。泥牛入海,自然无消息。两个泥牛怎么会相斗?
② 辨:《续藏》本作辨,而底本和其他诸种资料均作"辨"。
③ 揉根:亦作垛根,指执着于语言文字。
④ 生解:产生知解,产生不恰当的看法。
⑤ 担带将来:将知解担于自心,执着于错误的见解。

256. 保宁此话大行

保宁勇和尚示众云："有个汉，怪复丑，眼直鼻蓝皴[1]，面南看北斗[2]。解使日午金乌[3]啼，夜半铁牛吼，天地旋，山河走，羽族、毛群，失其所守，直得文殊、普贤[4]出此没彼，七纵八横，千生万受，蓦然逢着个黄面瞿昙，不惜眉毛，再三与伊摩顶授记，云：善哉！善哉！大作佛事，希有！希有！于是乎自家忪忪愣愣[5]，慞慞惶惶[6]，藏头缩手。"召云："大众，此话大行，何必更待[7]三十年后？"

257. 晦堂摩霄俊鹘

晦堂和尚示众，击绳床一下，云："'一尘才起，大地全收[8]。'诸人耳在一声中，一声遍在诸人耳[9]。若是摩霄俊鹘[10]，

---

① 此三句是对印度胡僧的描述，当指佛祖，即下文所指的黄面瞿昙。

② 面南看北斗：禅门奇特语，语出云门文偃。面向南方看北斗星，南方怎么可能看到北斗星？表示否定之意。同时，也有超越南北相对之意。

③ 金乌：古代神话传说太阳中有三足乌，也用以指代太阳。

④ 普贤：菩萨名，是佛教之理的象征，其像常骑象。

⑤ 忪忪愣愣：或作忪愣，指非常惭愧、狼狈。

⑥ 慞慞惶惶：彷徨疑惧。

⑦ 待：《续藏》本作"徒"，误。

⑧ 一尘才起，大地全收：洛浦元安禅师的名句，本句从一般的意义上讲，是讨论一和多的关系，一能摄多。从禅学的角度讲，则指开悟者施为举动都是佛法全体的精神体现。

⑨ 诸人耳在一声中，一声遍在诸人耳：这是华严宗一切入一，一入一切思想的体现。

⑩ 摩霄俊鹘：比喻具有冲天意气的灵利禅僧。鹘（hú），隼。

便合乘时，止泺①困鱼，徒劳激浪。"

258. 赵州不生不灭

赵州和尚示众云："法本不生，今则无灭，更不要道：才语是生，不语是灭。诸人，且作么生是不生不灭底道理？"
僧问："草是不生不灭么？"
曰："遮汉只认得个死语②。"
问："如何是丈六金身？"
曰："袖头打领，腋下刻襟。"
僧云："学人不会。"
曰："不会？倩人裁。"
问："如何是西来意？"
曰："版齿③生毛。"
问："柏树子还有佛性也无？"
曰："有。"
云："几时成佛？"
曰："待虚空落地时。"
云："虚空几时落地？"
曰："待柏树子成佛时。"

---

① 泺：音luò，河名，泺河，在山东省。止泺，也作"止泊"，指停下来休息。但禅宗中另有其意，指只知小湖泊，不知大海，万松行秀说："困于止泊……不识于大海。"（《从容录》卷四）比喻习禅者趣乎小道，不知大道。
② 死语：没有意路可通的话语，与活语相反。
③ 版齿：门牙阔而整齐。

259. 崔禅州衙升座

崔禅和尚①在定州，州衙内升座，拈起拄杖，云："出来也打，不出来也打。"

有僧出云："崔禅聻！"

崔禅掷下拄杖，云："久立，太尉珍重！"

260. 克符答四宾主

僧问克符道者："如何是宾中宾②？"

曰："倚门傍户犹如醉，出言吐气不惭惶。"

"如何是宾中主？"

曰："口念弥陀双拄杖，目瞽瞳人不出头。"

"如何是主中宾？"

曰："高提祖印当机用，利物应知语带悲。"

"如何是主中主？"

曰："横按镆铘全正令，太平寰宇斩痴顽。"

云："既是太平寰宇，为甚么却斩痴顽？"

曰："不许夜行刚把火，直须当道与人看。"

---

① 崔禅和尚：定州善崔禅师，唐代临济宗禅僧，临济义玄禅师法嗣。
② 此处讨论的是临济的四宾主：主中主、主中宾、宾中主、宾中宾。克符道者即涿州纸衣和尚，他是临济义玄的弟子，对临济的教学方式有深刻的领悟。

261. 兴化打中间底

兴化和尚一日唤僧,僧应诺,曰:"到即不点。"又唤一僧,僧云:"作么?"曰:"点即不到。"

问:"四方八面来时如何?"

曰:"打中间底。"

僧礼拜。

化云:"大众,兴化昨日去赴个村斋,回到半路,逢着一阵卒风暴雨,却去古庙里避得过。"①

262. 智门向上一窍

智门祚和尚示众云:"南泉道:'自小牧一头水牯牛,拟向溪东放,不免食佗国王水草。拟向溪西放,不免食佗国王水草。不如随分纳些些,总不见得。'所以云门大师道:'平地上死人无数,过得荆棘林是好手。'直饶你截断凡圣,极尽有无,也只是老鼠入饭瓮②,未知有向上一窍在。"

时有僧问:"如何是向上一窍?"

祚便打,云:"我早是将一块屎蓦口抹了,汝更来咬我手作么?"

---

① 宗杲曾颂此公案:"古庙里头回避得,纸钱堆畔暗嗟吁。闲神野鬼皆惊怕,只为渠侬识梵书。"(《大慧语录》卷十,《大正藏》第47册,第853页中)

② 老鼠入饭瓮:比喻执着于眼前利益,不知出身之处。

僧拟议，便趁下。

263. 普明一时散去①

清凉普明②和尚示众云："祖师心法，洞贯十方，今古恒然，法尔如是。如是之法，不假修而自就，不假得而自圆，一切现成③，名不动地④。用而非有，不用非无，妙体湛然，恒常不变，体合妙用，应备无为，映现重重无边色相，心无自性，触事全彰，不动道场，遍十方界。如斯境界，略暂回光。背觉合尘，妄为影事。此之事意，如王大路，行之即是，假使不行，亦在其路。如斯所论，犹是化门之说，若以举唱宗乘⑤，只有一时散去好。"

264. 仰山问三圣名

仰山问三圣："汝名甚么？"

三圣云："我名慧寂⑥。"

仰云："慧寂是我。"

圣云："我名慧然。"

---

① 此段语录亦见《楞严经宗通》卷六和《御选语录》卷十五。
② 清凉普明：事迹不详。
③ 一切现成：佛性本有，不待修而有，本自圆成，自然而有，所以讲现成。
④ 不动地：指菩萨修行十地中的第十地。
⑤ 举唱宗乘：阐扬禅门宗旨。
⑥ 我名慧寂：仰山问三圣什么名字，这是禅师常用的问名字法，三圣故意不答自己的名字，以免落入仰山的陷阱。

仰山呵呵大笑。

　　妙喜曰：两个藏身露影①汉，殊不顾傍观者。

265. 临济无用功处

　　临济和尚示众云：

　　道流，佛法无用功处②，只是平常无事③，著衣吃饭④，屙屎送尿，困来即卧。愚人笑我，智乃知焉。古人云：向外作工夫，总是痴顽汉。你且随处作主⑤，立处皆真⑥，一切境缘回换不得，纵有从来习气、五无间业，皆为解脱大海。

　　今时学禅者总不识法，犹如触草羊，逢着安在口里，奴郎不辨⑦，宾主不分。如是之流，邪心入道，即不得名为真出家人，正是凡俗人。

　　夫出家者，须辨得平常真正见解，辨佛辨魔，辨真辨伪，辨凡辨圣。若如是辨得，名真出家人。若魔佛不辨，正是出一家入一家，唤作造业众生，未得名为真出家人。只如今有个佛魔同体，若明眼道流，魔佛俱打。你若爱圣憎凡，生死海里浮沉未有了日。

　　时有僧问："如何是佛魔？乞垂开示。"

---

① 藏身露影：身体藏住了，但身影却显现在外，被旁人看见。比喻自以为很有见解，实际上破绽大露。
② 无用功处：表示禅的无修之修。
③ 平常无事：以平常心为道，以无事为修。
④ 著衣吃饭：对于平常的具体描述，体现了禅是生活、平常心是道的观点。
⑤ 随处作主：生活中的任何一事都可以视为修行的主要行为。
⑥ 立处皆真：从任何一处现象着手修行，都是真性的体现，都是真性自身。
⑦ 奴郎不辨：主仆不分。郎，仆人称主人为郎。

曰：你一念心疑①处是佛魔，你若达得万法无生，心如幻化，更无一尘一法，处处清净，即无佛魔。佛与众生是染净二境，约山僧见处，无佛无众生，无古无今，得者便得，不勒时节，亦无修证，无得无失，一切时中更无别法。设有一法过此，我说如梦如幻。山僧所说，只是道流见今目前孤明历历地听法者，此人处处不滞，通彻十方，三界自在，入一切差别境，不能回换，一刹那间透入法界，逢佛说佛，逢祖说祖，逢罗汉说罗汉，逢饿鬼说饿鬼，向一切处游履国土，教化众生，未曾离一念，随处清净，光透十方，万法一如。

道流，大丈夫儿今日方知本来无事，只为你信不及②，念念驰求③。舍头觅头，自不能歇。如圆顿菩萨入法界现身，向净土中厌凡忻圣④。如此之流，取舍未忘，染净心在。如禅宗见解又且不然，直是见今，更无时节。山僧说处，皆是一期药病相治⑤，总无实法。若如是见，是真出家，日消万两黄金。

道流，莫取次⑥被诸方老师印破面门，道"我解禅""解道"，辩似悬河，皆是造地狱业。若是真正学道人，不见世间过，切急要求真正见解。若达真心，悟性圆明，方始了毕。

问："如何是真正见解？乞再指示。"

---

① 一念心疑：怀疑自心的本有佛性，不信自性本来是佛。
② 信不及：不信自心佛性。
③ 驰求：向自心外求佛求解脱之道。
④ 厌凡忻圣：有分别心，厌恶凡境，喜欢圣境，而不能转凡为圣。
⑤ 药病相治：以药治病，如果无病，此药也无。
⑥ 取次：依次，随随便便。

曰：你但一切入凡入圣，入染入净，入诸佛国土，入弥勒楼阁①，入毗卢遮那②世界，处处皆现国土成住坏空③，佛出于世，转大法轮，入无余涅槃④，不见有去来相貌，求其生死，了不可得。便入无生法界，处处游履国土，入华藏世界⑤，尽见诸法全真，皆是实法，唯有听法无依道人⑥，是诸佛之母。所以佛从无依生，若悟无依，佛亦无得。若如是见得，是真正见解。学人不了，执为名句⑦，被佗凡圣名碍，所以障其道眼，不得分明。只如十二分教皆是表显之说，学者不会，便向表显名句上生解，皆是依倚，落在因果，未免三界生死。你欲得生死去住自由，即今识取听法底人⑧，无形无相，无根无本，无住处，活鱍鱍地，应是万般施设用处，只是无处所⑨，觅著转远，求之转乖，号为秘密。

道流，你莫认个梦幻伴子，迟晚中间便归无常⑩。你向此世界中觅甚么物作解脱？觅取一口饭吃，补毳过时。且要访寻善知识，莫因循逐乐，虚生浪死。光阴可惜，念念无常，粗则被地、

---

① 弥勒楼阁：弥勒境界，有两层境界，上生至兜率天的净土境界，下生至人间的化导众生的世界。
② 毗卢遮那：又作毗卢舍那，简称毗卢，佛的三身之法身佛。
③ 成住坏空：一切现象体现的四个阶段，即产生、存在、衰落、空无。
④ 无余涅槃：没有了烦恼，同时也没有了痛苦所依身体的涅槃境界。
⑤ 华藏世界：莲华藏世界的简称，释迦如来真身毗卢舍那佛的净土世界。
⑥ 无依道人：没有执着有修道之人。无依，即无依着，无执着。
⑦ "名"，原本作"明"，依《临济语录》和《续藏》等改。此四字，《临济语录》等资料都作"为执名句"。
⑧ 识取听法底人：认识自己的本来面目。
⑨ 所：《临济语录》和《续藏》本等作"所以"，但《指月录》本与《嘉兴藏》本同，今依之。《指月录》本还在此特意加注，"《语录》'所'字下，有'以'字"。
⑩ 无常：指死亡。

水、火、风,细则被生、住、异、灭四大、四相所逼,无有了期。

道流,今时且要识取四种无相境,免被境缘摆扑。

问:"如何是四种无相境?"

师曰:你一念心爱①,被水溺;你一念心嗔,被火烧;你一念心疑,被地碍;你一念心喜,被风飘。若能如是辨得,不被境转,处处用境,东涌西没②,南涌北没,中涌边没,边涌中没,履水如地,履地如水。缘何如此?为达四大如梦如幻故。

道流,你只今听法者不是你四大,能用你四大。若如是见得,便乃去住自由。约山僧见处,没嫌底法。你若憎凡爱圣,被圣凡境缚。有一般学人向五台山③求文殊现,早错了也,五台山无文殊,你欲识文殊么?只你目前用处④,始终不异,处处不碍,此个是活文殊。你一念心无差别光,处处总是普贤。你一念心能自在,随处解脱。此是观音三昧法,互为主伴,显即一时显,隐即一时隐,一即三⑤,三即一。如是解得,方始好看教。

---

① 爱:贪爱。
② 东涌西没:本是佛教对六种震动的描述,"六种震动,所谓东涌西没、西涌东没、南涌北没、北涌南没、边涌中没、中涌边没"(《佛本行集经》卷七,《大正藏》第3册,第683页上)。禅宗用以比喻悟道者的自由的境界。
③ 五台山:中国佛教认为是文殊菩萨的道场。
④ 目前用处:众生自己就是文殊。文殊代表智慧,众生自心就本有智慧。
⑤ 一即三:每一个众生都是活文殊、普贤和观音。

266. 云门一乘里外

云门曰①:"十方国土中,唯有一乘法②。且道,自己在一乘法里?一乘法外?"自代云:"入。"

妙喜曰:特地一场愁。

267. 白云悟后遇人

白云端和尚示众云③:

"佛身充满于法界,普现一切群生前。随缘赴感靡不周,而常处此菩提座④。"大众,作么生说个"随缘赴感"底道理?只于一弹指间,尽大地含生根机,一时应得周足,而未尝动着一毫头,便且唤作"随缘赴感"而"常处此座"。只如山僧此者受法华⑤请,相次与大众相别去,宿松县里开堂了,方归院去,且道还离此座也无?若道离,则世谛流布。若道不离,作么生见得个不离底事?莫是"无边刹境,自佗不隔于毫端;十世古今,始终不离于当念⑥"么?又莫是"一切无心,一时自遍"么?若恁

---

① 此段原本不分段,直接接在上一句临济语之后。但是《云门语录》中此段和临济的话毫无关系,并不是评论临济语句的内容。《续藏》本在此明确分段,今从之。
② 一乘法:相对于三乘法而言,指一佛乘,或佛乘。三乘即声闻乘、缘觉乘、菩萨乘。
③ 此出自《白云语录》中的《舒州法华山证道禅院语录》。
④ 此四句出自《华严经》卷六《华严现相品》,常为禅家引用。
⑤ 法华:舒州法华山证道禅院。
⑥ 此四句是白云守端的老师杨岐方会所说。见《杨岐方会禅师后录》。

么,正是掉棒打月①。到遮里,直须悟始得,悟后更须遇人始得。你道,既悟了便休,又何必更须遇人?若悟了遇人②底,当垂手方便之时,著著自有出身之路,不瞎却学者眼。若只悟得个干萝卜头底,不唯瞎却学者眼,兼自己动,便先是犯锋伤手③。

你看我杨岐先师问慈明师翁④道:"'幽鸟语喃喃,辞云入乱峰'时如何?"答云:"我行荒草里,汝又入深村。"进云:"官不容针,更借一问。"师翁便喝,进云:"好喝。"师翁又喝,先师亦喝,师翁乃连喝两喝,先师遂礼拜。

大众,须知悟了遇人者,向十字街头⑤与人相逢,却在千峰顶上⑥握手。向千峰顶上相逢,却在十字街头握手⑦。所以山僧尝有颂云:"佗人住处我不住,佗人行处我不行。不是与人难共住,大都缁素要分明。"

山僧此者临行解开布袋头,一时撒在诸人面前了也,有眼底莫错怪好,珍重!

268. 大沩不历阶梯

大沩真如和尚示众云:"古佛道:'昔于波罗奈,转四谛法

---

① 掉棒打月:拿起棍棒打月亮,比喻荒唐的、没有效果的行为。
② 悟了遇人:悟了还须遇到明师印证,悟了还须利他悟人。
③ 犯锋伤手:触犯刀锋,割伤了手,比喻不悟之人,不得自在。
④ 慈明师翁:慈明(石霜楚圆)禅师是白云守端之师杨岐方会的老师,故白云称其为师翁。
⑤ 十字街头:人多之处,也是四面都有出路之处,也比喻尘世间,事法界。
⑥ 千峰顶上:与十字街头相对,比喻出世间的境界,理法界。
⑦ 此处体现了理事圆融的境界,既能将事提升为理,又能将理化现在事中。也是禅和生活的交融境界,既将世人生活提升到禅的境界,又将禅落实在世人生活之中。

轮,堕坑落壍;今复转最妙,无上大法轮,土上加泥①。'如今还有不历阶梯②、独超方外者么?"良久,云:"出头天外看,谁是个中人?"

僧问:"'大通智胜佛,十劫坐道场③。'为甚么不得成佛道?"

曰:"苦杀人。"

问:"牛头未见四祖时如何?"

曰:"寒毛卓竖。"

云:"见后如何④?"

曰:"额头汗出。"

269. 黄龙自利利佗

黄龙南和尚示众云:"时人住处我不住,时人行处我不行。于此了然明的旨,须会全身入火坑。"以拂子画一画,云:"臭烟蓬勃,红焰炽然,眼未明者,总在里许。从上古圣,无非入生死坑中,向无明火里提拔有情,汝等诸人且如何入?若人入得,可谓在火不烧,在水不溺。若人不得,非唯不能自利,亦乃不能利

---

① 此六句出自《法华经》卷二《譬喻品》。"堕坑落壍"和"土上加泥"是某禅师对其的禅解。
② 不历阶梯:不经历渐次的阶段,直接达到超越境界。
③ 大通智胜佛,十劫坐道场:出自《法华经》卷三《化城喻品》,此品讲述了大通智胜佛的故事。
④ 这是一组禅门常用的问句,以牛头法融和四祖道信相见的故事为内容而设问。

佗。既不能自利利佗①,圆顶方袍,殊无利益。"良久,召大众,大众举头,乃云:"牛头出,马头回。"

270. 唐明答二居士

杨侍郎②、李驸马③与唐明嵩和尚问答。

问:"弥陀④演化于西方,达磨传心于东土。胡来汉现,水到渠成。五岳镇静以峥嵘,百谷朝宗而浩渺。一灵之性,托境现形。三有⑤之中,凭何立命?"

嵩云:"仙人无妇,玉女无夫。"

杨云:"尼剃头,不复生子。"

嵩云:"陕府铁牛能哮吼⑥,嘉州大像念摩诃⑦。"

李云:"侧跳上山巅。"

嵩云:"骑牛不著靴⑧。"

广慧琏云:"进象倒戈。"

汾阳昭云:"端身裂面破。"

妙喜曰:月下看弄雪师子⑨。

---

① 自利利佗:大乘佛教的基本精神。自利,指自己成就解脱利益;利佗,即利他,以大慈大悲精神利益大众。
② 杨侍郎:杨亿(974~1020),字大年,官至工部侍郎,著名佛教居士,有很高的佛教修养。
③ 李驸马:李遵勖(988~1038),字公武,著名佛教居士,曾编撰《天圣广灯录》。
④ 弥陀:阿弥陀佛,意为无量寿、无量光,弘法的世界在西方净土世界。
⑤ 三有:三界(欲界、色界和无色界)生死之有。
⑥ 陕府铁牛能哮吼:奇特语的一种格式,铁牛怎么能够吼叫?
⑦ 嘉州大像念摩诃:奇特语,乐山的石头大佛怎么能够念经?摩诃,梵文音译,意为大。
⑧ 骑牛不著靴:亦作"骑驴不著靴",见第145则注。
⑨ 月下看弄雪师子:比喻作谐混融的境界。月光银色,狮子雪白,两相交融无碍。

问："玄沙不出岭①，保寿不渡河②。善财③参知识五十三员，慧远④结黑白⑤一十八士，雪峰三度上投子⑥，智者⑦九旬讲《法华》，遮六个汉为复野干鸣？为复师子吼？速道！速道！"

嵩云："水急鱼行涩，峰高鸟不栖。"

杨云："泗州大圣。"

嵩云："土上加泥⑧更一重。"

李云："舌上覆金钱。"

嵩云："半夜歌⑨乐动，谁人得知音？"

广慧琏云："歌谣满路人皆望。"

汾阳昭云："看壁画人笑。"

妙喜曰：野干鸣，师子吼。

---

① 玄沙不出岭：指禅求不需向外行脚驰求。玄沙，指玄沙师备禅师。
② 保寿不渡河：不外出行脚求禅求法。保寿，即宝寿沼禅师，唐代临济宗禅僧，临济义玄禅师法嗣。他领会临济要旨之后，更不他游，"世谓宝寿不渡河，即师也"。（《祖庭事苑》卷七）
③ 善财：善财童子，他曾经历五十三参，参访诸方大善知识。
④ 慧远：庐山慧远禅师（334~416），俗姓贾，道安法师法嗣。他曾结莲社，往生西方净土，为净土宗的祖师之一。
⑤ 黑白：又称缁素，缁是紫黑色，素是白色，中国僧人多穿紫黑色衣，印度俗人多穿白色衣。黑代表佛教徒，白代表在家众。故指僧俗。
⑥ 雪峰三度上投子：此例是讲开悟之前行脚的例子。"雪峰九度上洞山，三度上投子，遂嗣德山。"（《人天宝鉴》）雪峰义存在开悟之前，三次拜访投子大同，后来才在德山宣鉴门下开悟。
⑦ 智者：智颛，天台宗实际创始人。传说他在瓦官寺讲《妙法莲华经》时，一个"妙"字就讲了九旬。
⑧ 土上加泥：比喻迷执之上更加迷执。
⑨ 歌：原本作"欸"，不通，今依《续藏》本等改。

问:"风穴提印①,南院传衣②。昭公演化于西河③,嵩师④领徒于并垒。南宗之旨,北土⑤大兴,且道二师⑥承谁恩力?"

嵩云:"不入莲池浴,懒向雪山游。"

杨云:"清凉山⑦里万菩萨。"

嵩云:"维摩会中诸圣集⑧。"

李云:"背负干薪遭野火。"

嵩云:"口是祸门⑨。"

广慧琏云:"藏头白,海头黑⑩。"

汾阳昭云:"告天手捺地,嘘嘘。"

  妙喜曰:狮狲骑鳖背。

问:"忉利⑪透日月之上,四禅⑫无风火之灾,三交⑬驾铁牛

---

① 风穴提印:风穴延沼禅师提祖师心印。
② 传衣:传授衣钵。南院慧颙的衣钵传承者是风穴延沼。
③ 西河:汾州(今属山西汾阳)西河郡,汾阳善昭禅师在此弘法。
④ 嵩师:即三交智嵩,又称唐明嵩禅师,弘法道场在并州(今山西太原、大同一带)承天院。
⑤ 北土:汾阳善昭传法的汾州和三交智嵩传法的并州都是在山西,属于北方。
⑥ 二师:汾阳善昭和三交智嵩。
⑦ 清凉山:五台山的别名。
⑧ 维摩会中诸圣集:以文殊菩萨为首的一批菩萨探望示疾的维摩诘居士,讨论不二法门,共有三十二位菩萨表达观点,所以称"诸圣集"。
⑨ 口是祸门:表示不可说。
⑩ 藏头白,海头黑:语出马祖道一。藏,即西堂智藏。海,即百丈怀海。有僧人问道一:如何是祖师西来意?道一说:我今天没有心情,你去问西堂智藏。智藏说:我今天头痛,你去问我的师兄怀海。怀海则说:到我这里我可不会。道一对这两位弟子的回答做出了这样的评价。
⑪ 忉利:忉利天,欲界的第四天。
⑫ 四禅:色界的四禅天。
⑬ 三交:三交智嵩禅师。

之车,临汝①握全提之印②,猕猴有一面古镜,狸奴有万里神光,直下承当③是何人也?"

嵩云:"朝看东南,暮看西北④。"

杨云:"狸奴白牯却知有⑤。"

嵩云:"淹杀冢头蒿。"

李云:"月里煮油铛⑥。"

嵩云:"石人腰带。"

广慧琏云:"陈蒲鞋⑦,周金刚⑧。"

汾阳昭云:"直裰又逢胡钉铰⑨。"

妙喜曰:小出大遇⑩。

问:"一切诸佛尽在里许⑪,动即丧身失命,觑着两头俱瞎,拟议之时,千山万水,直下会得,也是炭库⑫里坐地。有不惜眉

---

① 临汝:地名,今河南汝州市。此处当指汾阳善昭禅师。"三交嵩和尚在汾阳会中,看楚王城畔汝水东流。"(《续古尊宿语要》卷六)临汝因临近汝水而得名,杨亿的《汾阳禅师语录序》中有"师既投针临汝"一语,谈到了汾阳和临汝的关系。
② 全提之印:完全揭示禅的本质的禅师心印。
③ 直下承当:当下开悟。承当,领受禅法。
④ 朝看东南,暮看西北:这引用了民间看天气的谚语。
⑤ 狸奴白牯却知有:禅林常用语,接在"三世诸佛不知有"之后的一句。
⑥ 油铛:盛有沸油的锅。
⑦ 陈蒲鞋:睦州陈尊宿,名道明,织蒲鞋以养母,故名。见《五灯会元》卷四、《释氏稽古略》卷三等。
⑧ 周金刚:指德山宣鉴,俗姓周,长于《金刚经》,故称。见《祖庭事苑》卷七。
⑨ 直裰又逢胡钉铰:直裰,偏衫与裙子褶合而成的僧服。胡钉铰,胡钉铰以钉铰为业,自然善于缝直裰。
⑩ 小出大遇:小的付出,遭遇大的收获,小往而大来。
⑪ 在此句之前,原本有一个"尾"字,但《联灯会要》卷十三《侍郎杨公亿》和《指月录》卷十三《三交智嵩禅师》等,有这个尾字,是放在圆圈中的,作尾,《续藏》依此。这个圆圈中的字也许是说明性的,《古尊宿语录》卷十《并州承天嵩禅师语录》就没有这个字符,今从之。
⑫ 炭库:黑暗之库,比喻陷入无明黑暗之中。

毛者，通个消息来。"

嵩云："百杂碎。"

杨云："平生不妄语。"

嵩云："也要道过。"

李云："出穴兔遭罥①。"

嵩云："东西无滞碍，南北得自由。"

广慧琏云："振锡下泥犁。"

汾阳昭云："穿山透石壁，鼻孔血淋淋。"

妙喜曰：自作自受。

271. 悟新不进不退

黄龙新和尚示众②云："空谷传响③，时时闻于未闻。色里胶清④，处处见而无见。见既无见，闻所未闻，唤作无尽藏⑤三昧门，无尽藏神通门，无尽藏智慧门，无尽藏解脱门。若能如是知见，如是信解⑥，如是修证，如是悟入，我说是人达佛心宗，入佛知见⑦。既是入佛知见，为是能见见⑧？为是所见见⑨？若是所

---

① 罥：音juàn，捕取鸟兽的网。
② 此段为黄龙悟新禅师住翠岩广化寺法语。
③ 空谷传响：空荡的山谷中传播的声音，很久才能消失。
④ 色里胶清：经常在"水中盐味"一句后使用，表示色中无色，无色中色。胶青是色泽纯净、透明的胶质物。"胶清"，原本作"呈真"，《黄龙死心新禅师语录》和《续藏》本均作"胶清"，今从之。
⑤ 无尽藏：含藏无穷无尽的功德。
⑥ 信解：信仰并理解。
⑦ 佛知见：佛的智慧。
⑧ 能见见：依认识的主体而产生的认识或智慧。能，与"所"相对，认识的主体。
⑨ 所见见：依认识的对象而产生的认识或智慧。所，与"能"相对，认识的客体。

见见,且以何为能?若是能见见,且以何为所?若作'能所二见俱非佛乘',作么生是佛乘?是以如来非智,巧智者必以如来为宗。祖师非妙,得妙者必以祖师为旨。宗旨既分,清浊自明。既明清浊,体用双全。既全体用,得大自在。既得自在,灵峰宝剑①常露现前,亦能杀人,亦能活人。拟欲进前,丧身失命。拟欲退后,辜负当人。且道不进不退一句作么生道?"良久,云:"涧松千载鹤来聚,月中丹桂凤凰栖。"

272. 菩萨如是而住

障蔽魔王②领诸眷属一千年随金刚齐菩萨,觅起处③不得,忽因一日得见,乃问云:"汝当依何住?我一千年觅汝起处不得。"菩萨云:"我不依有住而住,不依无住而住,如是而住。"

法眼云:"障蔽魔王不见金刚齐即从,只如金刚齐还见障蔽魔王么?"

妙喜曰:既觅起处不得,一千年随从底是甚么?金刚齐云:"我不依有住而住,不依无住而住。"如是而住,互相热谩④。法眼道:"障蔽魔王不见金刚齐即且从,只如金刚齐还见障蔽魔王么?"

怎么批判也是看孔著楔⑤,即今莫有知得妙喜起处底么?

---

① 灵峰宝剑:比喻智慧如剑之锋利,斩断一切烦恼。
② 障蔽魔王:禅门所说的西天东土应化圣贤之一。
③ 起处:居处,住处。
④ 热谩:欺骗,蒙骗。
⑤ 看孔著楔:根据孔眼大小而做楔子,比如量体裁衣,因病与药。

随后咄云:"寐语作么?"

273. 襄州冬行春令

襄州广德周和尚①示众云:"适来钟鼓未鸣时,诸上座便合知时,何用上来握节当胸?实为沉屈诸上座。既然如是,撒沙向诸人眼里去也,三世诸佛在诸上座鼻孔上转大法轮,看看。"良久,云:"冬行春令。"②

274. 太子谈汾阳禅

僧问汾州太子一和尚③:"如何是汾阳境④?"

曰:"贺鲁山头云雾暖,西河水急灌沧溟。"

"如何是境中人?"

曰:"郡尊行正令,切忌犯威风。"

"如何是学人亲切处⑤?"

曰:"端坐念实相⑥。"

"如何是转身处⑦?"

---

① 广德周和尚:曹洞宗禅僧,广德延禅师法嗣。第496则为其法语。
② 此段法语并非广德周禅师所说,而是襄州石门了同禅师所说。石门了同,宋代临济宗禅僧,谷隐蕴聪禅师法嗣。见《联灯会要》卷十三。
③ 太子一和尚:太子院一禅师,宋代临济宗禅僧,汾阳善昭禅师法嗣,善昭也曾住太子院。
④ 汾阳境:汾阳善昭禅师的禅境。此句一般是问境和境中人的组合问题。
⑤ 如何是学人亲切处:汾阳三句之一。
⑥ 太子院一对这一问的回答,有的禅典记为"慈母抱婴儿"。见《天圣广灯录》卷十七。
⑦ 如何是转身处:汾阳三句之一。

曰："街头巷尾。"

"如何是著力处①？"

曰："千斤担子两头摇。"

僧云："三句已蒙师指示，未审向上还有事也无？"

曰："有。"

云："如何是向上事②？"

师便打。

问："一曲无音韵，如何和得齐？"

曰："三九二十七，篱头吹觱栗③。"

僧云："宫商角徵④非关妙，石人抚掌笑呵呵。"

曰："同道方知。"

275. 慧果从上来事

僧问唐州大乘果和尚⑤："如何是从上来传底事⑥？"

曰："金盘托⑦出众人看。"

"如何是祖师西来意？"

曰："天晴日出。"

---

① 如何是著力处：汾阳三句之一。
② 向上事：解脱之大事，明心见性之事，百尺竿头更进一步之事。
③ 觱栗：音 bì lì，古代的一种管乐器，形似喇叭，以芦苇做嘴，以竹做管，吹出的声音悲凄。
④ 宫商角徵：即宫商角（jué）徵（zhǐ）羽，中国古代五声音阶的名称，相当于简谱中的 1、2、3、5、6。
⑤ 大乘果和尚：唐州大乘山慧果禅师，宋代临济宗禅僧，叶县归省禅师法嗣。
⑥ 事：一本作"意"字（据《天圣广灯录》卷十七《慧果禅师》）。
⑦ 托：一本作"拓"字（据《天圣广灯录》卷十七《慧果禅师》《续传灯录》卷三）。

僧云:"不会。"

曰:"雨下泥生。"

276. 大愚不拈不放

大愚芝和尚示众云:"竖穷三际①,横遍十方②,拈起也帝释心惊,放下也地神胆战。不拈不放,唤作甚么?"自云:"虾蟆。"

又示众云:"三世诸佛不知有,狸奴白牯却知有。"乃拈起拂子,云:"狸奴白牯总在遮里放光动地,何为如此?两段不同。"

妙喜曰:大愚若无后语,洎合被狸奴白牯换却眼睛。虽然如是,也未免秤锤蘸醋③。

277. 芭蕉出身之路

芭蕉和尚④示众云:"如人行次,忽遇前面万丈深坑,背后野火来逼,两畔荆棘丛林。若也向前,则堕坑落堑。若也退后,则野火烧身。若转侧,则被荆棘林碍。当与么时⑤,作么生免得?若也免得,合有出身之路。若免不得,堕身死汉。"

---

① 竖穷三际:纵向看,穷通三世。这是时间角度的讨论。三际即过去、现在和未来三世。
② 横遍十方:横向看,遍及十方。这是空间角度的讨论。十方,即东、西、南、北、东南、西南、东北、西北、上、下。
③ 秤锤蘸醋:秤锤即使蘸了醋,也无法吃。此类语言表示一种否定。
④ 芭蕉和尚:郢州芭蕉山慧清禅师,新罗人,沩仰宗禅僧,南塔光涌禅师法嗣,仰山慧寂再传弟子。
⑤ 与么时:芭蕉和尚在此设置的情境,体现了中国禅的重要特色,于无路处寻找出路,面对困难而能找出解决方法。找到解决的方法,就是有出身之路。

278. 临济粜得遮个

临济和尚问院主:"甚么处去来?"
云:"州中粜黄米①去来。"
济以拄杖画一画,云:"还粜得遮个②么?"
主便喝,济便打。
典座至,济乃举似典座。座云:"院主不会和尚意。"
济云:"你又作么生?"
座礼拜,济又打。③
黄龙南云:"院主下喝,不可放过。典座礼拜,放过不可。临济行令,归宗④放过。二十年后,有人说破。"

279. 南泉引三种动

南泉问座主:"讲得甚么经?"

---

① 粜黄米:即卖黄米,可以看出当时寺院经济的状况。黄米,黍子去壳后的米,色黄,煮熟后很黏。
② 粜得遮个:临济问院主哪里去了,不是实问具体地点,做什么去了,而是含有机锋,但院主不明,直接从实处回答,已是答错。临济想再提醒他一下,所以画了一画,问他:这个你能卖得掉吗?
③ 宗杲曾颂此公案说:"一堆红焰亘晴空,不问金输铁锡铜。入里尽教成水去,那容蚊蚋泊其中?"(《大慧语录》卷十)
④ 黄龙慧南禅师这段法语是他住归宗寺时所说(见《黄龙慧南禅师语录·迁住归宗语录》),所以此处他以归宗自称。

云:"《弥勒下生①经》。"

曰:"弥勒甚么时下生?"

云:"见②在天宫③未来。"

曰:"天上无弥勒,地下无弥勒。"

洞山举问云居④,居云:"天上无弥勒,地下无弥勒,未审谁与安名?"山被问,直得禅床震动,乃云:"膺阇梨⑤,吾在云岩⑥曾问老人⑦,直得火炉震动。今日被子问,直得通身汗流。"

明安⑧云:"如今老僧举起也,有解问者,致将一问来。"乃云:"地动也。"

> 妙喜曰:禅床动、火炉动、地动即不无,遮三个老汉要见南泉,则直待弥勒下生始得。忽有个衲僧出来道:"天上无弥勒,地下无弥勒,却教甚么人下生?"又作么生祇对?但向佗道:"老僧罪过。"

---

① 弥勒下生:弥勒是一生补处菩萨,即经过一生就可以补到佛位的菩萨,是未来佛,释迦牟尼之后的一位佛。弥勒上生于兜率天内院,经四千岁,即人间五十六亿七千万岁,将下生于人间,出家修道,成正等觉。
② 见:现。
③ 天宫:兜率天内院。
④ 云居:云居道膺禅师。
⑤ 膺阇梨:云居道膺阇梨。
⑥ 云岩:云岩昙晟禅师,洞山良价是昙晟法嗣。
⑦ 老人:禅门对得道禅师的尊称。
⑧ 明安:郢州大阳山明安警玄禅师(943~1027),俗姓张,宋代曹洞宗禅僧,梁山缘观禅师法嗣。"大阳玄云:如今老僧举起也。"(《宗门拈古汇集》卷九)

280. 雪窦无事道人

雪窦和尚举古云:"'眼里著沙不得,耳里著水不得①。'忽若有个汉信得及,把得住,不受人谩,祖佛言教是甚么热椀鸣声②?便请高挂钵囊③,拗折拄杖④,管取一员无事道人⑤。又,古人云:'眼里著得须弥山,耳里著得大海水。'一般汉受人商量,祖佛言教如龙得水,似虎靠山,却须挑起钵囊,横担拄杖,亦是一员无事道人。"复云:"'恁么也不得,不恁么也不得。'然后没交涉。三员无事道人中,要选一人为师。"

妙喜曰:三人中那个堪为走使⑥?我要唤来洗脚。雪窦恁么,妙喜不恁么,忽有个衲僧出来道:"好与一状领过⑦。"也怪佗不得。

281. 多罗付嘱达磨

二十七祖般若多罗⑧以南印度香至王所,施无价宝珠,问菩

---

① 此二句本为曹洞宗的白水本仁禅师所说。白水本仁,洞山良价禅师法嗣。
② 热椀鸣声:也作碗鸣声,比喻无意义的话语。椀,即碗。将碗放在锅中煮沸,就会发出一种相互碰撞的声音。
③ 高挂钵囊:不出去行脚,比喻以无事为修。
④ 拗折拄杖:折断拄杖,无事无修。拗,原本作"扨"字,依《明德禅师语录》卷三改。拗,折断。
⑤ 无事道人:以无事为修的禅僧。
⑥ 走使:差遣,供奔走差遣或递送文书。
⑦ 一状领过:有时和表示纸贵的说法一起用,比如"城中纸贵,一状领过",表面是说纸太贵了,把这些案子一张状纸合并处理了吧。含有否定之意,即都不怎么样。
⑧ 般若多罗:禅宗西天二十八祖之第二十七祖师。

提达磨曰:"此珠圆明,有能及此否?"

磨曰:"此是世宝,未足为上。于诸宝中,法宝为上。此是世光,未足为上。于诸光中,智光为上。此是世明,未足为上。于诸明中,心明为上。此珠光明,不能自照,要假智光,光辨于此。既辨此已,即知是珠。既知是珠,即明其宝。若明其宝,宝不自宝。若辨其珠,珠不自珠。珠不自珠者,要假智珠而辨世珠。宝不自宝者,要假智宝以明法宝。然则师有其道,其宝即现。众生有道,心宝亦然。"

尊者叹其辩慧,乃复问曰:"于诸物中,何物无相?"

曰:"于诸物中不起无相。"

又问:"于诸物中,何物最高?"

曰:"于诸物中人我最高。"

又问:"于诸物中,何物最大?"

曰:"于诸物中,法性最大。"

尊者知是法嗣,后以正法眼藏付嘱。

偈曰:心地生诸种,因事复生理。果满菩提圆,花开世界起。

> 妙喜曰:说得道理好,归依佛法僧。

282. 甄叔不言不用

杨岐甄叔①禅师示众曰:"群灵一源,假名为佛。体竭形消而

---

① 杨岐甄叔:袁州杨岐山甄叔禅师,唐代禅僧,马祖道一禅师法嗣。

不灭,金流朴散而常存。性海无风,金波自涌,心灵绝兆,万像齐照。体斯理者,不言而遍历河沙①,不用而功益玄化。如何背觉反合尘劳,于阴界②中妄自囚执?"

283. 石头问日用事

石头和尚一日问庞居士曰:"子自见老僧以来,日用事作么生?"

对曰:"若问日用事,直下③无开口处。"

头曰:"知子怎么,方始问子。"

居士乃呈偈曰:

　　日用事无别,唯吾自偶谐。
　　头头非取舍,处处勿张乖。
　　朱紫谁为号,丘山绝点埃。
　　神通并妙用,运水及般柴④。

石头然之。

---

① 河沙:《联灯会要》卷五也作"河沙",《五灯会元》作"沙界",指河沙法界。
② 阴界:三科之阴、入、界的简称,指五阴、十二入、十八界。
③ 直下:《联灯会要》卷六作"直是",《五灯会元》卷三作"即无"。直下,有"简直"之意。
④ 运水及般柴:挑水搬柴都是道,日常生活即体现禅意。般,《五灯会元》卷三作"搬"。"般"通"搬"。

284. 法华直下道取

法华举和尚示众①云："一二三四五，任君颠倒举。露柱与灯笼，何曾成佛祖？不惜眉毛者，直下②便道取。"

僧问："未审道个甚么？"

曰："子已③轻装外，瓶盂共毳袍。"

僧云："正当与么时如何？"

曰："夜禅孤月冷，晨起④片云高。"

僧拟议，[举]曰："会么？"

僧云："不会。"

举遂作颂示之云：

三十五十，何须更举？

方圆变通，去除佛祖。

佗未彰名，余不能取。

285. 鹫岭以手卓火

鹫岭远和尚⑤参长庆⑥，庆问："汝名甚么？"

---

① 这一段是法华全举开炉示众法语。
② 直下：径直实行下去。
③ 子已：原本作"子已"，《续藏》作"子已"，一本作"洁己"（见《古尊宿语录》卷二十六《法华语要》），可能"子已"更恰当。
④ 起：一本作"朝"，较当，与"夜禅"对仗。见《古尊宿语录》卷二十六《法华语要》。
⑤ 鹫岭远和尚：襄州鹫岭明远禅师，长庆慧棱禅师法嗣。
⑥ 长庆：长庆慧棱禅师。

曰:"明远。"

庆云:"那边事作么生?"

曰:"明远退两步。"

庆曰:"汝无端退两步作么?"

远无语。

长庆代云:"若不退步,争知明远?"

远乃省。

后僧问:"无一法当前,应用无亏时如何?"

远以手卓火①,其僧有省。

286. 长爪投佛出家

长爪梵志②索世尊论议,谓世尊曰:"我与世尊论义,我义若堕,我自斩首。"

世尊曰:"汝义以何为宗?"

志曰:"我以一切不受为宗。"

世尊曰:"是见受否?"

志拂袖而去,行至中路乃省,谓弟子曰:"我当回去斩首谢世尊。"

弟子曰:"人天众前幸当得胜,何以斩首?"

志曰:"我宁于有智人前斩首,不于无智人前得胜。"乃叹

---

① 卓火:"向火",即烤火。此段对答发生在烤火的时候,见《五灯全书》卷十五《鳌岭远禅师》。
② 长爪梵志:名叫长爪的一位外道。梵志,此处指外道中的出家者。

曰："我义两处负堕：是见若受，负门处粗；是见不受，负门处细。一切人天、二乘①皆不知我义堕处，唯有世尊、诸大菩萨知我义堕。"

回至世尊前，云："我义两处负堕，故当斩首谢世尊。"

佛言："我佛法中无如是事，汝当回心向道。"于是，[梵志]同五百徒众一时投佛出家，证阿罗汉②。

天衣怀和尚颂云：

是见若受破家门，是见不受共谁论？

匾担蕐折两头脱，一毛头上现乾坤。

287. 洞山万里无草

洞山③示众④云："兄弟，初秋夏末，东去西去⑤，直须向万里无寸草处去始得。"又云："只如'万里无寸草处⑥'作么生去？"⑦

后有僧举似石霜⑧，霜云："出门便是草⑨。"

妙喜曰：不见道"师子一滴乳，迸散十斛驴乳"？

---

① 二乘：声闻乘和缘觉乘。
② 阿罗汉：阿罗汉果位，声闻乘中的最高果位名，含有杀贼、无生、应供等义。杀贼是杀尽烦恼之贼，无生是解脱生死不受后有，应供是应受天上人间的供养。
③ 洞山：洞山良价禅师。
④ 此段是洞山良价解夏上堂法语。见《洞山语录》。
⑤ 依《洞山语录》，此句为"兄弟东去西去"。
⑥ 万里无寸草处：比喻没有一丝妄念执着之处，即是人们的清净佛性。草，喻杂念。
⑦ 此则公案，《从容录》称为"洞山无草"，《虚堂集》称为"洞山初秋"。
⑧ 石霜：石霜庆诸禅师。
⑨ 出门便是草：比喻一起心动念，就有妄念。也是破除对"万里无寸草处"的执着。

288. 破灶泥瓦合成

破灶堕和尚，不称名氏，言行叵测，隐居嵩岳。山坞有庙甚灵，屋下唯安一灶，远近祭祀不辍，烹杀物命甚多。师一日领侍僧入庙，以杖敲灶三下云："咄！此灶只是泥瓦合成，圣从何来？灵从何起？恁么烹杀物命？"又打三下，灶乃倾堕。师曰："破也！堕也！"

须臾，有一青衣峨冠设拜师前，师曰："汝是何人？"

曰："我本此庙灶神，久受业报①。今蒙禅师说无生法，得脱此处生天，特来致谢。"

师曰："是汝本有之性，非吾强言。"神再拜而没。

侍僧等问曰："某等久侍左右，未蒙方便指示。灶神得何径旨，便得生天？"

师曰："我只向伊道是泥瓦合成，圣从何来？灵从何起？别也无道理为伊。"

侍僧等伫思。

师曰："会么？"

曰："不会。"

师曰："本有之性为甚么不会？"

侍僧等乃礼拜。

---

① 业报：善恶之业产生的果报，因果报应。

［师］曰："破也！堕也！破也①！堕也！②"侍僧等一时省悟。

后有义丰禅师③举似安国师④，国师叹曰："此子会尽⑤物我一如⑥，可谓如朗月当空，无不见者，难究伊语脉。"

289. 临济露地白牛

临济问杏山⑦："如何是露地白牛？"

山曰："吽！吽！"

济云："哑却口那。"

山曰："老兄作么生？"

济云："遮畜生。"

山乃休。

290. 夹山未辜负汝

夹山和尚⑧，有小师随侍日久，遣令行脚，游历禅肆，后闻师聚众，道声振远，回归省觐。问曰："和尚有如是奇特事，何

---

① 原本"也"字后还有一个"也"字，衍文。
② 依《景德传灯录》卷四，此处为"堕也，堕也，破也，破也"。
③ 义丰禅师：唐代禅僧，事迹不详。
④ 安国师：嵩岳慧安国师（582~709），俗姓卫，五祖弘忍禅师法嗣。
⑤ 会尽：完全领会。
⑥ 物我一如：物我平等不二，无自无他。
⑦ 杏山：杏山鉴洪禅师，唐代青原系禅僧，云岩昙晟禅师法嗣。
⑧ 夹山和尚：夹山善会禅师（805~881），俗姓廖，唐代青原系禅僧，船子德诚禅师法嗣。

不早向某甲说?"

山曰:"汝蒸饭,我著火①,汝行益②,吾展钵,甚么处是辜负汝处③?"

小师从此悟入。

291. 智常参六祖能

常禅师④参六祖,祖问:"从甚么处来,欲求何事?"

曰:"学人近往白峰山⑤礼大通和尚⑥,蒙示见性成佛之义,未决狐疑,伏望和尚垂慈摄受。"

祖曰:"彼有何言句?汝试举似于吾,与汝证明。"

常曰:"到彼三月未蒙开示,为法切故,独入方丈礼拜,哀请问:'如何是某本心本性?'曰:'汝见虚空否?'对曰:'见。'彼曰:'汝见虚空有相貌否?'对曰:'虚空无形,有何相貌?'彼曰:'汝之本性犹如虚空,返观自性,了无一物可见,是名正见。了无一物可知,是名真知。无有青黄长短,但见本源清净,觉体圆明,即名见性成佛,亦名极乐世界,亦名如来知见。'学人虽闻此说,犹未决了,乞和尚诲示,令无凝滞。"

祖曰:"彼师所说,犹存见知,故令汝未了。吾今示汝一

---

① 汝蒸饭,我著火:比喻日常之间时时在指示心要。
② 行益:行食,益食。
③ 此处夹山自述自己随处指示心要。
④ 常禅师:信州智常禅师,唐代禅僧,六祖慧能禅师法嗣。
⑤ 白峰山:在洪州,即今江西南昌一带。
⑥ 大通和尚:与慧能同时代有此称号者,为北宗神秀禅师(606~706),其谥号为"大通",人称"大通和尚"。但神秀似乎未到过洪州白峰山。

偈。"曰：

> 不见一法存无见，大似浮云遮日面。
>
> 不知一法守空知，还如太虚生闪电。
>
> 此之知见瞥然兴，错认何曾解方便？
>
> 汝当一念自知非，自己灵光常显现。

常闻偈，心意豁然，乃述一偈，曰：

> 无端起知解，著相求菩提。
>
> 情存一念悟，宁越昔时迷？
>
> 自性觉源体，随照枉迁流。
>
> 不入祖师室，茫然趣两头。

292. 琅邪定乾坤句

琅邪觉和尚示众，拈起拄杖，云："盘山道向上一路滑，南院道壁立千仞险，临济道石火电光钝①，琅邪有定乾坤底句，各各高著眼！高著眼！"卓拄杖下座。

又示众云："句中荐得②，游子返于故乡③。意中荐得④，方解事于尊堂⑤。若然者，须是转身吐气始得。若能如是，方解百

---

① 此三句分别评价盘山宝积、南院慧颙和临济义玄的禅法之"道"、风格。"向上一路滑"，比喻禅风灵活，如同石头希迁的禅风，"石头路滑"。盘山宝积曾说"向上一路，千圣不传"。"壁立千仞险"，比喻高不可攀，无下手处。"石火电光钝"，比喻机锋迅捷。盘山，盘山宝积禅师。南院，南院慧颙禅师。临济，临济义玄禅师。
② 句中荐得：从文句、语言中领会得到的见解。禅宗对于句，还有第一句、第二句、第三句之分，强调从第一句中荐得，即从最根本处领会。
③ 返于故乡：比喻回归自心本性，而不向外驰求。
④ 意中荐得：在超越言句的意义层面领会得到的见解。比喻更为根本的见解。
⑤ 解事于尊堂：真正进入堂奥。

尺竿头进步①。句中无意,意中无句。既能如是,且作么生转身吐气?若也不会,拄杖子为汝吐气去也。"卓拄杖,下座。

293. 云门识祖师么

云门曰:"要识祖师么?"以拄杖指曰:"祖师在你头上踍跳。要识祖师眼睛么?在你脚根下。"又曰:"遮个是祭鬼神茶饭。然虽如此,鬼神也无厌足。"

妙喜曰:不见道"留惑润生②"?时有僧在傍咳嗽一声,妙喜曰:"老汉恁么道有甚么过?"僧拟议,便打。

294. 长沙草深一丈

长沙岑和尚示众曰:"我若一向举扬宗教,法堂前须草深一丈。我事不获已③,所以向汝诸人道:尽十方世界是沙门一只眼,尽十方世界是沙门全身,尽十方世界是自己光明,尽十方世界在自己光明里,尽十方世界无一人不是自己。我常向汝诸人道:三世诸佛共尽法界众生,是摩诃般若光,光未发时,汝等诸人向甚么处委悉?光未发时,尚无佛无众生消息,何处得山河国土来?"

时有僧问:"如何是沙门眼?"

---

① 百尺竿头进步:百尺竿头,更进一步。
② 留惑润生:亦称留惑受生。留惑,渐次灭惑,而未灭之惑能润业而受生。据《金刚三昧经论》卷中:"言留惑者,谓不速尽,如小乘人于三无数大劫时中渐次而断,得菩提时方灭尽故。"(《大正藏》第34册,第996页上)
③ 事不获已:比喻迫不得已,无可奈何,不得不如此。因为禅不可说,不得已为之而说。

曰:"长长出不得。"又曰:"成佛成祖出不得,六道轮回出不得。"

僧云:"未审出个甚么不得?"

曰:"昼见日,夜见星①。"

僧云:"学人不会。"

曰:"妙高山②色青又青。"

妙喜曰:熟处难忘。

295. 灵树屋没人修

灵树和尚③,僧问:"如何是和尚家风?"

曰:"千年田,八百主。"

"如何是千年田,八百主?"

曰:"郎当④屋舍没人修。"

妙喜曰:愁人莫向愁人说。

296. 香严会祖师禅

香严和尚在百丈会里,性识聪敏,参禅不得。百丈迁化后到沩山,山问:"我闻汝在百丈先师处,问一答十,问十答百,此是汝聪明灵利。意解识想,生死根本。父母未生时,试为我道一

---

① 昼见日,夜见星:白天看到的自然是太阳,晚上看到的自然是星星。
② 妙高山:须弥山。
③ 灵树和尚:灵树如敏禅师,唐代南岳系禅僧,长庆大安禅师法嗣。
④ 郎当:破败,紊乱。

句看？"

香严被沩山一问，直得茫然归寮，将平日看过底文字，从头要寻一句，可将酬对，竟不能得，乃自叹曰："画饼不可充饥。"屡上堂头①，乞沩山说破。山云："我若说似汝，汝已后骂我去。我说底是我底，终不干汝事。"

香严遂将平昔所集文字以火爇②却，曰："此生不学佛法也，且作个长行粥饭僧，免役心神。"乃泣辞沩山，直过南阳③，睹忠国师遗迹，遂憩止卓庵。

一日芟除草木，因瓦砾击竹作声，忽然省悟，遽归，沐浴焚香，遥礼沩山，赞云："和尚大悲，恩逾父母，当时若为我说破，何有今日之事？"乃有一颂云：

　　一击忘所知，更不假修持。
　　动容扬古路，不堕悄然机。
　　处处无踪迹，声色外威仪。
　　诸方达道者，咸言上上机。

沩山闻得，曰："此子彻也。"仰山侍④立次，云："此是心机意识著述得成，待慧寂亲自勘过。"

仰山后见香严，曰："和尚赞叹师兄发明大事，你试说看？"严乃举前颂。仰云："此是夙习记持而成，若有正悟发明，别更说看？"严又成颂，云：

　　去年贫，未是贫；今年贫，始是贫。

---

① 堂头：方丈室。
② 爇：烧。
③ 南阳：慧忠国师驻锡之地。
④ 侍：原本作"待"，依《续藏》本改。

去年贫,犹有卓锥之地;今年贫,锥也无。

仰云:"如来禅许师兄会,祖师禅未梦见在。"严复有一颂,云:

我有一机,瞬目视伊。

若人不会,别唤沙弥。

仰山乃报沩山,云:"且喜香严师兄会祖师禅也。"

妙喜曰:沩山晚年好则剧①,教得遮一棚肉傀儡,直是可爱。且作么生是可爱处?面面相看手脚动,争知语话在佗人?

297. 俱胝只竖一指②

俱胝和尚③住庵时,有一尼戴笠子直来,绕禅床一匝,云:"道得即放下笠子。"俱胝无对,尼拂袖便行。

俱胝云:"何不且住?"

尼云:"道得即住。"

俱胝又无对。尼去后,自叹云:"我虽是丈夫汉,而无丈夫志气。"拟弃庵往诸方参寻,其夜山神告曰:"不须下山,将有肉身大士来为和尚说法也。"果旬日,天龙和尚到庵,俱胝乃迎礼,具陈前事。天龙竖一指而示之,俱胝当下大悟,后凡有问,只竖一指。

---

① 则剧:嬉戏作乐。
② 此则公案,收入《碧岩录》第十九则,《从容录》称为"俱胝一指",《无门关》和《禅苑蒙求瑶林》称为"俱胝竖指"。
③ 俱胝和尚:金华俱胝禅师,天龙和尚法嗣。

有一供过①童子，每见人问佗事，也竖指祇对。有人谓俱胝曰："和尚，遮童子也不可得，亦会佛法。凡有人问佗，皆如和尚竖指。"

俱胝闻得，一日潜将刀子放在袖中，唤童子："近前来，闻你也会佛法，是否？"

云："是。"

俱胝曰："如何是佛？"

童子便竖起指头，被俱胝一刀斫断。童子叫唤走出，俱胝遂唤童子："且来。"童子回头。

俱胝曰："如何是佛？"童子不觉将起手，不见指头，忽然大悟。

俱胝每云："我得天龙一指头禅，一生用不尽。"

琅邪觉和尚颂云："俱胝一指报君知，朝生鹞子搏天飞。若无举鼎拔山力，千里乌骓不易骑。"

298. 三角眨眼蹉过

三角和尚②示众云："若论此事，眨上眉毛③，早是蹉过了也。"

时麻谷④出问："眨上眉毛即不问，如何是此事？"

---

① 供过：负责饭羹茶果等事。
② 三角和尚：三角山总印禅师，唐代南岳系禅僧，马祖道一禅师法嗣。
③ 眨上眉毛：思索时的样子，比喻有所犹豫。眨，原本和《续藏》本作"贬"，误。
④ 麻谷：麻谷宝彻禅师，唐代南岳系禅僧，马祖道一禅师法嗣。

曰："蹉过也。"

谷乃掀倒禅床，三角便打。

长庆代云："悄然。"

妙喜曰：蹉过麻谷也不知。

299. 智门实到这里

智门祚和尚示众云："三两日来好春雨，可谓霶霈。凡夫①见水是水，诸天见水是琉璃，鱼龙见水是窟宅②，饿鬼见水是火③，你衲僧家唤作甚么？若唤作水，又同凡夫见。若唤作琉璃，又同诸天见。若唤作窟宅，又同鱼龙见。若唤作火，又同饿鬼见。是你寻常，还作么生？所以道，若是得底人，道火不烧口，道水不溺身。你每日吃饭还少得一粒么？又，古人云：终日著衣吃饭，未尝咬著一粒米，未尝挂著一缕丝④。虽然如此。又须实到遮里始得。若未到遮田地，且莫掠虚。"

僧问："一切智智⑤清净，还有地狱也无？"

曰："阎⑥罗不是鬼做。"

问："如何是佛？"

曰："蹋破草鞋赤脚走。"

---

① 凡夫：此处列举了人、天、畜生（鱼龙）和饿鬼四种境界层次。
② 见水是窟宅：鱼龙以水为居处。
③ 见水是火：饿鬼喝水不解渴。
④ 这一段结合了云门文偃的话，光祚为文偃再传弟子。"虽然如此，若是得底人，道火不能烧口。终日说事，未尝挂著唇齿，未曾道著一字，终日著衣吃饭，未曾触著一粒米，挂一缕丝。"（《云门匡真禅师广录》卷上，《大正藏》第47册，第546页上）
⑤ 一切智：一切智中最殊胜之智，能够尽知一切的智慧。
⑥ 阎：原本作"門"，误，今依《续藏》本改。

云:"如何是佛向上事?"
曰:"拄杖头上挑日月。"
问:"莲花未出水时如何?"
曰:"莲花。"
云:"出水后如何?"
曰:"荷叶。"

300. 首山要得亲切

首山念和尚示众云:"要得亲切,第一莫将问来问,还会么?问在答处,答在问处。你若将问来问,老僧在你脚底。你若拟议,则没交涉。"

时有僧出礼拜,山便打。

僧问:"挂锡幽岩时如何?"

曰:"错。"

僧云:"错。"

山便打。

301. 子祥此两般人

白云祥和尚①示众云:"诸人会么?但向街头市尾、屠儿魁侩②、地狱镬汤处会取,若恁么会,堪与人天为师为匠。若向衲

---

① 白云祥和尚:白云子祥禅师,云门宗禅僧,云门文偃禅师法嗣。
② 魁侩:大市侩。市侩,原指买卖的中间人。

僧门下，天地悬殊。更有一般底，只向长连床上作好人去。汝道此两般人，那个有长处？"

302. 鲁祖僧来面壁

鲁祖寻常见僧来便面壁①，南泉闻云："我寻常向师僧道：[问]佛未出世时会取，尚不得一个半个，佗怎么，驴年去。"

保福问长庆②："只如鲁祖节文③在甚处？被南泉怎么道？"

庆云："退己让人，万中无一。"

妙喜曰：鲁祖不得南泉，几乎觑破壁。

303. 洛浦夹山卓庵

洛浦游历罢，直往夹山④，按⑤山顶上，卓庵经年。夹山⑥知，乃修书令僧驰往。浦接得便坐却，再展手索。僧无对，浦便打，云："归去举似和尚。"

僧回举似夹山，山云："遮僧看书，三日内必来。若不看书，斯人救不得。"夹山却令人伺其出庵，便与烧其居。

果三日后，出庵来，人谓曰："庵中火起。"浦亦不顾，直到夹山，见夹山不礼拜，乃当面叉手而立。

---

① 面壁：面向墙壁，也指坐禅，如达摩面壁。
② 长庆：长庆慧棱禅师。
③ 节文：原有礼节、仪式、制定礼仪等意，此处似有不当之处之意。
④ 夹山：山名，在今湖南省石门县南。善会禅师的道场。
⑤ 按：巡察、选择。
⑥ 夹山：此指善会禅师。

山云:"鸡栖凤巢,非其同类。出去!"

浦曰:"自远趋风,请师一接。"

山云:"目前无阇梨,此间无老僧。"

浦便喝。

山云:"住!住!且莫草草忽忽①。云月是同,溪山各异,截断天下人舌头即不无,阇梨争教无舌人解语?"

浦伫思,山便打。

兴化云:"但知作佛,愁甚么众生?"

304. 慧忠无情佛性

忠国师问禅客:"从何方来?"

曰:"南方来。"

师曰:"南方有何知识?"

曰:"知识颇多。"

师曰:"如何示人?"

曰:"彼方知识直下示学人,即心是佛,佛是觉义。汝今悉具见闻觉知之性,此性善能扬眉瞬目,去来运用,遍于身中,挃头头知,挃脚脚知,故名正遍知②。离此之外,更无别佛。此身即有生灭心性,无始以来未曾生灭。身生灭者如龙换骨,蛇脱皮,人出故宅。即身是无常,其性常也。南方所说大约如此。"

师曰:"若然者,与彼先尼外道无有差别。彼云:我此身中

---

① 草草忽忽:不认真、不慎重对待。
② 正遍知:具一切智,于一切法无不了知,也称正等觉。

有一神性，此性能知痛痒，身坏之时神则出去，如舍被烧，舍主出去，舍即无常，舍主常矣。审如此者，邪正莫辨。孰为是乎？吾比游方，多见此色，近尤盛矣，聚却三五百众，目视云汉①，云是南方宗旨，把佗《坛经》改换②，添糅鄙谭，削除圣意，惑乱后徒，岂成言教？苦哉！吾宗丧矣！若以见闻觉知是佛性者，《净名》③不应云'法离见闻觉知，若行见闻觉知，是则见闻觉知，非求法也'。"

僧又问："《法华》了义，开佛知见④，此复若为？"

师曰："佗云开佛知见，尚不言菩萨、二乘，岂以众生痴倒便同佛之知见邪？"

僧又问："阿那个是佛心？"

师曰："墙壁瓦砾是。"

僧曰："与经大相违也。《涅槃》云：离墙壁无情之物故名佛性⑤。今云是佛心，未审心之与性为别不别？"

师曰："迷即别，悟即不别。"

曰："经云：佛性是常，心是无常⑥。今云不别，何也？"

师曰："汝但依语而不依义⑦。譬如寒月，水结为冰，及至暖

---

① 目视云汉：眼睛看着天上，比喻傲视他人，目空一切。
② 这是批评禅界对慧能《坛经》的修正，这些修正或反修正形成了不同的《坛经》本子。
③ 《净名》：即《维摩诘经》。
④ 开佛知见：《法华经》开示悟入佛的智慧。
⑤ 语出《大涅槃经》卷三十七："非佛性者，所谓一切墙壁瓦石无情之物。离如是等无情之物，是名佛性"。
⑥ 语出《大涅槃经》卷二十八："心是无常，佛性常故。"
⑦ 依语而不依义：违反了四依法中"依义而不依语"的原则。佛法的实义如同明月，一切言语如同指示月之所在的手指之指，不可见指（语）不见月（义），要因指而见月，由言语而开悟实相之理。

时，冰释为水。众生迷时，结性成心。众生悟时，释心成性。若执无情无佛性①者，经不应言'三界唯心'。宛②是汝自违经，吾不违也。"

问："无情既有心性，还解说法否？"

师曰："佗炽然常说，无有间歇③。"

曰："某甲为甚么不闻？"

师曰："汝自不闻。"

曰："谁人得闻？"

师曰："诸圣得闻。"

曰："众生应无分邪？"

师曰："我为众生说，不为诸圣说。"

曰："某甲聋瞽，不闻无情说法，师应合闻。"

师曰："我亦不闻。"

曰："师既不闻，争知无情解说法？"

师曰："赖④我不闻，我若得闻，汝即不闻我说法。"

曰："众生毕竟得闻否？"

师曰："众生若闻，即非众生。"

曰："无情说法有何典据？"

师曰："不见《华严》云'刹说、众生说、三世一切说⑤'？众生是有情乎？"

---

① 无情无佛性：与无情有佛性相对，无情之物没有本来之佛性。
② 宛：好像。
③ 此二句体现了慧忠的无情说法观点。
④ 赖：幸而，幸亏。
⑤ 语出《华严经》卷三十三《普贤行愿品》。

曰:"师但说无情有佛性,有情复若为①?"

师曰:"无情尚尔,况有情邪?"

曰:"若然者,南方知识云见闻觉知是佛性,应不合判同外道。"

师曰:"不道佗无佛性,外道岂无佛性邪?但缘见错,于一法中而生二见,故非也。"

曰:"若俱有佛性,且杀有情,即结业互酬,损害无情,不闻有报?"

师曰:"有情是正报,计我、我所而怀结恨,即有罪报。无情是其依报,无结恨心,是以不言有报。"

曰:"教中但见有情作佛,不见无情受记②。且贤劫千佛③孰是无情佛邪?"

师曰:"如皇太子未受位时唯一身尔,受位之后,国土尽属于王,宁有国土别受位乎?今但有情受记作佛之时,十方国土悉是遮那佛身,那得更有无情受记邪?"

曰:"一切众生尽居佛身之上,便利秽污佛身,穿凿践蹋佛身,岂无罪邪?"

师曰:"众生全体是佛,欲谁为罪?"

曰:"经云佛身无罣碍,今以有为窒碍之物而作佛身,岂不乖于圣旨?"

---

① 为:原本作"无",《景德录》卷二八《南阳慧忠国师语》和《续藏》本等均作"为",今从之。
② 受记:从佛处受将来必当作佛的记别。
③ 贤劫千佛:三世之现在世的住劫称为贤劫,此劫有一千佛出世。

师曰:"《大品经》云:不可离有为而说无为①,汝信色是空否?"

曰:"佛之诚言,那敢不信?"

师曰:"色既是空,宁有罣碍?"

曰:"众生佛性既同,只用一佛修行,一切众生应时解脱。今既不尔,同义安在?"

师曰:"汝不见华严六相义云同中有异,异中有同,成坏总别,类例皆然?众生、佛虽同一性,不妨各各自修自得,未见佗食我饱。"

曰:"有知识示学人:但自识性,了无常时,抛却壳漏子②一边著,灵台智性,迥然而去,名为解脱。此复若为?"

师曰:"前已说了,犹是二乘、外道之量。二乘厌离生死,欣乐涅槃。外道亦云'吾有大患,为吾有身',乃趣乎冥谛。须陀洹人,八万劫,余三果③人,六、四、二万劫,辟支佛一万劫住空定中,外道八万劫住非非想中,二乘劫满犹能回心向大,外道还即轮回。"

曰:"佛性一种?为别?"

师曰:"不得一种。"

曰:"何也?"

师曰:"或有全不生灭。或半生半灭,半不生灭。"

曰:"孰为此解?"

---

① 语出《大品般若经》卷二:"离有为不可说无为,离无为不可说有为。"
② 壳漏子:指人的躯壳。
③ 三果:声闻乘四圣果中除须陀洹果之外的斯陀含、阿那含和阿罗汉三果。

师曰:"我此间佛性全无生灭,汝南方佛性半生半灭,半不生灭。"

曰:"如何区别?"

师曰:"此则身心一如,身外无余,所以全不生灭。汝南方身是无常,神性是常,所以半生半灭,半不生灭。"

曰:"和尚色身岂便同法身半不生灭邪?"

师曰:"汝那得入于邪道?"

曰:"学人早晚入邪道。"

师曰:"汝不见《金刚经》色见声求,皆行邪道?今汝所见不其然乎?"

曰:"某甲曾读大小乘教,亦见有说不生不灭、中道正性之处,亦见有说此阴灭彼阴生,身有代谢,而神性不灭之文,那得尽拨同外道断常二见①?"

师曰:"汝学出世无上正真之道?为学世间生死断常二见邪?汝不见肇公②云'谭真则逆俗,顺俗则违真,违真故迷性而莫返,逆俗故言淡而无味。中流之人如存若亡,下士拊掌而笑之'③?汝今欲学下士笑于大道乎?"

曰:"师不言'即心是佛',南方知识亦尔,那有异同?师不应自是而非佗。"

师曰:"或名异体同,或名同体异,因兹滥矣。只如菩提、涅槃,真如、佛性,名异体同,真心、妄心,佛智、世智,名同

---

① 断常二见:断见,主张人死后身心断灭不复再生;常见,主张而见身心皆常住不灭。
② 肇公:僧肇〔384(一说374)~414〕,东晋僧人,三论宗祖师之一。
③ 语出自僧肇《物不迁论》。谭,通"谈"。"中流之人如存若亡,下士拊掌而笑之"二句,原论中作"缘使中人未分于存亡,下士抚掌而弗顾"。

体异。缘南方错将妄心言是真心，认贼为子。有取世智称为佛智，犹如鱼目而乱明珠，不可雷同，事须甄别。"

曰："若为离得此过？"

师曰："汝但子细返观阴、入、界处，一一推穷，有纤毫可得否？"

曰："子细观之，不见一物可得。"

师曰："汝坏身心相邪？"

曰："身心性离，有何可坏？"

师曰："身心外更有物否？"

曰："身心无外，宁有物邪？"

师曰："汝坏世间相邪？"

曰："世间相即无相，那用更坏？"

师曰："若然者，即离过矣。"

305. 洞山睹影顿悟

洞山到沩山，问曰："顷①闻忠国师有无情说法？良价未究其微。"

山曰："我遮里亦有，只是难得其人。"

曰："便请和尚道。"

山曰："父母所生口，终不为子说②。"

曰："还有与师同时慕道者否？"

---

① 顷：刚才，不久以前。
② 父母所生口，终不为子说：不为说破，当须自悟。

山曰:"此去石室相连,有云岩道人①,若能拨草瞻风②,必为子之所重。"

既到云岩,问:"无情说法,甚么人得闻?"

岩云:"无情得闻。"

曰:"和尚还闻否?"

岩云:"我若闻,子则不闻吾说法也。"

曰:"某甲为甚么不闻?"

岩竖起拂子,云:"还闻么?"

曰:"不闻。"

岩云:"我说法汝尚不闻,岂况无情说法?"

曰:"无情说法该何典教?"

岩云:"岂不见《弥陀经》③云:水鸟树林悉皆念佛念法,无情草木互奏笙歌④?"

洞山于此有省,乃述颂曰:

也大奇,也大奇,无情说法不思议。

若将耳听终难会,眼处闻声方得知。

后辞云岩,问:"和尚百年后,或有人问:'还邈⑤得师真?'如何祗对?"

岩良久,云:"但道'只遮是'。"

洞山沉吟,岩云:"价阇梨!承当遮个事,大须审细。"

---

① 云岩道人:云岩昙晟禅师。
② 拨草瞻风:比喻善于观察。
③ 《弥陀经》:《阿弥陀经》的简称。
④ 语出《观无量寿佛经》:"水鸟、树林及与诸佛,所出音声皆演妙法,与十二部经合。"
⑤ 邈:同"貌",描绘,摹写。貌真,描绘图像,描绘肖像。

洞山不言便行。后因过水睹影,方始顿悟,乃述颂云:

切忌从佗觅,迢迢与我疏。
我今独自往,处处得逢渠。
渠今正是我,我今不①是渠。
应须恁么会,方得契如如②。

306. 临济谁受供养

临济示众云:"有一人论劫在途中不离家舍,有一人离家舍不在途中,阿那个合受人天供养?"

妙喜曰:贼身已露。

307. 叶县直须著忖

叶县省和尚示众云:"夫行脚禅流直须著忖③,参学须具参学眼,见地须得见地句,方始有相亲分,始得不被诸境惑,亦不落于恶道。毕竟如何委悉④?有时句到意不到,妄缘前尘,分别影事。有时意到句不到,如盲摸象,各说异端。有时意句俱到,打破乾坤界,光明照十方。有时意句俱不到,无目之人纵横走,忽然不觉落深坑。"

又示众云:"宗师血脉,或凡或圣,龙树、马鸣,天堂地狱,

---

① 不:原本作"正",误。诸种资料均作"不",今从之。
② 如如:正智所契之真如。
③ 著忖:去思量、思考。
④ 委悉:详细知道、细说。

镬汤炉炭,牛头狱卒,森罗万象①,日月星辰,佗方此土,有情无情。"以手画一画,云:"俱入此宗,此宗门中亦能杀人,亦能活人。杀人须得杀人刀,活人须得活人句。作么生是杀人刀、活人句?道得底,出来对众道看?若道不得,即辜负平生。"

僧问:"己事未明,以何为验?"

曰:"闹市里打静椎。"

云:"意旨如何?"

曰:"日午点金灯②。"

308. 真净识得自己

真净和尚示众云:"洞山③门下有时和泥合水,有时壁立千仞。你诸人拟向和泥合水处见洞山,洞山且不在和泥合水处。拟向壁立千仞处见洞山,洞山且不在壁立千仞处。拟向一切处见洞山,洞山且不在一切处。你不要见洞山,鼻索在洞山手里,拟瞌睡也,把鼻索一掣,只见眼孔定动,又不相识也。不要你识洞山,且识得自己④也得。"

---

① 森罗万象:纷然罗列在眼前的一切事物。
② 日午点金灯:太阳最亮的时候却点灯,比喻无意义的行为。金灯,金属制成的灯。
③ 洞山:此段法语是真净居洞山时所说。
④ 识得自己:认识自己的本来面目。

309. 清豁贼是家亲

保福豁和尚①，僧问："家贫遭劫时如何？"
曰："不能尽底去。"
云："为甚么不能尽底去？"
曰："贼是家亲。"
云："既是家亲，为甚么翻成家贼？"
曰："内既无应，外不能为。"
云："忽然捉败，功归何所？"
曰："赏亦未曾闻。"
云："恁么则劳而无功。"
曰："功则不无，成而不处。"
云："既是成功，为甚么不处？"
曰："不见道太平本是将军致，不许将军见太平？"
　　妙喜曰：丝来线去②弄精魂。

310. 志行实际理地

鹿门谭和尚③，僧问："如何是实际理地？"

---

① 保福豁和尚：保福清豁禅师，青原系禅僧，睡龙道溥禅师法嗣，雪峰义存禅师再传法嗣。
② 丝来线去：操作木偶。
③ 鹿门谭和尚：鹿门志行谭禅师，曹洞宗禅僧，鹿门处真禅师法嗣，曹山本寂禅师再传法嗣。

曰:"南赡部洲①,北郁单越②。"

云:"恁么则事同一家。"

曰:"隔须弥在③。"

311. 德山无事无求

德山和尚示众云:"于己无事则勿妄求,妄求而得之亦非得也。汝但于心无事,无事于心,则虚而灵,空而妙。若毫端许言之本末者,皆为自欺。毫厘系念,三涂④业因。瞥尔情生,万劫羁锁。圣名凡号尽是虚声,殊相劣形皆为幻色。汝欲求之,得无累乎?及其厌之,又成大患,终而无益。"

312. 大珠做无事人

大珠和尚示众曰:"诸人幸自好个无事人,苦死造作,要担枷落狱作么?每日至夜奔波,道'我参禅学道,解会佛法',如此转无交涉也,只是逐声色走,有何歇时?贫道⑤闻江西和尚⑥道:汝自家宝藏一切具足,使用自在,不假外求。我从此一时休去,自己财宝随身受用,可谓快活。无一法可取,无一法可舍。

---

① 南赡部洲:佛教所讲的处于须弥山四方咸海中的四大洲之南方大洲,即我们这种人类居住的世界。
② 北郁单越:四大洲之北方大洲,隔须弥山与赡部洲相对,后译为北瞿卢洲。
③ 隔须弥在:南赡部洲和北郁单越两大洲之间隔着一个须弥山。
④ 三涂:地狱、饿鬼、畜生三恶途。
⑤ 贫道:僧人自称贫道,实是身贫道不贫。
⑥ 江西和尚:指马祖道一禅师。

不见一法生灭相,不见一法去来相。遍十方界,无一微尘许不是自家宝藏。但自子细观察自心,一体三宝①,常自现前,无可疑虑。莫寻思莫求觅,心性本来清净。故《华严经》云:'一切法不生,一切法不灭。若能如是解,诸佛常现前②。'又《净名经》云:'观身实相,观佛亦然③。'若不随声色动念,不逐相貌生解,自然无事去。莫久立,珍重!"

大众久而不散,珠曰:"诸人何故在此不去?贫道已对面相呈,还肯休么?有何事可疑?莫错用心,枉费气力。若有疑情,一任诸人恣意早问。"

时有僧问:"云何是佛?云何是法?云何是僧?云何是一体三宝?"

曰:"心是佛,不用将佛求佛。心是法,不用将法求法。佛法无二,和合为僧,即是一体三宝。经云:'心佛与众生,是三无差别④。'身口意清净,名为佛出世。三业不清净,名为佛灭度。喻如嗔时无喜,喜时无嗔,唯是一心,实无二体,本智法尔,无漏现前。如蛇化为龙,不改其鳞。众生回心作佛,不改其面。性本清净,不待修成。有证有修,即同增上慢⑤者。真空无滞,应用无穷,无始无终,利根顿悟,用无等等⑥,即是阿耨菩提。心无形相,即是微妙。色身无相,即是实相法身。性相体空,即是虚空无边身。万行庄严,即是功德法身。此法身者乃是万化之本。随处立名,智用无尽,名无

---

① 三宝:佛、法、僧。
② 此四句出自《华严经》卷七,"不生""不灭",经中作"无生""无灭"。
③ 此二句出自《维摩诘经》卷三《见阿閦佛品》。
④ 此二句出自《华严经》卷十。
⑤ 增上慢:未得谓得,并产生傲慢。声称自己得到增上之法并因此而起慢心。
⑥ 无等等:等于无等。也是指佛的尊号,无与等者,是无等意,只佛与佛等,是等意。

尽藏。能生万法，名本法藏。具一切智，名智慧藏。万法归如，名如来藏。经云：'如来者，即诸法如义①。'又云：世间一切生灭法，无有一法不归如也。"

维摩座主问："经云：'彼外道六师……等，是汝之师，因其出家，彼师所堕，汝亦随堕。''其施汝者不名福田，供养汝者，堕三恶道。''谤于佛，毁于法，不入众数，终不得灭度。汝若如是，乃可取食②。'今请禅师明为解说。"

珠曰："迷徇六根者，号之为'六师'。心外求佛，名为'外道'。有物可施，不名'福田'。生心受供，'堕三恶道'。汝若能'谤于佛'者，是不著佛求。'毁于法'者，是不著法求。'不入众数'者，是不著僧求。'终不得灭度'者，智用现前。若有如是解者，便得法喜、禅悦之食。"

又问："《般若经》③云：度九类众生④皆'入无余涅槃'。又云：'实无众生得灭度者。'此两段经文如何通会？前后人说皆云：实度众生而不取众生相。常疑未决，请师为说。"

曰："九类众生一身具足，随造随成，是故无明为卵生，烦恼包裹为胎生，爱水浸润为湿生，欻起烦恼为化生。悟即是佛，迷号众生，菩萨只以念念心为众生。若了念念心体俱空，名度众生也。智者于自本际⑤上度于未形，未形既空，即知实无众生得灭度者。"

---

① 此二句出自《金刚经》。
② 此几句出自《维摩诘经》卷一《弟子品》。"谤于佛"，经中作"谤诸佛"。
③ 《般若经》：此处指《金刚般若经》，简称《金刚经》。
④ 九类众生：《金刚经》所说的卵生、胎生、湿生、化生、有色、无色、有想、无想、非有想非无想。
⑤ 本际：最根本的真实，也指本性。

313. 云门但唤拄杖

云门拈起拄杖,举:"教曰,凡夫实谓之有,二乘析谓之无①,缘觉谓之幻有,菩萨当体即空。衲僧见拄杖但唤作拄杖,行但行,坐但坐,总不得动着。"

妙喜曰:苦瓠连根苦,甜瓜彻蒂甜。

---

① 析谓之无:小乘对于空的看法基于分析的方法,将一个具体的对象分析为构成对象的不同要素,由此体现其空性,称为析色明空。

中国禅宗典籍丛刊

正法眼藏 下

〔宋〕大慧宗杲 著
董 群 点校

中州古籍出版社
·郑州·

正法眼藏　下

卷 四

《正法眼藏》卷第二之下

径山大慧禅师宗杲　集并著语

后学黄叶庵沙门智舷　校阅

314. 灵泉答祖师意

灵泉仁和尚①，僧问："如何是祖师意？"

曰："仰面独扬眉，回头自拍手。"

问："如何是和尚家风？"

曰："骑牛带席帽，过水著靴衫。"

315. 大安无如是刀

大安山省和尚②，僧问："离四句，绝百非③，请和尚道。"

曰："我王库内无如是刀。"

问："重重关锁，信息不通时如何？"

---

① 灵泉仁和尚：灵泉归仁禅师，曹洞宗禅僧，疏山匡仁禅师法嗣。
② 大安山省和尚：曹洞宗禅僧，疏山匡仁禅师法嗣。
③ 离四句，绝百非：比喻超越语言文字。四句，为有句、无句、亦句（亦有亦无句）、非句（非有非无句）。百非，指非有非无这样的否定性思维模式。

曰:"争得到遮里?"

云:"到后如何?"

曰:"彼中事作么生?"

问:"如何是真中真?"

曰:"十字街头泥佛子。"

316. 鹿门有盐无醋

鹿门真和尚①,僧问:"如何是和尚家风?"

曰:"有盐无醋。"

"如何是道人?"

曰:"口似鼻孔。"

云:"忽遇客来如何祇待②?"

曰:"柴门草户,谢汝经过。"

问:"如何是禅?"

曰:"鸾凤入鸡笼。"

云:"如何是道?"

曰:"藕丝牵大象。"

问:"劫坏时,此个还坏也无?"

曰:"临崖看浒眼,特地一场愁。"

问:"如何是和尚转身处?"

曰:"昨夜三更失却枕子。"

---

① 鹿门真和尚:鹿门处真禅师,曹洞宗禅僧,曹山本寂禅师法嗣。
② 待:《景德传灯录》卷二十《鹿门处真禅师》作"对",当是。

317. 泐潭看孔著楔

泐潭准和尚示众云："钻珍珠、解玉板却易，看窟笼著楔①却难。'月色和云白，松声带露寒'即不问，你诸人且道大目犍连②共须菩提商量个甚么事？"良久，云："东家杓柄长，西家杓柄短③。"

318. 守初一咬咬断

洞山初和尚示众云："洞山遮里，寻常方丈内不似诸方，一个上来，一个下去，啾啾唧唧④地衷私⑤说底禅道佛法，尽是向你兄弟面前，满口说，满口道，满口拈提⑥，满口柰拣，无你左遮右掩处。一时和底翻出，诸禅德，作么生委悉？汝试对众道看？譬如太末虫⑦处处泊得，不能泊于火焰之上。被佗诸方老秃⑧甜唇美舌说作配当⑨，道'遮个是禅'，'遮个是道'，'遮个是菩提、涅槃'，'遮个是真如解脱'，被丈二钉、八尺楔楔在眼

---

① 看窟笼著楔：亦作"看孔著楔"，根据孔眼的大小形态而打入相应的木楔。比喻因材施教。
② 大目犍连：佛的十大弟子之一，在众弟子中神通第一。
③ 东家杓柄长，西家杓柄短：东家长，西家短。
④ 啾啾唧唧：繁杂细碎声。
⑤ 衷私：指私下。
⑥ 拈提：即拈提古则，禅师举出古德的机锋语言、行为典范等加以讨论。
⑦ 太末虫：极其微末的虫，相当于现在讲的微生物或细菌中的一类。
⑧ 老秃：老禅师。
⑨ 配当：有搭配之意，引申为牵强附会。

里,不知不觉。乍到洞山遮里,不知是何说话。会得么?直饶会得真如涅槃、菩提解脱毫末无差也,被条绳子于脚跟下系却,不得出离。若是灵利衲僧,一咬咬断,作个脱洒衲僧,岂不快哉?若三咬两咬咬不断,准前打入骨董①社里,有甚么出头时?洞山事不获已,傍地里为你著力。"

319. 咸启伏得龙么

天童启和尚②问伏龙和尚③:"甚么处来?"

曰:"伏龙④来。"

曰:"还伏得龙么⑤?"

云:"不曾伏遮畜生。"

曰:"吃茶去。"

又,简大德⑥问:"学人卓卓⑦上来,请师的的⑧。"

曰:"我遮里一屙便了,有甚么卓卓、的的?"

云:"和尚怎么答话,更买草鞋行脚好⑨。"

曰:"近前来。"

---

① 骨董:毫无价值的琐碎的事物。
② 天童启和尚:天童咸启禅师,唐代曹洞宗禅僧,洞山良价禅师法嗣。
③ 伏龙和尚:疑为《五灯会元》卷六中的伏龙山和尚,大光居诲禅师法嗣,是青原下六世。天童咸启是青原下五世,从辈分上看,高出伏龙一辈。
④ 伏龙:此处指山名。
⑤ 还伏得龙么:以此山名而随缘设此问。
⑥ 简大德:不详。有的禅典在此处直接就讲"僧问",而略去了简大德之名。
⑦ 卓卓:行为出众。
⑧ 请师的的:请禅师明明白白地说法开示。的的,此处指明白、昭著等意,另也有的确、实在等意,作副词用。
⑨ 和尚怎么答话,更买草鞋行脚好:意为还需要出去行脚参访学习。

简近前,师曰:"只如老僧恁么对,过在甚处?"

简无对,师便打。

320. 夹山不落第二

夹山示众云:"坐断主人公,不落第二见。"

北院通和尚①出众曰:"须知有一人不合伴。"

山曰:"犹是第二见。"②

通掀倒禅床。

山曰:"老兄作么生?"

曰:"某甲舌头烂却即向和尚道。"

通异日又问曰:"'目前无法,意在目前,不是③目前法,非耳目之所到。'岂不是和尚语?"

山曰:"是。"

通乃掀倒禅床,叉手立地。

山起来打一拄杖,通便下去。

法眼云:"是佗掀倒禅床,何不便去?须待夹山打一棒了去,意在甚么处?"

---

① 北院通和尚:曹洞宗禅僧,洞山良价禅师法嗣。
② 《景德传灯录》卷十七《北院通禅师》的记载与此同。依《五灯会元》卷十三《北院通禅师》,此是北院见洞山良价时的机锋。《洞山语录》也载此事。
③ 是:原本作"自",误,今依《景德录》卷十五《夹山善会禅师》和《续藏》本等改。

321. 六通烧畲答问

六通绍和尚①参涌泉②，一日烧畲③归，泉问："去甚么处来？"

曰："烧畲来。"

泉云："火后事作么生？"

曰："铁蛇钻不入。"

322. 志罕文殊作闹

云盖罕和尚④，僧问："如何是岳顶浪滔天？"

曰："文殊正作闹。"

云："正作闹时如何？"

曰："不向机前展大悲。"

---

① 六通绍和尚：六通院绍禅师，青原系禅僧，涌泉景欣禅师法嗣。
② 涌泉：涌泉景欣禅师，青原系禅僧，石霜庆诸禅师法嗣。
③ 烧畲：烧荒种地。
④ 云盖罕和尚：云盖志罕禅师，青原系禅僧，云盖志元禅师法嗣。

323. 乾峰不得举二①

乾峰②示众云："举一不得举二，放过一著③，落在第二。"
云门出众，云："昨日有人从天台来，却往径山去。"
峰云："明日不得普请。"

妙喜曰：彼此扬家丑，赖遇无傍观者。

324. 慈明法身无相

慈明和尚示众云："法身无相，应物现形。"竖起拄杖，云："遮个是拄杖，阿那个是法身？遮个葛藤且止，僧堂、佛殿穿入汝等诸人鼻孔里去也，四大海水在汝头上，海龙王在汝指甲下，汝等还觉么？若觉去，昼行三千，夜行八百，脚下烟生，头上火起。若也不知，饥来吃饭困来眠。"卓拄杖一下。

325. 乌石闭门独坐

乌石观和尚④常闭门独坐，一日雪峰敲门，便开，峰扭住，

---

① 此则公案，《请益录》卷二概括为"乾峰一二"，但《虚堂集》卷四却概括为"九峰举一"，认为是九峰道虔禅师所说。
② 乾峰：越州乾峰禅师。
③ 放过一著：放弃一次，比喻接引禅僧时根据学人的中低下根器的情形，以方便法退让一次。
④ 乌石观和尚：乌石灵观禅师，唐代南岳系禅僧，黄檗希运禅师法嗣。

云:"是凡?是圣?"

观乃唾云:"遮野狐精。"推出,复闭却门。

峰云:"也只要识老兄。"①

326. 道吾不识我语

双岭真和尚②问道吾③:"无神通菩萨为甚么足迹难寻?"

吾曰:"同道者方知。"

云:"和尚还知否?"

曰:"不知。"

云:"何故不知?"

曰:"去,不识我语。"

327. 关南击鼓吹笛

道吾和尚④始于村墅闻巫者乐神云"识神无",师忽然省悟。后参关南常和尚⑤,印其所解,复游德山门下。

凡上堂示徒,戴莲花笠,披襕执简⑥,击鼓吹笛,口称鲁三郎。有时云:"打动关南鼓,唱起德山歌。"

---

① 此则公案,《禅苑蒙求瑶林》称为"老观闭户"。灵观,时称"老观"。
② 双岭真和尚:双岭玄真禅师,唐代南岳系禅僧,盐官齐安禅师法嗣。
③ 道吾:道吾宗智,唐代青原系禅僧,俗姓张,药山惟俨禅师法嗣,见《景德传灯录》卷十四《潭州道吾山圆智禅师》和《五灯会元》卷五《潭州道吾山宗智禅师》等。
④ 道吾和尚:关南道悟禅师,唐代南岳系禅僧,关南道常禅师法嗣。
⑤ 关南常和尚:关南道常禅师,唐代南岳系禅僧,盐官齐安禅师法嗣。
⑥ 披襕执简:身披襕,手执简。襕,本义是上下衣相连的服装。简,本义是竹简,古代书写了文字的狭长竹片。

有问:"如何是祖师西来意?"

以简揖云:"诺。"

尝问灌溪①曰:"作么生?"

溪云:"无位。"

曰:"莫同虚空么?"

云:"遮屠儿。"

曰:"有生可杀即不倦。"

328. 洪湮掩息如灰

径山湮②和尚,僧问:"掩息如灰时如何?"

曰:"犹是时人功干。"

云:"干后如何?"

曰:"耕人田不种。"

云:"毕竟如何?"

曰:"禾熟不临场。"

329. 杨岐因雪示众

杨岐会和尚示众云:"雪,雪,处处光辉明皎洁。黄河冻锁绝纤流,赫日光中须迸裂。须迸裂,那吒顶上吃蒺藜,金刚脚下

---

① 灌溪:灌溪志闲禅师。
② 径山湮:径山洪湮禅师,唐代沩仰宗禅僧,沩山灵祐禅师法嗣。

流出血①。"

又示众云:"蹋著秤锤硬似铁,哑子得梦向谁说?须弥顶上浪滔天,大洋海底遭火爇。"

330. 胁尊设问童子

胁尊者②问童子云:"汝从何来?"

曰:"我心非往。"

祖云:"汝住何所?"

曰:"我心非止。"

祖云:"汝不定耶?"

曰:"诸佛亦然。"

祖云:"汝非诸佛。"

曰:"诸佛亦非。"

大愚芝云:"祖师一问,童子一答,总欠会在。如今诸人作么生会?"

妙喜曰:直饶如今会得,更参三生六十劫。

---

① 那吒顶上吃蒺藜,金刚脚下流出血:那吒头上挨打,却是金刚脚下出血。禅语的一种特殊表达类型。在某一个对象身上的行为,却在另一个对象身上产生作用,意义之一是形容无分别的境界,比如,南山起云,北山下雨。那吒,毗沙门天王的太子,三面八臂的大力鬼王。
② 胁尊者:禅宗西天二十八祖之第十祖师。

331. 药山千圣不识

药山问石头:"三乘十二分教某甲粗知,尝闻南方直指人心、见性成佛,实未明了,伏望和尚慈悲指示。"

头云:"与么也不得,不与么也不得,与么不与么总不得,汝作么生?"

山伫思,头云:"子因缘不在此,江西有马大师,子往彼去,应为子说。"

山至彼,准前请问,马祖云:"我有时教伊扬眉瞬目①,有时不教伊扬眉瞬目,有时教伊扬眉瞬目者是,有时教伊扬眉瞬目者不是。"

山于是有省,便作礼。

马祖曰:"子见个甚么道理?"

山云:"某甲在石头时,如蚊子上铁牛②。"

祖曰:"汝既如是,宜善护持。"

一日,祖曰:"子近日作么生?"

山曰:"皮肤脱落尽,唯有真实在。"

祖曰:"子之所得,可谓协于心体,布于四肢。既能如是,将三条篾束取肚皮,随处住山去。"

曰:"某甲又是何者?敢言住山?"

---

① 扬眉瞬目:扬眉和眨眼睛,作为南岳一系许多禅师显示机锋的方法。
② 蚊子上铁牛:没有下嘴处,既比喻无法用嘴表达,也形容某一禅师的的机锋难以为学人领会。

祖曰："不然，未有长行而不住，未有长住而不行。欲益而无所益，欲为而无所为。宜作舟航，莫久住此。"山于是礼辞，再返石头。

一日坐次①，石头来见，乃问："汝在遮里作甚么？"

曰："一物不为。"

头云："恁么即闲坐也。"

曰："若闲坐即为也。"

头云："汝道不为，不为个甚么？"

曰："千圣亦不识。"

头乃有颂云："从来共住不知名，任运相将只么行。自古上贤犹不识，造次凡流岂可明？"

妙喜曰：物是实价，钱是足陌②。

332. 佛鉴十五日事

佛鉴和尚示众云："十五日已前事，锦上铺花。十五日已后事，如海一沤发。正当十五日③，大似一尺镜照千里之像，虽则真空绝迹，其标海印发光，任佗露柱开花④，说甚佛面百丑？何故如此？到头霜夜月⑤，任运落前溪。"

---

① 坐次：打坐的时候。南宗是反对坐禅的。
② 足陌：钱数足够。又，指足陌钱，即足佰钱。一百枚作为一个计量单位，为足。
③ 正当十五日：禅师常常问十五日以前事和十五日以后事，从三世的时间角度看，前者实际上是问僧人的过去事如何，后者则是问的以后事如何，而"正当十五日"则是问现在如何，体现禅的立足于当下的特点。
④ 露柱开花：奇特语，露柱是寺院里立于堂外的柱子，这种柱子能够开花？
⑤ 霜夜月：禅境的一种描述。霜代表洁白，月代表皎洁，霜月和谐，交融一体。夜则体现了清静。

333. 大愚阇梨老僧

大愚芝和尚示众云："阇梨横吞巨海，老僧背负须弥。且道阇梨、老僧相去多少？还会么？王令稍严，不许搀行夺市①。"

僧问："如何是和尚为人一句？"

曰："四角六张。"

云："意旨如何？"

曰："八凹九凸。"

问："如何是城里佛？"

曰："十字街头石幢子。"

问："如何是道？"

曰："八斛四斗。"

云："如何是道中人？"

曰："煮粥爗饭②。"

问："如何是佛？"

曰："锯解秤锤③。"

云："如何是祖师西来意？"

曰："白日烧地卧，夜间炙地眠。"

---

① 搀行夺市：指商家跨行抢夺生意，也比喻越权夺职。
② 爗饭：烧饭。爗，音 yè，烧、火光。
③ 锯解秤锤：禅宗中用于对意解公案的一种嘲讽。公案如同秤锤，众多分析公案的做法如同锯解秤锤，即使锯解开来，又能如何呢？里面还是铁，和外面一样。什么是佛？应该是学人自己亲证的事，而不是问出来的事。

问:"古人从苗辨地①,因语识人②,学人上来请师辨。"

曰:"花光土地。"

问:"如何是祖师西来意?"

曰:"天寒日短。"

云:"达磨未来时如何?"

曰:"在西天。"

云:"来后如何?"

曰:"在唐土。"

334. 真净狮子快鹰

真净和尚示众云:"师子不食雕残,快鹰那打死兔?放出临济大龙,抽却云门一顾③。"遂拈拄杖云:"龙行雨至,三草二木④。"

---

① 从苗辨地:根据庄稼苗的生长情况就可以了解土地的肥瘠状况,比喻善于发现事物的根本,也善于辨别学人的根器悟性。
② 因语识人:根据学人所说的话来辨别他的悟性。
③ 抽却云门一顾:这两句话体现了禅师的超佛越祖的超越性,其中包含"抽顾"概念,为云门文偃禅法的内容之一。据《人天眼目》,云门每见僧来,就以目顾之(盯着他看),这叫鉴或者咦,但记录成为"顾、鉴、咦",后来德山圆明密禅师删去顾字,只讲鉴、咦,丛林称之为"抽顾"。
④ 三草二木:典出《法华经》,指小草、中草、大草、小树、大树,其比喻的佛法层次,诸家解释各有不同。

335. 百丈躬起夹火①

沩山和尚一日侍立百丈，丈问："谁？"

曰："灵祐。"

丈云："汝拨炉中有火否②？"

山拨曰："无火。"

丈躬起深拨，得少火，举以示之，云："此不是火？"

山乃开悟礼谢，陈其所解。

丈曰："此乃暂时岐路耳。经云：欲识佛性义，当观时节因缘。时节既至，如迷忽悟，如忘忽忆，方省己物不从他得。故祖师云：悟了同未悟，无心亦无法。只是无虚妄凡圣等心，本来心法，元自备足。汝今既尔，善自护持。"

又，一日侍百丈游山，行到林间，丈曰："典座，还将得火来否？"

山云："将得来。"

丈曰："在甚么处？"

山乃拈一茎柴，吹两吹，度与百丈。

丈曰："如虫御木③。"

妙喜曰：百丈若无后语，洎被典座热谩。

---

① 此则公案，《禅苑蒙求瑶林》称为"百丈夹火"。
② 拨炉中有火否：既是拨炉中火，更是拨心火，火喻智慧光明之火。
③ 如虫御木：后面一般接"偶尔成文"。虫子在啃咬树木时，有时会留下印记，有的如同文字图画，但并不是其自觉为之。此处其实是百丈对沩山灵祐的称赞。

336. 船子钓尽江波

船子和尚①与同参②道吾相别次,谓道吾曰:"他后有灵利座主,指一个来。"遂于华亭泛一小舟,故时号"船子和尚"。

后道吾到京口③,遇夹山上堂,僧问:"如何是法身?"山曰:"法身无相。"云:"如何是法眼?"曰:"法眼无瑕。"道吾不觉失笑。

山乃下座,请问道吾:"某甲适来祇对僧话,必有不是,致令上座失笑,望上座不吝慈悲。"

吾曰:"和尚一等④出世,未有师在。华亭参船子和尚去。"

曰:"访得获否?"

吾曰:"此人上无片瓦遮头,下无卓锥之地⑤。"

山遂易服⑥,直造华亭。⑦

船子才见便问:"大德住甚么寺?"

---

① 船子和尚:船子德诚禅师,唐代青原系禅僧,药山惟俨禅师法嗣。《大慧赞佛祖》中有一首《船子和尚》:"簪口一桡玄路绝,药山之道始流传。离钩三寸无消息,觉海方乘般若船。"(《大慧语录》卷十二)
② 同参:一同参学。船子德诚和道吾宗智是药山惟俨禅师门下的同参。
③ 京口:今江苏镇江市。
④ 一等:一样,同样。
⑤ 上无片瓦遮头,下无卓锥之地:此喻空的境界。《五灯会元》卷五《德诚禅师》在此句后有"和尚若去,须易服而往"一句。
⑥ 易服:指换上普通的衣服。
⑦ 《景德传灯录》卷十五《夹山善会禅师》所载只至此,整则均载于《古尊宿语录》卷四十八《佛照禅师奏对录》中佛照禅师所举。

曰:"似即不住,住即不似①。"

曰:"不似?又不似个甚么?"

曰:"不是目前法。"

曰:"甚处学得来?"

曰:"非耳目之所到②。"

曰:"一句合头语,万劫系驴橛③。"

又问:"垂丝千尺,意在深潭④。离钩三寸,子何不道⑤?"

山拟开口,船子便以篙打落水中。才上船,又曰:"道!道!"拟开口,又打。夹山忽然大悟,乃点头三下⑥。

船子曰:"竿头丝线从君弄,不犯清波意自殊。"

山遂问:"抛纶掷钓⑦,师意如何?"

曰:"丝悬渌水,浮定有无之意⑧。"

山曰:"语带玄而无路,舌头谈而不谈⑨。"

---

① 此句答船子和尚问的住什么寺,夹山借此显示机锋,以偕音而答"似"。但是,"似即不住",《五灯会元》卷五《德诚禅师》作"寺即不住"。不住,此喻其无住境界。
② 非耳目之所到:不是感觉层面的知识就能了解的。
③ 一句合头语,万劫系驴橛:本来是一句与禅的本质相符合的话,却成了万劫的执着。比喻成为了执着。合头语,道出了禅的本质的话。合头,指符合、深入了解。系驴橛,比喻成为执着。
④ 垂丝千尺,意在深潭:船子喜好以钓鱼喻参禅。我放下千尺鱼线,目的是钓起深潭中的像你这样的大鱼,可以续佛慧命。
⑤ 离钩三寸,子何不道:比喻离钓到大鱼的境界已经很近了,再努力一步就到了,为什么不懂得这一点呢?你离我期望的目标已经很近了,为什么还不明白?为什么还要再显示语言机锋?
⑥ 点头三下:和离钩三寸相应,表示已经咬住钩了。
⑦ 抛纶掷钓:你叫我弄丝线,我连鱼线带鱼钩,全部不要了。
⑧ 丝悬渌水,浮定有无之意:鱼线的作用,从中可以体会有与无的不二关系。
⑨ 此二句是说语言虽然可以说得很玄妙,但是通向禅的本性方面,仅靠语言,却无路可走。

曰："钓尽江波，金鳞始遇①。"

山乃掩耳②，船子曰："如是，如是③。"遂嘱曰："汝向去直须藏身处没踪迹，没踪迹处莫藏身。吾二十年在药山，只明斯事。汝今既得，佗后不得住城隍聚落，但向深山里镢头边，觅取一个半个接续，无令断绝。"

夹山乃辞行，频频回顾。船子遂唤："阇梨！阇梨！"夹山回首，船子竖起桡④，云："汝将谓别有⑤？"乃覆船入水而逝。

337. 白云拄杖灯笼

白云端和尚示众，举："云门拈三平⑥颂云：'即此见闻非见闻。'唤甚么作见闻？'无余声色可呈君。'有甚么口头声色？'个中若了全无事。'有甚么事？'体用无妨分不分。'语是体，体是语。"复拈拄杖，云："拄杖是体，灯笼是用，是'分不分'？不见道'一切智智清净'？大众，云门只解依样画蛾眉⑦，圆通⑧则不然。'即此见闻非见闻，无余声色可呈君。'眼是眼，耳是耳。'个中若了全无事，体用无妨分不分。'四五百条花柳巷，二三千

---

① 钓尽江波，金鳞始遇：在江上钓了如此长的时间，终于钓到你这条金色大鱼了。此是船子对于夹山的印可之语。
② 掩耳：听到船子的赞扬，夹山非常谦虚，掩耳不听，表示我无法与人，同时也体现出天真自然之态。
③ 如是，如是：看到夹山能有如此态度，船子非常赞赏。
④ 桡：音 ráo，船桨。
⑤ 汝将谓别有：你以为还会另有一个吗？
⑥ 三平：三平义忠禅师，俗姓杨，唐代青原系禅僧，大颠宝通禅师法嗣。
⑦ 依样画蛾眉：比喻没有自己的特点，没有创新。
⑧ 此段语录是守端禅师住江州圆通崇胜院时所说，故以"圆通"自称。

处管弦楼。"

僧问:"如何是佛?"

曰:"镬汤无冷处。"

"如何是佛法大意?"

曰:"水底按葫芦。"

"如何是祖师西来意?"

曰:"乌飞兔走①。"

338. 南院南方一棒

南院问风穴②:"南方一棒,作么生商量?"

穴云:"作奇特商量。"穴却问南院:"此间作么生商量?"

院拈拄杖,横按,云:"棒下无生忍,临机不见师。"

妙喜曰:风穴当时好大展坐具,礼三拜,不然,与掀倒禅床。乃回顾冲密曰:"你道风穴当时礼拜即是?掀倒禅床即是?"

冲密云:"草贼大败③!"

妙喜曰:"你看遮瞎汉。"便打。

---

① 乌飞兔走:金乌飞,玉兔走。前者喻太阳,后者喻月亮。
② 风穴:风穴延沼禅师。
③ 草贼大败:临济义玄较早使用这个说法。形容在机锋较量中失利。

339. 法华曲不藏直

法华举和尚到大愚芝和尚处,愚问:"古人见桃花意作么生①?

曰:"曲不藏直。"

云:"那个且从,遮个作么生?"

曰:"大街拾得金,四邻争得知?"

云:"上座还知么?"

曰:"路逢剑客须呈剑,不是诗人不献诗。"

云:"作家?诗客②?"

曰:"一条红线两人牵③。"

云:"玄沙④道'谛当,甚谛当'⑤,又作么生?"

曰:"海枯终见底,人死不知心。"

云:"却是。"

曰:"楼阁凌云势,峰峦迭翠层。"复呈颂,曰:

凤返自腾霄汉去,灵云桃树老鸦栖。

古今休颂桃花意,天上人间不可陪。

---

① 此句指灵云志勤见桃花悟道。
② 剑客重行为,两者相逢,拔剑相向,是作家风范,是机锋迅捷的好手。诗人重语言,则不会向不懂诗的人献诗,这是诗客的风格。
③ 一条红线两人牵:指作家和诗客这两种风格,可以联系在一起,并没有严格的区别。
④ 玄沙:即玄沙师备禅师。
⑤ 灵云志勤见桃花悟道事及玄沙评价,见第152则。

340. 赵州真佛内坐

赵州和尚示众云："金佛不度炉，木佛不度火，泥佛不度水，真佛内里坐①。菩提涅槃、真如佛性尽是贴体衣服，亦名烦恼，不问即无烦恼。且实际理地，甚么处著？一心不生，万法无咎，汝但究理而坐二三十年，若不会，截取老僧头去。梦幻空花，徒劳把捉。心若不异，万法一如。既不从外得，更拘执作甚么？如羊相似，乱拾物安向口里。老僧见药山和尚道：有人问着，但教合取狗口。老僧亦教'合取狗口'。取我是垢，不取我是净。如猎狗相似，专欲吃物。佛法在甚么处？遮里千人万人尽是觅佛汉子，觅一个道人无。若与空王为弟子，莫教心病最难医。未有世界，早有此性。世界坏时，此性不坏②。自从一见老僧后，更不是别人，只是个主人公。遮个更用向外觅作么？正恁么时，莫转头换脑。若转头换脑，即失却去也。"

时有僧问："承师有言，'世界坏时，此性不坏'，如何是此性？"

曰："四大，五阴。"

云："此犹是坏底，如何是此性？"

曰："四大，五阴。"

法眼云："是一个？两个？是坏？不坏？且作么生会？试

---

① 此四句说明自心佛性才是真正的佛性，对于自己的解脱具有根本的意义。宗杲曾颂此四句说："九十七种妙相，顾陆笔端难状。赵州眼目精明，觑见心肝五藏。"（《大慧语录》卷十，《大正藏》第47册，第851页下）
② 世界坏时，此性不坏：自性真佛的永恒特性。

断看?"

妙喜曰:军营里天王。

341. 大沩脱白沙弥

大沩真如和尚示众云:"汾州①道,'识得拄杖子,行脚事毕。'乃拈拄杖,云:"遮个是拄杖子,那个是行脚事?直饶向遮里见得,于衲僧门下只是个脱白沙弥②。若也不识,且向三家村③里东卜西卜,忽然卜着也不定。"

342. 子湖一只狞狗④

子湖和尚门下立一牌,牌上书云:"子湖有一只狗,上取人头,中取人心,下取人足⑤,拟议则丧身失命。"

僧问:"如何是子湖一只狗?"

师曰:"嗥!嗥!"

临济下二僧来参,方揭帘,师曰:"看狗。"二僧回顾,师便归方丈。

---

① 汾州:汾阳善昭禅师,善昭曾住汾州大中寺。以下两句话见《联灯会要》卷十一《汾阳善昭禅师》。
② 脱白沙弥:指刚刚进入佛门的僧人。脱白,指脱去白衣。比如"脱白挂绿"一词,指脱去白衣,披上绿袍,喻初登仕途。
③ 三家村:比喻人烟稀少、偏僻的小村庄。
④ 此则公案,《禅苑蒙求瑶林》称为"紫胡狞狗"。
⑤ 此四句意为:这只狗咬人,只咬要紧之处,咬上面,直取人头;咬中间,直咬心脏;咬下面,直咬人足。

343. 提婆我天尔狗①

西天禁断钟鼓，故谓之沙汰②，经于七日。提婆尊者③运神通登楼撞钟，诸外道众一时共集至钟楼下，其门封锁，乃高声问："楼上撞钟者谁？"

提婆曰："天④外道。"

曰："天者谁？"

曰："我。"

曰："我者谁？"

曰："你。"

曰："你者谁？"

曰："狗。"

曰："狗者谁？"

曰："你。"

曰："你是谁？"

曰："我。"

曰："我是谁？"

曰："天。"

如是往返七度，外道一众知自负堕，奏闻国王，再鸣钟鼓，

---

① 此则公案，丛林中称为"我天尔狗"。
② 沙汰：整顿、淘汰，常指官府对宗教的整肃。
③ 提婆尊者：禅宗西天二十八祖之第十五祖迦那提婆尊者，龙树的弟子。
④ 天：提婆的含义就是"天"。

大兴佛法。①

344. 花药保任此事

花药英和尚示众,蓦拈拄杖,云:"我今为汝保任此事,终不虚也。大觉世尊是真语者,实语者,如语者,不诳语者,不异语者,不赚汝诸人,还信得及么?"喝一喝,云:"上无攀仰,下绝己躬。虚空大地,咸出心中②。万里八九月,一身西北风。"卓一卓。

345. 石头哪是汝心

大颠和尚③因石头问:"那个是汝心?"

曰:"见④言语者是。"头便喝出。

经旬日间,大颠复问:"前者既不是,除此外何者是心?"

头云:"除却扬眉瞬目,将心来。"

曰:"无心可得将来。"

头云:"元来有心,何言无心?无心尽同谤。"大颠于言下悟入。

妙喜曰:且道大颠悟得个甚么?

---

① 此则公案出自玄奘《大唐西域记》卷五,后被收入《指月录》卷三《提婆尊者》。又收入《南岳单传记》。往返七度,提婆摧伏外道常使用此种循环论证方法。
② 咸出心中:心为万法之源。
③ 大颠和尚:大颠宝通禅师,唐代青原系禅僧,石头希迁禅师法嗣。
④ 见:通"现",指现在。

346. 白马蛤蟆吞月

白马山霭和尚①,僧问:"如何是清净法身?"
曰:"井底虾蟆吞却月②。"
问:"如何是白马正眼③?"
曰:"面南看北斗。"

347. 保宁无内无外

保宁勇和尚示众云:"大方无外,大圆无内。无内无外,圣凡普会。瓦砾生光,须弥粉碎。无量法门,百千三昧。"拈起拄杖,云:"总在遮里,会么?苏噜苏噜,悉哩悉哩④。"

又示众云:"真相无形,示形显相。千怪万状,自此而彰。喜则满面生光,怒则双眉阧⑤竖。非凡非圣,或是或非。人不可量,天莫能测。直下提得,未称丈夫。唤不回头,且莫错怪。"

---

① 白马山霭和尚:白马行霭禅师,青原系禅僧,白兆志圆禅师法嗣。
② 井底虾蟆吞却月:禅门常用奇特语,井底的蛤蟆一口吞掉天上的月亮。表示否定。虾蟆,即蛤蟆。
③ 白马正眼:白马禅师的正法眼,白马禅法的根本特色。
④ 苏噜苏噜,悉哩悉哩:佛教经咒中的两句,见《消除一切灾障宝髻陀罗尼经》。
⑤ 阧:陡。

348. 庆诸道遍不藏①

僧问石霜②:"咫尺之间为甚不睹师颜?"
霜曰:"我道遍界③不曾藏。"
僧后问雪峰:"遍界不曾藏,意旨如何?"
峰云:"甚么处不是石霜④?"
僧回举似石霜,霜云:"遮老汉,著甚么死急⑤?"
玄沙云:"山头老汉蹉过也。"

349. 云居言不要多⑥

云居膺和尚⑦示众云:"得者不轻微,明者不贱用。识者不咨嗟,解者无厌恶。从天降下则贫寒,从地涌出则富贵。门里出身易,身里出门难。动则埋身千丈,不动则当处生苗。一言迥脱,独拔当时。言语不要多,多则无用处。"

---

① 此则公案,《请益录》称为"僧问石霜"。
② 石霜:石霜庆诸禅师。见《禅林僧宝传》卷五《潭州石霜诸禅师》等。
③ 遍界:普遍存在于一切处。
④ 甚么处不是石霜:触目是道,触目是石霜。
⑤ 遮老汉,著甚么死急:雪峰老婆心切,将此说破,而石霜本没有说破,所以有此一说。
⑥ 此则公案,《虚堂集》称为"云居上堂"。
⑦ 云居膺和尚:云居道膺禅师。

350. 姜山饭是米做

姜山方和尚示众云:"穿云不渡水,渡水不穿云。乾坤把定不把定,虚空放行不放行。横三竖四,乍离乍合。'将长补短'即不问①汝诸人,'饭是米做'一句子要且难道。"良久,云:"私事不得官酬。"

僧问:"如何是一尘入正受?"

曰:"蛇衔老鼠尾。"

云:"如何是诸尘三昧起?"

曰:"鳖咬钓鱼竿。"

云:"与么则东西不辨、南北不分去也。"

曰:"堂前一碗夜明灯,帘外数茎青瘦竹。"

问:"诸佛未出世时如何?"

曰:"不识酒望子②。"

云:"出世后如何?"

曰:"钓鱼船上赠三椎。"

351. 缘密但参活句

德山圆明和尚③示众云:"但参活句,莫参死句。活句下荐

---

① 问:原文作"无",依《五灯会元》卷十二《姜山方禅师》改。
② 酒望子:亦作酒望,即酒帘。
③ 德山圆明和尚:德山缘密禅师。

得，千劫万劫永无疑滞。'一尘一佛国，一叶一释迦'是死句，'扬眉瞬目，举指竖拂'是死句，'山河大地更无谆讹'是死句。"

时有僧便问："如何是活句？"

曰："波斯仰面看。"

僧云："恁么则不谬也。"

圆明便打。

352. 云门学语之流

云门和尚问新到云："雪峰和尚道：'开却路，达磨来也。我问你作么生？'僧云：'筑著和尚鼻孔。'"门云："地神恶发，把须弥山一捆，踔跳上梵天，拶破帝释鼻孔。你为甚么向日本国①里藏身？"

僧云："和尚莫谩人好。"

门曰："筑著老僧鼻孔又作么生？"

僧无对，门曰："将知你只是学语之流。"

　　妙喜曰：担一担懵懂②，换得一担③骨董。无星秤④子秤来，付与无知漆桶⑤。且道，无知漆桶将作何用？你若道得活脱句，许你亲见云门。

---

① 日本国：比喻很远的地方。
② 懵懂：头脑不清楚，不能辨别事物之理。
③ 担：原文作"檐"，是将"擔"字误写，依《指月录》卷二十《文偃禅师》改。
④ 无星秤：没有戥星的秤。
⑤ 无知漆桶：没有智慧，像黑漆桶一样心中一片黑暗。

353. 开先权道强名

开先智和尚示众曰①:"宗之与教②,权道③。佛之与祖,强名④。受教传心⑤,俱为虚妄。求真觅实,转更参差。若取自己自心为究竟,必有佗物、佗人作对治。"

时有僧问:"如何则是?"

曰:"是则有非。"

云:"如何得入?"

曰:"汝何劫在外头。"

问:"如何是佛?"

曰:"汝唤那个作众生⑥?"

云:"与么则无佛无众生也。"

曰:"遮众生。"

问:"如何是平常心?"

曰:"蜂饥狼贪。"

云:"与么则全众生心也。"

曰:"你道那个是平常心?"

---

① 此段法语,后也被收入《御选语录》卷十八《开先智和尚》。
② 宗之与教:佛教可分为宗和教,宗是教外别传,以心为依据的是宗,以经教为依据的是教。
③ 权道:权便之道,不是究实之道。
④ 强名:勉强为之起一个名称。
⑤ 受教传心:教门以经教相授,宗门以心传心。
⑥ 汝唤那个作众生:问什么是佛,就意味着认为佛和众生有分别,那么什么是众生?谁是众生?

云:"不会。"

曰:"汝佗后会去在。"

问:"四大何缘有形?"

曰:"你道虚空何缘无像?"

云:"到遮里却不会。"

曰:"我也不会。"

又曰:"汝道,汝不会与我不会,是一是二?"

云:"乞和尚慈悲。"

曰:"我早晚曾骂辱汝。"

问:"如何是大道?"

曰:"我无小径。"

云:"如何是小径?"

曰:"我不知有大道。"

问:"和尚见处如何?"

曰:"非汝境界。"

云:"学人见处如何?"

曰:"取我处分又争得?"

云:"乞师指授。"

曰:"我长劫来不曾蒙蔽汝。"

354. 法演落节拔本

五祖演和尚示众云:"山僧昨日入城,见一棚傀儡①,不免近

---

① 傀儡:木偶或布偶戏。

前看。或见端严奇特，或见丑陋不堪，动转行坐，青黄赤白，一一见了。子细看时，元来青布幔里有人①。山僧忍俊不禁，乃问：'长史高姓？'佗道：'老和尚，看便休，问甚么姓。'大众，山僧被佗一句，直得无言可对，无理可伸。还有人为山僧道得么？昨日那里落节②，今日遮里拔本③。"

又示众云："白云④不会说禅，三门开向两边。有人动着关捩⑤，两片东扇西扇。"

又举："灵云悟桃花颂云：'三十年来寻剑客，几回落叶又抽枝。自从一见桃花后，直至如今更不疑。'玄沙云。'谛当，甚谛当，敢保老兄未彻在。'说甚么'谛当'？更参三十年始得。"

355. 睦州得个入头

睦州和尚示众云："汝等诸人还得个入头⑥处也未？若未得个入头，须得个入头。若得个入头，已后不得辜负老僧。"

又云："明明向汝道，尚自不会，岂况盖覆⑦将来？"

时有僧出礼拜，云："某甲终不敢辜负和尚。"

曰："早是辜负我了也。"

妙喜曰：咄！葛藤得也未？

---

① 元来青布幔里有人：对此段的理解，临济义玄曾经表达过的观点可以帮助理解：看取棚头弄傀儡，抽牵全借里头人。
② 落节：失利。
③ 拔本：逐步拔还本钱。此处指找回补偿。
④ 白云：五祖法演自称。此段是法演在白云山的法语。
⑤ 关捩：能转动户枢的机械装置，后引申为关键之处。
⑥ 入头：入门。比喻省悟。
⑦ 盖覆：掩盖、遮盖。

356. 龙牙透过祖佛

龙牙和尚①示众云："参玄人须透祖佛始得。新丰和尚②道：'祖佛言教如生冤家，始有参学分，若透不得，即被祖佛谩去。'"

僧便问："祖佛还有谩人之心也无？"

曰："汝道江湖还有碍人之意么？"

又曰："江湖虽无碍人之意，为时人过不得，江湖成碍人去，不得道江湖不碍人。祖佛虽无谩人之心，为时人透不得，祖佛成谩人去，不得道祖佛不谩人。若透得祖佛过，此人过却祖佛。若也如是，始体得祖佛意，方与向上人同。若也未透得，但学佛求祖，则万劫无有出期。"

僧便问："如何不被祖佛谩去？"

曰："道者直须自悟始得。"

问："如何是祖师西来意？"

曰："待石乌龟解语，即向汝道。"

云："乌龟语也。"

曰："向汝道甚么？"

问："古人得个甚么便休去？"

曰："如贼入空屋。"

---

① 龙牙和尚：龙牙居遁禅师，俗姓黄，唐代曹洞宗禅僧，洞山良价禅师法嗣。
② 新丰和尚：即洞山良价禅师。良价于唐大中末年在新丰山接引学徒。

357. 报慈丝毫不隔

报慈屿和尚①，僧问："心眼相见时如何？"
曰："向汝道甚么？"
问："如何是实见处？"
曰："丝毫不隔。"
云："与么即见也。"
曰："南泉②甚好去处。"
问："如何是西来意？"
曰："昨夜三更送过江。"
问："临机便用时③如何？"
曰："海东④有果树头心。"

358. 蜀川水上卓旗

西川西禅和尚⑤，僧问："佛是摩耶降⑥，未审和尚是谁家子？"
曰："水上卓红旗。"
问："三十六路⑦，阿那个一路最妙？"

---

① 报慈屿和尚：报慈藏屿禅师，曹洞宗禅僧，龙牙居遁禅师法嗣。
② 南泉：山名，在池州（今安徽省贵池市），普愿禅师道场。
③ 时：原本无。依《景德录》卷二十《报慈藏屿禅师》和《续藏》本补。
④ 海东：海之东部，常指日本。
⑤ 西川西禅和尚：当为蜀川西禅和尚，唐代曹洞宗禅僧，曹山本寂禅师法嗣。
⑥ 摩耶：释迦牟尼之生母。
⑦ 三十六路：指武术中的套路。

曰:"不出第一手。"

云:"忽被出头时如何?"

曰:"脊著地也不难。"

359. 太原已相见了

太原孚上座①在雪峰掌浴室,玄沙和尚问讯雪峰次,峰云:"我此间有个老鼠,今在浴室下。"

沙云:"待与和尚勘过。"

才去,见孚上座打水次,乃云:"新到相看。"

孚云:"已相见了也。"

沙云:"甚么劫中曾相见来?"

孚云:"莫瞌睡。"

沙复去白雪峰云:"已勘破了也。"

峰云:"作么生勘?"

沙举前话。峰云:"汝著贼了也。"

　　妙喜曰:又勘破一个。

360. 真净唯用自心

朱世英②待制尝以书问真净和尚云:"佛法至妙,日用如何用

---

① 太原孚上座:唐代青原系禅僧,雪峰义存禅师法嗣。原本此段紧接上一段,不分段,据内容当分段。《续藏》本似乎是分段的。
② 朱世英:事迹不详,当是显谟阁待制。此内容亦载于《居士分灯录》卷下《显谟朱世英》。

心？如何体究？望慈悲指示。"

真净曰："佛法至妙无二，但未至于妙，则互有长短。苟至于妙，则悟心之人如实知自心究竟，本来成佛，如实自在，如实安乐，如实解脱，如实清净，而日用唯用自心，自心变化，把得便用，莫问是之与非，拟心思量，早不知也。不拟心，一一天真，一一明妙，一一如莲花不著水，心清净超于彼。所以迷自心故作众生，悟自心故成佛。而众生即佛，佛即众生，由迷悟故有彼此也。如今学道人多不信自心，不悟自心，不得自心明妙受用，不得自心安乐解脱，心外妄求禅道，妄立奇特，妄生取舍。纵修行，落外道、二乘禅寂断见境界。所谓修行，恐落断常坑①。其断见者，断灭却自心本妙明性，一向心外著空滞禅寂。常见者，不悟一切法空，执着世间诸有为法②以为究竟也。"

361. 西堂尽答言有

西堂藏和尚③，有俗士问："有天堂、地狱否？"

曰："有。"

云："有佛、法、僧宝否？"

曰："有。"更有多问，尽答言有。

云："和尚恁么道，莫错否？"

曰："汝曾见尊宿来邪？"

---

① 断常坑：断见和常见之坑。
② 有为法：由因缘和合所造作的现象。
③ 西堂藏和尚：西堂智藏禅师，俗姓廖，唐代南岳系禅僧，马祖道一禅师法嗣。

云:"某甲曾参径山和尚①来。"

曰:"径山向汝作么生道?"

云:"佗道一切总无。"

曰:"汝有妻否?"

云:"有。"

曰:"径山和尚有妻否?"

云:"无。"

曰:"径山和尚道无即得。"

362. 李翱马师言教

李尚书②问僧:"马大师有甚么言教?"

僧云:"大师或说即心即佛,或说非心非佛③。"

李云:"总过遮边。"

李却问西堂藏和尚:"马大师有甚么言教?"

藏召尚书,李应诺。

藏曰:"鼓角④动也。"

---

① 径山和尚:径山鉴宗禅师,俗姓钱,唐代南岳系禅僧,盐官齐安国师法嗣。
② 李尚书:李翱(772~841),字习之,佛教居士,唐代儒学家,主张融合佛教,提出"复性说"。
③ 大师或说即心即佛,或说非心非佛:马祖道一对不信自心佛性者,说即心即佛,而对执着于即心即佛者,则说非心非佛。
④ 鼓角:战鼓和号角。

363. 常兴汝何多事

泐潭兴和尚①，南泉至，见兴面壁，泉乃拊兴背。

兴问："汝是阿谁？"

曰："普愿。"

兴云："如何？"

曰："也寻常。"

云："汝何多事？"

　　妙喜曰：也要验过。

364. 智岩我狂欲醒

牛头山岩②禅师，隋大业③中为郎将，常以弓挂一滤水囊，随行所至汲用，累从大将征讨，频立战功。唐武德④中，年四十，遂乞出家，入舒州皖公山，从宝月⑤禅师为弟子。尝在谷中入定，山水暴涨，怡然不动，其水自退。有昔同从军者二人，闻岩隐遁，乃共入山寻之。既见，谓岩曰："郎将狂邪？何为住此？"答曰："我狂欲醒，君狂正发。夫嗜色淫声，贪荣冒宠，流转生死，何由自出？"二人感悟叹息而去。

---

① 泐潭兴和尚：泐潭常兴禅师，唐代南岳系禅僧，马祖道一禅师法嗣。
② 牛头山岩：牛头智岩，俗姓华，唐代牛头宗禅僧，牛头法融禅师法嗣。
③ 大业：隋朝年号，605~618。
④ 武德：唐朝年号，618~626。
⑤ 宝月：唐代禅师，具体事迹不详。

岩后入牛头山，谒融禅师发明大事。融谓曰："吾受信大师①真诀，所得都亡。设有一法过于涅槃，吾说亦如梦幻②。夫一尘飞而翳天，一芥堕而覆地。汝今已过此见，吾复何云？"

365. 六祖示卧轮偈③

六祖闻僧举卧轮④偈云："卧轮有伎俩，能断百思想。对境心不起，菩提日日长。"祖曰："此偈未明心地，若依而行之，是加系缚。因示一偈曰：'慧能没伎俩，不断百思想。对境心数起，菩提作么长？'"

366. 疏山腊月莲花

疏山和尚⑤，有僧为造寿塔了，来白⑥疏山。山问："汝将多少钱与匠人？"

僧云："一切在和尚。"

山曰："为将三文钱与匠人？为将两文钱与匠人？为将一文钱与匠人？若道得，与吾亲造塔。"僧无对。

---

① 信大师：四祖道信。
② 此四句指法融禅法体现一切皆无的思想。
③ 此则公案，《请益录》概括为"卧轮伎俩"。
④ 卧轮：唐代僧人，事迹不详，在《坛经》中有所提及。
⑤ 疏山和尚：疏山匡仁禅师。
⑥ 白：对某某说，告诉。

罗山①时在大庾岭②住庵,其僧到,罗山问:"甚处来?"

云:"疏山来。"

罗山曰:"近日有何言句?"

僧举前话。

罗山曰:"还有人道得否?"

僧云:"未有人道得。"

罗山曰:"汝却回举似疏山道:'大岭③闻举,云:若将三文钱与匠人,和尚此生决定不得塔;若将两文钱与匠人,和尚与匠人共出一只手;若将一文钱与匠人,带累匠人眉须堕落。'"

其僧便回,举似疏山。山闻此语,便具威仪,望大岭礼拜,叹云:"将谓无人④,大岭有古佛,放光射到此间。"却向僧曰:"汝去向大岭道:'犹如腊月莲花⑤。'"

僧复持此语举似罗山,山曰:"早已龟毛长数丈⑥。"

367. 主事礼拜狗子

昔有僧到翠岩⑦相看,值不在,遂看主事⑧,事云:"参见和尚也未?"

---

① 罗山:罗山道闲禅师。
② 大庾岭:山名,在今广东北部。
③ 大岭:罗山道闲自称。
④ 将谓无人:本以为禅门中没有高僧。
⑤ 腊月莲花:莲花一般不在腊月开放,腊月里的莲花,形容非常稀有。
⑥ 龟毛长数丈:禅宗常用龟毛、兔角这些不存在的事物表示否定。
⑦ 翠岩:翠岩令参,五代青原系禅僧,雪峰义存禅师法嗣。宗杲此著中凡单独讲翠岩均指翠岩令参,涉及其他僧人则会标出,如翠岩真、翠岩芝等。
⑧ 主事:指禅门中的监事、维那、典座、直岁等四职。

曰:"未。"

事乃指狗子,云:"上人要见和尚,但礼拜遮狗子。"

僧无语。后翠岩归,闻得,乃云:"作么生免得与么无语?"

云门云:"欲观其师,先观弟子。"

　　妙喜曰:当时若作遮僧,便礼狗子一拜。

368. 祖师相见机缘

十八祖伽耶舍多①至月氏②国,见十九祖鸠摩罗多③。

问:"是何徒众?"

祖云:"是佛弟子。"

彼闻佛号,心神竦然,即时闭户。祖良久,扣其门,彼曰:"此舍无人。"

祖曰:"答者是谁?"彼闻语异,遽开门。

汾州昭④代云:"洎合⑤忘却。"

369. 疏山有曹家女

疏山仁和尚手握木蛇,有僧问:"手中是甚么?"

---

① 伽耶舍多:禅宗西天二十八祖中的第十八祖。
② 月氏:西域国名,又作月支。氏,音 zhī。《五灯会元》卷一作"大月氏"。
③ 鸠摩罗多:禅宗西天二十八祖中的第十九祖。
④ 汾州昭:汾阳善昭。
⑤ 洎合:几乎。洎,原本作"泊",依《汾阳无德禅师语录》卷上改。

山提起曰:"曹家女①。"

问:"如何是和尚家风?"

曰:"尺五头巾。"

曰:"如何是尺五头巾?"

曰:"圆中取不得。"

又举香严语②问镜清③:"肯重不得全,道者④作么生会?"

清云:"全归肯重。"

曰:"肯重不得全,又作么生?"

清云:"个中无肯路。"

曰:"始惬病僧意。"

370. 韶山青青黯黯

韶山普⑤和尚因遵布衲到山下相见,遵便问:"韶山路向甚处去?"

山以手指曰:"呜!那青青黯黯处去。"

---

① 疏山此语引来诸方参颂。如:"别面不如花有笑,离情难似竹无心。因人说著曹家女,引得相思病转深。"(《宗鉴法林》卷六十三)
② 据《联灯会要》卷八《香严智闲禅师》:疏山时在众,作呕声,云:"是何言欤?"智闲问:"谁?"众云:"师叔。"智闲云:"不肯老僧那?"疏山出众,云:"是。"智闲云:"师叔莫道得么?"疏山云:"道得。"智闲云:"试道看。"疏山云:"若教某甲道,须还师资礼始得。"智闲下座,让坐作礼,蹑前问。疏山云:"万机休罢,犹有物在。千圣不携,亦从人得。"智闲云:"请师叔道。"疏山云:"肯重不得全。"智闲云:"肯又肯个甚么?重又重阿谁?"疏山云:"肯则肯他诸圣,重则重自己灵。"智闲云:"饶汝恁么,也须倒屙三十年。设有住处,近山无柴烧,近水无水吃,分明记取。"
③ 镜清:镜清道怤禅师。
④ 道者:对禅僧的尊称。《景德传灯录》卷十七作"怤道者"。
⑤ 韶山普:韶山寰普禅师,唐代青原系禅僧,夹山善会禅师法嗣。

遵近前把住,云:"久响韶山,莫便是否?"

曰:"是即是,阇梨有甚事?"

云:"拟伸一问,师还答否?"

曰:"想君不是金牙作,争解弯弓射尉迟①?"

云:"凤凰直入烟霄内,谁怕林间野雀儿?"

曰:"当轩画鼓从君击,试展家风似老僧。"

云:"一句迥超千圣外,松萝不与月轮齐。"

曰:"饶君直出威音外,犹较韶山半月程。"

云:"未审过在甚么处?"

曰:"佪㑂之词,时人知有。"

云:"与么则真玉泥中异,不拨万机尘?"

曰:"鲁般②门下,徒施巧妙。"

云:"某甲只与么,和尚又如何?"

曰:"玉女夜抛梭,织锦于西舍。"

云:"莫便是和尚家风也无?"

曰:"耕夫制玉漏③,不是行家作。"

云:"此犹是文言,作么生是和尚家风?"

曰:"横身当宇宙,谁是出头人?"

山复曰:"阇梨有冲天之气,老僧有入地之谋。阇梨横吞巨海,老僧背负须弥。阇梨按剑上来,老僧亚枪相待。向上一路④,速道!速道!"

---

① "想君不是金牙作"二句:典出尉迟敬德与金牙的争斗,意指弯弓射尉迟,须是金牙作。
② 鲁般:鲁班。
③ 玉漏:古代计时的漏壶。
④ 向上一路:比喻禅法的最微妙之处。

遵云:"明镜当台,请师一鉴。"

曰:"不鉴。"

云:"为甚不鉴?"

曰:"浅水无鱼,徒劳下钓。"

遵无语,山便打。

妙喜曰:笑杀睦州陈尊宿。

371. 琅邪自卖自买

琅邪觉和尚示众,举:"僧问马祖:'如何是佛?'曰:'即心是佛。'云:'如何是道?'曰:'无心是道。'云:'佛与道相去多少?'曰:'佛如展手,道如握拳。'古人方便即不无①,山僧遮里也有些子,若无人买,山僧自卖自买去也。如何是佛?岩前多瑞草。如何是道?涧下足灵苗。佛与道相去多少?数片白云笼古寺,一条绿水绕青山。"

又示众,举:"先梁山②云:'南来者与三十棒,北来者与三十棒。然虽如是,不当宗乘。'梁山好一片真金,将作顽铁卖却。琅邪即不然:南来者与三十棒,北来者与三十棒,从教天下衲僧贬剥③。"

---

① 无:《古尊宿语录》做"可",见《古尊宿语录》卷四十六《琅玡山觉和尚语录》。
② 梁山:梁山缘观禅师,曹洞宗禅僧,同安志禅师法嗣。见《蕉庵范禅师语录》卷五,《嘉兴藏》本。
③ 贬剥:贬斥批驳。

372. 泐潭快便难逢

泐潭准和尚示众云①："欲识佛性义，当观时节因缘。记得昔日，僧问云门：'如何是云门一曲？'门云：'腊月二十五。'僧云：'唱者如何？'曰：'且缓缓。'诸禅德，遮个岂不是时节？且作么生会云门意？云门一曲，清声透处，该括十方，和者难齐，非同六律。所以道，东家唱歌，西家不得默坐。宝峰②今日快便难逢③，也唱一遍，供养大众，谛听！谛听！"乃引声唱云："啰啰哩，哩哩啰。天寒，且唱一半，归堂，吃茶。"

又，社日，示众云："万般施设不如常，又不惊人又久长。如常恰似秋风至，无意凉人人自凉。甜瓜彻蒂甜，苦瓠连根苦。今朝四海九州人，尽拜社翁并社母。唯有七十二候年④，王冷地里觜卢都⑤。一场莽卤⑥。"

373. 打地寻棒不见

打地和尚⑦自江西⑧领旨，自晦其名，凡学者致问，唯以棒

---

① 此段泐潭文准开示，少见于他处。
② 宝峰：泐潭文准自称，此时居宝峰禅院。
③ 快便难逢：千载难逢的好机会。
④ 七十二候年：一年有七十二候，五日一候。
⑤ 卢都：嘴唇鼓翘貌，表示不满。
⑥ 莽卤：模糊、粗疏。
⑦ 打地和尚：唐代南岳系禅僧，马祖道一禅师法嗣。
⑧ 江西：指马祖道一禅师。

打地而示之，时谓之"打地和尚"。一日被僧藏却棒，然后问。师回头寻棒不见，乃云："若在遮里，洎著一棒。"

有问门人曰："只如和尚每有人问便打地，意旨如何？"门人即于灶底取柴一片，掷在釜中。

妙喜曰：养子不及父，家门一世衰。

374. 谷山声色纯真①

谷山②问秀溪和尚③："声色纯真，如何是道？"

溪曰："乱道作么？"

山却从东边过西边立。

溪曰："若不恁么即祸事也。"

山却过东边。溪乃下禅床，方行两步，被谷山捉住，云："声色纯真事作么生？"溪便掌。

山云："十年后要个人下茶也无。"

溪曰："要谷山老汉作么？"

谷山呵呵大笑三声。

375. 华林磕破钟楼

华林和尚④，有僧来参，方展坐具，林曰："缓！缓！"

---

① 此则公案，《禅苑蒙求瑶林》概括为"谷山声色"。
② 谷山：唐代禅僧，具体事迹不详。
③ 秀溪和尚：潭州秀溪禅师，唐代南岳系禅僧，马祖道一禅师法嗣。
④ 华林和尚：华林善觉禅师，唐代南岳系禅僧，马祖道一禅师法嗣。

僧云："和尚见甚么？"

曰："可惜许，磕破钟楼。"

其僧从此悟入。

376. 疏山畐塞虚空

黄檗慧和尚①参疏山仁和尚，初到时正值坐法堂受参，慧先顾视大众，然后致问，曰："刹那便去时如何？"

山曰："畐塞②虚空，汝作么生去？"

慧曰："畐塞虚空，不如不去。"

山便休。慧下堂，参第一座，座曰："适观上座祇对和尚，语甚奇特。"

慧曰："此乃率尔③，实自偶然，敢望慈悲，开示愚迷。"

座曰："一刹那间，还有拟议否？"

慧于言下大悟。

377. 盘山开悟因缘

盘山和尚在马大师会下，出街中教化，忽见一客人买猪肉，谓屠者曰："精底割一斤来。"屠者放下刀，叉手云："长史，那个不是精底？"山于此有省。

---

① 黄檗慧和尚：曹洞宗禅僧，疏山匡仁禅师法嗣。
② 畐塞：据《一切经音义》卷七十五，"经文作'逼'，误也"。畐，满也。
③ 率尔：此处作"直率"解。

后一日出门,见人舁丧①,歌郎振铃云:"红轮决定沉西去,未委魂灵往那方?"幕下孝子哭云:"哀!哀!"山乃大悟,踊跃而归,马祖印其所证。

山临迁化,谓众曰:"还有人邈得吾真否?"众或写得真,呈,皆不契,时普化②出云:"某甲邈得和尚真。"

山云:"呈似老僧看。"

化乃打筋斗而出。

山云:"遮厮儿,向后甚么处掣风颠去?"

378. 夹山不惜眉毛

夹山会下,有僧到石霜③,才跨门,便云:"不审④。"

霜曰:"不必,阇梨。"

僧云:"恁么,则珍重。"

其僧又到岩头⑤处,依前云"不审"。头嘘一声,僧云:"恁么,则珍重。"僧方回身,头曰:"虽是后生,亦能管带。"

其僧归,举似夹山。山上堂云:"前日到岩头、石霜底阿师,出来如法举着。"

僧举了,山云:"大众,还会么?"

---

① 舁丧:抬棺材发丧。舁,音 yú,抬。
② 普化:镇州普化和尚,唐代南岳系禅僧,盘山宝积禅师法嗣。
③ 石霜:石霜庆诸。
④ 不审:不清楚。
⑤ 岩头:岩头全豁禅师。

众无对,山云:"若无人道得,老僧不惜两茎眉毛①道去也。石霜虽有杀人刀,且无活人剑。岩头亦有杀人刀,亦有活人剑。"

妙喜曰:痴人面前不得说梦。

379. 法演未称平生

五祖演和尚示众云:"一向恁么去,路绝人稀;一向恁么来,辜负先圣。去此二途,祖佛不能近。设使与白云②同生同死,亦未称③平生④。何也?凤凰不是凡间鸟,不得梧桐誓不栖。"

又示⑤众云:"恁么恁么,蝦⑥跳不出斗;不恁么不恁么,弄巧成拙。软似铁,硬如泥⑦,金刚眼睛十二两,衲僧手里秤头低。有价数,没商量,无鼻孔底将甚么闻香?"

僧问:"如何是临济下事⑧?"

曰:"五逆⑨闻雷。"⑩

云:"如何是云门下事?"

曰:"红旗闪烁。"

云:"如何是曹洞下事?"

---

① 不惜两茎眉毛:即不惜因为使用语言揭示禅意而遭受惩罚。
② 白云:法演自称。
③ 称:适合。
④ 平生:向来,素来。
⑤ 示,原本作"誓",误,今依《续藏》本改。
⑥ 蝦:同"虾"。
⑦ 软似铁,硬如泥:对"硬似铁,软如泥"的反说。
⑧ 临济下事:指临济宗的宗旨、宗风。以下依次问及诸宗宗风。
⑨ 五逆:五种违逆佛理的重罪,指杀父、杀母、杀阿罗汉、出佛身之血、破和合之僧。
⑩ 宗杲曾颂此句问答说:"五逆闻雷,曾参颜回。一粒豆子,爆出冷灰。"(《大慧语录》卷十)

曰:"驰书不到家。"

云:"如何是沩仰下事?"

曰:"断碑横古路。"

僧礼拜。

演云:"何不问法眼下事?"

云:"留与和尚。"

曰:"巡人犯夜①。"

380. 慧棱开悟因缘

长庆棱和尚参灵云,棱问:"如何是佛法大意?"云曰:"驴事未去,马事到来。"棱如是往来雪峰、玄沙,二十年间不明此事。一日卷帘,忽然大悟,乃有颂曰:

也大差,也大差,卷起帘来见天下。

有人问我解何宗?拈起拂子劈口打。

峰举谓玄沙,曰:"此子彻②去也。"

沙云:"未可,此是意识著述③,更须勘过始得。"

至晚,众僧上来问讯,峰谓棱曰:"备头陀④未肯汝在,汝实有正悟,对众举来。"

棱又有颂云:

---

① 巡人犯夜:负责夜间巡察的人违反禁令而夜间行不轨之事。禅门中专门用于形容法眼宗风。

② 彻:开悟。

③ 意识著述:知见层面的表述。

④ 备头陀:玄沙师备。

万象之中独露身，唯人自肯乃方亲。

昔时谬向途中觅，今日看来火里冰。

峰乃顾沙曰："不可更是意识著述。"后乃住长庆①会下。

有匡桶头②常与众僧说话，一日棱入寮，见，乃问曰："你每日口唠唠作甚么？"

匡曰："一日不作，一日不食③。"

棱曰："恁么则磨弓发箭去。"

曰："专待尉迟来。"

棱曰："尉迟来后如何？"

云："待伊筋骨遍地，眼睛突出。"

棱便出去。

381. 六祖本来面目

蒙山明④禅师因趁卢行者⑤至大庾岭，行者见明至，即置衣钵于石上，曰："此衣表信，可力争耶？任君将去。"

明遂举之，如山不动，踟蹰悚栗，乃曰："我来求法，非为衣也，愿行者开示。"

---

① 长庆：寺名，福州长乐府长庆院。丛林因而称慧棱为"长庆慧棱"。
② 匡桶头：招庆道匡禅师。桶头，管掌桶类之禅寺僧。慧棱住长庆后，道匡在长庆门下任桶头。(见《五灯会元》卷八《道匡禅师》) 据《禅门锻炼说》："从上古锥欲磨厉人材也，丛林务行，无不命历。"所以沩山在百丈门下任典座，雪峰在德山门下任饭头，道匡在长庆门下任桶头，等等。
③ 一日不作，一日不食：本是百丈怀海所说，体现了禅的农禅合一的生活禅传统。怀海是福州长乐人，现在道匡居长乐的长庆院，所以以此作答，体现对禅的传承。
④ 蒙山明：蒙山道明，唐代禅僧，五祖弘忍禅师法嗣。
⑤ 卢行者：六祖慧能禅师，当时还未正式剃发出家，故称行者。

祖曰:"不思善,不思恶,正与么时?阿那个是明上座本来面目?"

明当下大悟,遍体汗流,泣泪作礼,问曰:"上来密语密意外,还更有意旨否?"

祖曰:"我今与汝说者即非密也,汝若返照自面目,密却在汝边。"

明曰:"某甲虽在黄梅①随众,实未省自己面目。今蒙指示入处,如人饮水,冷暖自知②。今行者即是某甲师也。"

祖曰:"汝若如是,则吾与汝同师黄梅,善自护持。"

382. 多福一丛竹子

多福和尚③,僧问:"如何是多福一丛竹?"

曰:"一茎两茎斜。"

云:"学人不会。"

曰:"三茎四茎曲。"

妙喜曰:饶汝"一茎两茎斜""三茎四茎曲",还我"多福一丛竹",又如何话会?

---

① 黄梅:五祖弘忍禅师(601~674),俗姓周,禅宗五祖,弘法道场在黄梅东山,四祖道信禅师法嗣。
② 如人饮水,冷暖自知:禅宗最著名的句子之一,此喻禅的亲证和悟境的不可说,只有亲身体验,才能有真正的理解。
③ 多福和尚:杭州多福和尚,唐代南岳系禅僧,赵州从谂禅师法嗣。

383. 首山切忌蹋著

首山念和尚，僧问："万机丧尽时如何？"

曰："死水不藏龙。"

云："动转后如何？"

曰："碧眼胡僧笑点头。"

问："如何是正修行路？"

曰："贫儿不杂食。"

云："撒手归家去也。"

曰："香臭不曾闻。"

问："如何是超佛越祖①之谈？"

曰："塞北风霜紧，江南雪不寒。"

问："承古有言：'自从一见桃花后，直至而今更不疑②。'意旨如何？"

曰："三尺杖子两人舁。"

云："还许学人舁也无？"

曰："放下着。"

问："如何是真如体？"

曰："敲砖打瓦。"

云："此意如何？"

曰："切忌蹋着。"

---

① 超佛越祖：禅的超越性体现。
② "自从一见桃花后"二句：出自灵云禅师悟道偈。

问:"如何是学人本来身?"
曰:"牵牛不入市。"

384. 真净不得礼拜

真净和尚示众云①:"洞山门下要行便行,要坐便坐②,钵盂里屙屎,净瓶中吐唾。执法修行,如牛拽磨。"

又示众云:"头陀石被莓苔裹,掷笔峰遭薜荔③缠。罗汉院一年度三个行者,归宗寺里参退吃茶。"

僧问:"如何是佛?"

师呵呵大笑。

僧云:"何笑之有?"

云:"我笑汝随语生解④。"

云:"偶然失利。"

师遂高声云:"不得礼拜。"

僧便归众。师复笑云:"随语生解。"

385. 明招弄泥团汉

明招和尚,因到泉州坦长老⑤处,坦云:"夫参学,一人所在

---

① 此则公案出自真净克文住洞山语录。
② 要行便行,要坐便坐:体现了禅的任运自然的特色。
③ 薜荔:薜荔多(preta)的简称,饿鬼之总称。
④ 随语生解:只是在名相上分析理解,而没有从自性上体究。
⑤ 坦长老:兴教坦禅师,此处所载之事也见《列祖提纲》卷十二《解制提纲》。

亦须到,半人所在亦须到。"

招便问:"一人所在即不问,作么生是半人所在?"

坦无语,后却令小师问招。

曰①:"你欲识半人所在么?也只是个弄泥团汉②。"

386. 奉先汝欠悟在

深③、明④二上座因到淮河,见人牵网,有鱼透出,深曰:"明兄,俊哉,一似个衲僧。"

明曰:"虽然如此,争似当初不撞入网罗好。"

深曰:"明兄,汝欠悟在。"明至半夜方省。⑤

妙喜曰:明上座省得底,且道是网罗里底?是出网罗底?

387. 雪峰鳌山成道

岩头同雪峰、钦山辞德山,山问:"甚么处去?"

曰:"暂辞和尚下山去。"

山云:"子佗后⑥作么生?"

---

① 曰:据《虚堂和尚语录》卷六,此句为"招云"。
② 弄泥团汉:玩泥团的人,比喻没有出格之机,极其平常。
③ 深:奉先深禅师,五代云门宗禅僧,云门文偃禅师法嗣。
④ 明:清凉智明禅师,五代云门禅僧,云门文偃禅师法嗣。
⑤ 宗杲曾颂此公案说:"俊哉一跃透重渊,霹雳追之去不还。却笑龙门烧尾者,依前点额在波澜。"(《大慧语录》卷十)
⑥ 佗后:今后。

头曰:"不忘和尚。"

山云:"子凭何有此语?"

头曰:"岂不闻道:'智与师齐,减师半德。智过于师,方堪传授①?'"

山云:"如是,如是,善自护持。"

于是三人取辞。钦山到澧州先住,二人到鳌山,阻雪。岩头每日只是打睡,雪峰一向坐禅。峰唤云:"师兄,师兄且起,只管打睡。"

头便喝曰:"噇眠去②,每日床上③,恰似个七村④里土地⑤,佗时后日⑥魔魅人家男女去在。"

峰自点胸⑦,云:"某甲遮里未稳⑧在,不敢自谩。"

头曰:"我将谓汝异日向孤峰顶上⑨盘结草庵,播扬大教,犹作遮个语话。若实如此,据汝见处,一一说来看。"

峰云:"初到浙中,见盐官和尚⑩举色空义,得个入处。"

头曰:"此去三十年,切忌举著。"

峰云:"又因见洞山和尚过水悟道颂⑪,有个省处。"

---

① "智与师齐"四句:语出临济义玄,"智",临济作"见"。体现禅的超越性精神。
② 噇眠去:吃饱了去睡。反映岩头禅师反对自六祖慧能以来的以坐禅为修的禅风。
③ 每日床上:据《五灯会元》卷七《雪峰义存禅师》,床字后有"坐"字,明确了在禅床上坐禅。
④ 七村:律典中常说一村至七村,并非特指,佛经中经常以七为限,表示多。
⑤ 土地:指土地庙中的土地神,坐着不动。
⑥ 佗时后日:将来。
⑦ 点胸:此处只是指以手指着自己的胸。
⑧ 遮里未稳:心里没有开悟,所以不踏实、不稳当。
⑨ 孤峰顶上:形容禅的境界达到最高。
⑩ 盐官和尚:盐官齐安禅师,俗姓李,唐代南岳系禅僧,马祖道一禅师法嗣。
⑪ 见本书第305则。

头曰:"若恁么,自救也未彻在。"

峰云:"又问德山:'从上宗乘中事,学人还有分也无?'德山打一棒,云:'道甚么?'我此时豁然如桶底脱。"

头喝曰:"汝不闻道'从门入者,不是家珍①'?"

峰云:"如何即是?"

头曰:"佗后若欲播扬大教,一一从自己胸襟流出将来,与我盖天盖地去。"

峰于言下大悟,跳下礼拜起来,连声云:"师兄,今日始是鳌山成道②,今日始是鳌山成道。"

388. 天台澡浴省话

韶国师在众时,问龙牙③:"天不能盖、地不能载时如何?"

牙曰:"道者,合如是。"

韶经十七次问,牙云:"道者,若为汝说,恐汝已后骂我去在。"韶后住天台通玄峰,因澡浴次,忽省前话,便具威仪焚香,望龙牙礼拜,云:"当时若与我说破,我今日定骂佗也。"

妙喜曰:即今也不少。

---

① 从门入者,不是家珍:不是从自家发掘出来的,而是从门外得到的,就不是自家的本有珍宝。禅宗强调自家宝藏。
② 鳌山成道:在鳌山这个地方成就道果。
③ 龙牙:龙牙居遁禅师。

389. 六祖示法华意

达禅师①礼拜六祖,头不至地,祖呵曰:"礼不投地,何如不礼?汝心中必有一物,蕴习何事邪?"

曰:"念《法华经》已及三千部。"

祖曰:"汝若念至万部,得其经意,不以为胜,则与吾偕行。汝今负此事业,都不知过。听吾偈曰:礼本折慢幢,头奚不至地?有我罪即生,亡功福无比。"

祖又曰:"汝名甚么?"

对曰:"名法达。"

祖曰:"汝名法达,何曾达法?"复说偈曰:

  汝今名法达,勤诵未休歇。
  空诵但循声,明心号菩萨。
  汝今有缘故,吾今为汝说。
  但信佛无言,莲华从口发。

师闻偈,悔过曰:"而今而后当谦恭一切,惟愿和尚大慈,略说经中义理。"

祖曰:"汝念此经,以何为宗?"

师曰:"学人愚钝,从来但依文诵念,岂知宗趣?"

祖曰:"汝试为吾念一遍,吾当为汝解说。"

师即高声念经,至《方便品》,祖曰:"止,此经元来以因缘

---

① 达禅师:洪州法达,唐代禅僧,六祖慧能禅师法嗣。

出世为宗,纵说多种譬喻,亦无越于此。何者?因缘唯一大事,一大事即佛知见也。汝慎勿错解经意,见佗道'开示悟入',自是佛之知见,我辈无分。若作此解,乃是谤经毁佛也。彼既是佛,已具知见,何用更开?汝今当信佛知见者,只汝自心,更无别体①。盖为一切众生自蔽光明,贪爱尘境,外缘内扰,甘受驱驰,便劳佗从三昧起,种种苦口,劝令寝息。莫向外求,与佛无二,故云开佛知见。汝但劳劳执念谓为功课者,何异牦牛爱尾②也?"

师曰:"若然者,但得解义,不劳诵经邪。"

祖曰:"经有何过?岂障汝念?只为迷悟在人,损益由汝。听吾偈曰:心迷法华转,心悟转法华。诵久不明己,与义作仇家。无念念即正,有念念成邪。有无俱不计,长御白牛车。"

师闻偈,再启曰:"经云:诸大声闻乃至菩萨皆尽思度量,尚不能测于佛智③。今令凡夫但悟自心,便名佛之知见,自非上根,未免疑谤。又经说三车,大牛之车与白牛车④如何区别?愿和尚再垂宣说。"

祖曰:"经意分明,汝自迷背。诸三乘人不能测佛智者,患在度量也。饶伊尽思共推,转加悬远。佛本为凡夫说,不为佛说。此理若不肯信者,从佗退席。殊不知坐却白牛车,更于门外

---

① "汝今当信佛知见者"三句:慧能对于《法华经》之佛知见(智慧)的解释,众生自有佛知见。
② 牦牛爱尾:典出《法华经》卷一《方便品》,众生"深著于五欲,如牦牛爱尾,以贪爱自蔽,盲瞑无所见"。据说,牦牛非常喜爱尾巴,如果受猎人追赶,尾巴被挂住,宁可死掉,也要保护尾巴。佛教中用以比喻因为爱而没有智慧。
③ 《法华经》卷一《方便品》:"假使满世间,皆如舍利弗,尽思共度量,不能测佛智。"
④ 大牛之车与白牛车:《法华经》有三车之喻,三车之中有牛车,但又讲大白牛车,牛车和大白牛车的关系引起不同的理解。

觅三车。况经文明向汝道：无二亦无三。汝何不省三车是假，为昔时故，一乘是实，为今时故？只教汝去假归实，归实之后，实亦无名。应知所有珍财尽属于汝，由汝受用，更不作父想，亦不作子想，亦无用想，是名持《法华经》，从劫至劫手不释卷，从昼至夜无不念时也。"

  师既蒙启发，踊跃欢喜，以偈赞曰：

    经诵三千部，曹溪一句亡。
    未明出世旨，宁歇累生狂？
    羊鹿牛①权设，初中后善扬。
    谁知火宅内，元是法中王。

  祖曰："汝今后方可名为念经僧也。"

390. 玄沙是自家事

  玄沙和尚问雪峰："某甲如今大用去，和尚作么生？"

  峰遂将三个木球②一时抛出，沙遂作斫牌势，峰曰："汝亲在灵山，方得如此。"

  沙云："也只是自家事。"

    妙喜曰：只许老胡知，不许老胡会。

---

① 羊鹿牛：三车，即羊车、鹿车和牛车。
② 球：本指充填毛的皮球，此处指木制的球。

391. 渐源觅先师骨

渐源①随侍道吾②往吊慰，源乃拊棺云："生邪？死邪？"

吾曰："生也不道，死也不道。"

源云："为甚不道？"

吾曰："不道！不道！"

回至中路，源云："和尚快与某甲道，若不道，打和尚去也。"

吾曰："打即任打，道即不道。"

源便打。吾归院，曰："汝宜离此去，恐知事③得知不便。"

源至石霜④，举前话请益，霜曰："生也不道，死也不道。"

源云："为甚不道？"

霜曰："不道！不道！"源于此有省。

道吾迁化后，源将锹子于法堂上从西过东，从东过西。⑤

霜曰："作甚么？"

源云："觅先师灵骨。"

霜曰："洪波浩渺，白浪滔天，觅甚么先师灵骨？"

源云："正好著力。"

---

① 渐源：渐源仲兴禅师，唐代青原系禅僧，道吾宗智禅师法嗣。
② 道吾：道吾宗智禅师。
③ 知事：寺院中主管种种事务的职务的总称，包括都寺、监寺、副寺、维那、典座、直岁等。
④ 石霜：石霜庆诸。
⑤ 此句以下构成的公案，《虚堂集》称为"渐源持锹"，《禅苑蒙求瑶林》称为"渐源觅骨"。

霜曰："遮里针劄①不入，著甚么力？"源持锹肩上便出。②

保宁勇和尚颂云："终日挨门复倚楼，几回明镜照梳头。一从事得潘郎后，也解人前不识羞。"

392. 晦堂无诤三昧

晦堂和尚③示众云："不与万法为侣，即是无诤三昧④。便恁么去时，争奈弦急则声促。若能向紫罗帐里撒真珠，未必善因而招恶果。"

又示众云："'碍处非墙壁，通处没虚空。若能如是会，心色本来同⑤。'拂子是色，那个是心？灵利汉才闻举著，隔墙见角，早知是牛⑥，更若拟议思量，白云千里万里。"

393. 灵云灵柱怀胎

灵云和尚因长生⑦问："混沌未分时如何？"

曰："灵柱怀胎。"

云："分后如何？"

---

① 劄：针刺。
② 此则公案，收入《碧岩录》第五十五则。
③ 晦堂和尚：黄龙祖心禅师。
④ 无诤三昧：住于空理，与他无诤的禅定。
⑤ 此四句为长沙景岑禅师偈颂。
⑥ 隔墙见角，早知是牛：比喻能够从事物的部分特点而了知其整体，举一而反三，体现推理的意义。
⑦ 长生：这一时期称为"长生"的较著名者，有青原下六世的长生皎然禅师。

曰:"如片云点太清①。"

云:"未审太清还受点也无?"

云:"不对。"

生云:"恁么则含生②不来也。"

云:"亦不对。"

生云:"直得纯清绝点时如何?"

曰:"犹是真常③流注。"

生云:"如何是真常流注?"

曰:"似镜常明。"

云:"未审向上还有事也无?"

曰:"有。"

生云:"如何是向上事?"

曰:"打破镜来与汝相见。"

394. 云门三家村汉

云门和尚有时云:"灯笼是你自己,把钵盂噇饭,饭不是自己。"

有僧便问:"饭是自己时如何?"

门云:"遮野狐精,三家村里汉④。"

---

① 片云点太清:《楞严经》云:"当知虚空生汝心内,如片云点太清里,况诸世界在虚空耶?"(《楞严经》卷九)
② 含生:有生命的动物或人。
③ 真常:真实常住的境界。
④ 三家村里汉:比喻没有见识的人,来自偏僻地区的见识极少的人。

复云:"来,来,不是你道'饭是自己'?"

云:"是。"

曰:"驴年梦见三家村里汉。"

妙喜曰:用尽自己心,笑破佗人口。

395. 石门通上彻下

石门聪和尚示众云:"第一句①道得,石里进出;第二句②道得,挨拶将来;第三句③道得,自救不了。"

又,示众云:"五白猫儿爪距狞,养来堂上绝虫行。分明上树安身法,切忌遗言许外生。作么生是'许外生'底句?莫错举。"

僧入室问:"正当与么时,还有师也无?"

曰:"灯明连夜照,甚处不分明?"

僧云:"毕竟事如何?"

曰:"来日是寒食。"

问:"古人急水滩头毛球子,意旨如何?"

曰:"云开月朗。"

问:"急水滩头④连底石,意旨如何?"

---

① 第一句:超越于语言文字的体现禅的本质的宗门语句。在第一句上悟得,才能超佛越祖,如临济义玄所说,第一句中荐得,可与祖佛为师。
② 第二句:相对于第一句,只是表达平常意义的没有玄妙禅意的句子。在第二句上理解禅,要挨打了,义玄说,第二句中荐得,只能与天和人为师。
③ 第三句:相对于第一句、第二句而言,是远离禅的意义的似是而非的言句。义玄说,如果在第三句上明白所谓禅理,自救不了。
④ 头:《续藏》本作"问",误。

曰:"屋破见青天。"

云:"屋破见青天,意旨如何?"

曰:"通上彻下。"

396. 报慈闻声发问

报慈①闻鸠子鸣,乃问僧:"是甚么声?"

云:"鹁鸠声。"

慈曰:"欲得不招无间业,莫谤如来正法轮。"

397. 守初自牧一牛

洞山初和尚《牛儿颂》②:

自牧一牛儿,出入无栏圈。

放在芳草中,毛色方能显。

朝去无人趁,暮归无人唤。

其力不可当,有角无鼻绻。

不使任从伊,使着随人转。

天下无荒田,尽是此牛变。

有人若觅伊,走去天涯畔。

牵来似诸人,问汝见不见?

---

① 报慈:报慈行言禅师,五代法眼宗禅僧,法眼文益禅师法嗣。
② 《牛儿颂》:以牛为题揭示禅的自由境界。

398. 云峰知心体合

云峰悦和尚示众,举:"教中道:'此见及缘,元是菩提妙净明体①。'又道:'林木池沼,皆演法音;交光相罗,如宝丝网②。'奇怪,诸禅德:古圣与么说话,唤作回首尘劳,曲开方便。所以道,'如我按指,海印发光,汝暂举心,尘劳先起③。'会么?拂子且将挥世界,拄杖权为答话人。"以拂子击一击,又示众云:"'有情之本,依智海以为源,含识之流,总法身而为体④。'只为情生智隔,想变体殊,达本情亡,知心体合。诸禅德,会么?古佛与露柱相交,佛殿与天王斗额。若也不会,单重交拆。"

399. 马祖下觑上觑

庞居士问马祖曰:"不昧本来人⑤,请师高著眼。"

祖直下觑,士曰:"一种没弦琴,唯师弹得妙。"

祖直上觑,士乃作礼。

祖⑥归方丈,士随后入,曰:"弄巧成拙。"

---

① "此见及缘"二句:出自《楞严经》卷二。
② "林木池沼"四句:出自《楞严经》卷六。
③ "如我按指"四句:出自《楞严经》卷四。
④ 此四句是云峰文悦禅师之师大愚守芝所说。"依",大愚作"同",见《古尊宿语录》卷二十五《大愚语录》。
⑤ 本来人:保持本来状态、本来面目,即清净本性的人。
⑥ "祖",原本作"马",依《续藏》本改。

妙喜曰：马师觑上觑下即不无，争奈昧却本来人。居士虽然礼拜，浑仑①吞个枣。马祖归方丈，士随后入云："弄巧成拙。"救得一半。

400. 药山莫作等闲

药山和尚示众云："祖师只教汝保护，若贪嗔起来，切须防禁，莫教柢触。是你欲知枯木、石头却须担荷，实无枝叶可得②。虽然如此，更宜自看，不得绝却言语③。我今为汝说遮个语，显无语底④，佗那个本来无耳目等貌。"

时有僧问："云何有六趣⑤？"

师云："我此要轮，虽在其中，元来不染。"

问："不了身中烦恼时如何？"

师曰："烦恼作何相状？我且要你考看。更有一般底，只向纸背上记持言语，多被经论惑。我不曾看经论册子，汝只为迷事，走失自家，不定所以，便有生死心，未学得一言半句，一经一论，便说与么菩提涅槃，世摄、不摄。若如此解，即是生死。

---

① 浑仑：囫囵，整个。
② 此语体现药山禅法的无得思想。
③ 不得绝却语言：禅家讲不立文字，但"不立"两字本身已是语言文字，所以，不能完全离却言语，又不能执着于文字。
④ 说而无说，此是说不可说之说。
⑤ 六趣：佛教认为众生轮回的六种归趣，即地狱趣、饿鬼趣、畜生趣、阿修罗趣、人趣、天趣。

若不被此得失系缚，便无生死。汝见律师①说甚么尼萨耆②、突吉罗③，最是生死本。虽然与么，穷生死且不可得。上至诸佛，下至蝼蚁，尽有此长短好恶，大小不同。若也不从外来，何处有闲汉掘地狱待你？你欲识地狱道，只今镬汤煎煮者是；欲识饿鬼道，只今多虚少实、不令人信者是；欲识畜生道，见今不识仁义、不辨亲疏者是，岂非披毛戴角、斩割倒悬？欲识人天，只今清净威仪、持瓶挈钵者是。切须保任，免堕诸趣。第一不得弃遮个，遮个不是易得，须向高高山顶立，深深海底行④。此处行不易，方有少分相应。如今出头来，尽是多事人，觅个痴钝汉不可得。莫只记册子中言语，以为自己见知，见佗不解者，便生轻慢。此辈尽是阐提外道。此心直不中，切须审悉。与么道，犹是三界边事，莫在衲衣下空过，到遮里更微细在，莫作等闲，须知。珍重！"

401. 翠岩邪法难扶⑤

翠岩和尚，僧问："凡有言句，尽是点污，如何是向上事？"曰："凡有言句，尽是点污。"

---

① 律师：专门研究佛教戒律的法师。
② 尼萨耆：尼萨耆波逸提的简称，尼萨耆为尽舍，波逸提为堕。是关于财物方面的戒律规定，将不与而取的财物应当全部舍还，并当众忏悔，否则将堕入地狱。
③ 突吉罗：戒律的罪名，恶作恶说。
④ 高高山顶立，深深海底行：前者喻觉悟的境界，后者喻救世的深度。思想立意高远，行动落于实处。
⑤ 此则公案见《景德传灯录》卷十八《明州翠岩令参禅师》。

问:"古人拈椎、竖拂①,意旨如何?"

曰:"邪法难扶。"

问:"僧繇②为甚么写志公③真不得?"

曰:"作么生合杀④?"

问:"险恶道中,以何为津梁?"

曰:"药山再三叮嘱。"

402. 广慧锹爬钁子

广慧真和尚⑤,僧问:"如何是广慧境?"

曰:"山寺前头资庆后。"

问:"如何是和尚家风?"

曰:"枚⑥爬钁子。"

风穴一日问真园头⑦:"会昌沙汰⑧时,护法善神向甚么处去?"

曰:"常在阛阓⑨中,要且无人见。"

穴云:"汝彻也。"

---

① 拈椎、竖拂:禅师常用的机锋。椎,即槌,打物发声的工具。拂,拂子、拂尘,本是佛门中的除尘、驱蝇用具。
② 僧繇:南朝时期梁代佛画高手。
③ 志公:宝志,南朝习禅高僧,俗姓朱。
④ 合杀:了结。
⑤ 广慧真和尚:五代临济宗禅僧,风穴延沼禅师法嗣。
⑥ 枚:锹,掘土和铲东西的农具。
⑦ 真园头:汝州广慧真和尚曾在风穴延沼门下做园头。
⑧ 会昌沙汰:指会昌灭佛事件。
⑨ 阛阓:市肆。

妙喜曰：汝道风穴自彻也未？

403. 诲玑不伤万类

黄龙玑和尚①，僧问："如何是和尚家风？"

曰："琉璃钵盂无底。"

问："如何是君王剑？"

曰："不伤万类。"

云："佩者如何？"

曰："血溅梵天。"

云："大好，不伤万类。"

玑便打。

问："毛吞巨海，芥纳须弥，不是学人本分事，如何是学人本分事？"

曰："封了合盘市里揭。"

问："急切相投，请师通信。"

曰："火烧裙带。"

问："如何是大疑底人？"

曰："对坐盘中弓落盏。"

云："如何是不疑底人？"

曰："再坐盘中弓落盏。"

问："风恬浪静时如何？"

---

① 黄龙玑和尚：即黄龙诲机禅师，五代青原系禅僧，玄泉山彦禅师法嗣。

曰："百尺竿头五两垂。"

404. 药山指天指瓶

李尚书，名翱，仰慕药山道风，特入山致敬，肃庄客礼，直造座前。山端然看经，殊不顾视。李乃云："见面不如闻名。"拂袖便行。

山却召："尚书！"

李回首。

山曰："何得贵耳而贱目？"

李遂致拜。起，问："如何是道？"

山以手指天指净瓶。

李云："不会。"

山曰："云在青霄水在瓶①。"

李乃拜谢，赠诗云：

> 炼得身形似鹤形，千株松下两函经。
> 我来问道无余事，云在青霄水在瓶。

405. 志师草贼大败

首山志和尚②问念和尚③："德山棒，临济喝，未审意旨

---

① 云在青霄水在瓶：也作"云在青天水在瓶"。每一事物都有其本来状态，白云自然是飘游在空中，天空不碍白云飞，净瓶自然是用来盛净水用的。
② 首山志和尚：首山省念禅师法嗣。此段也见于《联灯会要》卷十二《汝州首山志禅师》。
③ 念和尚：首山省念禅师。

如何?"

念云:"汝试道看?"

志便喝,念拈棒①。

志指棒云:"莫乱做。"

念掷下棒,云:"明眼人难谩。"

志云:"草贼大败②。"

僧问:"如何是祖师西来意?"

曰:"三尺杖子破瓦盆。"

问:"如何是佛?"

曰:"桶底脱。"

问:"从上诸圣有何言句?"

曰:"如是我闻③。"

僧云:"不会。"

曰:"信受奉行④。"

406. 白水答曹溪事

嘉州白水和尚⑤,僧问:"如何是西来意?"

曰:"四溟无窟宅,一滴润乾坤。"

问:"曹溪一路⑥合谈何事?"

---

① 志便喝,念拈棒:一已行喝,一准备行棒。
② 草贼大败:形容禅师在机锋来往中失利。
③ 如是我闻:汉译佛经的开篇句。
④ 信受奉行:佛教经文的最后一句话。
⑤ 白水和尚:嘉州白水,唐代青原系禅僧,夹山善会禅师法嗣。
⑥ 曹溪一路:曹溪慧能禅法。

曰："涧松千载鹤来聚,月中香桂凤凰归。"

妙喜曰：又道曹溪无俗谈。

407. 鼓山须是个汉

鼓山晏国师示众云："若是灵利底,撩著便休去。似遮般汉,千里万里去也,有甚么救处？进前退后,纳个如何？醉人相似,有甚么衲僧气息？既然如是,且宗门中事作么生？诸和尚到遮里,也须是个汉始得,大不容易。兄弟,鼓山不惜口业①向汝诸人道,不假记一字,亦不用一功,亦不用眨眼,亦不用呵气,大坐着,便绍②却去。诸和尚,且道'绍'甚么？为复绍佛绍法？绍禅绍道？绍佛向上事、涅槃后句？若绍此句,得为大妄,唤作望上心不息,与诸兄弟了无交涉,于诸人分上作么生绍？普请验看,是甚么？为复是凡是圣？是毗卢师、法身主？在甚么处居住？甚么年月有渠？方圆阔狭、长短大小？试道看？还有丝发大物解盖覆得么？还有分毫许间隔么？向阿那里抄？向阿那里写？诸和尚,与么显露,与么聊要,何不直下便承当取？又更刺头入佗言句里、意识中学,有甚么交涉？不见道'意为贼,识为浪'？走作驰求,终无歇分。若自不具眼,就人拣辨,卷子里抄,册子里写,假饶百千万句,龙宫海藏一时吞纳,尽是佗人,不干自己,亦唤作识学依通③。犹如水母借鰕为眼,无自由分。亦如盲

---

① 不惜口业：不惜触犯口业,将不可说的禅说出。
② 绍：继承。
③ 识学依通：依识学而得到的见解。依通,本指依靠药力或是咒术而显现的神通,此处指依他人言语学得一些禅而显现出来的见解。

者辨色，依佗语故，实不能辨色之正相。若是学经律论，佗自有人在。所以鼓山寻常道：经有经师，律有律师，论有论师，有函有号，有部有帙。白日窗前，夜附灯烛，自有人传持在。禅师作么生？还有人道得么？试出来道看？"

时有学人问："如何是目前显露底机？"

曰："道甚么？"

僧再问，师喝出。

408. 鹅湖以何为道

鹅湖①问诸大德："行住坐卧，毕竟以何为道？"

对云："知者是。"

曰："'不可以智知，不可以识识'②，安得知者是？"

有对云："无分别是。"

曰："'善能分别诸法相，于第一义而不动'③，安得无分别是？"

有对云："四禅八定④是。"

曰："'佛身无为，不堕诸数'⑤，安在四禅八定邪？"是时举众杜口。

---

① 鹅湖：鹅湖大义禅师，俗姓徐，唐代南岳系禅僧，马祖道一禅师法嗣。此段法语也载于《景德传灯录》卷七等禅典。
② 语出《维摩诘经》卷下《见阿閦佛品》。
③ 语出《维摩诘经》卷上《佛国品》。
④ 四禅八定：禅定的不同层次，四禅是禅界的四种禅定层次，八定是色界的四禅和无色界的四无色定。
⑤ 语出《维摩诘经》卷上《弟子品》。

妙喜曰：相骂饶你接嘴，相唾饶你泼水①。

409. 仰山汝甚处人

仰山和尚问僧："汝是甚处人？"

曰："幽州人。"

山曰："汝还思彼处否？"

曰："常思。"

山曰："彼处楼台林苑②，人马骈阗③，汝返思思底④，还有许多般也无？"僧于言下有省，乃曰："某甲到遮里，一切总不见有。"

山曰："汝解犹在境⑤，信位⑥即是，人位⑦即不是。⑧"

僧曰："和尚莫别有指示否？"

山曰："别有、别无即不中，据汝见处，只得一玄，得坐披

---

① 出自《赵州语录》。相骂和相唾不是字面上讲的吵架、吐口水，而是指机锋相对时的情形。接嘴是指能够接着对方说话的意向而说下去，不会无话可说；泼水是口水都干了，你尽管可以用泼水代替，表示辩才无碍，机锋灵活。
② 彼处楼台林苑：据《仰山语录》和《五灯会元》卷九《仰山禅师》，此句之前有"能思者是心，所思者是境"。
③ 骈阗：聚集一起。
④ 汝返思思底：据《仰山语录》和《景德传灯录》卷十一《仰山慧寂禅师》，均作"汝返思底"，此处衍一"思"字。
⑤ 境：《仰山语录》和《五灯会元》卷九《仰山禅师》作"心"字。
⑥ 信位：虽证得体或理，但不能体用不二，理事圆融。
⑦ 人位：指体用不二、理事无碍的境界。
⑧ 此种指示方式，本传自沩山灵祐，他曾对仰山说："若恁么，是具足心境法，未脱我所心在。元来有解，争道无解献我？许汝信位显，人位隐在。"（《沩山语录》）见本书第529则。据《金刚三昧经》，如来实相住五等位：一信位，二思位，三修位，四行位，五舍位。

衣①，向后自看。"

410. 盘山千圣不传

盘山和尚示众云："向上一路，千圣不传②。学者劳形，如猿捉影。"

琅邪觉云："上来讲赞，无限良因。"

411. 五泄拗折拄杖

五泄③初到石头处云："一言相契即住，不契即去。"
头据坐，泄便行。
头召云："阇梨！"
泄回首。
头云："从生至死只是遮个，回头转脑作么？"
泄于言下大悟，乃拗折拄杖。

412. 元祐发明心地

云居祐和尚④示众云："参学之士，须得悟由，发明心地⑤。

---

① 得坐披衣：有得法承衣之意。
② 千圣不传：佛和禅师从来没有说过、传过向上事。
③ 五泄：五泄灵默禅师，俗姓宣，唐代南岳系禅僧，马祖道一禅师法嗣。
④ 云居祐和尚：云居元祐禅师，俗姓王，宋代黄龙宗禅僧，黄龙慧南禅师法嗣。
⑤ 发明心地：发现并觉悟自地本有的佛性。

若悟法身主,尽大地草木归依佛法僧。若悟毗卢师,虚空世界归依佛法僧。且道唤甚么作法身主?唤甚么作毗卢师?要得直下会么?眼睛里放光现瑞,耳窍里转大法轮。"

又,结夏示众云:"无相光中有一无位真人,出没三界,流转五道,不舍十恶业①,不堕五阴身,不除烦恼障,不证涅槃心,不憎毁禁,不敬持戒,不经冬,不过夏。汝等诸人还知去处么?"良久,云:"九旬阳焰里,五分法身圆。"

413. 西余楞严二颂

端师子②看《楞严经》二颂:

七处征心③心不遂,懵懂阿难不瞥地。
直饶征得见无心,也是泥中洗土块。④

八还⑤之教垂来久,自古宗师各分剖。
直饶还得不还时,也是虾跳不出斗。⑥

---

① 十恶业:十恶之业因。十恶即杀生、偷盗、邪淫、妄语、绮语、恶口、两舌、贪欲、嗔恚、愚痴。
② 端师子:西余净端禅师,俗姓丘,宋代南岳系禅僧,龙华齐岳禅师法嗣,因看到弄师子而顿契心法。
③ 七处征心:《楞严经》中佛问阿难心在何处,阿难先后回答在七处。
④ 此为《七处成心颂》,也收入《禅宗颂古联珠通集》卷四。
⑤ 八还:出《楞严经》卷二,诸变化相,各还本所因处,共有八种,如明还日轮、暗还黑月等。
⑥ 此为《八还辨见颂》,也收入《禅宗颂古联珠通集》卷四。

414. 药山何不早道

药山和尚问云岩:"甚处来?"

云:"百丈①来。"

曰:"百丈有何言句?"

云:"有时示众云:我有一句子,百味具足。"

山曰:"咸即咸味,淡即淡味,不咸不淡是常味,作么生是'百味具足'底句?"

岩无对,山笑曰:"争奈目前生死何?"

岩云:"目前无生死。"

曰:"二十年在百丈处,俗气也不除。"

次日,又问:"海兄②更说甚法?"

云:"有时道:三句外会取,六句外省去。"

山曰:"且喜没交涉。"

又问:"更说甚么法?"

云:"有时升堂众集,以拄杖打下,复召大众,众回首,却云:是甚么?③"

山曰:"何不早道?"

岩于此有省。

  妙喜曰:省去即不无,争奈未出葛藤窠。

---

① 百丈:指百丈怀海及其道场。
② 海兄:百丈怀海。
③ 此称百丈下堂句。

415. 琅邪防五种病

琅邪觉和尚示众云："汝等诸人在我遮里过夏，与你点出五般病①：一、不得向万里无寸草②处去。二、不得孤峰独宿③。三、不得张弓架箭④。四、不得物外安身。五、不得滞于生杀。何故？一处有滞，自救难为。五处若通，方名导师。汝等诸人若到诸方遇明眼作者，与我通个消息，贵得祖风不坠。若是常徒，即须寝息。何故？裸形国里夸服饰，想君大杀不知时。"

又，颂"柏树子⑤"话，云：

赵州庭前柏，衲僧皆罔测。

一堂云水僧，尽是十方客。

416. 六祖都莫思量

唐中宗遣内侍薛简驰诏迎请六祖："愿师慈念，速赴上京。"祖上表辞疾，愿终林麓。简曰："京城禅德皆云：欲得会道，必须坐禅习定，若不因禅定而得解脱者，未有也。未审师所说法

---

① 五般病：实际上是五位著名禅师的禅风，但如果执着于此，就成为病。
② 万里无寸草：洞山良价禅帅有"直须向万里无寸草处去"之语。见《洞山语录》。
③ 孤峰独宿：有僧人问云居道简（曹洞系洞山良价禅师法嗣）："孤峰独宿时如何？"道简说："闲却七间僧堂不宿，阿谁教汝孤峰独宿？"（《五灯会元》卷十三《云居道简禅师》）
④ 张弓架箭：石巩慧藏禅师（马祖道一禅师法嗣）本是打猎出身，经常以张弓架箭作为教学手段。
⑤ 柏树子：见第143则。

如何？"

祖曰："道由心悟，岂在坐也？经云：若见如来若坐若卧，是行邪道①。何故？无所从来，亦无所去。若无生灭，是如来清净禅。诸法空寂，是如来清净坐。究竟无证，岂况坐邪？"

简曰："弟子回京，主上必问，愿和尚慈悲，指示心要。"

祖曰："道无明暗，明暗是代谢之义。明明无尽，亦是有尽。"

简曰："明喻智慧，暗况烦恼。修道之人傥不以智慧照破烦恼，无始生死凭何出离？"

祖曰："若以智慧照烦恼者，此是二乘小见，羊、鹿等机，上智大根，悉不如是。"

简曰："如何是大乘见解？"

祖曰："明与无明，其性无二，无二之性，即是实性。实性者，处凡愚而不减，在贤圣而不增，住烦恼而不乱，居禅定而不寂，不断不常，不来不去，不在中间及其内外，不生不灭，性相如如，常住不迁，名之曰道。"

简曰："师曰不生不灭，何异外道？"

祖曰："外道所说不生不灭者，将灭止生，以生显灭，灭犹不灭，生说无生。我说不生不灭者，本自无生，今亦无灭，所以不同外道。汝若欲知心要，但一切善恶都莫思量，自然得入清净心体，湛然常寂，妙用恒沙。"

简蒙指教，豁然大悟。

---

① 引《金刚经》义："若有人言：如来若来若去，若坐若卧。是人不解我所说义。"

417. 香严如人上树

香严和尚垂语云:"如人上树,口衔树枝,手不攀枝,脚不踢树。树下有人问西来意,不对,则违他所问。若对,又丧身失命。当恁么时,作么生即是?①"

有虎头上座②云:"上树即不问,未上树请和尚道。"严呵呵大笑。

雪窦云:"树上道即易,树下道即难。老僧上树也,致将一问来。"

保宁勇颂云:"曲设多方老古锥,那堪枝上更生枝?好如良马窥鞭影,逐块且非师子儿。"

妙喜曰:吞得栗棘蓬、透得金刚圈了③,看遮般说话,也是泗州人见大圣。④

---

① 此则公案,《无门关》《请益录》《禅苑蒙求瑶林》称为"香严上树",这体现了中国禅的一个基本特点,即无出路处寻出路。
② 虎头上座:据《五灯会元》卷九《香严智闲禅师》等禅典,为虎头招禅师。
③ 了,原本作"子",依《续藏》本改。栗棘蓬和金刚圈之喻,出自杨岐方会禅师,他说:栗棘蓬你怎么吞?金刚圈你怎么透?栗棘蓬是没有去带刺外壳的栗子,这样的刺团怎么能吞下去呢?金刚圈是中国古代的一种金属圈武器,金刚在佛教中比喻无比坚厚,以这样的材料做成的圈圈,要是被套住,怎么能透得过?但是,禅的修行,就必须透得过金刚圈,吞得了栗棘蓬,才能有真正的利益。
④ 比喻为并无新奇之处,只是平常。大圣指来自西域的唐代神异僧人释僧伽,《宋高僧传》卷十八和《景德传灯录》卷二十七有传,他曾居泗州的普光王寺,也称泗州大士、泗州大圣。他有很多神异的传说,对于泗州人来讲,知道这位大圣,见过他的神异,是很平常的事。高峰原妙禅师开悟后,自己认为的悟境"如泗州见大圣,远客还故乡。元来只是旧时人,不改旧时行履处"(《辟妄救略说》卷八)这可帮助理解为个典故。

418. 永明同坑之土

永明寿①禅师因二僧来参,乃问参头②:"曾到此间否?"

云:"曾到。"

又问第二上座:"曾到否?"

云:"不曾到。"

寿曰:"一得一失。"

少选③,侍者问:"适来二僧,未审那个失?那个得?"

寿曰:"汝曾识遮二僧也无。"

云:"不曾识。"

寿云:"同坑无异土。"

419. 系南脑门百裂

罗汉南和尚示众云:"大智如愚,大巧若拙④。勿谓今朝中秋令节,八极同风,千潭共月,三十年来,芦花照雪⑤。与么悟去,脑门百裂。"

又,示众云:"飕⑥飕篱根菊正黄,妙谈西祖⑦意琅琅。不知

---

① 永明寿:永明延寿禅师。
② 参头:禅寺中安排四方来僧参问的僧人。
③ 少选:不久,不一会。
④ 大智如愚,大巧若拙:出自《老子》。
⑤ 芦花照雪:芦花色白,雪之色白,二者相映,和谐无碍。
⑥ 飕:音 fú,风吹的样子。
⑦ 西祖:禅的西方祖师,特指菩提达摩。

谁解闻斯语？堪为宗门立纪纲。便见罗汉拂子展大神通，化作文殊、普贤、观音、势至①，穿过诸人髑髅，必也尽知来处，可谓于出入息中供养恒沙诸佛。若也不知，分付德山、临济击一击。"

420. 慧棱问如来语

长庆②云："宁说阿罗汉有三毒，不说如来有二种语③。不道如来无语，只是无二种语。"

保福云："作么生是如来语？"

庆云："聋人争得闻？"

福云："情知汝向第二头道。"

庆云："作么生是如来语？"

福云："吃茶去。"④

421. 金峰不是枕子⑤

金峰志和尚⑥拈起枕子曰："一切人唤作枕子，金峰道不是。"

僧云："未审和尚唤作甚么？"

志拈起枕子，僧云："与么则依而行之也。"

---

① 势至：大势至菩萨。
② 长庆：长庆慧棱禅师。
③ 二种语：如来为声闻乘、缘觉乘人说世间有为法，是世语；为菩萨乘说出世无为法，是出世语。
④ 此则公案，收入《碧岩录》第九十五则。
⑤ 此则公案，《祖庭事苑》称为"金峰橐"。
⑥ 金峰志和尚：金峰从志禅师。

曰:"汝唤作甚么?"

云:"枕子。"

曰:"落在金峰窠里。"

422. 玄沙再来人也

玄沙和尚欲遍历诸方,参寻知识,携囊出岭,筑着脚指,流血痛楚,叹曰:"是身非有,痛从何来?"便回雪峰①。

峰一日问:"那个是备头陀?"

曰:"终不敢诳于人。"

又一日,峰召曰:"备头陀,何不遍参去?"

曰:"达磨不来东土,二祖不往西天。"

峰然之。又阅《楞严》,发明心地,由是应机敏捷,与修多罗②冥契。峰叹曰:"备头陀乃再来人③也。"

423. 六祖叶落归根④

六祖一日谓门人曰:"吾欲归新州⑤,汝等速治舟楫。"

门人曰:"师从此去,早晚却回?"

祖曰:"叶落归根,来时无口。"

---

① 雪峰:雪峰义存门下。
② 修多罗:契经,佛经。
③ 再来人:古德大师转世再来之人。
④ 此则公案,《禅苑蒙求拾遗》称为"曹溪归根"。
⑤ 新州:慧能的出生地,今广东新兴县。

法云秀①云："非但来时无口，去时亦无鼻孔。"

424. 赵州门里门外

赵州闻沙弥喝参②，乃向侍者云："教伊去。"侍者才教去，沙弥便"珍重"。州谓傍僧云："沙弥得入门，侍者在门外。"③

425. 首山家家火把

广慧琏和尚问念和尚④："学人亲到宝山空手回时如何？"

念曰："家家门前火把子。"

琏于言下大悟，云："某甲不疑天下老和尚舌头⑤也。"

念曰："汝会处作么生？与我说来看？"

曰："只是地上水碙砂⑥也。"

念曰："汝会也。"琏便礼拜。

妙喜曰：你道念和尚还肯佗广慧也无？若道肯佗，何故不与一棒？若道不肯佗，何故不与一棒？有人于此道得，妙喜与你一棒。

---

① 法云秀：法云法秀禅师。
② 喝参：丛林杂语，指僧人前来伺候。
③ 宗杲曾颂此则公案说："飂飂风松，萧萧雨桧。师子咬人，韩獹逐块。"（《大慧语录》卷十）
④ 念和尚：首山省念禅师。
⑤ 舌头：此处喻所说的话。
⑥ 碙砂：即硇（náo）砂，一味常见的矿物性药材，固体。"地上水碙砂"，这种说法属于奇特语，自然性状的硇砂是固定，不可能水状的。

426. 永光非常之旨

永光真和尚①示众云:"言锋若差,乡关万里②。直须悬崖撒手③,自肯承当。绝后再苏,欺君不得。非常之旨,人焉廋哉④?"

427. 嵇山在甚么处

嵇山章和尚⑤在投子作柴头⑥,吃茶次,投子谓曰:"森罗万象总在遮一碗茶里。"

章便覆却茶,云:"森罗万象在甚么处?"

投子曰:"可惜一碗茶。"

章后谒雪峰,峰问:"莫是章柴头么?"章乃作轮椎势,峰肯之。

---

① 永光真和尚:曹洞宗禅僧,云居道膺禅师法嗣。
② 乡关万里:离故乡很远,比喻离禅的本性很远。乡关,指故乡。
③ 悬崖撒手:在绝境时需要另找出路。
④ 人焉廋哉:出自《论语·为政》。这个人怎么能隐藏得住呢?
⑤ 嵇山章和尚:曹洞宗禅僧,云居道膺禅师法嗣。
⑥ 柴头:负责厨房柴薪事务的禅僧。

428. 香城一似两个

香城和尚①初参通和尚②,问:"一似两个时如何?"

通曰:"一个赚汝。"

香城乃省。

僧问:"'囊无系蚍之丝,厨乏聚蝇之糁③'时如何?"

城曰:"日舍不求,思从妄得。"

429. 疏山七虎无尾④

明招和尚问疏山:"虎生七子,那个无尾巴?"

山云:"第七个无尾巴。"

430. 药山不是不是

药山与道吾⑤、云岩游山次,见两株树一枯一荣。山乃问岩云:"枯者是?荣者是?"

云:"荣者是。"

---

① 香城和尚:京兆香城禅师,曹洞宗禅僧,北院通禅师法嗣。
② 通和尚:北院通禅师,曹洞宗禅僧,洞山良价禅师法嗣。
③ 此二句为南泉普愿禅师之语。"蚍",同"蚁"。
④ 此则公案,《禅苑蒙求瑶林》称为"明招虎尾"。宗杲曾颂此则公案说:"第七烟蒙没尾巴,食牛之气已堪夸。丛林俳俳争唇吻,几个行人得到家?"(《大慧语录》卷十)
⑤ 道吾:道吾宗智禅师。

山曰:"与么则灼然一切处,光明灿烂去。"

又问道吾,吾云:"枯者是。"

山曰:"与么则灼然一切处,枯淡去①。"

少顷,高沙弥②至,山又问,高云:"枯者从佗自枯,荣者从佗自荣。"

山回顾云岩、道吾曰:"不是,不是。"

431. 六祖诸佛护念

南岳让和尚初参六祖,祖问:"甚处来?"

曰:"嵩山来。"

祖曰:"甚么物恁么来?"

曰:"说似一物即不中。"

祖曰:"还假修证也无?"

曰:"修证即不无,污染即不得。"

祖曰: "只此不污染,乃诸佛之护念。汝既如是,吾亦如是。"

---

① 枯淡去:据《五灯会元》卷二《药山惟俨禅师》,此句为"放教枯淡去"。
② 高沙弥:澧州高沙弥,唐代青原系禅僧,药山惟俨禅师法嗣。

432. 智门甚么边事

智门祚和尚示众云:"雪峰辊球①,罗汉书字②,归宗斩蛇③,大隋烧畲④,且道明甚么边事?还有人明得么?试道看?若明不得,所以道:斩蛇须是斩蛇手,烧畲须是烧畲人。瞥起情尘生妄见,眼里无筋一世贫。"

僧问:"如何是'大通智胜佛'?"

曰:"言无再响。"

云:"如何是'十劫坐道场'?"

曰:"祸不单行。"

云:"如何是'佛法不现前'?"

曰:"金屑虽贵⑤。"

云:"如何是'不得成佛道⑥'?"

曰:"眼里著不得。"

---

① 雪峰辊球:雪峰义存禅师接引学人,常常滚动木球。"一日升座,众集定,师辊出木球,玄沙遂捉来安旧处。"(《五灯会元》卷七《雪峰义存禅师》)
② 罗汉书字:据《祖庭事苑》卷一,仰山慧寂禅师在洪州(今江西南昌)观音寺时,有僧人来礼拜,问仰山:识字否?仰山曰:随分。僧人就右旋一匝,问:这是什么字?仰山在地上画一个十字还给他。僧人又左旋一匝,问:这是什么字?仰山把十字改成卐字送给僧人。僧人又画了一个圆,用两手托着,问:这是什么字?仰山画一圆圈将卐字圈住。如此往返。仰山认为,这位僧人是西天阿罗汉,特意来探察仰山的禅法宗旨。
③ 归宗斩蛇:事见《正法眼藏》第49则。
④ 大隋烧畲:事见《正法眼藏》第98则,其中的烧山就是指烧畲,"大随烧畲次,忽见一蛇,师以杖挑向火中"(《禅宗颂古联珠通集》卷二十二)。
⑤ 金屑虽贵:与下一句回答连用,后一句常常是"在眼成翳"。形容在本来清净的境界,无善无恶。
⑥ "大通智胜佛,十劫坐道场。佛法不现前,不得成佛道"四句,出自《法华经》卷三《化城喻品》。

433. 普化明日有斋①

普化和尚②，居常入市振铎，云："明头来明头打，暗头来暗头打，四方八面来旋风打，虚空来连架打。"③

一日，临济令僧捉住，云："总不恁么来时如何？"

化托开云："明日大悲院里有斋④。"

僧回举似济，济云："我从来疑着遮汉。"

434. 赵州台山勘婆⑤

赵州和尚，因僧游台山⑥，凡问一婆云："台山路向甚处去？"

婆云："蓦直去。"

僧才行三五步，婆云："好个师僧，又恁么去。"

有举似州，州云："待我去为勘过遮婆子。"明日便去，亦如此问，婆亦如是对。州归，为众曰："台山婆子，我为勘破了也。"

大沩喆颂云：

---

① 此则公案，《禅苑蒙求瑶林》称为"普化摇铃"。
② 普化和尚：镇州普化禅师。
③ 宗杲曾颂此公案说："先师会里呈真处，临济堂前吃菜时。连此三回露拴索，咄这缘台盘乞儿。"（《大慧语录》卷十）
④ 斋：《续藏》作"齐"（齊），当为斋（齋）之误。
⑤ 此则公案，《从容录》称为"台山婆子"，《无门关》称为"赵州勘婆"，《禅苑蒙求瑶林》称为"真际勘婆"。宗杲颂此公案说："天下禅和说勘破，争知赵州已话堕。引得儿孙不丈夫，人人点过冷地卧。"（《大慧语录》卷十）
⑥ 台山：五台山。

丛林老作世无俦，凛凛威风四百州。
一击铁关曾粉碎，恩大难将雨露酬。

435. 天台曹源一滴

韶国师，因有僧问法眼："如何是曹源①一滴水？"

法眼曰："是曹源一滴水。"

师闻之，言下有省。后住莲华峰，有颂云：

通玄峰顶，不是人间。

心外无法，满目青山。

法眼闻之，乃云："只消此一颂，自然续得吾宗。"

妙喜曰：灭却法眼宗，只缘遮一颂。

---

① 曹源：曹溪之源，指慧能禅法的宗旨。

卷 五

《正法眼藏》卷第三之上
径山大慧禅师宗杲　集并著语
后学普善庵沙门慧悦　校刻

436. 六祖听吾说法

六祖谓众曰："诸善知识，汝等各各净心，听吾说法。汝等诸人自心是佛，更莫狐疑，外无一物而能建立，皆是本心生万种法。故经云：心生种种法生，心灭种种法灭。若欲成就种智，须达一相三昧、一行三昧。若于一切处而不住相，彼相中不生憎爱，亦无取舍，不念利益、成坏等事，安闲恬静，虚融澹泊，此名一相三昧。若于一切处行住坐卧纯一直心①，不动道场，真成净土，名一行三昧②。若人具二三昧，如地有种，能含藏、长养、成就其实。一相、一行，亦复如是。我今说法，犹如时雨溥润大地，汝等佛性，譬诸种子，遇兹沾洽，悉得发生。承吾旨者，决获菩提，依吾行者，定证妙果。"

---

① 直心：正直而无谄曲之心。
② 一行三昧：此处慧能的解释不同于佛教传统的看法。传统的解释，将其作为禅定的方法。

437. 石头非但曹溪①

清原和尚②问石头:"汝从甚么处来?"
曰:"曹溪。"
原乃拈拂子,曰:"曹溪还有遮个么?"
曰:"非但曹溪,西天亦无。"
曰:"子莫曾到西天否?"
曰:"若到即有也。"
曰:"未在,更道。"
曰:"和尚也须道取一半,莫全靠某甲。"
曰:"不辞向汝道,恐已后无人承当。"

438. 木平未发前事③

木平和尚④初参洛浦遂问:"如何是一沤未发已前事?"
浦云:"移舟谙水脉,举棹别波澜。"
平不契,次参盘龙⑤,亦如前问。
龙云:"移舟不别水,举棹即迷源。"平因此悟入。
云峰悦云:"木平若于洛浦言下会去,犹较些子。可惜许,

---

① 此则公案,《空谷集》概括为"非但曹溪"。
② 清原和尚:青原行思禅师,"清"当为"青"。
③ 此则公案,《虚堂集》称为"木平一沤"。
④ 木平和尚:木平善道禅师,唐代青原系禅僧,蟠龙可文禅师法嗣。
⑤ 盘龙:也作"蟠龙",即袁州盘龙山可文禅师,唐代青原系禅僧,夹山善会禅师法嗣。

向蟠龙死水里淹杀。后有问：'如何是木平？'对云：'不劳斤斧。'果然只在遮里。诸禅德，大凡发足超方，也须甄别邪正，识辨真伪，带些眼筋始得。然虽如是，贼过后张弓①。"

　　妙喜曰：云峰此语，亦能瞎人眼，亦能开人眼。

439. 本生甚处为人

　　本生和尚②拈拄杖示众云："我若拈起，汝便向未拈起时作道理。若不拈起，汝便向拈起时作主宰。且道老僧为人在甚处？"

　　时有僧出，云："不敢妄生节目。"

　　曰："也知阇梨不分外。"

　　僧云："低低处平之有余，高高处观之不足。"

　　曰："节目上更生节目。"

　　僧无语。

　　生曰："掩鼻偷香③，空遭罪犯。"

440. 仰山被索明珠

　　仰山和尚到东寺④，寺问："汝是甚么处人？"

　　曰："广南人。"

　　寺曰："我闻广南有镇海明珠，是否？"

----

① 贼过后张弓：本是赵州从谂之语。比喻不敢当面承当，用功不在实处。
② 本生和尚：唐代青原系禅僧，大颠宝通禅师法嗣。
③ 掩鼻偷香：捂住鼻子去偷点燃的香。比喻自己欺骗自己。
④ 东寺：东寺如会禅师，唐代南岳系僧人，马祖道一禅师法嗣。

曰:"是。"

寺曰:"此珠如何?"

曰:"黑月即隐,白月即现。"

寺曰:"还将得来也无?"

曰:"将得来。"

寺曰:"何不呈似老僧看?"

山叉手,近前曰:"昨到沩山,亦被索此珠,直得无言可对,无理可伸。"

寺曰:"汝真沩山之子,善能哮吼。譬如蟭螟虫①于蚊子眼睫上作窠,向十字街头叫。土旷人稀,相逢者少。"

441. 百丈三日耳聋②

百丈再参马祖,侍立次,祖以目视禅床角拂子,丈曰:"即此用?离此用?"

祖曰:"你向后开两片皮③将何为人?"

丈取拂子竖起,祖曰:"即此用?离此用?"丈挂拂子旧处,祖振威一喝,百丈直得三日耳聋。

汾州④云:"悟去便休,更说甚么三日耳聋?"

石门⑤云:"若不三日耳聋,何得悟去?"

---

① 蟭螟虫:古代传说中的一种极小的虫子。
② 此则公案,《禅苑蒙求瑶林》称为"黄檗吐舌"。
③ 两片皮:两片嘴唇,比喻开法、言说。
④ 汾州:汾阳善昭禅师,见《宗鉴法林》卷九《百丈怀海》等。
⑤ 石门:石门聪禅师,见《宗鉴法林》卷九《百丈怀海》等。

汾州云："我与么道，较佗石门半月程。"

东林总①云："当言不避截舌，当炉不避火迸。佛法岂可曲顺人情？东林今日向骊龙窟内争珠去也。百丈大智②不无佗三日耳聋，汾州、石门争免个二俱瞎汉？只遮三老还曾悟去也无？"良久，云："祖祢③不了，殃及儿孙。"

又，汾阳颂④云："每因无事侍师前，师指绳床角上悬。举放却归本位立，分明一喝至今传。"

真净颂⑤云："客情步步随人转，有大威光不能现。突然一喝双耳聋，那吒眼开黄檗面。"

442. 睦州将饼子来

僧问睦州："一气还转得一大藏也无？"

州云："有甚饦饠⑥馉⑦子？快下将来。"⑧

妙喜曰：五更侵早起，更有夜行人。

---

① 东林总：东林常总禅师（1025~1091），俗姓施，北宋黄龙宗禅僧，黄龙慧南禅师法嗣。
② 百丈大智：百丈怀海死后谥"大智"号。
③ 祢：本指奉祀死父的宗庙。
④ 汾阳颂：此颂也载《汾阳无德禅师语录》卷中《颂古代别》。汾阳，汾阳善昭禅师。
⑤ 真净颂：此颂也载《古尊宿语录》卷四十五《真净禅师偈颂》。
⑥ 饦饠：原指抓饭，古代的一种食品。波斯文 pilaw 的音译，类似现在的八宝饭。后亦指饼类。
⑦ 馉：音 duī，饼类食品。
⑧ 宗杲曾颂此公案说："一气转一大藏教，顿渐偏圆权与实。无边妙义炳然彰，元来一字也不识。"（《大慧语录》卷十）

443. 洪英下个注脚

泐潭英和尚示众，举："南泉、归宗、麻谷三人同去礼拜忠国师，到中路，南泉于地上画一圆相云：'道得即去，道不得即不去。'归宗便于圆相中坐，麻谷作女人拜，南泉云：'恁么则不去也。'归宗云：'是甚么心行？'学般若菩萨须到遮个田地始得，如金盘里盛珠，不拨而自转。然虽如是，只如南泉道'与么则不去也'，利害在甚么处？还有人道得么？试出来道看？如无，山僧与你下个注脚①。"良久，云："不入洪波里，争显弄潮人？"

444. 法昌不负来机

法昌遇和尚，因与南和尚②举"程大卿看生缘③"话，昌曰："何不直下与伊剿绝却？"

南云："也曾为蛇画足，是伊自不瞥地。"

昌曰："和尚如何为佗？"

南云："咬尽生姜呷尽醋。"

昌曰："流俗阿师，又怎么去。"

南云："和尚意作么生？"

---

① 下个注脚：比喻做说明、解释。
② 南和尚：黄龙慧南。
③ 程大卿看生缘：据《丛林盛事》卷上记载，程大卿参黄龙慧南，慧南令其看生缘的原理。这是黄龙三关中的一关，即问："人人有个生缘，上座生缘在何处？"程大卿，宋代文人。

昌拈起拂子便打，南云："遮老汉也是无人情。"

昌又举：在湖南时，曾问兴化："知有底人①向甚么处去？"化云："善财拄杖子。"昌曰："我不问善财拄杖子，且道知有底人向甚么处去？"云："或则登山，或则渡水。"昌曰："和尚只解步步登高，不解从空放下。"化云："老僧虽则年迈，要且不负来机。"

南云："和尚当时作么生？"

昌曰："我错怪兴化。"

南云："而今知也，且道从甚么处去？"

昌曰："你问阿谁？"

南云："佯聋诈哑作甚么？"

昌曰："虽然如是，要且不负来机。"

445. 盘山复是何物

盘山和尚云："心月孤圆，光吞万象。光非照境，境亦非存。光境俱亡，复是何物？"②

妙喜曰：千年常住一朝僧。

---

① 知有底人：知道的人，明白的人，比喻开悟了的人。
② 《正法眼藏》第126则的内容，紧接着此则。

446. 白水有个入处①

高安本仁和尚②示众云:"寻常不欲向声前句后鼓弄人家男女,何故?且声不是声,色不是色。"

时有僧问:"如何是'声不是声'?"

曰:"唤作色得么?"

云:"如何是'色不是色'?"

曰:"唤作声得么?"

僧作礼。

仁曰:"且道为汝说?答汝话?若人辨得,有个入处。"

447. 赵州有么有么③

赵州和尚到一庵主处,问:"有么?有么?"主竖起拳头,州曰:"水浅不是泊船处。"便行。

又到一庵主处,曰:"有么?有么?"主亦竖起拳头,州曰:"能纵能夺,能杀能活。"便礼拜。

姜山爱④云:"赵州只见锥头利⑤。"

---

① 此则公案,《虚堂集》称为"白水声色"。
② 本仁和尚:白水本仁禅师,唐代曹洞宗禅僧,洞山良价禅师法嗣。
③ 此则公案,《无门关》称为"州堪庵主"。
④ 姜山爱:不详。
⑤ 只见锥头利:后一句为"不见凿头方",比喻只看到表面的现象,看不到事物的本质。

云居舜①云:"赵州当时甚生意气。虽然如是,要且鼻孔在二庵主手里。"

448. 麻谷大悲正眼

麻谷问临济:"大悲千手眼②,那个是正眼?"

济曰:"大悲千手眼,作么生是正眼?速道!速道!"

谷拽济下禅床却坐,济遂近前,云:"不审。"谷拟议,济便喝,拽下禅床却坐,谷便出去。

达观③云:"诸禅德,此二尊宿如此,且道怎生?今时人总道照用,照甚么碗?一切人只解自骑马去捉贼,自持刀去杀贼。此二人便能夺贼马捉贼,夺贼刀杀贼。虽然如是,临济虽是得便宜,却是落便宜。"

449. 白云恁么看取

白云端和尚示众云:"明明知道只是遮个,为甚么透不过?只为见人开口时便唤作言句,见人闭口时便唤作良久默然。又道动转施为,开言吐气,尽十方世界内无不是自己。所以道,堕在途中,隐隐犹怀旧日嫌。岂不见云门大师道:'闻声悟道,见色

---

① 云居舜:云居晓舜禅师,北宋治平(1064~1067)年中卒,云门宗禅僧,洞山晓聪禅师法嗣。
② 大悲千手眼:大悲千手千眼观世音菩萨。
③ 达观:金山昙颖达观禅师,宋代临济宗禅僧,谷隐蕴聪禅师法嗣。

明心。'遂举起手云：'观音菩萨将钱来买糊饼。'放下手云：'元来却是馒头。'又不见山僧在法华①时，尝有示众云：'无业禅师②道：一毫头圣凡情念未尽，未免入驴胎马腹里去。大众，直饶一毫头圣凡情念顿尽，亦未免入驴胎马腹里去③。瞎汉，但恁么看取，参！"

450. 南泉打破粥锅④

甘贽行者入南泉，设粥，仍请念诵。泉乃白椎⑤云："为狸奴白牯念摩诃般若波罗蜜。"甘贽拂袖便出。

泉粥后，问典座："行者在甚处？"

座云："当时便去也。"

泉打破锅子。

妙喜曰：心不负人，面无惭色。

---

① 法华：指白云守端住舒州法华山证道禅院。
② 无业禅师：汾州无业禅师，俗姓杜，唐代国师，马祖道一禅师法嗣。汾州无业此语也载于《宗门拈古汇集》卷十二《汾阳无业大达禅师》。
③ 宗杲曾颂此两僧"驴胎马腹"语："移身不移步，移步不移身。走却金师子，捉得玉麒麟。"(《大慧语录》卷十)
④ 此则公案，《禅苑蒙求瑶林》称为"甘贽设粥"，丛林中也称为"南泉打破粥锅"，宗杲曾颂道："南泉打破闲家具，浩浩诸方作话看。今日为君重举过，明明历历不颟顸。"(《大慧语录》卷十)
⑤ 白椎：佛教活动仪式表示开始或结束时主持者鸣椎后讲的话。据《祖庭事苑》卷八，宗门白椎者，必选知法尊宿，说法开始时，长老才入座，白椎者即说："法筵龙象众，当观第一义。"法会结束时，则说："谛观法王法，法王法如是。"

451. 悟新可通可明

黄龙新和尚示众云:"心外无法而法可明,法外无心而心可通。可通可明,心法全宗。全其宗则法法皆宗,全其心则心心无心。心既无心,直造其源。得其源则现大身而满虚空中,现小身而纤尘不立。作么生是纤尘不立?"良久,云:"一点水墨,两处成龙。"

452. 广慧无孔铁锤

广慧琎和尚示众,举:"昔日临济会里,两堂首座相见顾视,各下一喝,便休去。诸人且道,还有宾主也无?若道有宾主,只是个瞎汉。若道无宾主,亦是个瞎汉。不有不无,万里崖州。若向遮里道得,也好与三十棒。若道不得,亦与三十棒。衲僧家到遮里,作么生出得山僧圈㧻①去?"良久,云:"苦哉!虾蟆②、蚯蚓踔跳上三十三天,撞着须弥山百杂碎。"遂拈拄杖云:"一队无孔铁锤,速退!速退!"

问:"如何是祖师西来意?"
曰:"竹竿头上耀红旗。"

---

① 圈㧻:圈套。㧻,音 kuì,用绳子拴成的结。
② 虾蟆:蛤蟆。

453. 日容死却遮汉

日容远和尚①，因蓛上座来参，远拊掌三下，云："猛虎当轩，谁是敌者？"

蓛曰："俊鹘冲天，阿谁捉得？"

远云："彼此难当。"

蓛曰："且休，未断遮公案。"

远将拄杖舞，归方丈，蓛无语。远云："死却遮汉。"

454. 天衣点检分明

天衣怀和尚示众，举："古人云：'五蕴山头一段空，同门出入不相逢。无量劫来赁屋住，到头不识主人公。'有老宿拈云：'既不识佗，当初问甚么人赁？'② 恁么拈也大远在，何故？须知死人路上有活人出身处，活人路上死人无数。那个是活人路上死人无数？那个是死人路上活人出身处？若点检得分明，拈却臢脂帽子③，脱却鹘臭布衫。"

妙喜曰：天衣古佛美则美矣，善则未善。具眼衲僧试甄别看？

---

① 日容远和尚：唐代南岳系禅僧，子湖利踪禅师法嗣。
② 这两位老宿，《指月录》卷七将其归入未详法嗣。但据《续古尊宿语要》卷六《或庵体禅师语》，说前一句法语的"古人"为神鼎，当指神鼎洪諲禅师。
③ 臢脂帽子：指沾染他人语言、机锋臭味，没有自身的独创性的禅风。臢，音 zhí，臭，也指油肉腐败。

455. 临济即今便吃

黄檗和尚入厨,见饭头,乃问:"作甚么?"

云:"拣众僧米。"

曰:"一日吃多少?"

云:"二石五。"

曰:"莫太多么?"

云:"犹恐少在。"

檗便打。

饭头举似临济,济云:"我与汝勘过遮老汉。"才去侍次,檗便举前话。济云:"饭头不会,请和尚代一转语。"便问:"莫太多么?"

檗曰:"何不道'来日更吃一顿'?"

济云:"说甚来日,即今便吃。"道了便掌,檗曰:"遮风颠汉,又来遮里捋虎须①。"济便喝一喝,出去。

沩山云:"养子方知父慈。"

仰山云:"大似勾贼破家。"

456. 投子打设问僧②

投子和尚,僧问:"一切声是佛声,是否?"

---

① 捋虎须:比喻侵犯非常厉害的禅师。
② 此则公案,出自《碧岩录》第七十九则。

曰:"是。"

云:"和尚莫屎沸碗鸣声。"投子便打。

又问:"'粗言及细语,皆归第一义①',是否?"

曰:"是。"

云:"唤和尚作头驴,得么?"投子便打。

> 妙喜曰:贼!贼!败也。复云:且道那个是草贼?那个是正贼?

457. 法演须明决择

五祖演和尚示众,举:"陆亘大夫问南泉:'弟子家中有一片石,也曾坐,也曾卧,拟镌作佛,得么?'云:'得。'陆曰:'莫不得么?'云:'不得。'""大众,夫为善知识,须明决择,为甚么佗人道得也道得,佗人道不得也道不得?还知南泉落处么?白云②不惜眉毛与汝注破,得又是谁道来?不得又是谁道来?汝若更不会,老僧今夜为汝作个样子。"乃举手云:"将三界二十八天③作个佛头,金轮水际④作个佛脚,四大洲⑤作个佛身。虽然作此佛儿子了,汝诸人又却在那里安身立命?大众,还会也未?老僧作第二个样子去也。将东弗于逮⑥作一个佛,南赡部洲作一个

---

① 此二句出自《涅槃经》卷二十。
② 白云:此段法语是法演在安徽舒州白云山海会寺所说,见《古尊宿语录》卷二十一。
③ 三界二十八天:三界共有二十八天,其中欲界六天,色界十八天,无色界四天。
④ 金轮水际:佛教的世界结构论,从下至上,分别是空轮、风轮、水轮和金轮。金轮上面形成大地山河。
⑤ 四大洲:即四大部洲。
⑥ 东弗于逮:即东胜身洲。弗于逮,意思是身胜,胜于南洲。

佛，西瞿耶尼①作一个佛，北郁单越②作一个佛。草木丛林是佛③，蠢动含灵是佛。既恁么，又唤甚么作众生？还会也未？不如东弗于逮还佗东弗于逮，南赡部洲还佗南赡部洲，西瞿耶尼还佗西瞿耶尼，北郁单越还佗北郁单越，草木丛林还佗草木丛林，蠢动含灵还佗蠢动含灵。所以道：是法住法位，世间相常住④。既恁么，汝又唤甚么作佛？还会么？忽有个汉出来道：白云休寐语。大众，记取遮一转。"

458. 云门塞却汝喉

云门曰："眼睫横亘十方，眉毛上透乾坤，下透黄泉，须弥塞却汝咽喉，还有人会得么？若有人会得，拽取占波⑤，共新罗⑥斗额。"

  妙喜曰：是大神咒，是大明咒，是无上咒，是无等等咒，能除一切苦，真实不虚⑦。诸人要识云门么？不见道"三台须是大家催"？

---

① 西瞿耶尼：即西牛货洲，因其地多牛，以牛为货易，故名。
② 北郁单越：即北俱卢洲，意为胜处。
③ 草木丛林是佛：无情佛性。
④ 此二句出自《法华经》卷一《方便品》。
⑤ 占波：又作瞻波，古印度国名。
⑥ 新罗：朝鲜半岛古国名。
⑦ 此几句出自《心经》。

459. 明招禅偈二首

明招和尚二偈：

擘开金锁眼如铃，剔起眉毛顶上生。
方称法王亲的子，自然天下任横行。①

师子教儿迷子诀，拟前跳踯早翻身。
罗纹结角交锋处，鹘眼临时失却踪。

460. 蚬子神前台盘②

蚬子和尚③居无定所，自印心于洞山，混俗闽川，常日沿江岸采掇虾蚬以充腹，暮即卧东山白马庙纸钱中，居民目为蚬子和尚。

华严静和尚④闻之，欲决真伪，先潜入纸钱中。深夜蚬子归，静扭住问曰："如何是祖师西来意？"遽答曰："神前酒台盘。"

---

① 这一首偈已不见于其他现存禅典。
② 此则公案，《禅苑求瑶林》卷上概括为"蚬子台盘"。
③ 蚬子和敵：京兆蚬子禅师，唐代曹洞宗禅僧，洞山良价禅师法嗣。
④ 华严静和尚：华严休静禅师，唐代曹洞宗禅僧，洞山良价禅师法嗣。

461. 镜清辜负杀人

镜清①问雪峰:"只如古德岂不是以心传心②?"
峰曰:"兼不立文字语句。"
清曰:"只如不立文字语句,如何传授?"
峰良久,清礼谢。峰曰:"更问我一转岂不好?"
曰:"就和尚请一转问头。"
峰曰:"只恁么?为别有商量?"
曰:"和尚恁么即得。"
峰曰:"于汝作么生?"
曰:"辜负杀③人。"

462. 新罗答大人相

新罗卧龙和尚④,僧问:"如何是大人相?"
曰:"紫罗帐里不垂手。"
云:"为甚么不垂手?"
曰:"不尊贵。"
问:"十二时中如何用心?"

---

① 《雪峰语录》中,此处未指明是哪位禅僧,《联灯会要》卷二十四则明确指明是镜清。
② 以心传心:禅门师资相传,心心相印。
③ 杀:此处用作副词,表示对程度的加深。
④ 新罗卧龙和尚:青原系禅僧,云盖志元禅师法嗣。

曰："猢狲吃毛虫。"

463. 善藏答深深处

白云藏和尚①，僧问："如何是深深处？"
曰："矮子渡深溪。"
问："赤脚时如何？"
曰："何不脱却？"

464. 庆诸拙自何来

张拙秀才参石霜②，霜问："先辈何姓？"
曰："拙姓张。"
霜曰："觅巧了不可得，拙自何来？"
张于言下有省，乃述颂曰：
　　光明寂照遍河沙③，凡圣含灵④共我家。
　　一念不生全体现，六根才动被云遮。
　　断除烦恼重增病，趣向真如总是邪。
　　随顺众缘无罣碍，涅槃生死是空花。
云门问僧："'光明寂照遍河沙'，岂不是张拙秀才语？"
僧云："是。"

---

① 白云藏和尚：白云善藏禅师，唐代青原系禅僧，大光居诲禅师法嗣。
② 石霜：石霜庆诸。
③ 河沙：恒河沙数的略称。
④ 含灵：含有本来具足的灵灵真性。

门曰:"话堕也。"

妙喜曰:驴拣湿处尿。

465. 白云事同一家

白云端和尚示众云:"昔灵山会上,世尊拈花,迦叶微笑。世尊道:吾有正法眼藏,分付摩诃大迦叶,次第流传,毋①令断绝,至于今日。大众,若是正法眼藏,释迦老子自无分,将个甚么分付?将个甚么流传?何谓如此?况诸人分上各各自有正法眼藏,每日起来是是非非,分南分北,种种施为,尽是正法眼藏之光影。此眼开时,乾坤大地、日月星辰、森罗万象只在面前,不见有毫厘之相。此眼未开时,尽在诸人眼睛里。今日已开者不在此限,有未开者,山僧不惜手,为诸人开此正法眼藏看。"乃举手竖两指,云:"看看,若见得去,事同一家。若也未然,山僧不免重说偈言:'诸人法眼藏,千圣莫能当。为君通一线,光辉满大唐。须弥走入海,六月降严霜。法华虽恁道,无句得商量。'大众,既满口道了,为甚么却无句得商量?"乃喝云:"分身两处看。"

466. 天衣向遮里明

天衣怀和尚示众云:"善能分别诸法相,于第一义而不动②。

---

① 毋:原本作"母",误,依《续藏》本改。
② 此二句出自《维摩诘经》卷一《佛国品》。"善能",经中作"能善"。

作么生说个分别底道理？老僧试为分别看。四面是山，中间是僧堂、佛殿、厨库、三门，遮里是法堂。上是天，下是地，僧是僧，俗是俗，作么生说个第一义？若向遮里明得去，穿取维摩老子①鼻孔。若也不会，且待阿逸多出世②。"

467. 峻极会尽无生

峻极和尚③，僧问："如何是大修行底人？"

曰："担枷带锁。"

云："如何是大作业底人？"

曰："修禅入定。"僧无语。

极乃云："你问我善，善不从恶。你问我恶，恶不从善。所以道，善恶如浮云，起灭俱无处。"僧于言下契悟。

后破灶堕闻云："我子会尽诸法无生。"

> 妙喜曰：争奈在髑髅前作妄想何？

468. 元祐决择身心

云居祐和尚示众，举："僧问赵州：'如何是祖师西来意？'州云：'庭前柏树子。'僧云：'和尚莫将境示人。'州云：'我不将境示人。'僧云：'如何是祖师西来意？'州云：'庭前柏树子。'"

---

① 维摩老子：指维摩诘。"老子"二字用在古德后面，表示不是崇拜性的称呼。
② 阿逸多出世：比喻很久以后的事情。阿逸多是弥勒的名字，他在佛灭后五十六亿七千万年出生人间而成佛。
③ 峻极和尚：嵩山峻极，唐代禅师，破灶堕和尚法嗣。

"奇哉！古圣垂一言半句，可谓截断圣凡门户，直示弥勒眼睛。今昔无坠，众中异解多途，商量非一，埋没宗旨，错判名言。或谓：青青翠竹，尽是真如，郁郁黄花，无非般若。或谓：山河草木，物物皆是真心显现，何独庭前柏树子乎？尘毛瓦砾，都是一法界中，重重无尽，理事圆融。或谓：庭前柏树子才举，便直下荐取，觌①体全真，拟议之间，早落尘境。须是当人作用，临机相见，或棒或喝，或擎起拳头，衣袖一拂，遮个眼目，如石火电光相似。或谓：庭前柏树子更有甚么事？赵州直下为人实头说话，饥来吃饭，困即打眠，动转施为，尽是自家受用。"

"如斯见解，似粟如麻，皆是天魔种族，外道邪宗，但取识情分别，用心取舍，强作知见，口耳相传，诳惑于人，贪图名利，是何业种？玷渎祖风。何不游方遍历，求善知识决择身心，略似个衲僧？古来自有宗门师范②，我佛心宗③，释梵诸天拱手敬信，三贤十圣罔测其由。"乃举拂子，云："若向遮里悟去，山河大地与汝同参。"

复顾左右，云："道林争敢压良为贱？"

469. 云峰岩崖佛法

僧问云峰④："巅山岩崖还有佛法也无？"

峰云："有。"

---

① 觌：原作"敌"，今据《指月录》卷十一《赵州禅师》改。觌，相见。
② 师范：师法、学习的榜样。
③ 佛心宗：禅宗的另一种表达。
④ 云峰：云峰文悦禅师。

僧云:"如何是巅山岩崖佛法?"

曰:"猢狲倒上树。"

妙喜曰:若人信受奉行,一生参学事毕。

470. 琅邪笑个甚么

琅邪觉和尚示众云:"山僧因看《华严金师子章》第九《由心回转善成门》,又释曰:如一尺之镜,纳重重之影象。若然者,道有也得,道无也得,道非亦得,道是亦得①。虽然如是,更须知有拄杖头上一窍,若也不会,拄杖子穿灯笼入佛殿,撞著释迦,磕倒弥勒。露柱拊掌,呵呵大笑。你且道笑个甚么?"以拄杖卓一下。

471. 天台问两尊宿

韶国师问龙牙:"雄雄之尊,为甚么近之不得?"

牙曰:"如火与火。"

曰:"忽遇水来,又作么生?"

曰:"道者,汝不会。"

次问疏山:"百匝千重,是何人境界?"

山曰:"左搓芒绳②缚鬼子。"

进曰:"不落古今,请师说。"

---

① 此四句正体现了禅宗讲的"四句",即有句、无句、亦有亦无句、非有非无句。
② 芒绳:用芒茅搓成的绳子。

曰:"不说。"

曰:"为甚么不说?"

曰:"个中不辨有无。"

472. 云门是瞌睡汉

云门和尚示众云:"我事不获已,向你诸人道。直下无事,早是相埋没也,更欲蹑步向前,寻言逐句求觅解会,千差万别,广设问难,赢得一场口滑①,去道转远②,有甚么歇时?只此个事,若在言语上,三乘十二分教岂是无言语?因甚么道'教外别传'?若从学解机智,只如十地圣人③说法如云如雨,犹被诃责,见性如隔罗縠④。以此故知,一切有心,天地悬殊。虽然如此,若是得底人,道火不能烧口。终日说事,未尝挂著唇齿,未曾道著一字。终日著衣吃饭,未曾触著一粒米,挂一缕丝。虽然如此,犹是门庭之说,须是实得与么始得。若约衲僧门下,句里呈机,徒劳伫思,直饶一句下承当得,犹是瞌睡汉。"

时有僧问:"如何⑤是一句?"

曰:"举。"

妙喜曰:瞌睡汉。

---

① 口滑:语言灵利,表达通达滑顺。
② 去道转远:离开佛法之道越来越远。
③ 十地圣人:即十地菩萨,达到菩萨五十二位修行中,第五个十位的人。比喻修行境界很高的人。
④ 如隔罗縠:间隔着薄薄的一层。罗縠,一种疏细的丝织品,似罗而疏、似纱而密。
⑤ 何:《续藏》本无此字。

473. 西余不如筋斗

端师子华亭升座，云："灵山师子云间哮吼，佛法无可商量，不如打个筋斗。"便跳下座。

474. 迦叶倒却刹竿①

阿难问迦叶："世尊传金襴袈裟外，别传何法？"
迦叶召云："阿难。"
阿难应喏。
迦叶云："倒却门前刹竿著。"
汾阳云："不问那知？"
五祖戒云："露。"
翠岩芝云："千年无影树，今时没底靴。"

475. 真净休瞌睡好

真净和尚示众云："还有问话底么？"良久，云："三十年弄马骑，却被驴扑。"遂抚膝云："直得须弥岌嶪，海水腾波，三十三天一时退位，十八大地狱②尽乃停酸③。见么？若遮里见得，释

---

① 此则公案，《无门关》概括为"迦叶刹竿"。
② 十八大地狱：佛教认为地狱共有十八层。
③ 停酸：受尽苦楚。

迦拱手①，弥勒攒眉②，文殊、普贤与伊作侍者。若也不见，看我七纵八横，且向葛藤里荐取。"

"阿呵呵！诸高德，且道我笑个甚么？噫！我笑昔日云门、临济、德山、岩头，萤火之光，蚊蚋之解。一人道，我呵佛骂祖③，一人道，我得末后句④，一人道，黄檗佛法无多子⑤，一人道，大觉世尊初生下时，一手指天，一手指地，天上天下，唯我独尊，我当初若见，一棒打杀与狗子吃⑥。似遮一队掠虚汉，总只一期无佛处称尊。若是如今唤来，一时与伊生按过，自余之辈，放过即不可。岂不闻，僧问乾峰云：'十方薄伽梵，一路涅槃门，未审路头在甚么处？'乾峰拈拄杖画一画，云：'在遮里。'只如乾峰怎么，曾梦见也未？若是老僧即不然，'十方薄伽梵，一路涅槃门，未审路头在甚么处？'劈脊便棒，却问伊：'路头在甚么处？'待伊拟开口，热喝出去。"

"更有个云门折脚老比丘，不分缁素，不辨正邪，拈扇子云：'踍跳上三十三天，筑著帝释鼻孔，东海鲤鱼打一棒，雨似盆倾。'似遮般和泥合水汉，粪扫堆里埋却十个五个又有甚过？"

"阿呵呵！乐不乐？足不足？而今幸对山青水⑦绿，年来是事一时休，信任身心懒拘束。大众，休瞌睡好！"

---

① 拱手：表示顺从、妥协。
② 攒眉：皱眉，表示不愉快。
③ 呵佛骂祖：这是德山禅师的作略。
④ 我得末后句：岩头全豁禅师语。
⑤ 黄檗佛法无多子：临济禅师语。
⑥ "大觉世尊初生下时"七句：云门禅师语。
⑦ 水：《续藏》本作"山"。

476. 瑞岩如此作么

瑞岩彦和尚①问岩头："如何是本常理？"

岩头曰："动也。"

曰："动时如何？"

头曰："不是本常理。"

彦沉思良久，头曰："肯即未脱根尘，不肯即永沉生死。"

彦遂领悟。后谒夹山，山问："甚么处来？"

曰："卧龙来。"

山云："来时龙还起未？"彦乃顾视之。

山曰："灸疮上更著艾燋。"

曰："和尚又苦如此作甚么？"山便休。

  妙喜曰：若不蓝田射石虎，几乎误杀李将军。

477. 南院忽遇屎橛

南院问僧："汝名甚么？"

僧云："普参。"

院曰："忽遇屎橛②时如何？"

僧云："不审。"

院便打。

---

① 瑞岩彦和尚：瑞岩师彦禅师。
② 屎橛：比喻令人讨厌的事或人。

478. 系南直教粉碎

罗汉南和尚示众云:"诸佛不出世,达磨不西来。祖师心印①,状似铁牛之机。所以印空也,日月沉辉,乾坤黯黑。印水也,蹙浪惊涛,鱼龙丧命。印泥也,大地水冰,圣凡路绝。若是那一印,谁敢觑着?争奈诸方起模画样,若到罗汉手中,直教粉碎。"

479. 招庆好与拄杖

招庆和尚示众云:"招庆今夜与诸人一时道却,还委落处么?"

时有僧出云:"大众一时散去,还称师意也无?"

曰:"好与拄杖。"

僧礼拜。

庆曰:"虽有盲龟之意,且无晓月之程②。"

僧云:"如何是晓月之程?"

曰:"此是盲龟之意。"

问:"如何是沙门行?"

---

① 祖师心印:石霜楚圆禅师说:"祖师心印,一印印空,一印印水,一印印泥。"称为"宗门三印"。
② 虽有盲龟之意,且无晓月之程:比喻机会极小。盲龟,佛教有盲龟值木的传说,盲龟在深海中,一百年才能有机会浮上海面,如果能够遇上有一个孔洞的浮木,盲龟头部恰好顶入其中,才能看到光明。

曰:"非行不行。"

问:"如何是西来意?"

曰:"蚊子上铁牛。"

480. 德山灭烛而悟

德山和尚长讲《金刚经》为业,后闻南方禅宗大兴,罔措其由,遂罢讲散徒,携疏钞南游。先到龙潭①,才跨门,便问:"久向龙潭,及乎到来,潭又不见,龙又不现。"

潭曰:"子亲到龙潭。"

山乃礼拜而退。至夜,入室侍立。更深,潭曰:"子何不下去?"山遂珍重,揭帘而出,见外面黑,却回云:"外面黑。"潭乃点纸烛度与山,方接次,潭便吹灭。山于此忽然大悟,便礼拜。

潭曰:"子见个甚么便礼拜?"

山云:"某甲自今已后更不疑着天下老和尚舌头。"

至来日,龙潭上堂云:"可中有个汉,牙如剑树,口似血盆,一棒打不回头。佗时后日,向孤峰顶上立吾道去在。"

山遂取疏钞,于法堂前将一炬火提起,云:"穷诸玄辩,若一毫置于太虚;竭世枢机,似一滴投于巨壑。"将疏钞便烧,于是礼辞。

---

① 龙潭:龙潭崇信禅师,唐代青原系禅僧,天皇道悟禅师法嗣。此则公案称为"久响龙潭"。

481. 马祖石头路滑①

邓隐峰②辞马祖，祖曰："甚处去？"

云："石头③去。"

祖曰："石头路滑④。"

云："竿木随身，逢场作戏⑤。"便去。

才到石头，乃绕禅床一匝，振锡一下，问："是何宗旨？"

头曰："苍天！苍天！"

峰无语，却回举似马祖。

祖曰："汝更去，见佗道'苍天苍天'，汝便嘘两声。"

峰又去，一依前问，头乃嘘两声。

峰又无语，归举似马祖。

祖曰："向汝道石头路滑。"

482. 灵照失却一片

照布衲⑥一夕指半月问溥上座⑦："那一片甚么处去也？"

---

① 此则公案，《禅苑蒙求瑶林》称为"石头路滑"。
② 邓隐峰：五台隐峰，唐代南岳系禅师，俗姓邓，马祖道一禅师法嗣。
③ 石头：石头希迁禅师。
④ 石头路滑：形容石头希迁禅师的机锋不可捉摸，灵活多变。
⑤ 逢场作戏：比喻针对具体的情形而灵活应对。
⑥ 照布衲：龙华灵照禅师，唐、五代之际青原系禅僧，居唯一衲，服勤众务，时人称为照布衲，雪峰义存禅师法嗣。
⑦ 溥上座：睡龙道溥禅师，俗姓郑，唐、五代之际青原系禅僧，雪峰义存禅师法嗣。

溥曰:"莫妄想。"

照曰:"失却一片也。"

　　妙喜曰:自起自倒。

483. 广慧是甚么声

广慧琏和尚到首山,山问:"近离甚么处?"

曰:"汉上。"

山竖拳云:"汉上还有遮个么?"

曰:"遮个是甚么碗鸣声"?

山云:"瞎。"

曰:"恰是。"拍一拍便出去。

484. 长髭红炉点雪①

长髭和尚②参石头,头问:"甚么处来?"

曰:"岭南来。"

头云:"大庾岭头一铺功德成就也未?"

曰:"成就久矣,只欠点眼在。"

头云:"莫要点眼么?"

曰:"便请。"

石头垂下一足,髭便作礼。

---

① 此则公案,《禅苑蒙求拾遗》称为"长髭炉雪"。
② 长髭和尚:长髭旷禅师,唐代青原系禅僧,石头希迁禅师法嗣。

头云:"你见个甚么便礼拜?"

曰:"如红炉上一点雪。"

485. 仰山似个甚么

仰山问南塔①:"老僧何似一头驴?"

曰:"佛亦不似。"

云:"佛既不似,似个甚么?"

曰:"若有所似,何异于驴?"

仰山然之。

486. 杨岐朝离何处

杨岐和尚问僧:"秋色依依,朝离何处?"

僧云:"去夏在上蓝。"

曰:"不涉程途一句作么生道?"

云:"两重公案。"

曰:"谢上座答话。"

僧便喝。

岐曰:"那里学得遮虚头来?"

云:"明眼尊宿难谩。"

曰:"与么则杨岐随上座去也。"

---

① 南塔:南塔光涌禅师,俗姓章,唐代沩仰宗禅僧,仰山慧寂禅师法嗣。

僧拟议。

岐曰:"念汝乡人在此,放汝三十棒。"

问:"如何是佛?"

曰:"阶前喝棒声。"

487. 睦州现成公案

睦州和尚见僧来云:"现成公案①,放汝三十棒。"

云峰悦云:"作贼人心虚。"

妙喜曰:又添得一个。道了,问冲密:你道我怎么道,还有过也无?密云:作贼人心虚。妙喜曰:三个也有。

488. 悟真日月山河

道吾真和尚示众云:"古人道:认着依前还不是,实难会,土宿②颔下髭须多,波斯③眼深鼻孔大,甚奇怪,欻然④透过新罗界⑤。"

又示众云:"古今日月,依旧山河。若明得去,'十方薄伽

---

① 现成公案:自然而然形成的公案,不是刻意安排造作而制造的公案。公案,本意是官府断案的公文案牍,禅宗中指历代宗门祖师典范性的言行,对此的参究可以判断学人的迷悟。
② 土宿:从面相学的角度讲,土宿是指人的鼻子。但禅门中常用此词,当另有其意,如"禅师土宿临头"(五祖师戒语)、"土宿虽持锡,不是婆罗门"(洛浦元安语)。
③ 波斯:指波斯人。
④ 欻然:非常快速的样子。
⑤ 新罗界:比喻很远的地方。

梵，一路涅槃门①'。若明不得，'谤斯经故，获罪如是②'。"

489. 夹山云水自在

夹山和尚示众云："不知天晓，悟不由师。龙门跃鳞③，不堕渔人之手。但④意不寄私缘，舌不亲玄旨，正好知音，此名俱生话。若向玄旨疑去，赚杀阇梨。困鱼止泺⑤，钝鸟栖芦⑥。云水非阇梨，阇梨非云水。老僧于云水而得自在，阇梨又作么生？"

490. 睦州裂开捏聚

睦州和尚示众云："裂开也在我，捏聚也在我⑦。"

有僧问："如何是裂开？"

曰："三九二十七。菩提涅槃，真如解脱，即心即佛。我且与么道，汝又作么生？"

---

① 语出《楞严经》卷五。
② 语出《法华经》卷二《譬喻品》。
③ 龙门跃鳞：鲤鱼跳龙门。鳞，指鱼，特别是鲤鱼。
④ 但：《续藏》本作"佢"。
⑤ 困鱼止泺：依《祖庭事苑》卷五之释，意为虽得所安，未至于大海。指少得为乐，不知究竟之处。泺，通"泊"，湖泽，与大海相比，是水少之处。少量典籍有不同表达。如《宝藏论》作"困鱼止沥"。沥，指水滴，非常少的水。《景德传灯录》卷十九《延宗禅师》和《祖庭事苑》作"困鱼止箔"。箔，指帘，可能此字更符合这层意思，鱼当居于水，帘非鱼居处。
⑥ 钝鸟栖芦：芦并非鸟栖之处，依《祖庭事苑》卷五之释，意为虽得所安，未至于深林。也指少得为乐，不知究竟之处。
⑦ 裂开也在我，捏聚也在我：对教学方式的描述。裂开，相当于活、放行，让学人有路可通；捏聚，相当于杀、把住，截断学人理路。

僧云:"某甲不与么道。"

曰:"盏子扑落地,楪子成七片。"

云峰悦云:"相骂饶汝接嘴,相唾饶汝泼水。"

491. 大愚上堂示偈

翠岩芝和尚示众云:"砂里无油事可哀,翠岩嚼饭喂婴孩。佗时好恶知端的,始觉从前满面灰。"

492. 世尊未曾杀生

殃崛摩罗①因持钵至一长者门,其家妇人正值产难,子母未分。长者曰:"瞿昙弟子,汝为至圣,当有何法能免产难?"

殃崛语长者云:"我乍入道,未知此法。待我回问世尊,却来相报。"及返,具陈斯事。

佛告殃崛:"汝速去报言:我自从贤圣法来,未曾杀生。"殃崛依佛所说,往告长者,妇人闻之,当时分免②。

---

① 殃崛摩罗:原为外道,后从佛出家。此则公案,宗杲曾有颂:"华阴山前百尺井,中有寒泉彻骨冷。谁家女子来照影?不照其余照斜领。"(《大慧语录》卷十)

② 免:同"娩"。

493. 曹山令佗不疑

曹山和尚示众云："诸方尽把格则①，何不与佗道②，却令佗不疑去？"

云门在众，出问："密密处③为甚么不知有？"

山曰："只为密密，所以不知有？"

门云："此人如何亲近？"

曰："莫向密密处亲近④。"

云："不向密密处亲近时如何？"

曰："始解亲近。"

门云："喏！喏！"

  妙喜曰：浊油更著湿灯心⑤。

494. 缘密青天犹在

德山圆明和尚示众云："与么来者，见成公案⑥；不与么来

---

① 格则：标准、准则。
② 道：据《曹山语录》和《云门语录》卷下，此处为"道一转语"。
③ 密密处：心灵的最密之处，喻指自性之佛。
④ 莫向密密处亲近：此句有马祖道一禅师非心非佛之意。
⑤ 浊油更著湿灯心：形容错上加错，虚妄之上又加虚妄。混浊的油用于点灯，很难让灯芯明亮地燃烧，再加上灯芯本身又是湿的，更难以点燃照明。
⑥ 见成公案：即现成公案。见，即现。

者，垛生招箭①；总不与么来，徐六遇担板②。迅速锋芒，犹是钝汉，万里无云，青天犹在。"

僧问："佛傥无差时如何？"

曰："系驴橛。"

云："过在甚么处？"

曰："自屎不觉臭③。"

云："和尚怎么道即得？"

曰："蜣蜋推粪球④。"

问："无迹无踪是甚么人行履处？"

曰："偷牛贼。"

问："'不历僧祇获法身⑤'时如何？"

曰："也是牌下立。"

问："羚羊未挂角时如何？"

曰："猎屎狗。"

云："挂角后如何？"

曰："猎屎狗。"

问："如何是古佛路？"

曰："道边神树子。"

---

① 垛生招箭：比喻徒生烦恼。垛，指土筑的箭靶子，箭垛。建起了箭垛，人们自然就对着它射箭了。
② 徐六遇担板：也作徐六担板，遇上担木板行路的人，比喻执着于片面性见解，呆板。徐六，泛指某一人。担板，肩担木板走路，只能看到一边，而看不到另一边，这样的人，也称担板汉，"担版汉只见一边"（《瞎堂慧远禅师语录》卷一）。
③ 自屎不觉臭：比喻看不到自己的缺点。
④ 蜣蜋推粪球：民间歇后语，一种说法是"滚蛋"。
⑤ 不历僧祇获法身：出自《楞严经》卷三，指顿成、顿悟。僧祇，是阿僧祇的简称，无数、无量。

495. 法眼随时及节

清凉法眼和尚示众云："出家人但随时及节①便得，寒即寒②，热即热。欲识佛性义，当观时节因缘③，古今方便不少。不见石头和尚因看《肇论》云：'会万物为己者，其惟圣人乎！'佗家便道：'圣人无己，靡所不已。'有一片言语，唤作《参同契》④，末上云：'竺土⑤大仙心⑥。'无过此语也，中间也只随时说话。上座，今欲会'万物为己'去，盖尽大地无一法可见。佗又嘱人云：'光阴莫虚度⑦。'适来向上座道'但随时及节便得'，若也违时失候，即是虚度光阴，于非色中作色解。上座，于非色中作色解，即是违时失候。且道，色作非色解，还当不当？上座，若怎么会，便是没交涉。正是痴狂两头走，有甚么用处？上座，但守分随时过。"

496. 广德盐尽炭无

襄州广德周和尚，僧问："承教有言：阿逸多不断烦恼，不修禅定，佛记此人成佛无疑。此理如何？"

---

① 随时及节：比喻要依据具体条件。时，时辰。节，节令。
② 寒即寒：寒冷时节就要依据寒冷的条件，寒则向火取暖。
③ 时节因缘：指具体的条件。
④ 《参同契》：石头希迁作。
⑤ 竺土：天竺之土，指古印度。
⑥ 此为《参同契》第一句。
⑦ 此为《参同契》最后一句。

曰:"盐又尽,炭又无。"

云:"盐尽炭无时如何?"

曰:"愁人莫向愁人道,道向愁人愁杀人。"

妙喜曰:古人怎么答话,唤作洗脚上船①。

497. 达摩与汝安心②

二祖③问达磨:"诸佛法印④,可得闻乎?"

曰:"诸佛法印,匪从人得。"

曰:"我心未宁,乞师安心。"

曰:"将心来,与汝安。"

曰:"觅心了不可得。"

曰:"与汝安心竟。"

芭蕉云:"金刚与泥人揩背。"⑤

498. 香林头重尾轻

香林远和尚⑥,僧问:"'北斗里藏身⑦',意旨如何?"

---

① 洗脚上船:本意是指居住在水边,行船十分方便。
② 此则公案,《无门关》概括为"达摩安心",《禅苑蒙求瑶林》则称为"慧可断臂",因为在慧可问达摩安心法门之前,还有一段断臂立雪的故事。
③ 二祖:即慧可,禅宗第二祖。
④ 法印:佛法的印契,佛教用以鉴别佛法真伪的标准。
⑤ 金刚与泥人揩背:据《宗门拈古汇集》卷五、《宗鉴法林》卷六、《禅林类聚》卷十四等,此语为芭蕉彻(郢州芭蕉山继彻)所说;据《指月录》卷四,此语为芭蕉清(郢州芭蕉山慧清)所说。芭蕉彻为芭蕉清的弟子,两人也许都说过此语。
⑥ 香林远和尚:香林澄远禅师,俗姓上官,五代云门宗禅僧,云门文偃禅师法嗣。
⑦ 北斗里藏身:此句原为云门文偃法语。

曰:"月似弯弓,少雨多风①。"

问:"如何是室内一灯?"

曰:"三人证龟成鳖②。"

问:"如何是衲衣下事?"

曰:"腊月火烧山③。"

问:"鱼游陆地④时如何?"

曰:"发言必有后救。"

僧云:"却下碧潭⑤时如何?"

曰:"头重尾轻。"

499. 六祖即心即佛

韶州海⑥禅师初见六祖,问:"即心即佛,愿垂指喻。"

祖曰:"前念不生即心,后念不灭即佛。成一切相即心,离一切相即佛。吾若具说,穷劫不尽,听吾偈曰:即心名慧,即佛乃定。定慧等持,意中清净。悟此法门,由汝习性。用本无生,双修是正。"

海信受,以偈赞曰:

即心元是佛,不悟而自屈。

---

① 月似弯弓,少雨多风:此句引用了当时的气象谚语,也体现比量(推理)对于理解禅法的意义,最主要的含义是以此截断学人的理路。
② 证龟成鳖:把龟硬说成是鳖,比喻蓄意歪曲、颠倒是非。
③ 腊月火烧山:腊月里草木干枯,放火烧山,火势猛烈。
④ 鱼游陆地:比喻迷失本性,不知归家。鱼当游于水中。
⑤ 却下碧潭:鱼回归本来之处,比喻归家稳坐。
⑥ 韶州海:韶州法海,唐代禅僧,六祖慧能禅师法嗣,《六祖坛经》的记录者。

我知定慧因,双修离诸物。

500. 药山怎怪老僧①

药山和尚久不升堂,一日,院主白云:"大众久思和尚示诲。"

曰:"打钟着。"时大众方集定,便下座,归方丈。

妙喜曰:葛藤不少。

院主随后问云:"和尚许为大众说话,为甚么一言不措?"

曰:"经有经师,论有论师,争怪得老僧?"

妙喜曰:笑杀人。

501. 西睦是一头驴

西睦和尚②上堂,有一俗士举手云:"和尚便是一头驴。"

曰:"老僧被汝骑。"

士无语,后三日再来,云:"某甲三日前著贼。"睦拈拄杖趁出。

502. 叶县拗折竹篦③

叶县省和尚,一日拈和尚问云:"唤作竹篦则触,不唤作竹

---

① 此则公案,《从容录》称为"药山升座"。
② 西睦和尚:益州西睦禅师,唐代南岳系禅僧,赵州从谂禅师法嗣。
③ 此则公案,《无门关》和《禅苑蒙求瑶林》称为"首山竹篦"。

篦则背,合唤作甚么物即得①?"省于此大悟,遂于手中掣得竹篦,拗折掷于阶下,却云:"是甚么?"念云:"瞎。"省便礼拜。

因僧请益"赵州柏树子"话,省曰:"我不辞与汝说,还信么?"

云:"和尚重言,争敢不信?"

曰:"汝还闻檐头雨滴声么?"

其僧豁然,不觉失声云:"唧!"

省云:"汝见个甚么道理?"

僧即以颂对云:

　　檐头雨滴,分明沥沥。

　　打破乾坤,当下心息。

省忻然。

503. 法华抑而为之

法华举和尚示众云:"'语渐也返常合道,论顿也不留朕迹。'② 直饶论其顿、返其常,也是抑而为之。"

举到公安远③和尚处,远问:"作么生是伽蓝④?"

举曰:"深山藏独虎,浅草露群蛇。"

云:"作么生是伽蓝中人?"

---

① 首山省念此语,丛林中称为"首山竹篦",宗杲曾颂此公案说:"背触非遮护,明明直举扬。吹毛虽不动,遍地是刀枪。"(《大慧语录》卷十)
② 此二句是南阳慧忠国师语。
③ 公安远:法嗣不详。
④ 伽蓝:僧众所住之处,寺院之通称。

曰:"青松盖不得,黄叶岂能遮?"

云:"道甚么?"

曰:"少年玩尽天边月,潦倒浮桑①没日头。"

云:"一句两句,云开月露,作么生?"

曰:"照破佛祖。"

504. 法演抛砖引玉

五祖演和尚示众云:"将四大海②水为一枚砚,须弥山作一管笔,有人向虚空里写'祖师西来意'五字,太平③下座,大展坐具,礼拜为师。若写不得,佛法无灵验。有么?有么?"便下座,大众散,师高声云:"侍者!"侍者应喏,曰:"收取坐具。"复问侍者云:"还收得坐具么?"侍者提起坐具。演曰:"我早知汝恁么也。"

又示众云:"上是天,下是地,南北东西依旧位。释迦老子弄精魂,达磨④西来多忌讳。忽有个汉出来道:'和尚,低声!'但向伊道:'只要抛砖引玉。'"

505. 云门某无气力

云门见僧来参,乃拈起袈裟云:"汝若道得,落我袈裟圈𧛱

---

① 浮桑:《五灯会元》卷十二《法华全举禅师》用"扶桑",太阳出来的地方。
② 四大海:围绕须弥山四方的大海。
③ 太平:此则公案是法演晚年住太平寺时的法语,太平为此时法演的自称。
④ 磨:原本作"麽",误。

里。汝若道不得,又在鬼窟里坐①。作么生?"自代云:"某甲无气力。"

妙喜曰:西天斩头截臂,遮里自领出去。

506. 玄沙佛道闲旷

玄沙和尚示众云:

佛道闲旷,无有程途。无门解脱之门,无意道②人之意。不在三际,故不可升沉。建立乖真③,非属造化④。动则起生死之本,静则醉昏沉之乡。动静双泯,即落空亡。动静双收,颟顸佛性。直须对尘对境,如枯木寒灰,临时应用,不失其宜,镜照诸像,不乱光辉,鸟飞空中,不杂空色。所以十⑤方无影像,三界绝行踪,不堕往来机,不住中间意。钟中无鼓响,鼓中无钟声,钟鼓不相交,句句无前后,如壮士展臂,不借佗力⑥。师子游行,岂求伴侣?九霄绝翳,何在穿通?一段光明,未曾昏昧。若到者里⑦,体寂寂,常的的,日赫焰,无边表。圆觉空中不动摇,吞烁乾坤迥然照。

夫佛出世者,元无出入,名相无体,道本如如,法尔天真,不同修证,只要虚闲,不昧作用,不涉尘泥。个中纤毫道不尽,

---

① 鬼窟里坐:指落在虚妄之中。
② 道:《玄沙广录》卷中作"为",众禅典多作"道"字。
③ 建立乖真:有所建立,就和真性乖反。
④ 非属造化:明心见性之事,不是造作有求就能达到的。
⑤ 十:《玄沙广录》卷中作"什"。
⑥ 佗力:《玄沙广录》卷中作"人工"。
⑦ 者里:这里。

即为魔王眷属①,句前句后,是学人难处。所以一句当天,八万门永绝生死。直饶得似秋潭月影,静夜钟声,随扣击以无亏,触波澜而不散,犹是生死岸头事。道人行履处,如火消冰,终不却成冰。箭既离弦,无返回势。所以,牢笼不肯住,呼唤不回头,古圣不安排,至今无处所。若到者里,步步登玄,不属邪正,识不能识,智不能知。动便失宗,觉即迷旨。二乘胆战,十地魂惊。语路处绝②,心行处灭。直得释迦掩室于摩竭,净名杜口于毗耶,须菩提唱无说而显道,释梵绝听而雨花。若与么,现前更疑何事?没栖泊处,离去来今,限约不得,心思路绝,不因庄严,本来真净,动用语笑,随处明了,更无欠少。

今时人不悟个中道理,妄自涉事涉尘,处处染著,头头系绊。纵悟,则尘境纷纭,名相不实。便拟凝心敛念,摄事归空,闭目藏睛。才③有念起,旋旋破除,细想才生,即便遏捺。如此见解,即是落空亡底外道,魂不散底死人,冥冥④漠漠,无觉无知,塞耳偷铃,徒自欺诳。

者里分别则不然也,不是隈门傍户⑤,句句现前,不得商量,不涉文墨,本绝尘境,本无位次,权名个出家儿,毕竟无踪迹。真如凡圣,地狱天堂,只是疗狂子之方⑥,虚空尚无改变,大道岂有升沉?悟则纵横不离本际。若到者里,凡圣也无立处。若向

---

① 魔王眷属:与虚妄为眷属,落入虚妄之中。
② 语路处绝:言语道断之意。
③ 才:《玄沙广录》卷中和《玄沙语录》卷上作"终"。
④ 冥冥:《玄沙广录》卷中作"溟溟"。
⑤ 隈门傍户:即偎门傍户,没有自己的独立见解,只会依赖他人的看法。
⑥ 疗狂子之方:医治疯子药方。

句中作意，则没溺杀学人。若向外驰求，又落魔界。如如向上，没可安排，恰似焰炉不藏蚊蚋。此理本来平坦，何用划除？动转扬眉是真解脱道，不强为意度，建立乖真。若到者里，纤毫不受，措意则差，便是千圣出头来，也安一字不得。久立，珍重！

507. 赵州法堂探水①

赵州和尚到茱萸②，将拄杖于法堂上从东过西，从西过东。

茱萸问："作甚么？"

州云："探水。"

曰："我遮里一滴也无，探个甚么？"

州靠却拄杖，便出去。

琅邪觉云："势去奴欺主，年衰鬼弄人。"

　　妙喜曰：钩在不疑之地。

508. 仰山某有验处

仰山和尚因沩山问："大地众生，业识③茫茫，无本可据，子作么生知佗有之与无？"

曰："某甲有验处。"

时有僧从面前过，仰山召云："阇梨。"其僧回首，仰曰：

---

① 此则公案，《禅苑蒙求瑶林》概括为"赵州探水"。
② 茱萸：鄂州茱萸。
③ 业识：众生因无明的作用而产生的虚妄观念。

"和尚，遮个便是'业识茫茫，无本可据'。"

沩山云："此是师子一滴乳，迸散十斛驴乳。"

509. 桐峰争奈我何

桐峰庵主①因僧问："庵主在遮里，忽遇大虫来，又作么生？"主便作大虫吼，僧作怕势，主大笑。

僧云："遮贼。"

主云："争奈我何？"

雪窦云："是则是，两个恶贼，只解掩耳偷铃。"

510. 汾州心性本有

无业国师谓弟子慧愔②等曰："汝等见闻觉知之性，与太虚同寿，不生不灭。一切境界本自空寂，无一法可得，迷者不了，即为境惑，一为境惑，流转无穷。汝等当知心性本自有之，非因造作，犹如金刚，不可破坏。一切诸法，如影如响，无有实者。故经云：'唯此一事实，余二即非真。'③ 若④了一切空，无一物当情，是诸佛用心处，汝等勤而行之。"⑤

---

① 桐峰庵主：唐代临济宗禅僧，临济义玄禅师法嗣。
② 慧愔：也作惠愔，唐代南岳系禅僧，汾州无业禅师法嗣，具体事迹不详。
③ 语出《法华经》卷一《方便品》。
④ 若：《五灯会元》卷三《汾州无业禅师》等禅典作"常"。
⑤ 此是无业国师临灭前的一段法语。

511. 沩山道人之心

沩山和尚示众云:"夫道人之心,质直无伪,无背无面,无诈妄心行,一切时中,视听寻常,更无委曲,亦不闭眼塞耳,但情不附物①即得。从上诸圣只是说浊边过患②,若无如许多恶觉、情见、想习之事,譬如秋水澄渟,清净无为,澹泞无碍,唤佗作道人,亦名无事人。"

时有僧问:"顿悟之人更有修否?"

曰:"若真悟得本,佗自知时,修与不修是两头语。如今初心虽从缘得,一念③顿悟自理,犹有无始旷劫习气未能顿净,须教渠净除现业流识,即是修也,不道别有法教渠修行趣向。从闻入理,闻理深妙,心自圆明,不居惑地,纵有百千妙义,抑扬当时,此乃得坐披衣,自解作活计④始得⑤。以要言之,则实际理地不受一尘,万行⑥门中不舍一法。若也单刀直入,则凡圣情尽,体露真常,理事不二⑦,即如如佛。"

---

① 情不附物:念念无住,没有执着。
② 浊边过患:陷于诸浊而产生的过患。诸浊包括了劫浊、见浊、烦恼浊、众生浊、命浊等五浊。
③ 念:原本作"切",依《潭州沩山灵祐禅师语录》、《禅林宝训》卷四等改。
④ 自解作活计:自己明了应该怎么修行。
⑤ 始得:原本无,依《潭州沩山灵祐禅师语录》、《五灯会元》卷九《沩山灵祐禅师》改。
⑥ 万行:原本作"佛事",依《潭州沩山灵祐禅师语录》、《五灯会元》卷九《沩山灵祐禅师》改。
⑦ 理事不二:沩仰宗禅法精神的重要体现,本体之理和现象之事之间的圆融无碍。

512. 安国真性缘起

安国挺禅师①因长安讲《华严经》僧来问五祖②云："真性缘起？其义云何？"祖默然。时挺侍立次，乃谓曰："大德，正兴一念问时，是真性中缘起。"其僧言下大悟。

妙喜曰：一念未兴时，不可无缘起也。或曰：一念未兴，唤甚么作缘起？我也只要汝恁么道。

513. 越山睹日顿晓

越山和尚③初参雪峰而染指④，后因闽⑤王请，于清风楼上斋，坐久举目，忽睹日光，豁然顿晓，而有偈曰：

清风楼上赴官斋，此日平生眼豁开。

方信普通年远事⑥，不从葱岭⑦付将来。

归呈雪峰，峰然之。

僧问："如何是佛身？"

---

① 安国挺禅师：安国玄挺禅师，俗姓陈，唐代牛头宗禅僧，牛头智威禅师法嗣。
② 五祖：牛头智威禅师，牛头宗五祖，牛头法持禅师法嗣。
③ 越山和尚：越山师鼐禅师，五代至宋代之际青原系禅僧，雪峰义存禅师法嗣。
④ 染指：比喻对禅法有一点了解，但并不深入。典出《左传·宣公四年》"染指于鼎"，郑灵公请大臣们吃甲鱼，召子公来，却故意不给子公吃，子公很生气，就伸出手指蘸了点汤，尝了味道，就走了。
⑤ 闽：十国中的闽国。
⑥ 普通年远事：达摩西来东土和梁武帝相见的这一久远的事情。普通年，梁代年号，520~527年。
⑦ 葱岭：帕米尔高原的古称。

曰:"汝问那个佛身?"

云:"释迦佛身。"

曰:"舌覆三千界。"

临终时集众示偈,云:

> 眼光随色尽,耳识逐声消。
>
> 还源无别旨,今日与明朝。

514. 国清呵佛骂祖

国清奉和尚①,僧问:"如何是佛法大意?"

曰:"释迦是牛头狱卒,祖师是马面阿旁②。"

问:"如何是西来意?"

曰:"东壁打西壁③。"

问:"如何是扑不破底句?"

曰:"不隔毫牦,时人远向。"

515. 洛浦旨外明宗

洛浦和尚示众云:"末后一句,始到牢关④,把断要津⑤,不

---

① 国清奉和尚:国清院奉禅师,南岳系禅僧,赵州从谂禅师法嗣。

② 阿旁:亦作"阿傍",地狱中鬼卒。

③ 东壁打西壁:表示虚空状态。打,可能是方言,难以确切解释。

④ 末后一句,始到牢关:只有掌握了最为重要的最后一句,才会达到区分迷悟境界的坚牢之关门。

⑤ 把断要津:比喻掌握住最重要的方面。

通凡圣。寻常向诸人道：任从天下乐欣欣。我独不肯①，何故？如灵龟负图②，自取丧身之兆。凤萦金网③，趣霄汉以何期？直须旨外明宗，莫向言中取则。是以石人机似汝，也解唱巴歌④，汝若似石人，雪曲⑤也应和。"

516. 夹山直须挥剑⑥

夹山和尚，因僧问："拨尘见佛时如何？"

曰："欲知此事，直须挥剑。若不挥剑，渔父栖巢。"

僧如前问石霜⑦，霜云："渠无国土，甚处逢渠？"

僧却举似夹山，山曰："门庭施设，不无夹山⑧，入理深谈，犹较石霜百步。"

517. 洪英食饱伤心

泐潭英和尚示众，举："祖师道：'一切众生性清净，从本无

---

① 依《联灯会要》卷三十三《洛浦元安禅师》，此句后接有"欲知上流之士，不将佛法见解贴在额头上"一句。
② 灵龟负图：龟背上的纹路，启发先人创造文字、占卜吉凶，但也导致杀身之祸。比喻人们喜欢将对禅法的并不高妙的见解时时炫耀。
③ 凤萦金网：比喻被流俗的见解所缠绕。凤当飞向九霄，但却被金线编织的网所缠绕。
④ 巴歌：与雪曲相对，巴人之曲，形容鄙俗之作。有时也作为谦辞来描述自己的作品。
⑤ 雪曲：阳春白雪之曲。元人谢应芳《水调歌头·再和寄酬袁子英萧寺》："多谢寄来双鲤，白雪阳春数曲，为我和巴讴。"巴讴，即巴歌。
⑥ 此则公案，《从容录》和《禅苑蒙求瑶林》称为"夹山挥剑"，《虚堂集》概括为"夹山拨尘"。
⑦ 石霜：石霜庆诸禅师，与夹山善会同为青原系五世。
⑧ 不无夹山：《五灯会元》卷五《夹山善会禅师》作"不如老僧"，意思更明确。不无，有些，有一点。

生无可灭。即此身心是幻生，幻化之中无罪福①。'大众，先圣恁么道，不妨奇特，奈缘衲僧门下检点将来，也是食饱伤心②，坐久腰痛。"

又示众云："阿呵呵！是甚么？昨夜蟾光独自坐。屈指从头数故人，翻忆当时破灶堕。是甚么？眨起眉毛早蹉过。"

僧问："逢场作戏时如何？"

曰："红炉抛出铁乌龟。"

518. 石头谁是后人

天皇和尚③问石头："离却定慧，以何法示人④？"

头云："我遮里无奴婢，离个甚么？"

曰："如何明得？"

头云："汝还撮⑤得虚空么？"

曰："与么则不从今日去也。"

头曰："未审汝早晚从那边来？"

曰："某甲不是那边人。"

头云："我早知汝来处。"

曰："和尚何得赃诬于人？"

头云："汝身见在。"

---

① "一切众生性清净"四句：此是七佛中的第六迦叶佛之偈。
② 食饱伤心：表面上讲的是养生知识，实际上包含通过对禅师的评价显示出超佛越祖之意。
③ 天皇和尚：天皇道悟禅师（748～807），俗姓张，唐代青原系禅僧，石头希迁禅师法嗣。
④ 离却定慧，以何法示人：要是不讲戒定慧三学，你的禅法还讲些什么？
⑤ 撮：用手抓取。

曰:"虽然如是,毕竟如何示于后人?"

头云:"汝道阿谁是后人?"

天皇从此有省。

> 妙喜曰:且道省得个甚么?

519. 太原一时佛在

太原孚上座在杨州①孝先寺②讲《涅槃经》,有禅者阻雪在寺,因往听讲。至三因佛性③、三德④法身,广谈法身妙理。禅者失笑。孚讲罢,请禅者吃茶,白曰:"某甲素志狭劣,依文解义,适蒙见笑,且望见教。"

禅者曰:"实笑座主不识法身。"

孚曰:"如此解说,何处不是?"

曰:"请座主更说一遍。"

孚曰:"法身之理,犹若太虚,竖穷三际,横亘十方,弥纶八极,包括二仪,随缘赴感,靡不周遍。"

曰:"不道座主说不是,只是说得法身量边事,实未识法身在。"

孚曰:"既然如是,禅德当为我说。"

曰:"座主还信否?"

孚曰:"焉敢不信?"

---

① 杨州:《五灯会元》卷七《孚上座》等禅典作"扬州"。
② 孝先寺:《五灯会元》卷七《孚上座》等禅典作"光孝寺"。
③ 三因佛性:正因佛性、了因佛性和缘因佛性。
④ 三德:法身德、般若德和解脱德。

曰："若如是，座主暂辍讲旬日，于室内端然静虑，收心摄念，善恶诸缘，一时放却。"

孚一依所教，从初夜至五更，闻鼓角声，忽然契悟，便去扣门。

禅者曰："阿谁？"

孚曰："某甲。"

禅者咄曰："教汝传持大教，代佛说法，夜来为甚么醉酒卧街？"

孚曰："禅德，自来讲经，将生身父母鼻孔扭捏。从今已去，更不敢如是。"

禅者曰："且去，来日相见。"

孚遂罢讲，遍历诸方，久在雪峰①，有大声誉。后归扬州，被陈尚书留在宅供养。一日谓尚书曰："来日讲一遍《大涅槃经》，报答尚书。"书致斋，茶毕，孚遂升座，良久，挥尺一下，云："如是我闻。"乃召尚书，书应诺。孚云："一时佛在②。"便乃脱去③。

520. 岩头究涅槃意

岩头示众云："吾尝七八年披究《涅槃经》，其中有两三段义颇似衲僧说话。"又云："休！休！"

---

① 雪峰：雪峰义存禅师。
② 一时佛在：佛经的开头，在"如是我闻"之后，常常就接着"一时佛在××处"。
③ 脱去：此处指僧人圆寂。

时有僧云:"请和尚举。"

头曰:"吾教意如'∴'字三点①,第一向东方下一点,点开诸菩萨眼;第二向西方下一点,点诸菩萨命根;第三向上方下一点,点开诸菩萨顶门。此是《涅槃经》中第一段义。"

又云:"吾教意如摩醯首罗②擘开面门,竖亚一只眼。此是第二段义。"

又云:"吾教意如涂毒鼓,击一声,远近闻者皆丧。此是第三段义。"

时有小严上座③出问:"如何是涂毒鼓?"

头以两手按膝,亚身④云:"韩信临朝底。"

妙喜举了,喝云:缩头去。

521. 汾阳放身舍命

首山念和尚上堂,汾阳昭和尚出问:"百丈卷席⑤,意旨如何?"

曰:"龙袖拂开全体现。"

---

① ∴字三点:即伊字三点,梵文悉昙字母的 字的三点之形,佛教认为三点不纵不横,非前非后,如同法身、般若、解脱三德,《涅槃经》卷二说:"何等名为秘密之藏?犹如伊字三点,若并则不成伊,纵亦不成。如摩醯首罗面上三目,乃得成伊三点。"
② 摩醯首罗:全译为摩醯伊湿代罗,意为大自在,天神之名,形象为八臂三眼骑白牛。
③ 小严上座:岩头全奯门下的僧人。
④ 亚身:俯身。
⑤ 百丈卷席:百丈怀海开悟故事。百丈一日与马祖游山的时候,见野鸭子,马祖问:"是什么?"百丈说:"野鸭子。"马祖问:"甚么处去?"百丈答:"飞过去。"马祖遂引手扭百丈鼻头。百丈因痛而叫。马祖说:"何曾飞过?"百丈于是大悟。第二天至,马祖升座,百丈出列,卷起面前礼拜席。马祖便下座。

云:"未审师意如何?"

曰:"象王行处绝狐踪。"

昭于言下大悟,遂提起坐具,顾视大众,云:"万古碧潭空界月,再三捞摝始应知。"礼拜,归众。

时叶县省和尚作首座,才退,便问:"昭兄,汝适来见个甚么道理,便与么道?"

曰:"正是我放身舍命处。"省便休。

522. 叶县通变道人

叶县省和尚示众云:"诸禅德,衲僧是通变道人①。若遇镬汤炉炭诸般厄难,又如何免得?若是免不得,何名通变道人?作么生是透脱诸般厄难底句?还有透脱得者么?试对众道看,为汝证据。若是透脱不得,即是万人作一冢,无人替代渠。"

523. 唐明波斯鼻孔

唐明嵩和尚,僧问:"古人东山西岭青②,意旨如何?"

曰:"波斯鼻孔大。"

云:"与么则西天迦叶,东土我师。"

曰:"金刚手板阔。"

---

① 通变道人:比喻能够根据时节因缘加以采取相应方法的僧人,无路处找到出路的僧人。"如珠在盘,触著便转,不留影迹,方得名为通变道人。"(《佛鉴禅师语录》卷三)
② 古人东山西岭青:僧问云门:"如何是向上关棙子?"云门说:"东山西岭青。"

问:"大悲千手眼,那个是正眼①?"

曰:"开化石佛拍手笑,晋祠②娘子解讴歌。"

问:"临济推倒黄檗③,为甚么维那吃棒?"

曰:"正狗不偷油,鸡衔灯盏走。"

524. 雪峰住持事繁④

雪峰和尚见猕猴乃云:"遮个猕猴,各背一面古镜。"

三圣⑤曰:"历劫无名,何以彰为古镜?"

峰云:"瑕生也。"

圣云:"一千五百人善知识,话头也不识。"

峰云:"老僧住持事繁。"

525. 悟新不落死活

黄龙新和尚示众云:"参玄上士须参活句,莫参死句。何也？若向活句下明得,死却天下衲僧。若向死句下明得,活却天下衲

---

① "大悲千手眼"两句:临济义玄门下,就有僧人向临济提此问。大悲千手眼,千手千眼大悲观世音菩萨。
② 晋祠:中国春秋时代晋国开国君主唐叔虞的祠堂,位于山西省太原市西南,创建于北魏以前,主殿为圣母殿。
③ 临济推倒黄檗:据《五灯会元》卷十一《临济义玄禅师》记载:"师普请锄地次,见黄檗来,拄钁而立。檗曰:这汉困耶？师曰:钁也未举,困个甚么？檗便打。师接住棒一送送倒。檗呼维那:扶起我来。维那扶起,曰:和尚争容得这风颠汉无礼？檗才起,便打维那。"
④ 《请益录》概括此则公案为"雪峰古镜"。
⑤ 三圣:三圣慧然禅师。见《景德传灯录》卷十二《镇州三圣慧然禅师》。

僧。且道,不落死活一句作么生道?太湖三万六千顷,月在波心说向谁?"

僧问:"如何是四大毒蛇?"

曰:"地水火风。"

云:"如何是地水火风?"

曰:"四大毒蛇。"

僧云:"学人未晓,乞师方便。"

曰:"一大既尔,四大同。"

526. 青林非吾子息

青林虔和尚①示众云:"祖师门下,鸟道②玄微,功穷皆转,不究难明。汝等诸人,直须离心意识参,出凡圣路学,方可保任。若不如是,非吾子息③。"

妙喜曰:饶你离心意识参得透,出凡圣路学得成。也是雪峰道底。

527. 广慧疏于财宝

杨侍郎④问广慧琏云:"承和尚有言:'一切罪业皆因财宝所

---

① 青林虔和尚:青林师虔禅师,唐代曹洞宗禅僧,洞山良价禅师法嗣。
② 鸟道:鸟行空中,不留踪迹。
③ 子息:子嗣,子孙。
④ 杨侍郎:杨亿。

生。'劝人疏于财宝。而况南阎浮提①，众生以财为命，邦国以财聚人。教中亦有财法二施，何得劝人疏于财宝？"

琏曰："幡竿头上铁龙头。"

侍郎曰："海坛②马子③似驴大。"

琏曰："楚鸡不是丹山凤。"

侍郎曰："佛灭二千年，比丘少惭愧。"

528. 虔州六句外鉴

虔州微和尚④，因僧问："三乘十二分教，体理得妙，与祖意是同是别⑤？"

曰："须向六句外鉴，不得随佗声色转。"

僧云："如何是六句？"

曰："语底、默底、不语底、不默底、总是、总不是，汝合作么生？"

僧罔措。

---

① 南阎浮提：四大部洲中南方的洲，也称南赡部洲，是我们人类居住的世界。
② 海坛：当是地名，《密庵和尚语录》中有《送珣禅人还海坛》偈，《宋高僧传》卷二十《栖贤寺大川传》中有"海坛练门江内有巨钟"之语。可能海坛的马很有特色，属于矮种马之类。
③ 马子：此处指马，也有"放养马匹的人"之意。
④ 虔州微和尚：虔州处微禅师，唐代南岳系禅僧，西堂智藏禅师法嗣。
⑤ "三乘十二分教"三句：也就是学人常问的"祖意、教意是同是别"。

529. 沩山回光返照

沩山和尚谓仰山曰:"汝须独自回光返照,别人不知汝解处,汝试将实解献老僧看?"

仰曰:"若教某甲自看,到遮里无圆位①,亦无一物一解得②献和尚。"

沩云:"无圆位处,元是汝作解处,未离心境在。"

仰曰:"既无圆位,何处有法?把何物作境?"

沩云:"适来是汝作与么解,是否?"

仰曰:"是。"

沩云:"若怎么,是具足心境法,未脱我所心在。元来有解献我,许汝信位显、人位隐在。"

530. 缘密普天普地

德山圆明示众云:"俱胝和尚但有问答,只竖一指头,寒则普天普地寒(雪窦云:甚么处见俱胝老),热则普天普地热(雪窦云:莫错认定盘星)。"③

复云:"森罗万象,彻下孤危,大地山河,通上险绝,甚么

---

① 圆位:喻最高的境界。
② 无一物一解得:体现本自圆成、无所得的思想。
③ 依《联灯会要》卷二十六《德山禅师》,雪窦此两句,是对俱胝两句的注语,故用括号。

处得一指头禅①?"

妙喜曰：可谓是贵人多忘。

531. 世尊女子出定②

世尊昔因文殊至诸佛集处，值诸佛各还本处，唯有一女人近彼佛坐，入于三昧③。文殊乃白佛云："何此女得近佛坐，而我不得？"

佛告文殊："汝但觉④此女，令从三昧起，汝自问之。"

文殊绕女人三匝，鸣指一下，乃托至梵天，尽其神力而不能出。

世尊云："假使百千文殊亦出此女人定不得，下方过四十二恒河沙国土有网明⑤菩萨，能出此女人定。"

须臾，网明大士从地涌出，作礼世尊。世尊敕网明出，网明却至女人前，鸣指一下，女人于是从定而出。

云居祐颂云：

百千文殊出不得，网明不费纤毫力。

落霞与孤鹜齐飞，秋水共长天一色⑥。

---

① 此一段为雪窦重显所说，见《明觉禅师语录》卷三、《联灯会要》卷二十六《德山禅师》。一指头禅，金华俱胝禅师对于提问只以竖一指头回答，丛林中称为"一指禅"。
② 丛林中称此公案为"女子出定"，宗杲曾颂此公案说："出得出不得，是定非正定。罔明与文殊，丧却穷性命。"(《大慧语录》卷十)
③ 三昧：意译为定，指凝心入定的状态。
④ 觉：此处指从入定状态中恢复。
⑤ 网明：又作"罔明"，菩萨名。
⑥ "落霞与孤鹜齐飞"两句：出自王勃《滕王阁序》。

天衣怀颂云：

　　文殊托上梵天，网明轻轻弹指。
　　女子黄面瞿昙，看佗一倒一起。

532. 南台寂寂无依

南台安和尚①，因僧问："寂寂无依时如何？"

曰："寂寂底聻！"因有颂曰：

　　南台静坐一炉香，终日凝然万虑忘②。
　　不是息心除妄想，都缘无事可思量。
　　妙喜喝一喝。

533. 临济参三峰平③

临济和尚到三峰平和尚④，问："近离甚么处？"

曰⑤："金牛昨夜遭涂炭，直至如今不见踪。"

平曰："秋风吹玉管，那个是知音？"

曰："直透万重关，不住青霄外。"

平曰："遮一问太高生。"

曰："龙生金凤子，冲破碧琉璃。"

---

① 南台安和尚：南台守安禅师，五代青原系禅僧，罗汉桂琛禅师法嗣。
② 忘：《五灯会元》卷八《南台守安禅师》作"亡"，多数禅籍均作"忘"。
③ 此则公案，《禅苑蒙求瑶林》称为"三峰玉琯"。琯是古代玉制的六孔管状乐器。
④ 三峰平和尚：唐代禅僧，事迹不详。
⑤ 依《临济录》，此处有"'黄檗来。'平云：'黄檗有何言句？'"一段。

平曰:"且坐,吃茶。"

济便坐,平又问:"近离甚么处?"

曰:"龙光。"①

平曰:"龙光近日有甚么言句?"

济便下参堂。

534. 泐潭先解此法

泐潭准和尚示众云:"同异成坏总别②,三四五六七八。欲要随流入流,无过先解此法。"遂拈拄杖,卓一下,云:"此法非思量分别之所能解,若也分别,落在众生境界。且道,不分别不思量是个甚么?"掷下拄杖,云:"妙湛总持不动尊,首楞严王世希有③。"

又示众云:"𠲿,久雨不晴,直得五老峰头黑云叆叇④,洞庭湖里白浪滔天。云门大师⑤忍俊不禁,向佛殿里烧香,三门头合掌,祷祝咒愿:愿黄梅⑥石女生儿⑦,子母团圆,少室无角铁牛,常甘水草⑧。"喝一喝,云:"有甚交涉?"

---

① 临济参龙光禅师因缘,参见第653则。
② 同异成坏总别:此为华严宗讲的六相。
③ 此二句出自《楞严经》卷三。总持,意为持善不失,持恶不使起。
④ 叆叇:云彩很厚的样子。
⑤ 云门大师:云门文偃。
⑥ 黄梅:此处指湖北黄梅山五祖弘忍的禅法。下文少室是指达摩的禅法。
⑦ 石女生儿:禅门奇特语,有表示否定之意。石女,指因生理原因不能生育的女子。
⑧ 无角铁牛,常甘水草:此二句也是禅门奇特语。铁牛如何能吃草饮水?以此表示否定。

535. 云台鉴得出么

云台钦和尚①示众云："还有人鉴得出么？若鉴得出，是甚么村里②破草鞋③？若也鉴不出，落地作金声。"

僧问："如何是谈真逆俗④？"

曰："客作汉⑤问甚么？"

云："如何是顺俗违真⑥？"

曰："吃茶去。"

536. 天皇指示心要

龙潭和尚问天皇："某甲自到来，不蒙和尚指示心要。"

皇曰："自汝到来，吾未尝不指示汝心要。"

曰："何处指示？"

曰："汝擎茶来，吾为汝接；汝行食来，吾为汝受；汝和南⑦时，吾便低首⑧。何处不指示汝心要？"

---

① 云台钦和尚：泉州福清行钦广法禅师，五代、北宋之际青原系禅僧，仙宗契符禅师法嗣。
② 村里：《五灯会元》卷八《行钦禅师》、《景德传灯录》卷二十四《广法大师行钦》都作"湖里"。
③ 破草鞋：比喻毫无价值的见解。
④ 谈真逆俗：典出《肇论·物不迁论》"谈真则逆俗"。
⑤ 客作汉：客于他家造作众业的人，《法华经·信解品》中有"客作贱人"一说，禅宗用来常指不识自性，向外驰求的人。也作"客作儿"。
⑥ 顺俗违真：典出《肇论·物不迁论》"顺俗则违真"。
⑦ 和南：僧人行礼，有稽首、敬礼、度我等意思。
⑧ "汝擎茶来"几句：指禅的教育体现在日常生活的细节之中。

龙潭伫思间，皇曰："见则直下便见，拟思即差①。"

龙潭当下开悟，乃复问："如何保任？"

皇曰："任性逍遥，随缘放旷，但尽凡心，别无圣解。"

537. 雪峰古涧寒泉②

雪峰和尚，僧问："古涧寒泉③时如何？"

曰："瞪目不见底④。"

云："饮者如何？"

曰："不从口入。"

赵州闻僧举，乃曰："不从口入，从鼻孔入⑤。"

僧却问："古涧寒泉时如何？"

州曰："苦⑥。"

云："饮者如何？"

州曰："死。"

峰闻得，乃曰："赵州古佛。"遂遥望作礼，曰："从此不答话。"

---

① 拟思即差：如果有所思量，则远离禅的本性。
② 此则公案，《请益录》称为"雪峰古涧"。
③ 古涧寒泉：对禅境界的描述，有空灵清净之境。
④ 瞪目不见底：此句打断学人对于古涧清净之境的执着。
⑤ 不从口入，从鼻孔入：依《雪峰语录》卷下，此句为"不可，从鼻孔里入"。
⑥ 苦：一字截断，更胜雪峰义存接引方法。

538. 法眼丙丁童子①

报恩则和尚②，因法眼问："曾见甚么人来？"

曰："见青峰和尚③。"

眼云："有甚么言句？"

曰："某甲曾问：'如何是学人自己？'峰云：'丙丁童子④来求火。'"

眼云："上座作么生会？"

曰："丙丁属火⑤，将火求火，如将自己求自己？"

眼云："与么会又争得？"

曰："某甲只与么，未审和尚尊意如何？"

眼云："汝问我，我与汝道。"

则问："如何是学人自己？"

眼云："丙丁童子来求火。"

则于言下大悟。

---

① 此则公案，《禅苑蒙求瑶林》称为"玄则儿童"。
② 报恩则和尚：金陵报恩玄则禅师，五代、北宋之际法眼宗禅僧，法眼文益禅师法嗣。
③ 青峰和尚：青峰传楚禅师，唐代青原系禅僧，洛浦元安禅师法嗣。
④ 丙丁童子：负责灯火事务的小童。
⑤ 丙丁属火：天干和五行相配，甲乙属木、丙丁属火、戊己属土、庚辛属金、壬癸属水。

539. 玄沙山中见虎①

玄沙与天龙②入山见虎,龙云:"和尚,虎!"

曰:"是汝虎。"

归院,龙请益:"和尚今日山中见虎③,未审尊意如何?"

曰:"娑婆世界有四种极重事④,若人透得,不妨出得阴界。"

　　妙喜代云:也知和尚为人切。

保宁勇和尚颂云:

　　猛虎当途独振威,爪牙真个利如锥。

　　可怜不觉亡身者,碎骨拾来良可悲。

540. 庞蕴何方佛地

庞居士偈曰:

　　心如境亦如,无实亦无虚。

　　有亦不管,无亦不拘。

　　不是圣贤,了事凡夫。

　　易复易,即此五蕴有真智。

　　十方世界一乘同,无相法身岂有二?

---

① 此则公案,《禅苑蒙求瑶林》称为"玄沙指虎"。
② 天龙:天龙明真,杭州天龙寺重机明真禅师,唐代青原系禅僧,玄沙师备禅师法嗣。
③ 据《玄沙禅师广录》卷下,此句后有"云'是你'"诸字。
④ 四种极重事:《禅宗颂古联珠通集》卷三十一作"四重障",《宗鉴法林》卷五十三作"四种重障"。

若舍烦恼入菩提,不知何方有佛地?①

541. 黄龙第五不易

黄龙南和尚因化主归,升座云:"有五种不易:一施者不易,二化者不易,三变生为熟者不易,四端坐食者不易,且道第五不易是甚么人?"良久,云:"聻!"便下座。

时翠②岩真为首座,藏主问真:"第五不易是谁?"

真云:"脑后见腮③,莫与往来。"

542. 石巩无下手处④

石巩和尚⑤昔为猎人,趁鹿从马祖庵前过,问祖曰:"还见鹿过否?"

曰:"汝是何人?"

云:"射猎人。"

祖曰:"汝一箭射几个?"

曰:"一箭射一个。"

祖曰:"汝不善射。"

---

① 宗杲虽然此处没有对此作拈提,但在其他场合曾拈说:"白的的,清寥寥,水不能濡,火不能烧,是个甚么?切不得问着,问着则瞎却尔眼。"(《大慧语录》卷八)
② 翠:《续ار》本作"翌",误。
③ 脑后见腮:古代相术认为,从脑后能够看见脸部的腮帮子,有这样头相的人容易见利忘义,建议不与这样的人交往。
④ 此则公案,《禅苑蒙求瑶林》称为"石巩趁鹿"。
⑤ 石巩和尚:石巩慧藏禅师,唐代南岳系禅僧,马祖道一禅师法嗣。

曰:"和尚解射否?"

祖曰:"解射。"

曰:"和尚一箭射几个?"

祖曰:"一箭射一群。"

曰:"彼此是生命,何用射佗一群?"

祖曰:"汝既知如此,何不自射?"

曰:"若教某甲自射,直是无下手处。"

祖曰:"遮汉旷劫无明烦恼今日顿息。"

师当时掷下弓箭,投祖出家。

543. 玄沙再复人身

玄沙和尚上堂,众集,遂将拄杖一时趁下,却回向侍者道:"我今日作得一解,险入地狱如箭射。"

侍者云:"喜得和尚再复人身。"

翠岩芝云:"大小玄沙,前不到①村,后不至店,且作么生道得出身之路?"

道吾真云:"大小芝老②只是偏枯,若是道吾即不然:玄沙与③侍者一人具一只眼。"

---

① 到:《玄沙师备语录》卷中作"构"字。
② 芝老:翠岩芝,即大愚守芝。
③ 与:《玄沙师备语录》卷中无此字。

544. 罗山起灭不停①

罗山和尚曾问石霜②:"起灭不停时如何?"

霜云:"直须寒灰枯木去,一念万年去,函盖相应去,全清绝点去③。"

山不契,却往岩头处,如前问。

岩头喝云:"是谁起灭?"

山于此有省。

545. 首山惜取眉毛

唐明嵩和尚问首山:"如何是佛法的的大意?"

山云:"楚王城畔,汝水东流。"

嵩于此有省,顿契佛意,乃作三玄偈曰:

得用直须用,心意莫定动④。

三岁师子吼,十方绝狐种。

我有真如性,如同幕里隐⑤。

---

① 此则公案,《从容录》称为"罗山起灭"。
② 石霜:石霜庆诸禅师。《大慧语录》卷二十二《示妙智居士》:"罗山法宝大师,尝致问于石霜普会曰:起灭不停时如何?"石霜庆诸谥号普会大师,罗山道闲号法宝禅师。
③ 石霜有七去,包含了此处的寒灰枯木去,一念万年去。
④ 定动:此处形容犹豫的样子。也指眼睛眨动。
⑤ 幕里隐:真性隐而不显,藏覆不现。

打破六门①关，显出毗卢印②。

真骨金刚体可夸，六尘③一拂永无遮。
廓落世界空为体，体上无为真到家。

山闻，乃请吃茶，问："遮三颂是汝作来邪？"

曰："是。"

山云："或有人教汝现三十二相④时如何？"

曰："某甲不是野狐精。"

山曰："惜取眉毛⑤。"

曰："和尚落了多少？"

山以竹篦头上打云："遮汉向后乱做去在。"

546. 云门有两般病⑥

云门有时云："光不透脱有两般病：一切处不明，面前有物⑦，是一；又，透得一切法空，隐隐地似有个物相似，亦是光不透脱⑧。又，法身亦有两般病：得到法身，为法执不忘，己见

---

① 六门：眼、耳、鼻、舌、身、意之六门，也叫六根。
② 毗卢印：毗卢遮那的入定印。
③ 六尘：色尘、声尘、香尘、味尘、触尘、法尘，即六境。
④ 三十二相：三十二种大人相，也是佛的三十二相。
⑤ 惜取眉毛：珍惜你的眉毛，不要让其脱落。意指不要试图对禅用这样的语言来作理解。
⑥ 此则公案，《从容录》称为"云门两病"。
⑦ 一切处不明，面前有物：从"所"即对象的角度看，执着于物，形成事障，光不能透。
⑧ "透得一切法空"三句：从"能"即主体的角度看，执着于已达到的境界，成为理障，光也不能透。

犹存，坐在法身边①，是一；直饶透得法身去，放过即不可，子细②点检来③，有甚么气息？亦是病④。"

妙喜曰：不用作禅会，不用作道会，不用作向上商量，此是云门老汉据实而论。我怎么道，有没量罪过。汝若点检得出，许汝具择法眼。若点检不出，且向云门葛藤里参。

547. 德山诸圣去处⑤

德山和尚，因廓侍者⑥问："从上诸圣向甚么处去？"

山云："作么？作么？"

廓云："敕点飞龙马，跛鳖出头来。"

山便休去。

次日浴出，廓过茶与山，山于廓背上拊一下，云："昨日公案作么生？"

廓云："遮老汉今日方始瞥地。"

山又休去。

---

① "得到法身"四句：病在有得。法身本在自性，未悟未失，已悟未得。
② 子细：仔细。
③ 来：诸禅典多作"将来"。
④ 亦是病：透过法身也是病。而一般人则以为透过法身就是最高境界了，如宗杲说："而今学实法者以透过法身为极致，而云门返以为病。不知透过法身了，合作么生？"（《大慧语录》卷二十九）
⑤ 此则公案，《从容录》称为"廓侍过茶"，《禅苑蒙求瑶林》称为"宣鉴出浴"。
⑥ 廓侍者：守廓侍者，唐代临济宗禅僧，兴化存奖禅师法嗣。

548. 雁荡弄影怖头

雁荡齐和尚①,僧问:"夜月舒光,为甚么碧潭无影?"
曰:"作家弄影汉。"
其僧从东过西立,齐曰:"不唯弄影,兼乃怖头②。"

549. 大宁露地白牛

大宁宽和尚,僧问:"如何是露地白牛?"
宽以火箸横火炉上,云:"会么?"
僧云:"不会。"
曰:"头不欠,尾不剩。"
问:"丹霞③烧木佛,院主为甚么眉须堕落④?"
曰:"贼不打贫儿家⑤。"

---

① 雁荡齐和尚:雁荡愿齐禅师,俗姓江,北宋法眼宗禅僧,天台德韶禅师法嗣。
② 怖头:迷失真性,沉溺于虚妄之中。典出《楞严经》卷四:"汝岂不闻室罗城中演若达多忽于晨朝以镜照面,爱镜中头,眉目可见,瞋责己头,不见面目,以为魑魅,无状狂走。"
③ 丹霞:丹霞天然禅师(739~824),唐代青原系禅僧,石头希迁禅师法嗣。
④ 眉须堕落:丹霞天然禅师在慧林寺,因天气寒冷,取寺中木佛烧火取暖,院主呵责,问:为何烧我佛像? 丹霞天然说:我烧舍利子出来。院主说:木佛哪里有舍利子? 丹霞天然说:那我再取几尊来烧。院主自此眉须脱落。(见《五灯会元》卷五《丹霞天然禅师》)院主因为不了解丹霞天然的做法,心中惊惧,致使眉毛、胡须全部脱落,也比喻不识真性。
⑤ 贼不打贫儿家:院主不识真性,如同穷人,但却遇到丹霞天然这个贼来打劫。真是"你无柱杖子,我夺你柱杖子"。

师在同安,见僧迁化,僧便问:"既是同安,为甚病僧化去①?"

曰:"布施不如还债。"

问:"法无取舍,为甚么递相传授?"

曰:"传授无取舍。"

问:"饮光正见,为甚么拈花却笑②?"

曰:"忍俊不禁。"

问:"天下禅客为甚么出遮个○③不得?"

曰:"往往如斯。"

550. 镜清诸佛出身

资福远和尚④问镜清:"如何是诸佛出身处?"

清云:"大家要知。"

远曰:"斯则众眼难谩⑤。"

清曰:"理能伏⑥豹。"

---

① 既是同安,为甚病僧化去:同安本是寺名,但僧人显示机锋,看到僧人死亡,在"同得平安"之类的意义上设问:为什么这个僧人不能"同安"?
② 饮光正见,为甚么拈花却笑:据《联灯会要》卷十四《大宁道宽禅师》,此问为"饮光正见,为甚么见拈华却微笑"更易理解。饮光,即迦叶的意译。此典即世尊拈花,迦叶微笑。
③ ○:圆相。依《五灯会元》卷十二《道宽禅师》,此处的问答情形是:"僧打圆相曰:还出得这个也无?师曰:弄巧成拙。"画圆相是仰山慧寂常用的做法,但宗杲此处的叙述与《联灯会要》同。
④ 资福远和尚:资福智远禅师(895~977),五代、北宋之际青原系禅僧,镜清道怤禅师法嗣。
⑤ 谩:《五灯会元》卷八《资福禅师》作"瞒",意义相同。
⑥ 伏:《五灯会元》卷八《资福禅师》作"缚",意义相同。

551. 临济打一坐具

金牛和尚①因临济来，乃横按拄杖，方丈②前坐。济遂拊掌三下，归堂去。金牛却下去，人事了，便问："宾主相见，各有轨仪，上座何得无礼？"

济云："道甚么？"

金牛拟开口，济便打一坐具，金牛作倒势。济又打一坐具，金牛曰："今日不著便③。"遂归方丈。

沩山问仰山："此二尊宿还有胜负否？"

仰云："胜即总胜，负即总负。"

552. 赵州大王万福

赵州和尚，因侍者报："大王来也。"

州云："大王万福④。"

者云："未到在⑤。"

州云："又道来也！"

---

① 金牛和尚：镇州金牛，唐代南岳系禅僧，马祖道一禅师法嗣，《大光明藏》卷中有传。
② 方丈：此处指方丈室。
③ 不著便：没有得到便宜，不走运。
④ 万福：古代女子所行之礼。
⑤ 未到在：据《古尊宿语录》卷十四《赵州语录》，此句为"未在，方到三门下"。

553. 良遂初参麻谷

良遂①座主初参麻谷,谷见来,即荷锄入园锄草,遂随到鉏②草处,谷殊不顾,便归方丈,闭却门。遂次日复去,谷又闭门,遂乃敲门,谷问:"阿谁?"云:"良遂。"才称名,忽然契悟,乃云:"和尚莫谩良遂,良遂若不来礼拜和尚,洎被经论赚过一生。"及归讲肆,谓众曰:"诸人知处,良遂总知。良遂知处,诸人不知。"

554. 漳州大道之源

漳州罗汉和尚③问关南常和尚④:"如何是大道之源?"
常与一拳,遂有省,为歌曰:
  咸通七载初参道,到处逢言不识言。
  心里疑团若栲栳⑤,三春不乐止林泉⑥。
  忽遇法王毡上坐,便陈疑恳向师前。
  师从毡上那伽⑦起,袓⑧膊当胸打一拳。

---

① 良遂:寿州良遂禅师,唐代南岳系禅僧,麻谷宝彻禅师法嗣。
② 鉏:古同"锄"字。
③ 漳州罗汉和尚:唐代南岳系禅僧,关南道常禅师法嗣。
④ 关南常和尚:关南道常禅师,唐代南岳系禅僧,盐官齐安禅师法嗣。
⑤ 栲栳:本义为用柳条编成的斗状容器。
⑥ 林泉:山林泉石,指青山绿水自然美景。
⑦ 那伽:龙。
⑧ 袓:《续藏》本作"祖"字,误。

骇散痴团獦狙①落，举头看见日初圆。
从兹蹭蹭而碣碣，直至如今常快活。
只闻肚里饱膨脝，更不东西去持钵。

妙喜曰：可惜遮一拳，分付不著人。

555. 谷泉你较些子

慈明和尚见泉大道②来，乃曰："片云横谷口，游人何处来？"
泉顾视左右，曰："夜来何处火，烧出古人坟？"
师曰："未在，更道。"
泉作虎声，师打一坐具，泉推师就坐，师却作虎声。泉曰："我见七十余员知识，只有你较些子。"

556. 云门举三种人

云门云："有三种人：一人因说得悟，一人因唤得悟，第三人见举便回去。你道'便回去'意作么生？"复云："好与三十棒。"

---

① 獦狙：也作獦狚，犬类，典出《山海经》卷四："有兽焉，其状如狼，赤首鼠目，其音如豚，名曰獦狙，是食人。"禅宗常用"死獦狙"一词，"今时有一种剃头外道，自眼不明，只管教人死獦狙地休去、歇去"（《大慧语录》卷二十五）。形容不开悟的样子。此处当是此意。

② 泉大道：芭蕉谷泉，南岳芭蕉庵大道谷泉禅师，北宋临济宗禅僧，汾阳善昭禅师法嗣。

557. 六祖常无常义

彻禅师①，江西人，姓张氏，名行昌，少任侠。自南北分化②，二宗主③虽亡彼我④，而徒侣竞起爱憎。时北宗门人自立秀为第六祖，而忌能大师⑤传衣为天下所闻，祖⑥预知其事。即置金十两于方丈。时行昌受北宗门人所嘱，怀刃入祖室，将欲加害。祖伸颈而就，行昌挥刃者三，都无所损。祖曰："正剑不邪，邪剑不正。只负汝金，不负汝命。"行昌惊仆，久而方苏，求哀悔过，即愿出家。祖遂与金曰："汝且去，恐徒众翻害于汝。汝可佗日易形而来，吾当摄受。"行昌禀旨宵遁，投僧出家，具戒精进。

一日忆祖之言，远来礼觐。祖曰："吾久念于汝，汝来何晚？"

曰："昨蒙和尚舍罪，今虽出家苦行，终难报于深恩，其惟传法度生乎！弟子尝览《涅槃经》，未晓常、无常义，乞和尚慈悲，略为宣说。"

祖曰："无常者即佛性也，有常者即善恶一切诸法分别心也。"

---

① 彻禅师：江西志彻禅师，俗姓张，名行昌，唐代禅僧，六祖慧能旁出法嗣。
② 南北分化：禅宗的南宗和北宗的分派。
③ 二宗主：南宗宗主慧能和北宗宗主神秀。
④ 亡彼我：没有南宗和北宗的对立。
⑤ 能大师：六祖慧能。
⑥ 祖：六祖慧能。

曰："和尚所说，大违经旨也。"

祖曰："吾传佛心印，安敢违于佛经？"

曰："经说佛性是常，和尚却言无常。善恶诸法乃至菩提心皆是无常，和尚却言是常。此即相违，令学人转加疑惑。"

祖曰："《涅槃经》，吾昔者听尼无尽藏读诵一遍，便为讲说，无一字一义不合经文，乃至为汝终无二说。"

曰："学人识量浅昧，愿和尚委曲开示。"

祖曰："汝知否？佛性若常，更说甚么善恶诸法？乃至穷劫，无有一人发菩提心者，故吾说无常，正是佛说真常之道也。又，一切诸法若无常者，即物物皆有自性，容受生死，而真常性有不遍之处，故吾说常者，正是佛说真无常义也。佛比为凡夫、外道执于邪常，诸二乘人于常计无常，共成八倒①，故于涅槃了义教中破彼偏见，而显说真常、真乐、真我、真净。汝今依言背义，以断灭无常及确定死常而错解佛之圆妙最后微言，纵览千遍，有何所益？"

行昌忽如醉醒，乃说偈曰：

因守无常心，佛演有常性。

不知方便者，犹春池拾砾。

我今不施功，佛性而现前。

非师相授与，我亦无所得。

祖曰："汝今彻也，宜名志彻。"［彻］乃礼谢而去。

---

① 八倒：八颠倒，凡夫执有为生灭之法为常、乐、我、净，二乘人执无为涅槃之法为非常、非乐、非我、非净。

558. 怀恽截水停轮

归宗恽和尚①，僧问："截水停轮时如何？"
曰："磨不转。"②
妙喜曰：恩大难酬。

559. 洞山过在甚处

洞山因请泰首座③吃果子次，乃问："有一物，上拄天，下拄地，黑似漆，常在动用中，动用中收不得，汝道过在甚处？"
泰云："过在动用中。"
山唤侍者掇却果子卓④。
大沩喆云："还知洞山落处么？若也不知，往往作是非得失会去。诸仁者，遮果子非但泰首座不得吃，设使尽大地人来，亦不得正眼觑着。"

---

① 归宗恽和尚：归宗怀恽禅师，五代曹洞宗禅僧，云居道膺禅师法嗣。
② 此问答后面还有一段："问：如何是磨不转？师曰：不停轮。"（《五灯会元》卷十三《归宗怀恽禅师》）
③ 泰首座：洞山良价禅师门下的僧人，具体事迹不详。
④ 卓：桌子。《指月录》卷十六《良价禅师》作"桌"。

560. 水潦吃马师蹋[1]

水潦和尚[2]问马祖："如何是西来的的意？"

祖乃当胸蹋倒。

师大悟，起来抚掌呵呵大笑，云："也大奇，也大奇，百千三昧，无量妙义，只向一毛头上一时识得根源去。"乃作礼而退。

师后告众云："自从一吃马师蹋，直至如今笑不休。"

蒋山泉和尚[3]云："忽然瞥地，更是好笑。"

561. 云峰以拂子打

云峰悦和尚，因僧入室，举僧问赵州："万法归一，一归何所？"悦便喝，僧茫然，悦问："赵州道甚么？"僧拟议，悦以拂子蓦口打。

---

① 此则公案，《请益录》称为"水潦大悟"。
② 水潦和尚：唐代南岳系禅僧，马祖道一禅师法嗣。
③ 蒋山泉和尚：蒋山法泉禅师，俗姓时，宋代云门宗禅僧，云居晓舜禅师法嗣。

562. 雪峰与汝相见

雪峰和尚云："望州亭①与汝相见②了也，乌石岭与汝相见③了也，僧堂前与汝相见了也。"

保福问鹅湖④："僧堂前且置，望州亭、乌石岭，甚么处相见？"

鹅湖骤步归方丈，保福便入僧堂。

563. 雪峰乱走作么

雪峰问僧："甚处去？"

僧云："识得即知去处。"

曰："汝是了事人，乱走作么？"

僧云："和尚莫涂污人好。"

曰："我即不涂污汝，古人⑤'吹布毛⑥'作么生？与我说来看？"

---

① 望州亭：雪峰义存驻锡的雪峰山雪峰寺有望州亭，义存曾作望州亭诗两首。
② 宗杲曾颂望州亭相见："望州乌石与僧堂，业识茫茫不可当。提起衲僧拄杖子，五湖四海沸如汤。"（《大慧语录》卷十）
③ 乌石岭与汝相见：雪峰义存曾到福州乌石山和灵观禅师相见，"一日雪峰伺便扣门。师出开门，雪峰蓦胸搊住云：是凡？是圣？师唾云：遮野狐精。便推出，闭却门。雪峰云：也只要识老兄"（《景德传灯录》卷十二《福州乌石山灵观禅师》）。
④ 鹅湖：鹅湖智孚禅师，唐代青原系禅僧，雪峰义存禅师法嗣，与保福从展同门。
⑤ 古人：指鸟窠道林禅师。
⑥ 吹布毛：语释见《祖庭事苑》，另见本书617则。

僧云:"残羹馊饭①已有人吃了也。"

峰休去。

云门别前语②:"筑着便作屎臭气。"又代后语③:"将谓是钻天鹞子,元来只是死水里虾蟆。"

雪窦出雪峰语云:"一死更不再活。"

564. 真净颂法界观

真净和尚《法界三观》六颂:

色空无碍,如意自在。万象森罗,影现中外。
出没去来,此土佗界。心印廓然,融通广大。

理事无碍,如意自在。倒把须弥,卓向纤芥。
清净法身,圆满土块。一点镜灯,十方海会。

事事无碍,如意自在。不动道场,十方世界。
东涌西没,千差万怪。火里蜘蟟④,吞却螃蟹。

事事无碍,如意自在。手把猪头,口诵净戒。
趁出淫坊,未还酒债。十字街头,解开布袋。

---

① 残羹馊饭:比喻别人的作略。
② 别前语:对前面一句用别语的方式表达。别语,对古德公案另外下一转语。
③ 代后语:对后面一句用代语的方式表达。代语,代古人而语,举出例子后,在古人无语之处,代他下一语。
④ 蜘蟟:马蜘蟟,蝉的一种。

事事无碍，如意自在。拈起一毛，重重法界。
一念遍入，无边刹海。只在目前，或显或晦。

事事不知，空色谁会。理事既休，铁船下海。
石火电光，咄哉不快。横按镆铘①，魔军胆碎。

565. 洞山常于此切

洞山因僧问："三身②中那身说法？"
山云："吾常于此切。"
僧后问曹山云："洞山道'吾常于此切'，意旨如何？"
曹山云："要头即斫将去。"③
僧又问雪峰，峰以拄杖劈口打云："我也曾到洞山来。"
承天宗④云："一转语海晏河清，一转语风高月冷，一转语骑贼马趁贼，试⑤请辨看？忽有个衲僧出来道，'总不与么'，也许伊具一只眼。"

妙喜曰：恁么葛藤，也未梦见三个老汉在。
复云：何不向膏肓穴上下一针？

---

① 镆铘：莫邪，古代著名宝剑名。
② 三身：一指佛的法身、报身和化身。
③ 要头即斫将去：宁可你砍我的头，也不回答你这个问题。
④ 承天宗：承天传宗禅师，宋代云门宗禅僧，雪窦重显禅师法嗣。
⑤ 试：原本作"诚"字，依《续藏》本改。"试请辨着"是禅师的常用问句。

566. 元祐金屑落眼

云居祐和尚示众云："过去诸如来，更不再勘。现在诸菩萨，放过即不可。未来修学人，谩佗一点不得。所以教中道：'若人欲了知，三世一切佛，应观法界性，一切唯心造。'① 然虽如是，罗汉门下正是金屑落眼②。"

僧问："如龟藏六③时如何？"

曰："文彩已彰。"

云："争奈处处无踪迹。"

曰："一任拖泥带水。"

云："便与么去时如何？"

曰："果然。"

567. 白云得汗出来

白云端和尚示众云："若端的④得一回汗出来也，向一茎草上便现琼楼玉殿。若未端的得一回汗出，纵有玉殿琼楼，却被一茎草盖却。且道怎么生得汗出去？"良久，云："自有一双穷相手，不曾容易舞三台。"

---

① "若人欲了知"四句：语出《华严经》卷十九《夜摩宫中偈赞品》。
② 金屑落眼：金屑虽贵，在眼成翳。
③ 龟藏六："藏六如龟，防意如城。慧与魔战，胜则无患。"(《法句经》卷一)
④ 端的：此处作真正、确实解，此词另有究竟、缘由、又等含义。

568. 玄沙有中心树

玄沙云:"若论此事,喻如一片田地,四至界分,结契卖与诸人了也,只有中心树子犹属老僧在。"①

569. 洞山问主人公

洞山价和尚问僧:"名甚么?"

曰:"某甲。"

曰:"阿那个是你主人公?"

曰:"见祇对次②。"

曰:"苦哉!苦哉!今时人例皆如此,只认得驴前马后底将为自己。佛法平沉,因斯是也。客中主③尚未明得,如何辨得主中主?"

僧便问:"如何是主中主?"

曰:"阇梨自道取。"

僧曰:"某甲道底是客中主,如何是主中主?"

曰:"恁么道即易,相续也大难。"遂有颂曰:

嗟见今时学道流,千千万万认门头。

还似入京朝圣主,只到潼关便即休。

---

① 宗杲曾颂此则公案说:"祖父田园都卖了,四边界至不曾留。奈何犹有中心树,恼乱春风卒未休。"(《大慧语录》卷十)
② 见祇对次:现在正在回答问题的那个就是。
③ 客中主:《洞山语录》作"宾中主",洞山四宾主之一,四宾主即主中宾、宾中主、宾中宾、主中主。

570. 镜清如理如事

镜清和尚问曹山:"清虚之理毕竟无身时如何?"
曰:"理即如此,事作么生?"
清曰:"如理如事。"
曰:"谩曹山一人即得,争奈诸圣眼何?"
清曰:"若无诸圣眼,争鉴得个不与么?"
曰:"官不容针,私通车马。"
大沩喆云:"曹山虽然善能切磋琢磨①,其奈镜清玉本无瑕。要会么?不经敏手,终成废器。"

571. 岩头呈桡舞棹

岩头因沙汰后,隐于鄂州湖边作渡子,两岸各挂一版②,有人过渡,打版一下,师云:"阿谁?"或云:"要过那边去。"乃舞棹迎之。

一日,有老婆③抱一孩儿来,乃问④云:"呈桡舞棹即不问,且道婆手中儿甚处得来?"

师便打。

婆云:"婆生七子,六个不遇知音,只遮一个也不消得。"便

---

① 切磋琢磨:以治玉为例,比喻善能接引。
② 版:《五灯会元》卷七《岩头禅师》作"板"。
③ 老婆:老婆婆。
④ 问:原文作"门",当为"问"字之误。

抛向水中。①

572. 马祖不少盐酱

让和尚②一日云:"道一在江西为人说法,总不见寄个消息来。"遂遣一僧往彼:"候伊上堂,但出问云:'作么生?'待渠有语,记取来。"

其僧依教往问之,祖③曰:"自从胡乱后,三十年不少盐酱。"④

573. 鼎州一喝大迟

朗州德山和尚⑤,僧问:"路逢达道人,不将语默对,未审将⑥甚么对?"

曰:"只恁么。"

僧良久。

师曰:"汝更问。"

僧再问,师乃喝出。

　　妙喜曰:不妨好一喝,只是下得大迟。

---

① 故《优婆夷志》称其为"抛儿婆"。
② 让和尚:南岳怀让禅师。
③ 祖:马祖道一。
④ 宗杲曾颂此则公案之"马祖三十年不少盐酱"说:"得分明识得亲,举来犹自涉涂程。直饶不犯毫芒者,也是拈馊舐指人。"(《大慧语录》卷十)
⑤ 朗州德山和尚:或称鼎州德山和尚,曹洞宗禅僧,云居道膺禅师法嗣。
⑥ 将:原本作"得",依《续藏》本改。这一句问话,一般都作"未审将甚么对"。

卷　六

正法眼藏卷第三之下

径山大慧禅师宗杲　集并著语

后学普善庵沙门慧悦　校刻

574. 风穴参学眼目

风穴和尚示众云："夫参学眼目，直须大用现前①，勿自拘于小节。设使言前荐得②，犹是滞壳迷封③。纵然句下精通④，未免触途狂见⑤。汝等诸人应是从前学解、明昧两岐，如今为汝一时扫却，直须个个如师子儿，咤影地哮吼一声，壁立千仞，谁敢正眼觑着？觑着则瞎却渠眼。"

僧问："语默涉离微，如何通不犯？"

曰："长忆江南三月里，鹧鸪啼处百花香。"⑥

问："如何是佛？"

曰："杖林山下竹筋鞭。"

---

① 大用现前：佛法的大用呈现出来。
② 言前荐得：在语言文字层面上的理解。
③ 滞壳迷封：比喻被语言的表面意思所迷惑，不能了解禅的真性。
④ 句下精通：在诠解意思的语句层面上的理解。
⑤ 触途狂见：处处体现狂妄荒谬的见解。
⑥ 此一问答，《无门关》称为"离却语言"。也体现禅境之美。宗杲曾颂此两句："忽尔出门先见路，才方洗脚便登船。神仙秘诀真堪惜，父子虽亲不可传。"（《大慧语录》卷十）

真净颂云："杖林山下竹筋鞭，水在深溪月在天。良马不知何处去，阿难依旧世尊前。"

575. 慧寂佛亦不立

沩山问仰山："寂子①速道，莫入阴界。"
曰："某甲信亦不立。"
山云："汝信了不立？未信不立？"
曰："只是某甲，更信阿谁？"
山云："若与么，即是定性声闻②。"
曰："佛亦不见。"

576. 大颠须识本心

大颠和尚示众云："夫学道人须识自家本心③，将心相示，方可见道。多见时辈只认扬眉瞬目，一语一默，蓦头印可，以为心要。此实未了，吾今为汝诸人分明说出，各须听受。但除却一切妄运想念现量，即汝真心，此心与尘境及守认静默时全无交涉。即心是佛，不待修治。何以故？应机随照，泠泠自用，穷其用处，了不可得，唤作妙用，乃是本心。大须护持，不可容易。"

---

① 寂子：仰山慧寂，沩山称其为寂子。
② 定性声闻：本是法相宗概念，指只修声闻之因，证声闻之果，不更进求佛道的人。
③ 自家本心：具体的每一个人的本来状态。

577. 琅邪说两转语

琅邪觉和尚示众云:"汾阳先师①道:'汾阳门下有西河师子②,当门踞坐,但有来者即便咬杀。作何方便入得汾阳门?见得③汾阳人?'琅邪遮里也有些子,琅邪有踞地④师子,若有来者即自丧身失命,作何方便入得琅邪门?见得琅邪人?此两转语,汝等诸人还点检得出也无?若点检得出,方名择法眼。若不如是,且无安身立命处。"

578. 玄沙不见一法⑤

玄沙问镜清:"'不见一法为大过患'⑥,汝道不见甚么法?"

清指露柱云:"莫是不见遮个法么?"

曰:"浙中清水白米从汝吃,佛法未会在。"

大沩喆云:"若不是镜清,几乎忘前失后。何故?不逢别者,终不开拳。"

---

① 汾阳先师:汾阳善昭禅师,为琅邪慧觉之师。
② 西河师子:指汾阳善昭的禅法精神和特征。汾阳禅师善弄"师子"(狮子),禅林中有"西河弄师子"之说。
③ 见得:此段中两处"见得",《古尊宿语录》卷四十六《琅邪觉和尚语录》均作"得见"。
④ 踞地:《古尊宿语录》卷四十六《琅邪觉和尚语录》作"据坐"。
⑤ 此则公案,《请益录》称为"玄沙过患"。
⑥ 此句出自《华严经》卷四十九《普贤行品》:"我不见一法为大过失。"

579. 黑水雪覆芦花

黑水和尚①参黄龙玑和尚，乃问："雪覆芦花②时如何？"

龙曰："猛烈。"

曰："不猛烈。"

龙又曰："猛烈。"

师又曰："不猛烈。"

龙便打，师因而有省。

580. 梁山无相道场③

大阳明安和尚④问梁山⑤："如何是无相道场？"

梁指观音⑥云："此是吴道子⑦画。"

安拟进语，梁急索云："遮个是有相底，那个是无相底？"

安于言下领悟，礼拜了，依位立。

山云："何不道取一句？"

安曰："道即不辞，恐上纸墨⑧。"

---

① 黑水和尚：嘉州黑水，五代、北宋之际青原系禅僧，黄龙诲机禅师法嗣。
② 雪覆芦花：雪代表白，芦花也代表白，形容一种圆融无碍的境界，或不显痕迹的境界。
③ 此则公案，《空谷集》称为"梁山道场"，《禅苑蒙求瑶林》称为"玄言上石"。
④ 大阳明安和尚：大阳警玄禅师。
⑤ 梁山：梁山缘观禅师。
⑥ 观音：观音画像。
⑦ 吴道子（约680~759），唐代著名画家，以佛画见长。
⑧ 墨：《五灯会元》卷十四《大阳警玄禅师》作"笔"。

山呵呵大笑,云:"此语已后上碑石去在。"

581. 赵州万福大王

赵州和尚行脚时到一老宿处,宿问:"近离甚处?"
曰:"滑州①。"
宿云:"几程到遮里?"
曰:"一跶跶②到。"
宿云:"好个捷疾鬼。"
曰:"万福大王。"
宿云:"参堂去。"
州应喏喏。
有秀才见州,乃赞叹云:"和尚是古佛。"
州云:"秀才是新如来。"

582. 常遇速道速道

秘魔岩和尚③常持一叉,凡见僧来即提起叉④云:"甚么魔魅教汝出家?甚么魔魅教汝行脚?道得也叉下死,道不得也叉下死,速道!速道!"

---

① 滑州:今河南省滑县。
② 一跶跶:《联灯会要》卷六《赵州从谂禅师》作"一跶"。
③ 秘魔岩和尚:五台秘魔岩(817~888),唐代南岳系禅僧,永泰灵湍禅师法嗣。据《宋高僧传》卷二十一,法号常遇,俗姓阴。
④ 提起叉:《五灯会元》卷四《五台山秘魔岩和尚》作"叉却颈",做法更烈。

后霍山①闻，乃访之，才见，未礼拜，便撺入怀去，师乃拊山背三下，山拍手云："师兄三千里外赚我来，三千里外赚我来。"

583. 慧明近离甚处

报恩明和尚②问二禅客："上座近离甚处？"

云："都城。"

曰："上座离都城到此山，则都城少上座，此山剩上座。剩则心外有法，少则心法不周。说得道理即住，不会，即去。"

二人无对。

> 妙喜代曰：和尚谩某甲不得，某甲亦谩和尚不得。

> 复曰：即今莫有道得相谩句者么？若也道得，许汝跳得金刚圈，吞得栗棘蓬③。

---

① 霍山：霍山景通禅师，唐代沩仰宗禅僧，仰山慧寂禅师法嗣。见《五灯会元》卷四《五台山秘魔岩和尚》等。
② 报恩明和尚：报恩慧明禅师，后周显德年间（954~960）卒，俗姓蒋，五代法眼宗禅僧，法眼文益禅师法嗣。
③ 许汝跳得金刚圈，吞得栗棘蓬：语出杨岐方会禅师："室中问僧：栗棘蓬你怎么生吞？金刚圈你怎么生透？"（《五灯会元》卷十九《杨岐方会禅师》）《禅苑蒙求瑶林》称为"杨岐栗蓬"。禅宗中以金刚圈和栗棘蓬比喻体现禅门古德禅学精神的机锋、公案、话头等，常人很难把握。但是如果能够透过金刚圈，吞却栗棘蓬，方是好手。金刚圈，本是指一种古代非常厉害的、金属做的圈形武器。栗棘蓬，指内含甘美栗子果实的带刺外苞，难以吞咽。

584. 慈明不能勘汝

慈明和尚问显英①首座："近离甚处？"

曰："金銮②。"

曰："夏在甚处？"

曰："金銮。"

曰："去夏在甚处？"

曰："金銮。"

曰："前夏在甚处？"

曰："金銮。"

曰："先前夏在甚处？"

座曰："和尚何不领话？"

曰："我也不能勘得汝，教库下供过奴子来勘，且点一碗茶与汝湿口。"

---

① 显英：灵峰显英，北宋临济宗禅僧，福州海善禅师法嗣。
② 金銮：福州海善，北宋临济宗禅师，石霜楚圆禅师法嗣。据《禅林宝训》卷一："金銮善，慈明之高弟也，道悟真、杨岐方会皆推伏之。"《禅苑蒙求瑶林》卷中载："福州海善侍者，慈明高弟，当时龙象数，道吾真、杨岐会然皆推服之，尝至金銮。"《续传灯录目录》之《石霜楚圆法嗣》收入福州海善禅师，但不见录。

585. 长庆汝自是佛

懒安和尚①示众云:"汝等诸人总来就安求觅②甚么?若欲作佛,汝自是佛,而却傍家走忽忽,如渴鹿趁阳焰③,何时得相应去?阿你欲作佛,但无如许多颠倒攀缘、妄④想恶觉、垢欲不净众生之心,则汝便是初心正觉佛,更向何处别讨?所以安在沩山三十来年,吃沩山饭,屙沩山屎,不学沩山禅,只看一头水牯牛。若落路入草便牵出,若犯人苗稼即鞭挞,调伏既久,可怜生,受人言语。如今变作个露地白牛,常在面前,终日露迥迥地,趁亦不去也。汝等诸人各自有无价大宝⑤,从眼门放光,照山河大地。耳门放光,领采一切善恶音响。六门昼夜常放光明,亦名放光三昧⑥。汝自不识,取影在四大身中,内外扶持,不教倾侧。如人负重担从独木桥上过,亦不教失脚。且道是甚么物?恁么扶持便得如是,汝若觅毫发即不见。故志公⑦云:'内外追寻觅总无,境上施为浑大有。'"

---

① 懒安和尚:长庆大安禅师(793~883),俗姓陈,唐代南岳系禅师,百丈怀海禅师法嗣,号"懒安"。
② 就安求觅:到禅师门下求安心、觅心。比喻自心不明。慧可初见达摩,求达摩为其安心,达摩说:你把心拿来,我为你安。慧可说:觅心了不可得。达摩说:我为你安心完毕。
③ 渴鹿趁阳焰:比喻虚妄的做法。"譬如群鹿,为渴所逼,见春时炎,而作水想,迷乱驰趣,不知非水。"(《楞伽经》卷二)
④ 妄:原本作"忘"字,依《续藏》本及《景德传灯录》卷九《福州大安禅师》改。
⑤ 无价大宝:众人的本有佛性,是自家无价宝藏。
⑥ 放光三昧:放种种光明的三昧,随意放种种色光。
⑦ 志公:宝志禅师。此处所引宝志禅师偈句,出自其《十二时颂》的最后一颂。

586. 赵州曰吃茶去①

赵州问僧："曾到此间么？"

云："曾到。"

曰："吃茶去。"

或云："不曾到。"

亦曰："吃茶去。"

院主云："和尚，为甚曾到也云吃茶去？不曾到也云吃茶去？"

州曰："院主。"

主应喏，州曰："吃茶去。"

保福云："赵州惯得其便。"

587. 西余不曾见此

端师子因僧问："羚羊未生角时如何？"

曰："怕。"

僧云："既是善知识，因何却怕？"

曰："山僧不曾见恁么差异畜生。"

又，《放牛歌②》云：

牛牛牛，休休休。

---

① 此则公案，《空谷集》称为"赵州吃茶"。《禅苑蒙求瑶林》卷一称"真际清茶"。
② 放牛歌：《净端禅师语录》称"牛歌"，《嘉泰普灯录》称"放牛歌"。

更莫牵犁拽杷,任经冬夏春秋。

无绳无索,无准无钩。

朝来放向荒郊去,杳杳无踪休更休。

588. 大龙钵盂无柄

大龙和尚,僧问:"如何是佛?"

曰:"即汝是。"

云:"如何领会?"

曰:"更嫌钵盂无柄那?"

589. 夹山百草闹市

夹山示众云:"百草头荐取老僧,闹市里识取自己①。"

云门云:"虾蟆钻你鼻孔,毒蛇穿你眼睛,且向葛藤里识取?"

妙喜曰:夹山垛生招箭,云门认贼为子。虽然如是,知恩者少,负恩者多。

590. 黄龙二俱不受

黄龙南和尚示众云:"有一人朝看《华严》,暮看《般若》,

---

① 自己:各种禅典多作"天子"。

昼夜精勤，无有暂暇。有一人不参禅，不论义，把个破席日里睡。于是二人同到黄龙，一人有为，一人无为，安下那个即是？"良久，云："功德天①，黑暗女②。有智主人，二俱不受。"

591. 南泉饱吃油糍③

古有老宿④不赴堂，侍者来请赴堂，宿云："我今日在庄上吃油糍饱。"

者云："和尚不曾出入。"

宿云："你但去问取庄主。"

者才出门，忽见庄主归谢和尚到庄吃油糍。

---

① 功德天：又译为吉祥天女，经常带给人幸福。
② 黑暗女：又称黑暗天、黑耳女，功德天之妹，常常带给人灾祸。功德天和黑暗女姐妹经常同行。功德天说："我与此妹行住共俱，未曾相离，随所住处，我常作好，彼常作恶，我常利益，彼常作衰。若爱我者，亦应爱彼，若见恭敬，亦应敬彼。"（《涅槃经》卷十二）
③ 宗杲曾颂此公案说："和尚不赴堂，庄主谢临屈。一字入公门，九牛撤不出。"（《大慧语录》卷十）
④ 古有老宿：诸禅典中，《指月录》也称"昔有古德"，《御选语录》标为"无名古德"，但《宗门拈古汇集》和《禅林类聚》指为"南泉"，《禅苑蒙求瑶林》卷下也指为南泉愿，将此则标为"南泉油糍"。

592. 保唐非一非三

保唐和尚①因杜相公②问:"弟子闻金和尚③说无忆、无念、莫妄④三句法门,是否?"

曰:"然。"

公曰:"此三句是一是三?"

曰:"无忆名戒,无念名定,莫妄名慧。一心不生,具戒定慧,非一非三也。"

公曰:"后句'妄'字莫是从'心'之'妄'乎?"

曰:"从'女'者是也。"

公曰:"有据否?"

曰:"《法句经》云:'若起精进心,是妄非精进。若能心不妄,精进无有涯。'"

公闻,疑情荡焉。

---

① 保唐和尚:保唐无住禅师(714~774),俗姓李,唐代北宗禅僧,保唐宗实际创始人,居士陈楚章法嗣。
② 杜相公:杜鸿渐(709~769),字之巽,唐代人,官至宰相,并兼任剑南(属今四川省)地区的官员,为著名居士,曾请无住禅师入城问法。事见《佛法金汤篇》卷八和《名公法喜志》卷二。
③ 金和尚:益州无相禅师(680~756)(依《宋高僧传》卷十九)或(684~762),俗姓金(依《历代法宝记》),唐代北宗剑南净众宗禅僧,资州处寂禅师法嗣。
④ 无忆、无念、莫妄:依唐代禅师圭峰宗密所记,金和尚的三句是"无忆、无念、莫忘"(《圆觉经大疏钞》卷三之下),而《历代法宝记》则记为"无忆、无念、莫妄"。

593. 六祖化神秀徒

诚禅师①在荆南玉泉②奉事秀禅师③，后因两宗盛化，秀之徒众往往讥南宗曰："能大师④不识一字，有何所长？"

秀曰："佗得无师之智，深悟上乘，吾不如也。且吾五祖⑤亲付衣法，岂徒然哉？吾所恨不能远去亲近，虚受国恩。汝等毋⑥滞于此，可往曹溪质疑。佗日归来，还为吾说。"

诚便礼辞，至韶阳随众参请，不言来处。时六祖告众曰："今有盗法之人潜在此会。"诚出礼拜，具陈其事。

祖曰："汝师若为示众？"

对曰："常指诲大众，令住心观静，长坐不卧。"

祖曰："住心观静，是病非禅。长坐拘身，于理何益？听吾偈曰：生来坐不卧，死去卧不坐。元是臭骨头，何为立功过⑦？"

诚曰："未审大师以何法诲人？"

祖曰："吾若言有法与人，即为诳汝，但且随方解缚，假名三昧。听吾偈曰：一切无心自性戒，一切无碍自性慧。不增不退自金刚，身去身来本三昧。"

---

① 诚禅师：吉州志诚禅师，唐代南宗禅僧，六祖慧能禅师旁出法嗣。
② 玉泉：湖北荆州玉泉寺。
③ 秀禅师：北宗神秀禅师。
④ 能大师：六祖慧能禅师。
⑤ 五祖：五祖弘忍禅师。
⑥ 毋：原本作"母"，误，《联灯会要》卷三《吉州志诚禅师》作"无"，今依《续藏》本改。
⑦ 过：有禅典作"课"，包括后来的宗宝本《坛经》。

诚闻偈悔谢，即担依归，乃作一偈曰："五蕴幻身，幻何究竟？回趣真如，法还不净。"祖然之，寻回玉泉。

594. 翠岩是大过患

翠岩真和尚示众云："'不见一法，是大过患①。'山河大地、日月星辰、色空明暗不是一法？"拈起拄杖，云："凡夫见拄杖唤作拄杖，声闻人见拄杖认得顽空，拨无拄杖，菩萨人见拄杖，几曾挂著齿牙？饥来吃饭，困来打睡，寒来向火，热则取凉②。不见道'一切智智清净'？怎么说话，笑破土地鼻孔。"

僧问："如何是佛？"

曰："同坑无异土。"

云："如何是祖师西来意？"

曰："深耕浅种③。"

问："如何是佛法大意？"

曰："五通④贤圣。"

云："学人不会。"

曰："舌拄梵天。"

问："如何是学人转身处⑤？"

---

① 不见一法，是大过患：见本书第578则。
② "饥来吃饭"四句：描述禅修的自然状态，体现禅是生活、平常心是道的精神。向火，烤火。
③ 深耕浅种：这既是种庄稼的经验，也是一种对于人的教育的启发。
④ 五通：又称五神通，不思议为神，自在为通。有五种，即天眼通、天耳通、他心通、宿命通、如意通。
⑤ "如何是学人转身处"等三句，本是汾阳善昭门下三句，以此三句辩临济三玄。

曰:"一堵墙,百堵调。"

云:"如何是学人著力处?"

曰:"千日斫柴一日烧。"

云:"如何是学人亲切处?"

曰:"浑家①送上渡头船。"

595. 黄檗陷虎之机

黄檗在南泉为首座,一日捧钵向南泉位上坐,泉入堂见,乃问:"长老甚年行道?"

檗曰:"威音王已前②。"

泉云:"犹是王老师儿孙,下去。"

檗便过第二位坐,泉休去。

沩山云:"欺敌者亡。"

仰山云:"不然,须知黄檗有陷虎之机③。"

沩山云:"子见处得与么长。"

雪窦云:"可惜王老师④,只见锥头利。我当时若作南泉,待伊道'威音王已前',即便于第二位坐,令黄檗一生起不得。虽然如此,也须救取南泉。"

妙喜曰:何待问佗"甚年行道"?才入堂,见佗在主位,便捧钵向第二位坐,直饶黄檗有陷虎之机,拟向甚处施设?

---

① 浑家:指妻子、内人,也指全家。
② 威音王已前:喻很久以前。威音王的记载,典出《法华经》卷六《常不轻菩萨品》。
③ 陷虎之机:导致老虎陷入的机关陷阱。比喻高超的机锋手段。
④ 王老师:南泉普愿禅师,俗姓王。

596. 佛鉴如如不动

佛鉴和尚示众，举："僧问赵州：'如何是不迁义？'州以两手作流水势，其僧有省。又，僧问法眼：'不取于相，如如不动①。如何不取于相，见于不动去？'法眼云：'日出东方夜落西②。'其僧亦有省。若也于此见得，方知道'旋岚偃岳，本来常静；江河竞注，元自不流'③。其或未然，不免更为饶舌。天左旋，地右转，古往今来经几遍？金乌飞，玉兔走，才方出海门，又落青山后。江河波渺渺，淮济浪悠悠，直入沧溟昼夜流。"遂高声云："诸禅德，还见如如不动么？"

597. 智隍曹溪得道

隍禅师④初参五祖，虽尝咨决而循乎渐行，后归河北，结庵长坐，积二十余年不见惰容，及遇六祖门人策禅师⑤游方，届于河朔，闻隍曾参黄梅，庵居岁久，自谓正受。策知隍所得未至，乃往问曰："汝坐于此作么？"

曰："入定。"

曰："汝言入定，有心邪？无心邪？若有心者，一切蠢动之

---

① 不取于相，如如不动：出自《金刚经》。
② 落西：原本作"西落"，依《续藏》改。此句为禅门常用句之一，此两字一般均作"落西"。
③ "旋岚偃岳"四句：出自《肇论》"旋岚偃岳而常静，江河竞注而不流"。
④ 隍禅师：河北智隍禅师，唐代南宗禅僧，六祖慧能禅师旁出法嗣。
⑤ 策禅师：婺州玄策禅师，唐代南宗禅僧，六祖慧能禅师旁出法嗣。

类皆应得定。若无心者，一切草木之流亦合得定。"

曰："我正入定时，则不见有有无之心。"

曰："既不见有有无之心，即是常定，何有出入？若有出入，则非大定。"

隍无语，良久，问曰："师嗣谁？"

曰："我师曹溪六祖。"

曰："六祖以何为禅定？"

曰："我师云：夫妙湛圆寂，体用如如，五阴本空，六尘非有，不出不入，不定不乱，禅性无住，离住禅寂。禅性无生，离生禅想。心如虚空，亦无虚空之量。"

隍闻法要，遂舍庵往参六祖，祖愍其远来，便垂开抉，隍于言下豁然契悟，前二十年所得心，都无影响。其夜河北檀越①、士庶忽闻空中有声曰："隍禅师今日得道也！"后回河北开化四众。

598. 岩头拜德山喝②

岩头参德山，才跨门便问："是凡是圣？"山便喝，岩头便礼拜。

后有僧举似洞山，山云："若不是豁公③，大难承当。"

头闻，乃云："洞山老汉不识好恶，错下名言。我当时一手

---

① 檀越：施主。
② 此则公案，《从容录》称为"岩头拜喝"。
③ 豁公：岩头全豁，"豁"也作"豁"。

抬，一手搦。"

599. 明招偈语示众

明招和尚示众云：

全锋敌胜，罕遇知音。同死同生，万中无一。
寻言逐句，其数河沙。举古举今，灭胡种族。
向上一路，啐啄①犹乖。儒士相逢，握鞭回首。
沙门所见，诚实苦哉。抛却真金，随群②撮土。
报诸稚子，莫谩波波。解得佗玄，犹兼瓦砾。
不如一掷，腾过太虚。只此灵锋，阿谁敢近？
任君来箭，方称丈夫。拟欲吞声，不消一镬。

600. 三角禾豆三宝③

三角和尚，僧问："如何是三宝？"

曰："禾麦豆④。"

云："学人不会。"

曰："大众欣然奉持。"

---

① 啐啄：鸡子将孵化时，小鸡在卵中之吮声，谓之啐；母鸡欲令出而啮壳，谓之啄。禅门中认为，禅师看到学人有疑问，才针对性地加以接引。也形容禅门高手相见时机锋相对。
② 群：《五灯会元》卷八《明招德谦禅师》作"队"。
③ 此则公案，《禅苑蒙求瑶林》卷一称"三角禾豆"。
④ 禾麦豆：学人问佛法僧三宝，三角故意答以日常所见的禾麦豆三种农家宝。也有以此截断学人理路，令其返观自性三宝之意。也有不对三宝作奇特想之意，要在平常事中实践三宝。

601. 子湖有偈示众

子湖云:"三十余年住子湖,二时①粥饭气力粗。无事上山行一转,借问时人会也无?"

妙喜曰:不得作佛法商量,不得作世法解会,汝诸人还会么?

602. 南院宝应不在

南院问僧:"近离甚么处?"

云:"襄州。"

曰:"来作甚么?"

云:"特来礼拜和尚。"

曰:"恰遇宝应②不在。"

僧便喝。

院曰:"向汝道不在,又喝作甚么?"

僧又喝,院便打,僧礼拜。院曰:"遮棒本是汝打我,我且打汝,要此话行。瞎汉,参堂去。"

---

① 二时:朝夕二时。
② 宝应:南院慧颙。

603. 黄龙与么去兮

黄龙南和尚示众①,举:"永嘉禅师②道:'游江海,涉山川,寻师访道为参禅。自从认得曹溪路,了知生死不相关③。'诸上座,那个是游底山川?那个是寻底师?那个是参底禅?那个是访底道?向淮南、两浙、庐山、南岳、云门、临济而求师访道,洞山、法眼而参禅,是向外驰求,名为外道。若以毗卢自性为海,般若寂灭智为禅,名为内求。若向外求,走杀汝。若住于五蕴内求,则缚杀汝。是故禅非内非外,非有非无,非实非虚。不见道'内见、外见俱错,佛道、魔道俱恶④'?瞥然与么去兮,月落西山。更寻声色兮,何处名邈?"

604. 南岳磨砖作镜⑤

马祖住传法院⑥,日常坐禅,让和尚⑦知是法器,往问曰:"大德坐禅图甚么?"

曰:"图作佛。"

---

① 此段是黄龙慧南在筠州黄檗山的法语。见《黄龙语录》。
② 永嘉禅师:永嘉玄觉禅师,俗姓戴,唐代南宗禅僧,六祖慧能旁出法嗣。
③ "游江海"五句:出自《永嘉证道歌》。
④ "内见、外见俱错"二句:本为黄檗希运禅师语,见其《宛陵录》。
⑤ 此则公案,《南苑蒙求禅林》称为"南岳磨砖"。
⑥ 传法院:在宋代,指译经的地方,但唐代寺院已有此场所。宋代在太平兴国年间"诏立传法院于东京,如唐故事"(《佛法金汤编》卷十一)。但在此则公案中,传法院实际上可能只是一个庵。
⑦ 让和尚:南岳怀让禅师。

让乃取一砖于彼庵前石上磨。

祖曰:"作甚么?"

曰:"磨作镜。"

祖曰:"磨砖岂得成镜邪?"

曰:"坐禅岂得作佛邪?"

祖曰:"如何即是?"

曰:"如人驾车,车若不行,打车即是?打牛即是?"

祖无对。

让又曰:"汝学坐禅?为学坐佛?若学坐禅,禅非坐卧。若学坐佛,佛非定相。于无住法,不应取舍。汝若坐佛,即是杀佛。若执坐相,非达其理。"

祖闻示诲,如饮醍醐,礼拜问曰:"如何用心,即合无相三昧①?"

让曰:"汝学心地法门,如下种子。我说法要,譬彼天泽。汝缘合故,当见其道。"

又问曰:"道非色相,云何能见?"

曰:"心地法眼能见乎道,无相三昧亦复然矣。"

曰:"有成坏否?"

曰:"若以成坏聚散而见道者,非也。听吾偈曰:心地含诸种,遇泽悉皆萌。三昧花无相,何坏复何成?"

祖蒙开悟,心地超然,侍奉十秋,日臻玄奥。

---

① 无相三昧:三指三种三昧之一,与灭谛之灭、静、妙、离四者相应的三昧。禅家则指与相而无相的境界,在慧能的三无中,就包含无相。

605. 长沙竿头进步①

长沙和尚遣一僧去问同参会和尚②曰:"和尚见南泉后如何?"会默然。

僧曰:"未见南泉已前作么生?"

云:"不可更别有也。"

僧回举似长沙。沙示一偈云:

百尺竿头坐底人,虽然得入未为真。

百尺竿头须进步③,十方世界是全身。

僧问:"只如百尺竿头如何进步?"

曰:"朗州山,澧州水。"

僧曰:"不会。"

曰:"四海五湖皇化里。"

妙喜曰:要见长沙,更进一步,若有人问如何进遮一步,我待款款地与你葛藤④。

---

① 此则公案,《从容录》概括为"长沙进步"。
② 会和尚:据《从容录》卷五《长沙进步》,此僧是南泉普愿法嗣,"沙令僧问会庵主。主乃南泉下出世,潜符密证之徒,灯录列在末后无机缘语句中"。而据《宗鉴法林》卷十九《长沙禅师》,则称为"石霜会":"长沙一日遣僧问同参石霜会曰:和尚见南泉后如何?"
③ 百尺竿头须进步:百尺竿头,更进一步,方能超佛越祖。
④ 款款地与你葛藤:慢慢地与你讲。

606. 归宗即汝便是

芙蓉训和尚①初参归宗,问:"如何是佛?"
宗曰:"我向汝道,汝还信否?"
训曰:"和尚诚言,何敢不信?"
曰:"即汝便是。"
训曰:"如何保任?"
宗曰:"一翳在眼,空花乱坠②。"
训于此有省。
法眼云:"若无后语,何处讨归宗?"

607. 真净问话且止

真净和尚开堂示众云:"问话且止③,只知问佛问法,殊不知佛法来处,且道从甚么处来?"乃垂下一足④,云:"昔日黄龙亲行此令,十方诸佛无敢违者。诸代祖师、一切贤圣无敢越者。无量法门,一切妙义,天下老和尚舌头,始终一印,无敢异者。无异即且止,印在甚么处?还见么?若见非僧非俗,无偏无党⑤,

---

① 芙蓉训和尚:芙蓉灵训禅师,唐代南岳系禅僧,归宗智常禅师法嗣。
② 一翳在眼,空花乱坠:执着于对自心佛性的保任、维护,等于眼中有翳。
③ 问话且止:不要再向僧师问这问那,当反观自性。
④ 垂下一足:黄龙三关中之一关,黄龙慧南垂下一足,问:我脚何似驴脚?
⑤ 无偏无党:比喻没有片面性的执着。偏,原本和《续藏》本均作"徧",今据《古尊宿语录》卷四十二《真净语录》改。

——分付。若不见，而我自收①。"

遂收足，乃喝云："兵随印转，将逐符行。佛手、驴脚、生缘②，老好痛与三十棒，而今会中莫有不甘者么？若有，不妨奇特。若无，新长老谩汝诸人去也。故我大觉世尊昔日于摩竭陀国，十二月八日明星现时，豁然悟道，大地有情，一时成佛。今有释子沙门克文③于东震旦国大宋筠阳城中，六月十三日赫日现时，又悟个甚么？"以拂子画一画，云："我不敢轻于汝等，汝等皆当作佛④。"

608. 南泉作水牯牛

赵州和尚问南泉："知有底人向甚么处去？"

泉曰："向山前檀越家作一头水牯牛去。"

州云："谢师指示。"

泉曰："昨夜三更月到窗。"⑤

云峰悦云："若不是南泉，洎被打破蔡州⑥。"

---

① 收：收回垂下的足。
② 佛手、驴脚、生缘：指黄龙三关。
③ 克文：真净自称。
④ "我不敢轻于汝等"二句：引自《法华经》卷六《常不轻菩萨品》。
⑤ 宗杲颂此公案说："度体裁衣，量水打碓。毫发不差，且居门外。"（《大慧语录》卷十）
⑥ 洎被打破蔡州：比喻差一点在机锋来往中失利。打破蔡州，指唐代朝廷攻破叛军吴元济（783~817）据守的大本营蔡州（今河南省汝南县）。事见新旧《唐书》的《吴元济传》。

609. 马祖说下堂句

无业国师①问马祖:"如何是祖师西来密传心印?"
祖曰:"大德,正闹在,且去,别时来②。"
师才出,祖召云:"大德!"师回首。
祖曰:"是甚么③?"
师忽领悟,便作礼。
祖曰:"遮钝汉,礼拜作甚么?"

610. 晦堂得平稳去

晦堂和尚示众云:"若也单明自己,不悟目前,此人有眼无足。若悟目前,不明自己,此人有足无眼。④据此二人,十二时中常有一物蕴在胸中。物既在胸,不安之相常在目前。既在目前,触途成滞,作么生得平稳去?祖不言乎?'执之失度,必入邪路。放之自然,体无去住。⑤'"

---

① 无业国师:汾州无业禅师。
② "大德"等句:借故推托法。
③ 是甚么:此称为下堂句。
④ "若也单明自己"等句:超越此两种情形,有足有眼。
⑤ "执之失度"四句:语出三祖僧璨《信心铭》。

611. 六祖仁者心动①

六祖因二僧对论风幡，一云风动，一云幡动。祖曰："不是风动，不是幡动，仁者心动。"二僧竦然。

雪峰云："大小祖师，龙头蛇尾，好与二十棒。"

孚上座②侍次，咬齿，峰云："我与么道，也好与二十棒。"

妙喜曰：要识孚上座么？犀因玩月纹生角。要识雪峰么？象被雷惊花入牙③。

612. 法眼毫厘天地④

法眼问修山主⑤："毫厘⑥有差，天地悬隔，兄作么生会？"

修云："毫厘有差，天地悬隔⑦。"

曰："与么会又争得？"

修云："某甲只与么，和尚又作么生？"

曰："毫厘有差，天地悬隔。"

修于此有省。

---

① 此则公案，《无门关》称为"非风非幡"，《禅苑蒙求瑶林》卷二称为"老卢幡动"。
② 孚上座：太原孚上座。
③ 犀因玩月纹生角、象被雷惊花入牙：禅门常用语。犀角上的纹理是因为感应月亮的精华而生，象牙上的花纹则是因为感应了雷电而生。比喻有感有应。
④ 此则公案，《从容录》称为"法眼毫厘"。
⑤ 修山主：龙济绍修禅师。
⑥ 厘：原本作"氂"，通"氂"字。氂，一义为"釐"，同"厘"字。本则中下同。
⑦ 毫厘有差，天地悬隔：重复问题法，以问题本身作答。此两句出自《信心铭》。

保宁勇颂云:"石城亲切问同参①,不话东西便指南。明暗两条来往路,依稀屈曲在烟岚。"

613. 杲师周秦汉魏②

法云杲和尚③,僧问:"达磨西来,传个甚么?"

曰:"周秦汉魏。"

问:"僧问云门:'如何是透法身句?'门云:'北斗里藏身。'意旨如何?"

曰:"赤心片片。"

云:"若是学人即不然。"

曰:"汝又怎么生?"

云:"昨夜抬头看北斗,依稀却似点糖糕。"

曰:"但念水草,余无所知④。"

614. 苏溪鸭吞螺师

苏溪和尚⑤,僧问:"如何是定光佛⑥?"

---

① 石城亲切问同参:法眼文益曾与龙济绍修一同参访地藏桂琛。
② 本则在《续藏》本中紧接上一则,不分,而在原本中,此一则的最后一个字,正好在此行的最末,但没有加表示下一行的内容属于另一则的符号"⌞"。但从内容看,当为另一则。
③ 法云杲和尚:宋代黄龙宗禅僧,宝峰真净克文禅师法嗣。
④ 但念水草,余无所知:出自《法华经》卷二《譬喻品》。
⑤ 苏溪和尚:婺州苏溪禅师,唐代南岳系禅僧,五泄灵默禅师法嗣。
⑥ 定光佛:燃灯佛。

曰:"鸭吞螺师。"

云:"还许学人转身也无?"

曰:"眼睛凸出。"

615. 义端不能说得

香严端和尚①示众云:"语是谤,默是诳,语默向上有事在。老僧口门窄,不能与汝说得。"便下座。

616. 天柱万古长空

天柱慧和尚②,因僧问:"达磨未来此土时,还有佛法也无?"

曰:"'未来'且置,即今事作么生?"

曰:"某甲不会,乞师指示。"

曰:"万古长空,一朝风月③。"

良久,云:"会么?自己分上作么生?干佗达磨来与未来作么?佗家来,大似卖卜汉④,见汝不会,为汝锥破卦文。才生吉凶,尽在汝分上,一切自看。"

僧问:"如何是解卜底人?"

曰:"汝才出门时,便不中也。"

---

① 香严端和尚:香严义端禅师,唐代南岳系禅僧,南泉普愿禅师法嗣。
② 天柱慧和尚:天柱崇慧禅师(?~779),俗姓陈,唐代牛头宗禅僧,牛头智威禅师法嗣。
③ 万古长空,一朝风月:比喻时间的永恒和当下。万古长空是从时间的永恒性着眼,一朝风月比喻当下的时间。
④ 卖卜汉:给人占卜算卦的人。

617. 鸟窠拈吹布毛①

鸟窠和尚②，因侍者会通③一日欲辞，乃④，问："汝今何往？"

曰："某甲为法出家，和尚不垂慈诲，今往诸方学佛法去。"

曰："若是佛法，吾此间亦有少许。"

云："如何是和尚此间佛法？"

鸟窠于身上拈起布毛吹之，侍者因此大悟。

大沩秀⑤云："可惜遮僧认佗口头声色以当平生，不知自己光明盖天盖地。"

妙喜曰：恁么批判，也未梦见鸟窠在。

泐潭准和尚因侍者告辞，遂掇笔书偈⑥云：

鸟窠吹布毛，老婆⑦为侍者。

今古道虽同，宝峰⑧不然也。

二月三月时，和风满天下。

---

① 此则公案，《祖庭事苑》卷二称为"吹布毛"，《禅苑蒙求瑶林》称为"鸟窠吹毛"。
② 鸟窠和尚：鸟窠道林禅师（741~824），俗姓潘，唐代牛头宗禅僧，径山道钦禅师法嗣。
③ 会通：招贤会通，唐代牛头宗禅僧，鸟窠道林禅师法嗣。据《祖庭事苑》卷二："杭州招贤寺会通，唐德宗时尝为六宫使，屡乞为僧，帝从其愿，礼鸟窠道林禅师落发。通一日欲辞去，师曰：汝今何往？曰：会通为法出家，以和上不垂慈诲，今往诸方学佛法去。"《五灯全书》目录有录。
④ 乃：《续藏》本作"久"字，不当。
⑤ 大沩秀：大沩怀秀禅师，俗姓应，北宋黄龙宗禅僧，黄龙慧南禅师法嗣。
⑥ 此偈题为《送云侍者》，见《嘉泰普灯录》卷二十九。
⑦ 老婆：当指鸟窠道林的侍者招贤会通，形容其言语太多，像个多话的老婆婆。
⑧ 宝峰：文准自称。

在①处百花开,远近山如画。
歧②路春禽喧,高岩春水泻。
头头三昧门,虚明周大野。
好个真消息,书送汝归舍。
衲僧末后句,嗟是何言欤?③

618. 赵州狗子佛性

赵州和尚,僧问:"狗子还有佛性也无?"
州曰:"无。"④
五祖演颂云:
　　赵州露刃剑,寒霜光焰焰。
　　拟欲问如何,分身作两段。
僧云:"上至诸佛,下至蝼蚁,皆有佛性,狗子为甚么却无?"
州曰:"有业识在。"
真净⑤颂云:
　　言有业识在,谁云意不深?

---

① 在:《嘉泰普灯录》卷二十九作"是"。
② 歧:《续藏》本和《指月录》卷七《鸟窠道林禅师》作"岐"。原本和《嘉泰普灯录》卷二九《渤潭湛堂准禅师五首》均作"岐"。
③ 《指月录》卷六《鸟窠道林禅师》将此偈和大沩怀秀禅师、妙喜对鸟窠吹毛的评论放在同一段。依此,不将此偈另作为一则处理。
④ 此则公案,《从容录》《无门关》等都称为"赵州狗子",宗杲曾颂此则公案说:"有问狗佛性,赵州答曰无。言下灭胡族,犹为不丈夫。"(《大慧语录》卷十,《大正藏》第47册,第851页下) 此则公案中赵州回答的"无",是宗杲话头禅所参的一个重要话头。
⑤ 真净:宝峰克文禅师。

海枯终见底，人死不知心。

619. 黄龙钟楼念赞

　　南和尚住黄檗时，示众云："'钟楼上念赞，床脚下种菜'时如何？"

　　众人下语皆不契，末后，真觉胜和尚①云："猛虎当路坐。"南首肯。

620. 蕴聪西天路远

　　石门聪和尚示众云：
　　　　各各英雄丈夫儿，堂堂物我更何疑？
　　　　见前历历明如日，展缩当人示疾时。
　　　　超然不得长空路，独脱禅光得自知。
　　　　多闻方便谈今古，济物须彰闪电机。
　　良久，云："去去②西天路，迢迢十万余。"
　　僧问："若能转物，即同如来。未审三门、佛殿如何转？"
　　曰："我向汝道，汝还信么？"
　　云："和尚诚言，安敢不信？"
　　曰："遮漆桶。"

---

① 真觉胜和尚：黄檗惟胜禅师，俗姓罗，北宋黄龙宗禅僧，黄龙慧南禅师法嗣。
② 去去：越去越远。

621. 汾阳十智同真

汾阳和尚曰："夫说法者须具十智同真①，若不具十智同真，邪正不辨，缁素不分，不能与人天为眼目，决断是非。如鸟飞空而折翼，如箭射的而断弦。弦断故射的不中，翼折故空不可飞。弦壮翼牢，空的俱彻。作么生是十智同真？与诸上座点出：一、同一质，二、同大事，三、总同参，四、同真智，五、同遍普，六、同具足，七、同得失，八、同生杀，九、同音吼，十、同得入。"②

又云："与甚么人同得入？与谁同音吼？作么生是同生杀？甚么物同得失？阿那个同具足？是甚么同遍普？何人同真智？孰能总同参？那个同大事？何物同一质？有点得出底么？点得出者，不吝慈悲，点不出者，未有参学眼在。切须辨取，要识是非，面目见在，不可久立。"

妙喜曰：汾阳老子末后若无个面目见在，一场败阙。虽然如是，未免丧我儿孙。喝一喝。

---

① 十智同真：汾阳善昭对于临济宗禅法的发展之处，十种接引学人的施设或方法，这些方法均使学人归向真性。依十智同真而体现的问答，见《人天眼目》卷一《古德十智同真问答》。

② 宗杲曾颂"十智同真"说："兔角龟毛眼里栽，铁山当面势崔嵬。东西南北无门入，旷劫无明当下灰。"（《大慧语录》卷十）

622. 宝寿一城人瞎①

保寿和尚②开堂，三圣乃推出一僧，寿便打。圣云："恁么为人，瞎却镇州一城人眼去在。"寿便归方丈。

云峰悦云："临济一宗，扫地而尽，因甚么却到遮里？"蓦拈拄杖，云："甚么处去也？"

真净颂云：

探骑飞来棒下宁，瞎人翻满镇州城。

太平本是将军致，不许将军见太平。

真如③颂云：

法眼持来付与谁，三圣推僧决众疑。

将军令举群夫骇，直得盲声彻四夷。

623. 道岏因为初心

长庆岏和尚④示众云："弥勒世尊，朝入伽蓝，暮成正觉，乃说偈云：'三界上下法，我说皆是心。离于诸心法，更无有可

---

① 此则公案，《禅苑蒙求瑶林》称为"一城人瞎"。
② 保寿和尚：宝寿和尚，临济系禅僧，宝寿沼禅师法嗣。此则可见于《五灯会元》卷十一《宝寿和尚》和《景德传灯录》卷十二《镇州三圣慧然禅师》等。三圣慧然和宝寿沼同嗣临济义玄，是宝寿和尚的师叔。此则常为丛林拈举。
③ 真如：大沩慕喆禅师。见《禅宗颂古联珠通集》卷三十一，此则偈颂标为"真如喆"。
④ 长庆岏和尚：长庆道岏禅师（？~999），五代、北宋之际南岳系禅僧，光孝慧觉禅师法嗣。此则可见于《五灯会元》卷四和《景德传灯录》卷十二《长庆道岏禅师》等。

得。①' 看佗恁么道也太杀惺惺。若比吾徒，犹是钝汉。所以，一念见道，三世情尽。如印印泥，更无前后。诸子，生死事大，快须荐取，莫为等闲，业识茫茫，盖为迷己逐物。世尊临入涅槃，文殊请佛再转法轮②，世尊咄云：'吾四十九年住世，不曾有一字与人。汝请吾再转法轮，是谓吾曾转法轮也。'然今时众中，建立个宾主问答。事不获已，盖为初心尔。"

624. 芭蕉有破草鞋

芭蕉清和尚③，僧问："如何是提婆宗④？"

曰："赤幡在左。"

问："贼来须打，客来须看，忽遇客贼俱来时如何？"

曰："屋里有一緉⑤破草鞋。"

云："只如破草鞋还堪受用也无？"

曰："汝若将去，前凶后不吉。"

问："古佛未出兴时如何？"

曰："千年茄子根。"

云："出兴后如何？"

曰："金刚努出眼。"

---

① "三界上下法"四句：语出《入楞伽经》卷七《无常品》。
② 转法轮：佛的说法。
③ 芭蕉清和尚：芭蕉慧清禅师。
④ 提婆宗：禅门中用此概念侧重于提婆初见龙树时的"投针"的意义。龙树见提婆来，满钵盛水，令弟子持出示之，提婆见水默而投针。形容高手相见，超越了语言。
⑤ 緉：音 liǎng，量词，一双。

625. 清干羊头车子

大安干和尚①，僧问："如何是祖师西来意？"
曰："羊头车子推明月。"

626. 岩头洞山亏缺

岩头共罗山寻塔基次，到中路，罗山忽然唤云："和尚！"
头回首云："作么生？"
山以手指曰："遮里好一片地。"
头喝云："瓜洲卖瓜汉。"
又行三二里，歇次，罗山礼拜，问："和尚岂不是三十年前在洞山来，又不肯洞山？"
头云："是。"
山云："和尚岂不是法嗣德山，又不肯德山？"
头云："是。"
山云："不肯德山即不问，只如洞山有甚么亏缺？"
头良久，云："洞山好佛，只是无光。"罗山便礼拜。

  妙喜曰：岩头父子②虽善暗去明来，子细点检将来，未免髑髅敲磕。

---

① 大安干和尚：大安清干禅师，唐代沩仰宗禅僧，香严智闲禅师法嗣。
② 岩头父子：岩头全奯传法弟子之一是罗山道闲，故似俗家之父子关系。

627. 仰山得名得地①

石霜性空②和尚，僧问："如何是祖师西来意？"

曰："如人在千尺井中，不假寸绳，出得此人③，即答汝西来意。"

僧曰："近日湖南畅和尚④出世，亦为人东语西话⑤。"

空唤沙弥："拽出死尸着。"

沙弥即仰山。山后举问耽源⑥："如何出得井中人？"

源咄云："痴汉，谁在井中？"

山又问沩山："如何得六根门头各各顿去？"

沩曰："若悟了，根无不顿。"

曰："只如性空和尚道，'如人在千尺井中，不假寸绳如何出得'，又作么生？"

沩曰："我有个方便出得。"

曰："未审和尚如何出得？"

沩召慧寂，山应诺，沩曰："出了也。"

仰山于此有省。住仰山后，谓众曰："我耽源处得名，沩山处得地。"

---

① 此则公案，《禅苑蒙求瑶林》称为"仰山出井"。
② 石霜性空：唐代南岳系禅僧，百丈怀海禅师法嗣。
③ 这种回答风格，如同"一口喝尽西江水"，以常识认为这是不可能完成的事，表示截断学人理路。
④ 畅和尚：事迹不详。
⑤ 东语西话：比喻出世为人说法。
⑥ 耽源：耽源应真禅师，唐代南宗禅僧，南阳慧忠国师法嗣。

628. 云盖急著眼睛

云盖智和尚示众，举："赵州问僧：'向甚处去？'云：'摘茶去。'州曰：'闲。'乃颂云：道著不著，何处摸索？背后龙鳞，面前驴脚。翻身筋斗，孤云野鹤。阿呵呵。"

又示众云："唯一坚密身，一切尘中现。云盖今日，千山郁茂，鸟兽嘶鸣，百花竞发，万木抽枝，尽是诸佛，个个真如①。汝等诸人游山玩水，直须急著眼睛，莫被伊谩。"

629. 世尊良马鞭影

世尊因有外道问曰："不问有言，不问无言。"

世尊良久，外道赞叹云："世尊大慈大悲②，开我迷云，令我得入。"

外道去后，阿难问佛云："外道有何所证，而言得入？"

佛云："如世良马，见鞭影而行。"③

天衣怀颂云："双锋覆护两俱摧，迷云从此豁然开。收得劫初铃子后，轻轻一振动云雷。"

---

① "千山郁茂"等句：体现无情有性的佛性观。
② 大慈大悲：大慈与众生乐，大悲拔众生苦，佛教的根本精神。"大慈"，原本和《续藏》本均作"太慈"。
③ 此则公案，《无门关》称为"外道问佛"，《禅苑蒙求瑶林》称为"世尊良久"。

630. 永嘉一宿祖关

永嘉大师①初到曹溪，乃绕绳床三匝，振锡②而立。祖③曰："夫沙门者，具三千威仪，八万细行④，大德自何方而来？生大我慢⑤。"

曰："生死事大，无常迅速。"

祖曰："何不体取无生？了无速乎？"

曰："体本无生，了本无速。"

祖曰："如是如是。"

师方具威仪作礼，须臾，告辞。

祖曰："返太速乎！"

曰："本自非动，岂有速邪？"

祖曰："谁知非动？"

曰："仁者自生分别。"

祖曰："汝甚得无生之意。"

曰："无生岂有意邪？"

祖曰："无意谁当分别？"

曰："分别亦非意。"

---

① 永嘉大师：永嘉玄觉禅师。
② 锡：锡杖的略称，摇动时可发出声音。早期佛教中，出家人乞食至施主家时，常常拍门，家人责怪，佛陀遂改以振锡，以提醒施主。禅门中，僧人来参时，也有人振锡提醒。
③ 祖：六祖慧能禅师。
④ 三千威仪，八万细行：佛教对僧人在行为举止等方面，在具足戒之外的更详细规范。威仪，指僧人在行、住、坐、卧诸方面的威德仪则。
⑤ 我慢：倚恃己之所能，欺凌于他。永嘉初见慧能的做法，从表面上看，似乎有傲慢之意。

祖曰："善哉！善哉！少留一宿①。"

631. 径山四威仪中

径山国一②禅师，唐代宗诏至阙下，亲加瞻礼。一日，师在内庭见帝，起立，帝曰："师何以起？"

曰："檀越何得向四威仪③中见贫道？"

妙喜曰：不向四威仪中，又如何见国一？

632. 德山问者吃棒④

德山和尚小参示众云："今夜不答话，有问话者三十棒⑤。"

时有僧出礼拜，山便打⑥。

僧云："某甲话也未问，为甚打某甲？"

山云："汝是甚处人？"

云："新罗人。"

山曰："未跨船舷，好与三十棒"⑦。

大沩喆颂云："高提祖印踞寰中，孰肯当机定吉凶。不是新

---

① 少留一宿：玄觉因此而被丛林称为"一宿觉"。此则公案，《祖庭事苑》卷五称为"一宿祖关"，《禅苑蒙求瑶林》称为"永嘉一宿"。
② 径山国一：径山道钦禅师（714~792），俗姓朱，也称法钦，唐代牛头宗禅僧，鹤林玄素禅师法嗣，曾为国师，号国一。
③ 四威仪：行、住、坐、卧四种威德仪则。
④ 此则公案，《禅苑蒙求瑶林》称为"德山小参"。
⑤ 有问话者三十棒：体现禅门中"德山棒"的机锋。
⑥ 时有僧出礼拜，山便打：德山此棒，《宗门玄鉴图》称为"触令支玄棒"。
⑦ 未跨船舷，好与三十棒：德山此棒，《宗门玄鉴图》称为"接机从正棒"。

罗遮衲子,争教千古振清风?"

633. 云居从妄想有

云居膺和尚,僧问:"山河大地从何而有?"
曰:"从妄想有。"
僧云:"与某甲想出一铤①金得么?"
膺便休去,僧不肯。
云门云:"已是葛藤,不能折合得。待伊道'想出一铤金得么',拈拄杖便打。"

634. 德山隔江招手②

高亭简和尚③初参德山,隔江见德山在江岸坐,乃隔江问讯,山以手④招之,简豁然开悟,便横趋而过,更不渡江,遂返高亭住持。

635. 真净识沩潭僧

真净和尚示众,举:

---

① 铤:音 dǐng,金银铜等未成器,铸作片。
② 此则公案,丛林中称为"隔江招手事",《禅苑蒙求瑶林》称为"德山招扇"。
③ 高亭简和尚:唐代青原系禅僧,德山宣鉴禅师法嗣。
④ 手:《景德传灯录》卷十六《高亭禅师》作"以手中扇子"。《五灯会元》卷七《高亭简禅师》作"扇",诸种禅典均记录为"扇"。

"印宗法师①问卢行者②云:'仁者在黄梅,有何言教旨趣传授?'卢曰:'彼指授者,唯论见性成佛,不说禅定解脱、无念无为。'宗云:'何故不说禅定解脱、无念无为?'卢曰:'为是二法,不是佛法不二之法。'宗云:'如何是不二之法?'卢曰:'如仁者讲《涅槃经》明见佛性,是名佛法不二之法。'"

"诸禅德,彼时小巧禅道,早是中半了也。如今丛林多是唯论禅定解脱、无念无为。且道六祖底是?如今底是?分即是?不分即是?若分去,有违有顺,有是有非。若不分,又不辨邪正,埋没我宗乘。譬如世间道路,有直有迂,有险有善。其行路者可行即行,可止即止。大众,还识泐潭老僧么?"良久,云:"将此深心奉尘刹,是则名为报佛恩。"

636. 曹山滩下接取

曹山问德上座③:"菩萨在定,闻香象渡河④,出甚么经?"

曰:"出《涅槃经》。"

云:"定前闻?定后闻?"

曰:"和尚流也。"

云:"道也太杀道,始道得一半。"

---

① 印宗法师:唐代北宗禅僧,五祖弘忍禅师法嗣,六祖慧能禅师在他门下落发。
② 卢行者:慧能,俗姓卢,当时的身份是行者,并未剃度。
③ 德上座:不详。《景德传灯录》卷十七《曹山本寂禅师》作"彊德上坐"。但此一时期的彊德上座,从诸禅典看,与此德山座当是两个人,曾参涌泉景欣禅师。
④ 香象渡河:禅门中用以形容高僧的境界,"如香象渡河,截流而过,更无疑滞"(《五灯会元》卷三《百丈怀海禅师》)。

曰:"和尚如何?"

云:"滩下接取。"

妙喜曰:甚么参处去也?

637. 百丈不昧因果①

百丈和尚凡参次,有一老人常随众听法,众退,老人亦退。忽一日不退,丈遂问:"面前立者,复是何人?"

老人云:"某甲非人也,于过去迦叶佛时曾住此山,因学人问:'大修行底人,还落因果也无?'云:'不落因果②。'后五百生堕野狐身③,今请代一转语。"遂问云:"大修行底人,还落因果也无?"

云:"不昧因果④。"

老人于言下大悟,作礼云:"某甲已脱野狐身,住在山后,乞依亡僧事例。"

丈令维那白众云:"食后送亡僧。"

食后,丈领众至山后岩下,以杖挑出一死野狐,乃依法火葬。⑤

丈至晚上堂,举前因缘。黄檗便问:"古人错对一转语,堕

---

① 此则公案,《从容录》《无门关》《禅苑蒙求瑶林》均称为"百丈野狐"。
② 不落因果:不会落入因果报应之中。此答话是以为有大修行的人就可以脱离因果报应,不符合佛教的原理。
③ 后五百生堕野狐身:此老人的前生因为回答错学人的一句问话,竟然堕入野狐身五百生。比喻对于明了佛理的重要性,正见的重要性。
④ 不昧因果:对于因果原理非常明白,没有冒昧。有大修行的人,更应该明白因果的道理。
⑤ 宗杲曾颂此则"百丈野狐"公案:"不落不昧,石头土块,暮路相逢,银山粉碎。拍手呵呵笑一场,明州有个憨布袋。"(《大慧语录》卷十,《大正藏》第47册,第852页上)

五百生野狐身。转转不错,合作个甚么?"

丈云:"近前来,与汝道。"

檗遂近前,与丈一掌。丈拍手笑云:"将谓胡须赤,更有赤须胡①。"

沩山作典座,司马头陀②举前语问沩,沩乃撼门扇三下。

司马云:"太粗生。"

沩云:"佛法不是遮个道理。"

沩又举问仰山,山云:"黄檗常用此机。"

沩云:"天生得?从人得?"

曰:"亦是禀受师承,亦是自性宗通。"

沩云:"如是,如是。"

真净颂云:

不落藏锋不昧分,要伊从此脱狐身。

人人尽道休官去,林下何曾见一人?

真如颂云:

大冶洪炉,烹佛烹祖。

规模镕尽,识者罔措。

---

① 将谓胡须赤,更有赤须胡:原来以为只有我的胡须是红的,没想到今天就遇到一个红胡须的胡人。我已经非常厉害了,想不到今天遇到一个更厉害的人。比喻强中更有强中手,山外有山,人外有人。
② 司马头陀:底本作"司马头陁"。唐代与马祖道一同时期的佛教徒,法嗣不详。《释氏稽古略》卷三称"司马头陀,自湖南来"云云,即指此僧。他善相风水宝地。

638. 宝志身空法空

宝公①云:"如我身空诸法空,千品万类悉皆同。"

云门云:"你立不见立,行不见行,四大、五蕴不可得,何处见有山河大地来?是你每日把钵盂噇饭,唤甚么作饭?何处更有一粒米来?"

639. 琅邪且坐吃茶

天圣泰和尚②到琅邪觉和尚处,觉问:"理兵掉斗③,未是作家。匹马单枪,便请相见。"

泰指觉云:"将头不猛,累及三军。"

觉打一坐具,泰亦打一坐具,觉接住,云:"适来一坐具是山僧令行,上座一坐具落在甚么处?"

泰云:"伏惟尚飨。"

觉托开云:"五更侵早起,更有夜行人④。"

泰云:"贼过后张弓。"

觉云:"且坐,吃茶。"

---

① 宝公:宝志禅师。
② 天圣泰和尚:天圣皓泰禅师,北宋南岳系禅僧,汾阳善昭禅师法嗣,和琅邪慧觉同门。
③ 理兵掉斗:要和下文的"匹马单枪"相比较来理解。
④ 五更侵早起,更有夜行人:我一大早就起床了,没想到还有比我起得早的人。比喻人外有人。

640. 长沙蚯蚓佛性

长沙和尚因竺尚书问："蚯蚓斩为两段，两头俱动，未审佛性在阿那头？"

曰："莫妄想。"

书云："争奈动何？"

曰："会即风火未散。"

又谒师，师唤尚书，书应喏。曰："不是尚书本命元辰①。"

书云："不可离却即今祗对，别有第二个主人公②也。"

曰："唤尚书作至尊得么？"

书云："与么则总不祗对，和尚莫是弟子主人公否？"

曰："非但祗对与不祗对时，从无始劫来是个生死根本。"乃示偈曰：

学道之人不识真，只为从来认识神。

无量劫来生死本，痴人唤作本来人。

妙喜曰：即今祗对者既不是本来人，却唤甚么作本来人？良久，曰：我怎么道，且作死马医。

641. 白云拄杖说法

白云端和尚示众云："如我按指，海印发光③。"拈起拄杖，

---

① 本命元辰：指人的本性，本来面目。
② 主人公：比喻人的自性，佛性。
③ 如我按指，海印发光：出自《楞严经》卷四。

云："山河大地，水鸟树林，情与无情，今日尽向法华①拄杖头上作大师子吼，演说摩诃大般若。且道天台、南岳说个甚么法门？南岳说，洞上②五位修行③，君臣④父子，各得其宜，'莫守寒岩异草青，坐著白云宗不妙⑤'。天台说，临济⑥下三玄、三要、四料拣⑦，'一喝分宾主，照用一时行。要会个中意，日午打三更'⑧。庐山出来道：你两个正在葛藤窠里，不见道'欲得不招无间业，莫谤如来正法轮'？大众，据此三个汉见解，若上衲僧秤子秤，一个重八两，一个重半斤⑨，一个不直⑩半分钱。且道那个不直半分钱？"良久，云："但愿春风齐著力，一时吹入我门来。"

642. 米胡遮野狐精

王常侍⑪一日治事次，米胡⑫至，侍乃举笔示之。米曰："还判得虚空么？"侍乃掷下笔，入宅更不相见。米胡致疑。

---

① 法华：守端禅师自称。此则公案出自白云守端禅师住舒州法华山证道禅院语录。
② 洞上：指曹洞宗。
③ 五位修行：曹洞宗的五位，即正位、偏位、正中偏、偏中正、兼带。另一种五位是功勋五位，即向、奉、功、共功、功功。
④ 君臣：以君臣喻正偏，君为正位，臣为偏位，臣向君是偏中正，君视臣是正中偏，君臣道合，是兼带语。
⑤ 莫守寒岩异草青，坐著白云宗不妙：语出大阳警玄拈洞山良价"万里无寸草"。见《宗门拈古集》卷二十五等禅典。
⑥ 临济：指临济义玄创立的临济宗。
⑦ 四料拣：四种不同的接引学人的方法，即有时夺人不夺境，有时夺境不夺人，有时人境俱夺，有时人境俱不夺。
⑧ "一喝分宾主"四句：此是石霜楚圆颂临济四照用之偈。见《人天眼目》卷一。
⑨ 八两、半斤：形容都差不多。旧制，一斤等于十六两，半斤正好是八两。
⑩ 直：价值相当于。
⑪ 王常侍：襄州王敬初居士，沩山灵祐禅师法嗣。
⑫ 米胡：京兆米胡，也称七师，唐代沩仰宗禅僧，沩山灵祐禅师法嗣。

明日，凭华严和尚①置茶筵次，设问："昨日米胡有何言句，便不相见？"

侍云："师子咬人，韩獹②逐块③。"

米才闻，遽④出，朗笑曰："我会也，我会也。"

侍云："会即不无，你试道看？"

米云："请常侍举。"

侍乃竖起一只筯⑤，米云："遮野狐精。"

侍云："遮汉彻去也。"

大沩喆云："米胡虽然如是，且只得一橛。常侍云'遮汉彻去'，大似看楼打楼⑥。大沩即不然，常侍虽是个俗汉，笔下有生杀之权。米胡是一方善知识，要且出佗圈襆不得。当时待佗掷下笔，但向道：'我从来疑着遮汉。'"

---

① 华严和尚：这一时期，有一位韶州华严和尚，曹洞宗禅僧，曹山本寂禅师法嗣。未知是否为此人。
② 獹：一种狗的名称。
③ 逐块：狗只知道追逐肉骨头块，而不问投出骨头块的人。比喻只见果而不知因的凡夫。"一切凡夫惟观于果不观因缘，如犬逐块不逐于人。"（《涅槃经》卷二十五）与此相对照的是狮子，狮子不追逐肉块，但寻找掷块的人。"有人块掷师子，师子逐人而块自息，……犬唯逐块，不知逐人，块终不息。"（《胜天王般若经》卷三）狮子喻菩萨，犬喻外道凡夫。
④ 遽：立刻、马上。
⑤ 筯：即箸，筷子。
⑥ 看楼打楼：据周裕锴《禅宗语言》中释，楼即耧，一种播种用的农具，根据耧犁开的沟而决定如何下种，比喻随机应变。此语和量才补职、应病与药等禅门用语意义相近。

643. 临济开悟因缘 ①

临济和尚在黄檗会里，因首座勉，令问黄檗"如何是佛法的的大意"，檗遂与二十棒，如是三次问，每蒙赐棒，乃告辞首座曰："幸蒙慈悲，令去问讯和尚，三度发问，三度吃棒。自恨障缘，不领深旨，今且辞去。"

座曰："汝若去，须辞和尚了行。"

济遂礼拜，退。

座先到黄檗处，白曰："问话底后生甚是如法，已后为一株大树，荫覆天下人去在。若来辞和尚，愿垂提诲。"

济乃辞黄檗，檗曰："汝向高安滩头大愚处去，必为汝说。"

济到大愚，愚问："甚么处来？"

云："黄檗来。"

曰："黄檗有何言句？"

济遂举前话。复问云："不知过在甚处？"

愚曰："黄檗与么老婆心，为汝得彻困，更来遮里问有过、无过。"

济于言下大悟，云："元来黄檗佛法无多子。"

大愚扭住曰："遮尿床鬼子，适来道有过、无过，如今却言'黄檗佛法无多子②'，汝见个甚么道理？速道！速道！"

---

① 此则公案，《从容录》称为"临济大悟"，《禅苑蒙求瑶林》称为"大愚三拳""临济打爷"。

② 无多子：没有多少，不怎么样。

济于大愚肋下筑三拳,愚托开曰:"汝师黄檗,非干我事。"

济回黄檗,檗见来,乃曰:"遮汉来来去去,有甚了期?"

济云:"只为老婆心切①。"遂举前话。

檗曰:"遮大愚老汉饶舌,作么生得佗来?"

云:"要佗来作么?"

檗曰:"待佗来痛与一顿。"

济云:"说甚么待佗来,即今便吃。"随后便掌。

黄檗曰:"遮风颠汉,却来遮里捋虎须。"

济便喝。

檗曰:"侍者,引遮风颠汉参堂去。"

沩山问仰山:"临济得大愚力?得黄檗力?"

仰山曰:"非但骑虎头,亦解据虎尾。"

644. 盐官鬼家活计②

盐官和尚③问:"座主蕴何经论?"

云:"《华严经》。"

曰:"《华严经》有几种法界?"

主云:"略而言之有四④,广说则重重无尽。"

盐官竖起拂子,曰:"遮个是第几种法界中收?"

---

① 老婆心切:即慈悲心切。
② 此则公案,《禅苑蒙求瑶林》称为"座主鬼窟"。
③ 盐官和尚:盐官齐安禅师。
④ 四:华严四法界,即理法界、事法界、理事无碍法界、事事无碍法界。

主良久，官曰："思而知，虑而解，是鬼家活计①。日下孤灯②，果然失照。"下去。

妙喜曰：两段不同，收归上科。

645. 大梅回心达本

大梅和尚③示众云："汝等诸人各自回心达本，莫逐其末。但得其本，其末自至。若欲识本，唯了自心。此心元是一切世间、出世间法根本，故心生种种法生，心灭种种法灭。心且不附一切善恶而生，万法本自如如。"

僧问："如何是佛法大意？"

曰："蒲花、柳絮，竹针、麻线。"

646. 法演耕白云田

五祖演和尚示众云："每日起来，拄却临济棒④，吹云门曲，应赵州拍⑤，担仰山锹⑥，驱沩山牛⑦，耕白云田⑧。七八年来，

---

① 鬼家活计：比喻落入虚妄之中。
② 日下孤灯：在太阳的光辉中，一盏孤灯的光亮根本体现不出来。形容在禅的大智慧面前，其他的所谓智慧相形见绌。
③ 大梅和尚：大梅法常禅师（752~839），俗姓郑，唐代南岳系禅僧，马祖道一禅师法嗣。
④ 临济棒：临济义玄的作略以行棒著称。
⑤ 拍：也许指"柏"，指赵州柏树子公案。诸种禅典都记为"应赵州拍"。
⑥ 仰山锹：仰山有插锹公案。
⑦ 沩山牛：沩山灵祐曾说，百年后到乡下做一条水牯牛。
⑧ 耕白云田：耕自家的田地。这是修行最根本之处。此段出自《舒州白云山海会演和尚语录》。

渐成家活。更告诸公，每人出一只手，相共扶助①，唱归田乐，粗羹淡饭，且怎么过。何也？但愿今年蚕麦熟，罗睺罗儿与一文。"

僧问："牛头未见四祖时如何？"

曰："头上戴累垂②。"

云："见后如何？"

曰："青布遮前。"

云："未见四祖时，为甚么百鸟衔花献？"

曰："富与贵是人之所欲。"

云："见后为甚么百鸟不衔花献？"

曰："贫与贱是人之所恶。"

647. 古灵窗蜂求出③

古灵和尚④行脚遇百丈开悟，却回福州大中寺。受业师问曰："汝离吾在外得何事业？"

曰："并无事业。"遂遣执役。

一日，因澡浴，命灵去垢，灵乃拊背曰："好所佛殿，而佛不圣。"

其师回首视之，灵曰："佛虽不圣，且能放光。"

---

① 相共扶助：体现僧团伦理的思考。
② 累垂：此处指一串串累累垂挂的饰物之类。本指实连串下垂的样子。
③ 此则公案，《禅苑蒙求瑶林》称为"神赞窗蜂"。
④ 古灵和尚：古灵神赞禅师，唐代南岳系禅僧，百丈怀海禅师法嗣。

其师又一日在窗下看经，蜂子投窗纸求出，灵睹之曰："世界如许广阔不肯出，钻佗故纸驴年去。"

其师置经，问曰："汝行脚遇何人？吾前后见汝发言异常。"

灵曰："某甲蒙百丈和尚指个歇处，今欲报慈德耳。"

其师于是请为说法。灵乃举唱百丈门风曰："灵光独耀，迥脱根尘，体露真常，不拘文字，心性无染，本自圆成，但离妄缘，即如如佛。"

其师于言下感悟。

648. 世尊金色之身

世尊于涅槃会①上以手摩胸，告众曰："汝等善观吾紫磨金色之身，瞻仰取足，勿令后悔。若谓吾灭度，非吾弟子。若谓吾不灭度，亦非吾弟子。"时百万亿众悉皆悟道。

云峰悦云："然膏肓之门不足以发药。云峰今日且作死马医，汝等诸人皮下有血②么？"

649. 云门明己底人

云门问卧龙③："明己底人还见有己么？"

龙曰："不见有己，始明得己。"

---

① 涅槃会：此处指佛陀临终时的法会，后一般指追悼佛入涅槃的法会，在农历二月十五日，此日为佛陀入灭之日。
② 皮下有血：比喻有血气，有骨气，有生命。
③ 卧龙：可能是新罗卧龙禅师。

又问:"长连床①上学得底是第几机?"

龙曰:"第二机。"

门云:"作么生是第一机?"

龙曰:"紧峭草鞋。"

　　妙喜曰:骑贼马赶贼队,借婆帔子拜婆年。

650. 惟政启帝信心

终南山政②禅师,因唐文宗好嗜蛤蜊,沿海官吏递进亦劳。一日御厨中有擘不开者,帝以为异,因焚香祷之乃开,即见菩萨形,梵相具足。帝遂贮以金粟檀香合,覆以美锦,赐兴善寺众僧瞻礼。乃问群臣:"此何祥瑞?"因诏师问。

师云:"臣闻物无虚应,此乃启陛下信心耳。故契经云:应以此身得度者,即现此身而为说法③。"

帝云:"菩萨身已现,且未闻说法。"

师云:"陛下睹此为常耶?非常耶?信耶?非信耶?"

帝云:"希奇之事,朕深信焉。"

师曰:"陛下已闻说法竟。"

皇情大悦,得未曾有,敕天下寺各立观音像。

---

① 长连床:僧堂所置之大床,大而连,可坐多人。
② 终南山政:终南山惟政,俗姓周,唐代禅师,嵩山普寂禅师法嗣。
③ "应以此身得度者"二句:概括《法华经》卷七《普门品》意。若有国土众生,应以佛身得度者,观世音菩萨就现佛身而为其说法。如是有三十三种化身为众生说法。

651. 汾阳临济宗旨

汾阳昭和尚示众曰："凡一句语须具三玄门，每一玄门须具三要，有照有用。或先照后用，或先用后照，或照用同时，或照用不同时。或先照后用，且要共汝商量。先用后照，汝也须是个人始得。照用同时，汝作么生当抵？照用不同时，汝又作么生凑泊？"①

僧问："如何是大道之源？"

曰："掘地觅天②。"

云："何得如此？"

曰："不识幽玄。"

又问："如何是宾中宾③？"

曰："合掌庵前问世尊。"

云："如何是宾中主？"

曰："对面无俦侣④。"

云："如何是主中宾？"

曰："阵云横海上，拔剑搅龙门。"

云："如何是主中主？"

曰："三头六臂擎天地，忿怒那咤扑帝锺。"

---

① 此段是汾阳善昭概括临济宗三玄三要、四照用的法语。
② 掘地觅天：通过掘地能够觅天？比喻不可能有预想结果的虚妄的行为。
③ 如何是宾中宾：此下四句问临济宗四宾主，即主中主、宾中主、主中宾、宾中宾。
④ 俦侣：伴侣，朋辈。

652. 六祖三身四智

通禅师①看《楞伽经》约千余遍，而不会三身、四智，礼六祖求解其义。祖曰："三身者，清净法身，汝之性也；圆满报身，汝之智也；千百亿化身，汝之行也②。若离本性别说三身，即名有身无智。若悟三身无有自性，即名四智菩提。听吾偈曰：自性具三身，发明成四智，不离见闻缘，超然登佛地。吾今为汝说，谛信永无迷。莫学驰求者，终日说菩提。"

通曰："四智之义可得闻乎？"

祖曰："既会三身，便明四智，何更问邪？若离三身别谈四智，此名有智无身也，即此有智，还成无智。"复说偈曰：

大圆镜智性清净，平等性智心无病，

妙观察智见非功，成所作智同圆镜。

五八六七果因转③，但用名言无实性。

若于转处不留情，繁兴永处那伽定。

通礼谢，以偈赞曰：

三身元我体，四智本心明。

身智融无碍，应物任随形。

起修皆妄动，守住匪真精。

---

① 通禅师：寿州智通禅师，唐代南宗禅僧，六祖慧能禅师旁出法嗣。
② "三身者"等句：慧能对佛教法、报、化三身提出自己的看法，不离本性而说。
③ 五八六七果因转：依唯识宗转识成智的观点，是转八识，成四智，转前五识为成所作智，转第六识为妙观察智，转第七识为平等性智，转第八识为大圆镜智。

妙旨因师晓，终亡污染名。

653. 临济岂无方便

临济和尚问龙光①："不展机锋，如何得胜？"

龙光据坐。

济曰："大善知识岂无方便？"

龙光乃瞪目，曰："嘎？"

济以手指曰："遮老汉今日败阙也。"

妙喜曰：可惜龙光放过遮汉，虽然如是，也须救取临济老汉始得。

654. 保宁切忌道著

保宁勇和尚示众云："智不到处，切忌道着，道着即头角生。大众，头角生了也，是牛？是马？"

又颂云门"须弥山②"云：

万仞峰头立大乖，须臾眨眼落悬崖。

通身不损毫毛者，天上人间安敢埋③？

---

① 龙光：唐代禅僧，生平事迹不详。
② 须弥山：僧问云门："起一念还有过也无？"云门答："须弥山。"
③ 埋：原本作"理"，今依《续藏》本和《保宁禅院勇和尚语录》改。

655. 法演白云万里

　　五祖演和尚示众云："说佛说法，拈槌、竖拂①，白云万里②。德山入门便棒，临济入门便喝，白云万里。然后'恁么也不得，不恁么也不得，恁么不恁么总不得③'也，则白云万里。忽有个出来道：'长老你恁么道也，则白云万里。'遮个说话，唤作矮子看戏，随人上下④，三十年后一场好笑。且道笑个甚么？笑白云万里。"

　　僧问："不昧当机，请师直道。"

　　曰："捏聚放开。"

　　又示众云："'本末须归宗，尊卑用其语⑤。'利剑掷虚空，大棒打老鼠。"

656. 云岩扫地示法⑥

　　云岩扫地次，道吾云："何得太区区⑦生？"

　　岩云："须知有不区区者。"

---

① 拈槌、竖拂：禅师说法时的常用手段。
② 白云万里：形容与禅的本质相去太远。
③ 恁么也不得，不恁么也不得，恁么不恁么总不得：石头希迁"三恁么"。
④ 矮子看戏，随人上下：比喻没有自己的见解，总是跟着别人的见解走。
⑤ 本末须归宗，尊卑用其语：出自石头希迁《参同契》。
⑥ 此则公案，《从容录》称为"云岩扫地"。
⑦ 区区：形容微小，微不足道。像扫地这样的事，对于修行来讲，实在是太微小了。

吾云:"恁么则有第二月①也。"

岩竖起扫帚云:"遮个是第几月?"吾便休。

玄沙云:"我当时若见,向伊道'正是第二月'。"

云门云:"奴见婢殷勤。"

真如云:"将勤补拙。"

妙喜曰:此三句语②,一句可以定乾坤,一句可以验衲僧,一句可以接初机。诸人还拣辨得么?若拣辨得出,许汝亲见慧光。若辨不出,莫道慧光山势险,隔江遥望碧云闲。

657. 守初法眼精明

洞山初和尚示众云:"举唱宗乘③,阐扬大教④,须得法眼精明,方能鉴辨缁素,切缘真妄一源,水乳同器,到此难分。洞山寻常以心中眼观身外相,观之又观,乃辨真伪。若不如是,何名善知识?夫善知识者,'驱耕夫之牛,夺饥人之食⑤',方名善知识。即今天下那个是真善知识?诸禅德参得几个善知识来也?不是等闲,直须参教彻,觑教透,千圣莫能证明,方显大丈夫儿。不见释迦老子明星出时豁然大悟,与大地众生同时成佛,无前后

---

① 第二月:不是第一月,而是虚妄的幻相之月。
② 此三句语:称为定乾坤句、验衲僧句、可以接初机句。据《建中靖国续灯录》卷二十七《拈古门·慕喆真如禅师二则》,"此三句语"以下一段,接于"师(指真如禅师)曰:'将勤补拙'之后",似乎是真如禅师所说。但后来《指月录》卷十二《云岩昙晟禅师》在举出这则公案后加以说明:"《正法眼藏》举此则语,及玄沙、云门、真如三师语云:'此三句语。'"云云,据此,此段当属"妙喜曰"的内容。此处据《指月录》。
③ 宗乘:佛教宗派所弘扬的教义、思想。
④ 大教:佛教,如来教法。
⑤ 驱耕夫之牛,夺饥人之食:出自临济义玄。

际，岂不畅哉？虽然如是，若遇明眼衲僧，也好劈脊便棒。"

僧问："维摩掌擎四世界，未审维摩身在甚么处？"

曰："在阇梨后底。"

云："为甚在学人后底？"

曰："还我话头来。"

问："绝点无踪时如何？"

曰："尖斗量不尽。"

问："如何是衲僧本分事？"

曰："骆驼渡汉江。"

问："如何是亲切一句？"

曰："达磨无当门齿。"

658. 德山直上法堂

德山到沩山，挟复子①直上法堂，从西过东，从东过西，顾视云："无，无。"便出，至门首却云："也不得草草②。"便具威仪，再入相见。

沩山坐次，德山提起坐具云："和尚。"沩山拟取拂子，德山便喝，拂袖而出，背却③法堂，著草鞋便行。

沩山至晚问首座："适来新到在甚处？"

首座云："当时背却法堂，著草鞋出去。"

---

① 复子：僧人行脚时所用的包裹。
② 草草：简陋，马虎，不细致。
③ 背却：背对着，以背部相对。

沩云:"此子已后向孤峰顶上①盘结草庵、呵佛骂祖去在。"②

妙喜曰:二尊宿恁么相见,每人失却一只眼。

659. 妙喜示众总结

妙喜示众③云:

古人道:大智无分别,大用无理事。如月印千江,似波随众水。且那个是无分别底大智?那个是无理事底大用?莫是问一答十、辩泻悬河是大智么?莫是"粗言及细语,皆归第一义"④"掀倒绳床、喝散大众⑤""拦腮赠掌、拂袖便行⑥""拟议思量、劈口便掐⑦"之类是大用么。若作遮般见解,莫道我是衲僧,便做他衲僧门下提破草鞋⑧、挈骨董袋⑨底奴子⑩也未得在。

善知识,实悟实证而大法不明,为人时,未免以自悟自证处指似人,瞎却人眼,况无悟证学语之流⑪?瞎人眼不在言也。此

---

① 孤峰顶上:形容达到的境界极高。
② 此则公案被收入《碧岩录》第四则。
③ 此段不见于《大慧语录》,后收入《指月录》卷三十二《大慧语要》下。
④ 粗言及细语,皆归第一义:出自《大涅槃经》卷二十:"粗语及软语,皆归第一义。"
⑤ 掀倒绳床、喝散大众:两者本是临济义玄的作略,他曾在德山门下,"掀倒绳床"。喝则是临济的典型作略。此处则指禅门对此的模仿,以为出格手段。
⑥ 拦腮赠掌、拂袖便行:这也是两种体现所谓出格手段的做法,前者是打的方法,后者则是因机缘不合等原因,拂袖而去。但一味模仿,也为禅界所批评,"拦腮赠掌、拂袖便行,正是业识茫茫"(《五灯会元》卷二十)。
⑦ 拟议思量、劈口便掐:禅师看到学人回答问题时有所迟疑,思考如何回答,则对着嘴刻打。此法也是常用的方法。
⑧ 提破草鞋:形容做最没有价值的事。
⑨ 挈骨董袋:也是形容做没有价值的事。骨董,指无用的旧杂碎。
⑩ 奴子:奴仆。
⑪ 学语之流:没有实悟实证,只是从表面上学得一些禅师言语的人。

事大难，没量大人到遮里无插足处，你小根无知魔子辈如何敢造次开大口？你试静处坐地微细揣摩，你方寸里还实到不疑之地也未？若实未到，我却赏你放得过把得定，不受人走作。遮般底唤作地狱滓，十方施主一粒米、一茎菜将来供给你，只要你道业成就，同趣佛乘，求异世他生福报。道业不明，如何消得？

你诸人决欲绍继此个门风，直须心境一如①，方有少分相应。你莫见我说怎么事，便闭目藏睛，做死模样，硬差排"心与境一如"。遮个尽你伎俩如何差排？你要得真个心境一如么？直须碎地折，嚗地断，抪却髑髅里作妄想底，将第八识②断一刀，自然不著差排。

你不见岩头和尚有言："才有所重，便成窠臼。"你诸人一生在丛林参寻此事无所得者，不在言也。其间多有头白齿黄③坐在窠臼里，一生出头不得，都不知非。

向古人言句上得些滋味者，以奇言妙句为窠臼。

于经教中声名句义上得滋味者④，以经教为窠臼。

于古人公案上得滋味者⑤，以古人问答、代语、别语、抑扬语、褒贬语为窠臼。

于心性上得滋味者，以"三界唯心，万法唯识"为窠臼。

于寂默无言无说处得滋味者⑥，以闭目藏眼、威音那畔⑦、

---

① 心境一如：心与境不一不异。
② 第八识：阿赖耶识。依唯识宗的说法，第八识是人的精神世界的最深处。
③ 头白齿黄：形容老年人。
④ 于经教中声名句义上得滋味者：这是指以研习经教为禅修方法者。
⑤ 于古人公案上得滋味者：这是指以参究公案为修行方法者。
⑥ 于寂默无言无说处得滋味者：这是指习默照禅者。
⑦ 威音那畔：威音王佛以前。威音王是过去无量劫以前的最初佛。

坐在黑山①下鬼窟里不动为窠臼。

于日用动转施为处得滋味者②，以扬眉瞬目、举觉提撕为窠臼。

谓法不在言语上，不在情识上，不在举动施为处，错认业识为佛性。于此得滋味者，以击石火、闪电光③为窠臼。

如上所说，皆于得滋味处有所重。若无大丈夫气概，退步知非，即以所重处便作奇特想、玄妙想、安隐想、究竟想、解脱想。作如是等想者，佛出世亦不奈何，教中谓之"痴暗惑"。何以故？为你痴故，执邪为正。为你暗故，堕在所重处不能动转。若于心无所起，于法无所著，则无所重。无所重则自然赤骨力④地，无欲无依，于法自在。

你即今便要怎么相应亦不难，但于心平等，无所染著。如何是染著？作众生想、佛想、世间想、出世间想、求出离想、求佛智想，皆名染著。你但向欲起未起时猛著精彩⑤，一跃跳出来，此心朗然独脱，才觉怎么，便转向上面去，自然头头上明，物物上显。得到恁么田地，亦不得采顾著。若采顾著，则有所重。才有所重，此心即渗漏矣，只名渗漏心，不名平等心。谓平等者，善与恶等，背与向等，理与事等，凡与圣等，量与无量等，体与用等。

---

① 黑山：须弥山中心的一座山，日月之光从来无法到达之处。形容意识中的最黑暗状态。
② 于日用动转施为处得滋味者：这是指习洪州禅传统者。
③ 击石火、闪电光：指执着于机锋迅捷、峻烈，盲目模仿临济作略。
④ 赤骨力：亦作赤骨立，赤膊，光着身子。
⑤ 猛著精彩：精进、用力。

遮个道理,唯证者方知①。诸人若未证,直须证取。证得了,方得名为真出家儿。若心不证,向心外取证,此名出家外道,不堪为种草。

此心广大,无分剂,无边表。尘沙诸佛成等正觉,山河大地、万象森罗,皆不出此心。此心能与一切安名立字,一切与伊安名立字不得。故诸佛诸祖不得已随你颠倒著个名字,唤作真如佛性,菩提涅槃,强立种种差别异号,为你众生界中见解偏枯,有种种差别,故立此差别名号,令汝于差别处识取此无差别底心,非是此心有差别也。

所以僧问马祖:"如何是佛?"祖曰:"即心是佛。"你若实证实悟,有何差别?你若不悟,求奇特解会。不实证实悟,不信此心决定是佛。只此即心是佛,便是差别因缘。

佛言欲以譬喻而显示,终无有喻能喻此。说个广大,已是限量佗了也,况以限量心欲入此广大境界?纵然入得,如持蠡酌海②,一蠡纵满,能得几何?然只遮蠡中之水未入蠡时,即是无限量底水。为你境界只如此大,生满足想。故此无限量境界亦随你器量满足,非是大海水只有许多。故佛有言:"譬如大海不让小流,乃至蚊虻及阿修罗饮其水者,皆得充满③。"此水喻心,蚊虻、阿修罗喻大小差别。此心体上本无若干差别,汝但不起诸见,识取此心,种种差别亦自识得矣。先圣尚不许执此心为实,心外更有什么实底物为你作障难?

---

① 证者方知:这是禅宗强调的亲证。
② 持蠡酌海:原指以瓠瓢测量海水,比喻以浅薄之见来度量他人。蠡,用葫芦做的瓢。
③ "譬如大海不让小流"二句:语出《圆觉经》。

我今拖泥带水①，亦是不得已，为提奖娇儿，抚怜爱子，老婆心切，故牵枝引蔓②。你莫记我说底便以为是。今日恁么说，明日又却不恁么说。你才恁么，我却不恁么。你不恁么时，我却恁么。你向那头寻我住处？只我亦自不知住处，佗人又如何寻得？遮个是活底门户，死却见行，方可入作。

而今学人将少分精进、礼佛、持诵、戒身口意以为资粮，希求证取，有什么交涉？大似痴人埋头向西走，欲取东边物，转走转背，转急转迟。此是无为、无漏、无功用大法门，若起纤毫取证心，则背驰矣，如何欲凭些小有为功行便拟希求？所以古人见得太近，故云：我坐地看你究取。又云：我立地看你究取。即不曾教你起模画样、积功累德、希望成道。纵你希望得成，才成即坏，徒自疲劳。

你莫见恁么道了，便拨无因果③，作地狱业。以"平常无事"唤作无佛法知见，"饥来吃饭，困来即眠"，以此为无修证，以此为无功用。且莫错会好，荷担此事，也须是个浑刚④打就、生铁铸成底汉始得，岂容你小根小器造次承当？不见临济三度问黄檗佛法的的大意，三度被打？后得大愚点破，忽然大悟，不觉失声云："恶！元来黄檗佛法无多子。"愚云："你适来觅有过、无过，而今却言'黄檗佛法无多子'，你见个甚么，便恁么道？"临济于大愚肋下𥷚两𥷚，愚遂托开云："汝师黄檗，非干吾事。"你诸人

---

① 拖泥带水：形容用了许多语言，说了许多话，不简明扼要。
② 牵枝引蔓：形容使用了许多语言枝蔓。
③ 拨无因果：否定因果的道理。
④ 浑刚：浑钢。

参禅还得怎么也未?

云庵①和尚颂云:

资粮更不著些些,歧路年深恐转赊。

直下痛施三顿棒,夜来依旧宿芦花。

又颂"临济悟旨"云:

便言黄檗无多法,大丈夫儿岂自乖?

胁下两拳明有信,不从黄檗付将来。

又,端和尚②颂云:

一拳拳倒黄鹤楼,一踢踢翻鹦鹉洲。

有意气时添意气,不风流处也风流。

据遮两个老汉颂,便可承嗣临济,作佗儿孙,真不忝窃。古来幸有恁么体格,如何略不著些眼脑看是个甚么道理?

此事如青天白日,有甚么遮障?诸方有奇特差别海蠹儿禅③,曲曲折折。此语又是讨佗,那语又是识破,遮语又是不上佗钩线,不入佗圈襆,遮语又是偏正回互,遮语又是尊堂有讳,不敢当头。

又有一种,以《楞严》、《宗镜》、龙济偈语所说,眼见耳闻,无非是心,更非别法,引"通玄峰顶,不是人间。心外无法,满目青山④"之类为证,谓之根脚下事⑤,谓之基趾,谓之绵密地,你不妨会得好。若怎么会,岂不是认物为心?既是你心,又要认

---

① 云庵:即宝峰克文云庵真净禅师。
② 端和尚:白云守端禅师。
③ 海蠹儿禅:即以蠹酌之禅,没有创新性的执着于语言文字的模仿之禅。"何谓海蠹禅?口传心授,露布葛藤,印板上打来,模子里脱出者是。"(《辟妄救略说》卷七)
④ "通玄峰顶"四句:天台德韶国师偈语。
⑤ 根脚下事:比喻最根本的事。

他作么?

又有一种,将临济三玄①、云门三句②逐句解说,以《传灯》③《广灯》④祖师言句各分门类,以"一尘才起,大地全收⑤""一毛头师子百亿毛头师子现""尽大地是个解脱门⑥""尽大地是沙门一只眼⑦""若人识得心,大地无寸土""山河大地,明暗色空,咸是妙明真心中物"之类配为体中玄、函盖乾坤句。以"三脚驴子弄蹄行⑧""锯解秤椎⑨""火里蝍蟟吞大虫⑩""文殊起佛见、法见,贬向二铁围山⑪""东山水上行⑫""北斗里藏身⑬",凡语言注解不得处,便道"蚊子上铁牛,无你下嘴处⑭",如此之类,谓之句中玄、截断众流句。如"蹋著秤椎硬似铁⑮""蹋破草鞋赤脚走⑯""饥来吃饭,困来打眠⑰""山是山,水是水⑱""行但行,坐但坐⑲""大尽三十日,小尽二十九⑳",

---

① 三玄:体中玄、玄中玄、句中玄。
② 云门三句:截断众流句、函盖乾坤句、随波逐流句。
③ 《传灯》:《景德传灯录》,禅宗史书,三十卷,宋景德元年(1004)东吴道原撰。
④ 《广灯》:《天圣广灯录》,禅宗灯录史典籍,三十卷,驸马李遵勖编。
⑤ 洛浦元安禅师语。
⑥ 雪峰义存禅师语。
⑦ 雪峰义存禅师语。
⑧ 杨岐方会禅师语。
⑨ 大愚守芝禅师语。
⑩ 云门文偃禅师语。
⑪ 南泉普愿禅师语。
⑫ 云门文偃禅师语。
⑬ 云门文偃禅师语。
⑭ 沩山灵祐禅师较早使用。
⑮ 谷隐蕴聪禅师较早使用。
⑯ 智门光祚禅师语。
⑰ 云峰文悦禅师等语。
⑱ 云门文偃禅师、曹山本寂禅师等语。
⑲ 云门文偃禅师语。
⑳ 汾阳善昭禅师等语。

将如此之类，谓之玄中玄、随波逐浪句。

岂不见汾阳和尚颂云：

三玄三要事难分，得意忘言道易亲。

一句明明该万象，重阳九日菊花新。

此老子明明为你指出临济骨髓，却来逐句下解注，谓"三玄三要事难分"是总颂，"得意忘言道易亲"是体中玄，"一句明明该万象"是句中玄，"重阳九日菊花新"是玄中玄。此是前辈中，负大名望，有真实悟处，而大法不明，无师承。杜撰如此，瞎众生眼，其余裨贩之流不在言也。想汾阳老人未肯点头在。

分明向你道，"三玄三要事难分，得意忘言道易亲。一句明明该万象，重阳九日菊花新"。恁么道了更将钵盂安柄，莫道你负大名，具大辩才，有大智慧，便是达磨大师出来作遮般去就，政好捉来活埋，免致教坏人家男女，一盲引众盲①。问着"三要"，却注解不得，便将同德山托钵②、岩头末后句③、南泉斩猫儿④、百丈野狐⑤、归宗斩蛇⑥、大隋烧畬⑦、赵州勘婆子⑧、勘

---

① 一盲引众盲：自己心地不明，却要教导他人，致使大家都不能开悟。
② 见本书第209则。
③ 见本书第209则。
④ 南泉斩猫儿：东西堂争猫儿，泉乃提起云：大众，道得即救，道不得即斩却也。众无对，泉遂斩之。晚，赵州外归，泉举似州，州乃脱履，安头上而出。泉云：子若在，即救得猫儿。
⑤ 见本书第637则。
⑥ 见本书第49则。
⑦ 见本书第98则。
⑧ 见本书第434则。

庵主①、睦州担板②、陈操尚书勘僧③、玄沙"敢保老兄未彻在"、洞山"道即太煞，只道得八成"、达磨只履西归，如此之类，皆谓之末后句。便引洛浦云："末后一句，始到牢关。把断要津，不通凡圣。""任从天下乐欣欣，我独不肯。"谓之"我为法王，于法自在④"。任你学者逞尽神通，呈尽伎俩，我只一向把住不许你，谓之牢关，直待举立僧住院，密室口耳传授。如斯之类，自毁正因，返行魔说。

又有一种，道南泉斩猫儿、百丈野狐、归宗斩蛇、大隋烧畲、赵州勘婆子、勘庵主之类。谓之建立门庭。本无怎么事，贵要罗笼学者。

又有一种，以偏正回互⑤为宗旨。⑥ 如洞山与云居过水次，洞山问："水深多少？"云："不湿。"山云："粗人。"云居却问："水深多少？"云："不干。"谓水讳湿而当头道湿，不能回互，谓之粗人。云居却云"不湿"，是触讳而不能回互。洞山道"不干"，乃有语中无语。何谓有语？"不干"是。何谓无语？"不干"是，"不干"乃是湿，是活语，能回互，不触讳故也。

又以黑白圈儿作五位形相。以全黑圈儿为威音那畔、父母未生空劫已前、混沌未分事，谓之正位。

---

① 见本书第9则。
② 睦州担板：睦州陈尊宿，因见讲僧，乃召曰：座主。主应诺。睦州曰：担板汉。(《五灯会元》卷四《睦州陈尊宿》)
③ 载《从容录》第89则"陈操勘僧"："陈尚书与众官楼上，遥见数僧从远来，众官云：数员禅客。陈云：不是。官云：焉知不是？陈云：待与验过。僧至楼下，陈云：大德。僧举首。陈云：不信道不是。官罔撩。"
④ 我为法王，于法自在：出自《法华经》卷二《譬喻品》。
⑤ 偏正回互：曹洞宗宗风的体现。
⑥ 下文妙喜对于曹洞宗的分析文字，也收入《重编曹洞五位》卷中。

以二分黑一分白圈儿为正中偏，却来白处说黑底，又不得犯着黑字，犯着黑字即触讳矣。更引洞山颂云："正中偏，三更初夜月明前①。"谓能回互。只言三更，三更是黑，初夜是黑，月明前是黑，不言黑而言"三更、初夜、月明前"，是能回互不触讳。

　　以两分白一分黑圈儿为偏中正，却来黑处说白底，而不得犯白底消息。云："偏中正，失晓老婆逢古镜②。"不言明与白，而言失晓与古镜，是能回互明与白字而不触讳。盖"失晓"是暗中之明，"古镜"亦是暗中之明，"老婆头白"，不说白而言老婆，白在其中矣，能回互白字故也。

　　又说正中来，颂云："正中来，无中有路隔尘埃③。"或云，"出尘埃"谓凡有言句，皆无中唱出，便自挟妙了也，无不从正位中来。或明或暗或至或到，皆妙挟通宗。凡一位皆具此五事，如掌之五指无少无剩。

---

① 正中偏，三更初夜月明前：洞山良价《五位君臣颂》："正中偏，三更初夜月明前，莫怪相逢不相识，隐隐犹怀旧日嫌。"正中偏，从正位看，正位中有偏位，不能只见正位而忽略偏位。洞山以黑喻正位，白喻偏位，三更、初夜和月明前都指黑，黑中带明，但是人们在黑暗中什么都看不到，不知道黑中有明。如果能认识到黑中有明，正中有偏，就能偏正回互、圆融。

② 偏中正，失晓老婆逢古镜：洞山良价《五位君臣颂》："偏中正，失晓老婆逢古镜，分明觌面别无真，休更迷头犹认影。"偏中正，从偏位看，偏位中包含了正位，偏中有正。不能只见偏而不见正，但人们却是执着于偏而看不到正。失晓和古镜都是喻柏，明中带黑，隐晦模糊之明。老太婆喻白，白发之白。白发老太婆借着微弱的亮光在模糊的古镜面前欣赏一头白发，但是只看到白而不知黑。如果能悟得偏位中有正位，就是偏正回互。

③ 正中来，无中有路隔尘埃：洞山良价《五位君臣颂》："正中来，无中有路隔尘埃，但能不触当今讳，也胜前朝断舌才。"正中来，即正位中来，偏都是从正位中来，正位全体起用而有偏。如能认识到正位全体起用而为偏，就能无路中有路，无语中有语，胜过任何好口才。

兼中至①，谓兼黑兼白，兼偏兼正而至。何谓至？如人归家未到而至别业，乃在途为人边事，亦能回互，妙在体前。

兼中到②，谓兼前四位，皆挟妙而归正位，谓之"折合归来炭里坐"，亦是说黑处而回互黑字，不道黑而言炭。

或者又谓，曹山有言：正位者，即空界也，一向无物；偏位者，即色界也，内有种种诸杂万像；兼中至者，舍事入理；正中来者，背理就事；兼带者，即冥应众缘不随诸有；非染非净，无正无偏。故云虚玄要道，无著真宗。从上先德推此一位最妙最玄，须是审详辨明当体。③

又说五位皆三字成句，偏正上下，回互而不犯中，中即正位也。说理说事，教有明文，教外单传直指之道。

果如是否？若果如是，讨甚好曹山邪？

又引浮山④作《大阳⑤真⑥赞》曰："黑狗烂银蹄"，自注云："此语正位中有偏位。黑狗是正位，烂银蹄是偏位。"⑦ "白象昆

---

① 兼中至：洞山良价《五位君臣颂》："兼中至，两刃交锋不须避，好手犹如火里莲，宛然自有冲天志。"兼中至是偏兼正，或称偏中至，偏位中有正位，偏位全体起用即是正位之体。既要认识到正全体为偏之用，又要认识到偏本身就是正，如此，偏正互融平等，偏正两刃相交就没有胜负之分，也彼此无伤，平等无二。犹如凡尘之火里生起的莲花，自然志气不凡。
② 兼中到："兼中至"中的"至"，是未到而至，还有情识在途中，还分别偏和正，还没有到无偏无正、偏正俱忘的境界。而这个境界正是兼中到才具备的。洞山良价《五位君臣颂》："兼中到，不落有无谁敢和？人人尽欲出常流，折合还归炭里坐。"在否定和超越上述四种有偏有正的"时流"的基础上，达到不落有无的境界，这才是真正的回互，真正的正位，即黑位，回到黑炭里坐，炭喻黑。
③ 语出《曹山元证禅师语录》。
④ 浮山：浮山法远禅师（991~1067），俗姓王，北宋临济宗禅僧，叶县归省禅师法嗣。
⑤ 大阳：大阳警玄禅师。
⑥ 真：禅师肖像画。
⑦ "此语正位中有偏位"三句：此浮山法远的自注文字，主要见于宗杲的记载。

仑骑",自注云:"此语偏位中有正位。""于斯二无碍",自注云:"此语不堕有无二边,所以洞山云:'不落有无谁敢和?'""木马火中嘶",自注云:"妙挟。然虽妙挟而虚玄唱道也。"

似遮般说话,须教你烧顶、炼臂、发誓愿不得妄传,然后分付,亦谓之末后句。

师举了,遂弹指云:

好掩彩底禅,若是皮下有点血底,还肯吃遮茶饭么?我且问你,腊月三十日①,四大相将解散,平昔记持学得底,还回互得么?回互时还著意也无?当恁么时,心识已昏,如何回互?既回互不得,定撞入驴胎马腹中随业受报。当此之时,欲触讳作粗人亦不可得,况能敌佗生死邪?

又有商量,洞山示众云:"向时作么生?奉时作么生?功时作么生?共功时作么生?功功时作么生?"②

时有僧问:"如何是向?"山云:"吃饭时作么生?"③

"如何是奉?"云:"背时作么生?"④

"如何是功?"云:"放下䦆头时作么生?"⑤

"如何是共功?"云:"不得色。"⑥

"如何是功功?"云:"不共。"⑦

"向⑧时作么生?"谓趣向此事。答曰:"吃饭时作么生?"谓

---

① 腊月三十日:此处喻临终之时。
② "向时作么生"五句:曹洞宗五位功勋。见《洞山悟本禅师语录》。
③ 接着的一句是:"又曰:得力须忘饱,休粮更不饥。"
④ 接着的一句是:"又曰:只知朱紫贵,孤负本来人。"
⑤ 接着的一句是:"又曰:撒手端然坐,白云幽处闲。"
⑥ 接着的一句是:"又曰:素粉难沉迹,长安不久居。"
⑦ 接着的一句是:"又曰:混然无讳处,此外更何求?"
⑧ 向:功勋建立之初,坚定信仰,趋向真如之体,不可一时中断,吃饭时也不可中断。

此事不可吃饭时无功勋而有间断也。

"奉①时作么生?"奉乃承奉也,如人奉尊长先致敬而后承奉。向乃功勋之所立,才向即有承奉之义。答曰:"背时作么生?"谓此事无间断,奉时既尔,而背时亦然,言背即奉之义。盖奉背皆功勋也。

"功②时作么生?"功即用也。答曰"放下锄头时作么生?"把锄头是用,放下锄头是无用。洞山之意,谓用与无用皆功勋也,亦是无间断之义。

"共功③时作么生?"谓法与境敌。答曰:"不得色。"乃法与境不得成一色。正用时是显个无用底,无用即用也。若作一色,即是十成死语。洞山宗旨,语忌十成,故曰不得色,乃活语也。

"功功④时作么生?"谓法与境皆空,谓之无功用大解脱,故曰:"不共。"乃无法可共。不共之义全归功勋边,如法界事事无碍是也。你面前无我,我面前无你。所以夹山道:"此间无老僧,目前无阇梨。"是也。

如此之说,皆趣向承奉,于日用四威仪内成就,世出世间无不周旋,谓之功勋五位。

你道佗古人意果如是乎?若只如此,有甚奇特?只是口传心授底葛藤。既不如是,且古人意毕竟作么生?妙喜为你下个注

---

① 奉:敬奉真如之体,这种敬奉要从背离真如角度来理解,趋向真如是理,背理真如是事,事中有理,在事相中也能建立功勋,如果看不到"背"的这层意义,那么就只会迷于事(朱紫色的珍贵衣服),而不知理(穿朱紫色衣服的人)。

② 功:即功用。一般人只看到拿起锄头干活时才有功用,不知放下锄头无事时也有功用,无用中有用。

③ 共功:以色空来说明,色全用为体,全事为理,色隐而空,事隐而理显。

④ 功功:我法皆空而得大解脱。

脚,也要诸方检点。不见汾阳道面目见在,一任拣取①?故《净名》云:"但除其病,而不除法②。"又,《首楞严》云:"汝……以缘心听法,此法亦缘③。"古人一言半句,虽是垂慈,皆在未屙已前著到。如三玄三要、四种料拣、十智同真,亦是遮个道理。

妙喜怎么说,不是贬剥诸方,且要个中人辨明缁素而已。

又有一种,也不在言语上,也不在古人公案④上,也不在心性上,也不在玄妙上,也不在有无得失边。如火相似,触著便烧。"非离真而立处,立处即真⑤。"信手拈来,超今越古。一句来,一句去,末后多一句,便是得便宜。似遮般底,只是弄个业识痴团,便谓无因果,无报应,亦无人,亦无佛,饮酒食肉,不碍菩提,行盗行淫,无妨般若。如此之流,正是师子身中虫,自食师子身中肉。永嘉所谓"豁达空,拨因果,莽莽荡荡招殃祸⑥"是也。

有一种商量古人公案,谓之针线工夫,又谓之郎君子弟禅。如商量"女子出定语⑦"云:"文殊是七佛之师,为甚么出女子定不得?"云:文殊与女子无缘。"罔明是初地菩萨,为甚么出得女子定?"云:与女子有缘。下语云:"冤有头,债有主。"

又有商量道:文殊不合有心,所以出不得。罔明无意,所以出得。下语云:"有心用处还应错,无意求时却宛然。"

---

① 面目见在,一任拣取:"切须辨取,要识是非,面目见在,不可久立。"(《汾阳语录》)
② 但除其病,而不除法:语出《维摩诘经》卷中《文殊问疾品》。
③ 汝以缘心听法,此法亦缘:语出《楞严经》卷二:"汝等尚以缘心听法,此法亦缘,非得法性。"
④ 案:原本和《续藏》本均作"桉",下文一句"也有一种商量古人公案"之"案"字,也作"桉"。
⑤ 非离真而立处,立处即真:语出《肇论·不真空论》。
⑥ "豁达空"三句:语出《永嘉证道歌》。
⑦ 见本书第191则。

又有商量道：文殊为甚么出女子定不得？杓柄在女子手里。罔明为甚么出得？如虫御木。又云"因风吹火"，又云"争奈女子何"？邪解甚者，至于作入定势，又作出定势，推一推，弹指一下，哭苍天数声，伏惟尚飨、拂袖之类。泠地看来，惭惶杀人。

又，芭蕉云："你有拄杖子，我与你拄杖子。你无拄杖子，我夺却你拄杖子。"商量云：你若是遮般人，我与你说遮般话，谓之"与你拄杖子"。你不是遮般人，我当面换却你眼睛，谓之"夺却你拄杖子"。下语云"量才补职"，又云"看楼打楼"。又有商量道：有无与夺是擒纵。

学者似恁见解，如麻似粟。如上所说，皆口传心授露布葛藤，印板上打来，模子里脱出。非唯自谤，亦乃谤他古人。此是诸方学得底海蠡儿禅，诸上座还信得及么？不见道"垂慈则有法，无法不垂慈"？识取钩头意，莫认定盘星。

我遮里是海蚌禅①，开口便见心肝五脏，羞②珍异宝都在面前，闭却口时何处觅伊缝罅？不是强为，法本如是。

诸上座，光阴可惜，各各趁色力强健，猛著精神了取。莫爱佗奇特，奇特处赚悞人，杂毒在心识里，佗时后日莫道得力，只死时也死得不瞥脱，更说甚么敌佗生死？世间无明烦恼却有限量，一念识破则当体寂灭。恶知恶见、法尘烦恼无限量，能障道眼，使得你心识昼夜不停谤佛法僧，造地狱业，虽是善因，返招恶果。果有智慧大丈夫汉方识得破，不被佗作恼。不见云门大师

---

① 海蚌禅：如同海蚌，开口便现本性，闭则不露缝隙。
② 羞：原本和《续藏》本作"差"，误。

有言"尽乾坤一时将来,著你眼睫上"?你诸人闻怎么道,不敢望你出来性懆①把老僧打一捆,且缓缓子细看,是有是无?是个甚么道理?直饶你向遮里明得,若向衲僧门下好椎脚折。若是个人,闻说道甚么处有老宿出世,便好蓦面唾:污我耳目。你若不是个手脚,才闻人举,便承当得,早落第二机也。又不见罗山和尚有言"玄门无法,不立纪纲。若欲讨寻,声前看取"?

诸佛子,真心无定,真智无边,我若纵遮两片皮,从今日说到尽未来际,钩锁连环,相续不断,亦不借佗人气力,此是人人分上各自具足底事,添些子不得,减些子不得。佛祖得之,唤作大解脱法门,众生失之,唤作尘劳烦恼。然得亦不曾得,失亦不曾失,得失在人不在法。故祖师云:"至道无难,唯嫌拣择。但莫憎爱,洞然明白。毫厘有差,天地悬隔。欲得见前,莫存顺逆②。"你禅和家个个念得,还曾略著意理会么?祖师安个名字谓之《信心铭》,只要诸人信此广大寂灭妙心决定不从人得,故中间有言:"一心不生,万法无咎。无咎无法,不生不心。能随境灭,境逐能沉。境由能境,能由境能。"又云:"大道体宽,无易无难。"又云:"执之失度,必入邪路。放之自然,体无去住。"你但信此一心之法不可取,不可舍,便好向遮里放身命。若放不得,是你根性迟钝,腊月三十日不要错怪老汉。时热,久立。

喝一喝,下座。

---

① 懆:急躁。
② "至道无难"等句:语出三祖僧璨《信心铭》。

附 录

重刻《正法眼藏》序①

《正法眼藏》者,难言也,请以喻明。譬如净眼洞见森罗,取之无穷,用之无尽,故名曰"藏"。夫藏者,含藏最广,邪正相杂,泾渭难辩,甚至邪能夺正,正反为邪。故似泉眼不通,泥沙立壅。法眼不正,邪见层出。剔抉泥沙而泉眼通,剪除邪见而法眼正。自非至人,其何择焉?昔竺乾②有九十六种背正趋邪,二十八人摧邪持正,逮家东土,白马西来,正教始兴于浊世,名相寻陷于邪宗。由是达磨大师扫除繁蓁,直示本心。嗣后五宗分派,各别门风,会其枢要,卓乎纯正。讵意人根浸劣,法久弊生,或承虚接响,以盲枷瞎棒妄号通宗,或守拙抱愚,以一味不言目为本分,或仿佛依稀自称了悟,或摇唇鼓舌以当平生。如是有百二十家痴禅,自赚赚人,沦溺狂邪。故我大慧老人承悲愿力,运无畏心,决择五家,提挈最正者凡百余人,裒以成帙,目曰《正法眼藏》。是书也,如悬白泽裘,精妖丧魄,秉金刚剑,魔外潜踪。四七古锥宗眼,二三老汉家珍,不涉程途,一览具

---

① 原文载于《嘉兴藏》和《卐续藏经》所收《正法眼藏》正文之前第一篇。
② 竺乾:天竺。

足。知为后学指南，无加此矣。时有绣水普善庵沙门慧悦居士，春门徐弘泽，自庆奇遇，嗟彼未闻，冀报佛恩，募资重刻。属余为序，以贻同志，而参学者即使游法界无边之门，融古今刹那之念，犹是功勋边事。若能了悟，则自心何知？自眼何见？非见非知，是真得正法眼藏者矣。

（万历丙辰[①]端阳日嗣曹洞正宗第二十七代古越显圣寺住持沙门　圆澄　撰）

[①] 万历丙辰：即1616年。

题刻大慧禅师正法眼藏①

大慧杲公以迅鹰俊鹘之资,初被湛堂②脱鞴③,继受圆悟砺爪,然后抟摩云空,蹴蹋海浪,毛群羽族,靡不遭其裂脑碎肝者。快哉!无师自然之智,真超然而独雄者也。若夫议论风旨,形于楮墨④,博大详尽,横所欲吐,必使了然印人之心,而回环转折之妙,又若藻士杼轴⑤而出者,抑何宗说之兼畅欤?良由少侍圆悟,令处择木堂,日与士大夫周旋,稔其华辨,不无资发之助耳。杲所善士大夫,无如无尽⑥、无垢⑦两居士。无尽始以功名自喜,事业未尽可人,摧拉之后,霜降水涸,洗露本根,当世味蜃口之余,领醍醐沃心之益,想见空阔明妙,令得复秉权轴,更展作略⑧,未必无可观也。子韶⑨金颜玉骨,琤琤名节自树,刚大之气,浩然伸于华夷,迨⑩其晚也,必以觉场⑪为息心之地,与杲老契称莫逆,杲因以有衡阳之谴。后会怡然,曾不齿及。此两人

---

① 原文载于《嘉兴藏》和《卐续藏》所收《正法眼藏》正文之前第二篇。
② 湛堂:文准禅师。
③ 脱鞴:比喻不受拘束。鞴(bèi),把鞍辔等套在马身上。
④ 楮墨:纸与墨。比喻记录成文字。
⑤ 杼轴:本意是指织机上的两个不同部件,持纬线的梭子称杼,持经线的梭子称轴。
⑥ 无尽:张商英(1043~1121),字天觉,号无尽居士。
⑦ 无垢:张子韶(1092~1159),名九成,号无垢居士。
⑧ 略:《卐续藏》本作"畏"字。
⑨ 子韶:张子韶。
⑩ 迨:及,到。
⑪ 觉场:喻佛教。

者，相与于无相与①。其所以然之故，宁易测哉？尝试论之。名纳②之与士大夫处，虽无心袭其文采，有如缟裹旃檀，芳馥暗透。代之伟人，世智辨聪，种种靡缺。至于发真归元末后一著子，必须无面目汉，痛下老拳。杲之所著《语录》《书问》《宗门武库》与是编，大都贯串宗乘，出入孔老。盖礲斫③其门徒者十七，而为士大夫发拳者十三。吾辈有意踵④两居士躅⑤者，尤宜尽心焉，不独缁流⑥当奉为家珍而已。

（万历丙辰孟夏浴佛日竹懒居士　李日华　识）

---

① 相与于无相与：出自《庄子·大宗师》。
② 纳：当为"衲"字。名衲，即名僧。
③ 礲斫：有精心培育而成之意。礲，同"砻"，有"磨"之意。斫，砍削。两者都有教育人才的含义。
④ 踵：追逐，追随。
⑤ 躅：足迹。
⑥ 缁流：指出家人。

答张子韶侍郎书①

宗杲② 撰

左右以自所得瞥脱处为极则，才见涉理路，入泥入水为人底，便欲扫除，使灭踪迹。见宗杲所集《正法眼藏》，便云临济下有数个庵主好机锋，何不收入？如忠国师说义理禅，教坏人家男女，决定可删。左右见道，如此谛当，而不喜忠国师说老婆禅，坐在净净洁洁处，只爱击石火、闪电光一著子，此外不容一星儿别道理，真可惜耳。故宗杲尽力主张，若法性不宽，波澜不阔，佛法知见不亡，生死命根不断，则不敢如此四楞著地入泥入水为人。盖众生根器不同，故从上诸祖各立门户施设，备众生机，随机摄化。故长沙岑大虫有言："我若一向举扬宗教，法堂前须草深一丈，倩人看院始得③。"既落在这行户里，被人唤作宗师，须备众生机。说法如击石火、闪电光一著子，是这般根器方承当得，根器不是处，用之则揠苗矣。宗杲岂不晓瞥脱？一椎便七穿八穴，是性燥。所以集《正法眼藏》，不分门类，不问云门、临济、曹洞、沩仰、法眼宗，但有正知正见，可以令人悟入者，

---

① 原文载于《嘉兴藏》和《卍续藏》所收《正法眼藏》正文之前第三篇。此信涉及对于《正法眼藏》的一些看法，所以编者收入此处，有其用意。此信原收入《大慧语录》卷二十九，名《答张侍郎》。此信作于绍兴十九年（1149）。（见《大慧禅师年谱》）
② 《正法眼藏》所收此信未标作者。
③ 据《景德传灯录》卷十《长沙景岑》所引景岑法语中此处无"倩人看院始得"一句。

皆收之。见忠国师、大珠二老宿禅备众体，故收以救此一类根器者。左右书来云决定可删，观公之意，《正法眼藏》尽去除诸家门户，只收似公见解者方是。若尔，则公自集一书化大根器者，有何不可？不必须教妙喜随公意去之。若谓忠国师说拖泥带水老婆禅便绝后，则如岩头、睦州、乌臼、汾阳无业、镇州普化、定上座、云峰悦、法昌遇诸大老，合儿孙满地，今亦寂然无主化者，诸公岂是拖泥带水说老婆禅乎？然妙喜主张国师，无垢破除①，初不相妨也。

---

① 宗杲主张在《正法眼藏》中保留南阳慧忠国师，而无垢居士张子韶要求删除。

大慧普觉禅师塔铭①

少师保信军节度使充醴泉观使魏国公　张浚　撰

隆兴元年八月十日，大慧禅师宗杲示寂于径山明月堂。皇帝闻之嗟惜，诏以明月堂为妙喜庵，赐谥普觉，塔曰宝光，用宠贲之。其徒以师全身，葬于庵之后，使了贤来请铭。先是上为普安郡王时闻师名，尝遣内都监至径山谒师，师作偈以献上，上甚嘉之。及在建邸，复遣内知客请师山中，为众说法，亲书"妙喜庵"大字及制真赞寄师。又二年，而上即位，始赐号"大慧禅师"。明年，复取向所赐宸翰②以御宝识之，恩宠加厚，而师亡矣。仰惟主上神圣英武，资不世出，而惠顾一方外之士如此。盖师于释氏，所谓卓然杰出于当世者，忠诚感格得之天理，是以上动宸心，眷知特异，吁其盛哉。自昔圣贤以传心为学，诚明合体，变化兴焉。西方之教指心空为解脱究竟，盖得一而不见诸用。而悟入要处，或几于尽性者所为，后世三宗并行。临济正传，号为得人，超出声尘，不立一法，根源直截，以证为极，焜耀震动，卷舒无碍，如师子儿，游戏自在，获大无畏，此固不可以智知、识识③也。临济六传至杨岐，杨岐再世而圜悟禅师克勤

---

① 本文载于《大正藏》第47册，《大慧语录》卷六。此文也收入其他版本的一些藏经，此处以《永乐收藏》本为参校本。
② 宸翰：帝王的墨迹。
③ 不可以智知识识：出自《维摩诘经》卷三，"不可以智知，不可以识识"。

得法于五祖演，被遇两朝，其道盖盛行矣。师实嗣圜悟，益光明焉。

师讳宗杲，宣州宁国人，姓奚氏，年十七为浮图，不欲居乡里从经论师，即出行四方。始从曹洞诸老宿游，既得其说，叹曰："是果佛祖意耶？"去之，谒准湛堂①，准识师眉睫间久，谓之曰："子谈说皆通畅，特未可以敌生死。吾今疾革，他日见川勤②，当能办子事。"勤即圜悟师也。湛堂死，师谒丞相张公无尽，求准塔铭。无尽门庭高于天下，士亦小许可见。师一言而契，即下榻，朝夕与语，名其庵曰"妙喜"，字之曰"昙晦"，且谓："子必见圜悟师，吾助子往。"遂津致行李来京师，见勤于天宁。

一日，勤升堂，师豁然神悟，以语勤。勤曰："未也。子虽有得矣，而大法故未明。"又一日，勤举演和尚"有句无句"语，师言下得大安乐法。勤拊掌曰："始知吾不汝欺耶。"自是纵横踔厉③，无所疑于心，大肆其说。如苏、张④之雄辩，孙、吴⑤之用兵，如建瓴水⑥、转圆石⑦于千仞之阪。诸老敛衽⑧，莫当其锋。于时贤士大夫，往往争与之游。雅为右丞吕公舜徒⑨所重奏，赐

---

① 准湛堂：湛堂文准禅师。
② 勤：圜悟克勤禅师。
③ 踔厉：精神振奋，议论纵横。
④ 苏、张：苏秦和张仪，战国时期雄辩家。
⑤ 孙、吴：孙子、吴起，著名军事家。
⑥ 建瓴水：简称建瓴，倾倒瓶中之水，形容居高临下、难以阻挡。
⑦ 转圆石：从高处向下推动巨型圆石，势不可挡。
⑧ 敛衽：整理衣襟。有表示恭敬之意。衽，衣襟。
⑨ 吕公舜徒：吕好问（1064~1131），字舜徒，曾任御史中丞和兵部尚书，也是当时著名的理学家。

紫衣，号"佛日大师"。

会女真之变，其酋欲取禅僧十辈。师在选中，已而得免，盖若有相之者渡江而南。圜悟方主云居席，命师居第一座，为众授道，誉望蔚然。已而去，入云居山，居古云门，学者云集。复避乱走湖南，转江右入闽，筑庵长乐洋屿。时从之者才五十有三人，未五十日，得法者十三辈，前此盖未始有也，后皆角立。始应给事江公少明之请，住小溪云门庵。而浚在蜀时，勤亲以师嘱，谓真得法髓。浚造朝，遂以临安径山延之，道法之盛，冠于一时。百舍重趼①往赴，惟恐后拜其门，惟恐不得见，至无所容，敞千僧大阁以居之，凡二千余众。所交皆俊艾，当时名卿，如侍郎张公子韶，为莫逆友。而师亦竟以此遇祸。盖当轴者，恐其议己恶之也，毁衣焚牒，屏居衡州凡十年。徙梅州，梅州瘴疠寂寞之地，其徒裹粮从之，虽死不悔。噫！是非有以真服其心而然耶！又五年，太上皇帝特恩放还，明年复僧服，四方虚席以邀，率不就，最后以朝命住育王②，聚众多，食或不继，筑涂田③凡数千顷，诏赐其庄名"般若"。又二年，移径山，师之再住此山，道俗歆慕，如见其所亲。虽老，接引后进不少倦，居明月堂凡一年。以终将示寂，亲书遗奏，及寄声别右相汤公，又贻书于浚。了贤请偈，复取笔大书，不少乱。

师虽为方外士，而义笃君亲，每及时事，爱君忧时，见之词气，其论甚正确。晚自径山来秣陵，见浚，垂涕言：先人不幸无

---

① 百舍重趼：比喻长途跋涉，不畏艰辛。百舍，百里一宿，指长途跋涉。重趼，即重茧，由于辛苦跋涉而形成的脚底的厚茧。
② 育王：阿育王寺。
③ 田：原本作"由"，据《永乐收藏》本改。

后，某之责，家贫何所仰？愿乞一给使，名藉公重，庶有肯就者。浚为恻然兴叹，遂奏其族弟道源奉师亲后。既退居明月堂，冒暑走其乡，上冢①葺治②，所存盖如此，使为吾儒，岂不为名士？而其学佛亦卓然自立于当世，非豪杰丈夫哉？卒被光宠，表之无穷，诚有以自致也。所赐御书，建阁藏于妙喜庵，与兹山不磨矣。师寿七十有五，坐夏五十八年。僧俗从师得法悟彻者，不啻数十人，皆有闻于时。鼎需、思岳、弥光、悟本、守净、道谦、遵璞、祖元、冲密，先师而卒。我秦国太夫人亦尝于师问道焉。呜呼，我识师之早，此心默契，未言先同，从容酬接，达旦不倦。人间至乐，孰与等拟？盖惜其沦没山林惠利之不博加于人也。然而以道观之，安可以隐显、去来索师于形骸之内哉？我实知师，宜为之铭。铭曰：

死生为一，非想非说。证彻了悟，一息千劫。

嗟师何为？拳拳忠孝。欲迪群迷，俾趋正教。

嘻笑怒骂，佛事炽然。情生智隔，疑谤兴焉。

天目巍巍，终古莫移。师兮道德，此山与齐。

---

① 上冢：上坟。
② 葺治：治理。

径山杲禅师[①]

[南宋] 祖琇　撰

禅师讳宗杲，宣州宁国奚氏子，幼警敏有英气。年十三，始入乡校。一日与同窗戏谑，以砚投之，误中先生帽，偿金而去。乃曰："读世书曷若究出世法乎？"即诣东山慧云院出家。先是元丰戊午，院塑释迦像，有异人丁生者，语寺僧曰："立像一纪，当生一导师，大兴宗教。若像有难，是人方来。像毁，则是人亦有难。"崇宁甲申，有盗穴像腹，取其所藏。师以是岁适至，事慧齐为师，明年，落发受具，繇是[②]智辩自将，凌跨流辈。阅古《云门录》，恍若旧习，闻老宿绍珵久依天衣怀公，亟往上谒。

与闻雪窦奥旨，趋宝峰湛堂准禅师。见师风神爽迈，特加器重，使之执侍，指以入道捷径。师横机无所让。准呵之曰："汝未曾悟，病在意识颂解，则为所知障。"时李彭商老参道于准，师适有语曰："道须神悟，妙在心空。体之不假于聪明，得之顿超于闻见。"李叹赏曰："何必读四库书，然后为学哉？"因结为方外交。准将入灭，师问："孰可依从？"准以圜悟勤公语之。已而重跰荆渚，谒无尽居士张公，请铭准塔。

[①] 本文载于《卍续藏经》第79册，《僧宝正续传》卷六。亦被节要收于《大正藏》第49册，《佛祖历代通载》卷二十。
[②] 繇是：从此，于是。繇，通"由"字。

公道望倾天下，师登其门，承颜接辞，绰有余裕。公称誉之，为名庵曰"妙喜"，字以"昙晦"。归宝峰，讫其事，复见无尽，从容问曰："居士谓我禅何如？"公曰："子禅逸格矣。"师曰："宗杲实未自肯在。"公曰："行见川勤可也。"于是佩服其言，放浪襄汉。会大阳微禅师密授曹洞宗旨，寻游东都。

宣和六年，圜悟禅师被旨，都下天宁。师自庆曰："天赐我得见此老，不孤湛堂、张公指南之意。"遂造天宁。及聆其升堂法要，迥异平日所闻，即倾心依附。阅四旬，圜悟举："僧问云门：'如何是诸佛出身处？'门云：'东山水上行。'若有人问天宁，只向道：熏风自南来，殿阁生微凉。"于言下豁然顿悟。圜悟大喜，迁师择木堂，以古今差别因缘密加研练。一日，圜悟饭超然居士赵公，师预坐，忽忘举箸。圜悟顾师而语超然曰："是子参得黄杨木禅也。"师既为所激，乘问扣曰："闻和尚尝问五祖话，不知记其答否？"圜悟曰："向问：'有句无句，如藤倚树，作么生？'五祖云：'描也描不成，画也画不就。'又问：'树倒藤枯时如何？'五祖云：'相随来也。'"师廓然脱去，知见玄妙。圜悟深可之，使掌记室①，著《临济正宗记》畀②焉，分座令接衲。繇是以竹篦应机施设，电闪星飞，不容拟议，丛林活然归重，右丞吕公舜徒奏锡"佛日"之号。

虏人犯顺，欲名僧十数比去，师为所挟，会天竺密三藏日与论义，密尤敬服。寻得自便，趋吴门虎丘。闻圜悟迁云居，欲往

---

① 记室：书记之职位。
② 畀：在《佛祖历代通载》卷二十的宗杲传记中，作"卑"字。此字有"付嘱"之意，克勤禅师将其所著《临济正宗记》付于宗杲。

省觐，道金陵，待制韩公子苍与语，喜之，以书闻枢密徐公师川曰："顷见妙喜，辩慧出流辈，又能道诸公之事业，衮衮不倦，实僧中杞梓也。"抵云居，为众第一座，讥诃佛祖，辩博无碍，圜悟亦让其雄。会世扰攘，入云居之西，结庵于古云门寺基，因以为名。阅二年，避地湖湘，转仰山，邂逅竹庵珪禅师，相与还云门，著颂古百余篇，久之，游七闽，居海上洋屿。

师闵①诸方学者困于默照②，作《辨邪正说》以救其弊。泉南给事江公创庵小溪，延请师居。缁素笃于道者毕集，未半年，发明大事者数十人，鼎需、思岳、弥光、道谦、遵璞、悟本等皆在焉。一日，参政李公汉老闻举庭柏话有省，师可之。及公疾革，作偈寄弥光，有"深将法力荷云门"之句。

师平居绝无应世意。圜悟在蜀闻之，嘱丞相张公德远曰："杲③首座不出，无可支临济法道者。"公寻还朝，适径山虚席，必欲致师，师幡然起赴，开法于临安府，冶唱圜悟之道。说法竟，侍郎冯公济川问曰："师尝言'不作这虫豸'，今日为什么败阙？"师曰："尽大地是个杲上座，你作么生见？"公无语。及居径山，四方佳衲子麇然坌集，至一千七百。师无他约束，容其自律，发明己见，率常有之。

上堂，僧问："逼塞虚空时如何？"师便喝。进云："文殊、普贤来也。"师云："逼塞虚空，甚么处与径山相见？"僧亦喝。师云："文殊、普贤为甚在你脚跟下过？"僧拟议，师便打。

---

① 闵：同"悯"字。
② 默照：指当时流行的默照禅。
③ 杲：原文为"果"，误。《佛祖历代通载》卷二十的宗杲传记中，此处作"杲"字。

问："高揖释迦，不拜弥勒时如何？"答曰："梦里惺惺。"进云："将谓和尚忘却。"师云："你记得，试道看？"进云："虽道不得，要且不失。"师云："元来不会。"进云："从上来事分付阿谁？"答曰："分付瞎汉。"进云："临济一宗，全凭其力。"师云："且喜不干你事。"

问："与万法为侣者是什么人？"答："是天上天下奈何不得底人。"进云："为什么在径山座下？"答曰："家无小使，不成君子。"

问："一夏百念日已满，出门或有人问：如何是径山道底？且作么生答他？"师云："径山曾说甚么来？"进云："争奈'唤作竹篦则触，不唤作竹篦则背'？"师云："你作么生会？"僧便喝云："三十年后大有人笑在。"师云："何必三十年后，只今大有人笑你。"

乃示众曰："寻常向诸人道：唤作竹篦则触，不唤作竹篦则背。不得向举起处承当，不得向意根下卜度，不得下语，不得良久。或有人问：毕竟如何？即向他道：也无毕竟，也无如何。正当怎么时，四楞塌地，掇在诸人面前，眼辨手亲底一逴逴得去，便能罗笼三界，提拔四生。其或未然，自是你诸人根性迟钝，且莫错怪径山好。"

师居数年，法席日盛，宗风大振，号临济中兴焉。张侍郎子韶从师之游，洒然脱去玄解，遂尊以师礼。时慧云院忘丁生之谶，毁释迦故像而新之，实绍兴辛酉夏五月也。师于是月，坐与张厚善，著逢掖编，置衡州。廖通直、李绎为结茅圃中，师既拘文，不与众俱，率令散处。花药、开福、伊山①，时容其受道，门庭益峻。乃衷先德机缘，间与拈提，离为三帙，目曰《正法眼藏》。前参政李公太发时居铎津，翰林汪公彦章税驾零陵，数通书问道，当轴者滋不悦，移师梅州。其地荒僻瘴疠，药物不具。学徒百余，赢粮从之。阅六稔②，毙者过半，师以道处之怡然。由是居民向化，至绘师像，饮食必祀焉者有之。

乙亥冬，蒙恩北还。明年春，复僧伽黎，寻领朝命，住明州育王山。逾年有旨，改住径山。天下宿衲，复集如初。

时上潜藩，雅闻师名，遣内都监诣山问佛法大意，师升堂，有偈云："豁开顶门眼，照彻大千界。既为法中王，于法得自在。"仍作颂献曰："大根大器大力量，荷担大事不寻常。一毛头上通消息，遍界明明不覆藏。"上嘉美久之，建邸立，复遣内知客入山供养五百应真，请师说法，亲书妙喜庵大字，并制赞宠寄曰："生灭不灭，常住不住。圆觉空明，随物现处。"师升堂，有偈曰："十方法界至人口，法界所有即其舌。只凭此口与舌头，祝吾君寿无间歇。亿万斯年注福源，如海滉瀁汞不竭。师子窟内产狻猊，鸑鷟定出丹山穴。为瑞为祥遍九垓，草木昆虫皆欢悦。稽首不可思议事，瑜如众星拱明月。故今宣扬妙伽陀，第一义中真实说。"

师春秋高，求解寺任。辛巳春，得旨退居院之明月堂，然宏法为人，老而不倦。上即位，特赐号"大慧禅师"。隆兴建元自恣前一夕，有星殒于院之西，流光赫然，有声如雷。师示微疾。

---

① 伊山：伊山冲密。
② 稔：本意为庄稼成熟，此处为时间量词，年。

八月九日，学徒问候，师勉以宏道，徐遣之曰："吾翌日始行。"至五鼓，亲书遗奏。侍僧固请留颂，为写四句，掷笔就寝，湛然而逝，寿七十有五，塔全身于堂之后，寻诏所居为"妙喜庵"，谥曰"普觉"，塔曰"宝光"。

师荷佛祖正续，全体作用，扫除知见，无法与人，虽古宗师，无以加之。殆其纵无碍辩，融通宗教，则奄有圜悟之风。是以高峻门庭，容摄多众。若海涵地负，绰绰有余。至于棒喝讥诃，戏笑怒骂，无非全提向上接人，第学者难于凑泊耳。其阔略宏度，脱去绳捡，所至学徒趋事，虽崭崭露头角，号称诸方领袖者，师目使颐令，如侍执然。所为偈赞颂古，绝妙古今。与贤士大夫往复论道书，并上堂普说法语，凡五帙，行于世。

赞曰：近世吕公居仁尝谓，赵州说禅，如项羽用兵，直行径前，无复辙迹，所当者破，所摧者服，非如他人铢称寸度，较量轻重，然后以为得也。予观大慧说禅，抑居仁称赵州者是矣。凡中夏有祖以来，彻法源，具总持，比肩列祖，世不乏人，至于悟门广大，肆乐说无碍辩才，浩乎沛然，如大慧禅师，得非间世者欤？盛矣哉！其应机作略，能奢能俭，能崄能易，能纵能夺，机机尽善，肩肩皆新。此所以风流天下，名动九重，号称中兴临济，不是过也。迨其去世，未几道价愈光，法嗣日盛，天下学禅者仰之如泰山北斗云。

临安府径山沙门释宗杲传

[明] 如惺 撰

释宗杲，号大慧，因居妙喜庵，又称"妙喜"，产宣州奚氏，即云峰悦之后身也。灵根夙具，慧性生知。年方十二即投无云齐公，十七薙染。初游洞宗之门，洞宗耆宿因师词锋之锐，乃燃臂香，授其心印。师不自肯，弃去，依湛堂准，久之不契。湛堂因卧疾，俾见圆悟。悟居蜀昭觉①，师踟蹰未进，一日闻诏，迁悟住汴②天宁，喜曰："天赐此老与我也。"遂先日至天宁迎悟，且自计曰："当终九夏，若同诸方妄以我为是者，我著无禅论去也。"值悟开堂，举：僧问云门："如何是诸佛出身处？"门曰："东山水上行。"悟曰："天宁即不然，只向他道：熏风自南来，殿阁生微凉。"师闻，忽前后际断。悟曰："也不易，尔到这田地，但可惜死了不能活，不疑言句，是为大病。岂不见道'悬崖撒手，自肯承当。绝后再甦，欺君不得'？须要信有这些道理。"于是令居择木堂，为不厘务侍者，日同仕夫不时入室。一日悟与客饭次，师不觉举箸，饭皆不入口。悟笑曰："这汉参黄杨木禅到缩了也。"师曰："如狗舐热油铛。"后闻悟室中问僧"有句无

---

① 昭觉：成都昭觉寺。
② 汴：汴梁，今河南开封市。

句，如藤倚树"话，师遂问曰："闻和尚当时在五祖①，曾问此话，不知五祖道甚么？"悟笑而不答。师曰："和尚当时既对众问，今说何妨？"悟不得已，曰："我问五祖：有句无句，如藤倚树，意旨如何？祖曰：描也描不成，画也画不就。又问：树倒藤枯时如何？祖曰：相随来也。"师当下释然大悟，曰："我会也。"悟历举数段因缘诘之，皆酬对无滞。悟喜，谓之曰："始知吾不汝欺也。"乃著《临济正宗记》付之，俾掌记室。未几圆悟返蜀，师因韬晦，结庵以居，后度夏虎丘，阅《华严》至第七地菩萨得无生法忍处，忽洞明湛堂所示"殃崛摩罗持钵救产妇"因缘。

宋绍兴七年，诏住双径。一日，圆悟讣音至，师自撰文致祭，即晚小参，举："僧问长沙：'南泉迁化向甚处去？'沙曰：'东村作驴，西村作马。'僧曰：'意旨如何？'沙曰：'要骑便骑，要下便下。'若是径山即不然，若有僧问：'圆悟先师迁化向甚处去？'向他道：'堕大阿鼻地狱。''意旨如何？'曰：'饥餐洋铜，渴饮铁汁。''还有人救得也无？'曰：'无人救得。'曰：'如何救不得？'曰：'是此老寻常茶饭。'"

十一年五月，秦桧以师为张九成党，毁其衣牒，窜衡州。三十六年十月诏移梅阳，不久，复其形服放还，十一月，诏住阿育王，二十八年，降旨令师再住径山，大弘圆悟宗旨。辛巳春，退居明月堂。

一夕，众见一星殒于寺西，流光赫然，寻示微疾。八月九日，谓众曰："吾翌日始行。"是夕五鼓，手书遗表，并嘱后事。

---

① 五祖：五祖法演禅师。

有僧了贤请偈，师乃大书曰："生也只么，死也只么。有偈无偈，是甚么热？"委然而逝，世寿七十有五，坐五十八夏，谥曰普觉，塔名宝光。

（《大明高僧传》卷第五）

大慧普觉禅师年谱①

参学比丘　祖咏　编　　宗演　校订

大慧禅师年谱序

禅人祖咏编《大慧禅师年谱》，敬庵黄汝霖以其先世入大慧室，求余为序，余曰：云驶月运，舟行岸移。编年，云也，舟也，月与岸，又在学人高著眼。大慧之名，震天骇地，道传其徒，遍满天下，不待余序而后彰。余闻大慧嫡孙安永颂曰："何处觅行踪？大地无寸土。"敬以是题诸编年首。

（淳熙癸卯四月望日莲社居士　张抡　序）

哲宗皇帝元祐四年己巳（1089）②

师宣州宁国县人也，姓奚氏。其母初梦神人卫一僧，黑颊而隆鼻，造于卧室，问其何所居？对曰：岳北。觉而有娠，及诞之日，白光透室，举邑叹异。实是年十一月初十日巳时也。

---

① 底本为《中华大藏经》所收明藏本，参校本为宝祐癸丑（1253）年径山明月堂刻本（单行本，简称为"明月堂本"），和台湾新文丰版《嘉兴藏》所收明本嘉兴包柽芳施银刻本。

② 本篇对于古今年份的换算，采取在旧历纪年之后随文注以相应公元纪年的方法。

按，师《答参政汤公致远书》云：大林嘉木，大①半为国之栋梁，顾予樗散之材，分甘朽腐于阴壑。

又按，枢密楼公仲晖寄师诗云：昔年同与长风烟，别后生涯各信然。霜雪岂应摧操节？大林依旧势参天。

盖二公皆同己巳也。

又按，《示吴景山偈》有"己巳同庚大林木，甲乙丙丁马与禄。今年太岁守未宫，指上轮来五十足。山僧自是出家儿，阴阳岂可全拘束"之句云。

五年庚午（1090）

六年辛未（1091）

师三岁。

按，其《家语》，上祖光禄常示子孙云：昔汉于公②为狱吏后曰：余理狱多阴德，子孙必有荣显者。预高其门闾，庶以容车马往来。吾建隆三年预旨收河东，所至城邑，保护生灵免涂炭者，不可以数计，后子孙当有享吾德者。及师三岁，其祖仲曰：光禄屡记子孙享其所积之德，今将百载，未见吾宗有符其语者，余观此子生吾家，神仪秀发，异事多显，但恐世间富乐不能羁绊耳。

七年壬申（1092）

八年癸酉（1093）

绍圣元年甲戌（1094）

---

① 大：《嘉兴藏》本作"太"。
② 于公：于定国（？~前40），字曼倩，西汉丞相。

二年乙亥（1095）

师七岁。

形体岐嶷，气宇如神，不喜戏玩，语不妄发，群儿皆畏之。有僧道至其家，即侍父侧，客去，记其谈论，片言不遗，举族异之。

按，《普说》云：余六、七岁时，每闻僧语，唯喜视听。

三年丙子（1096）

四年丁丑（1097）

元符元年戊寅（1098）

师十岁。

师尝谓侍者道先了德曰：吾家因我生之后，家道日微，及十岁，忽罹回禄①，一夕荡尽。父母以余命破祖业，亲族间以善财呼之。余虽心知其戏，实未审何等语。后因阅《华严经》至《入法界品》，不觉失笑耳。

二年己卯（1099）

三年庚辰（1100）

徽宗皇帝建中靖国元年辛巳（1101）

师年十三，入乡校。

十有三日，因与同窗戏，以砚投之，误中先生帽，偿金三百而去。父责之，师曰：读世间书，曷若究出世法？父曰：吾欲置

---

① 回禄：火神之名，譬喻大火。

儿于空寂中久矣。师愿请行，而母不允。

崇宁元年壬午（1102）

二年癸未（1103）

三年甲申（1104）

师年十六。

父母知师无处俗意，遂令寓质县之西寺。未几，鄙所闻见，不就槽厂，弃去，于是年九月诣东山慧云院，礼慧齐为师。

按，《正续传》①云：院先于元丰戊午（1078）塑释迦文像，有异人丁生过焉，语寺僧曰：今日立像后，当出一导师，大兴宗教，照明浊世，然去此一纪方生，若像有难，是人始至，及像之毁，是人婴祸。崇宁甲申（1104），果有盗穴像之腹，取其所藏。齐因追绎丁生之言，谓像有难而人至，符丁生之谶，非子而谁？因以"宗杲"名之。

四年乙酉（1105）

师年十七。

九月，纳僧服。

十月，请具足戒于景德寺。自尔智辩聪敏，不假师承，日亲禅学。

按，育王入院普说云：虽在村院，常买诸家语录看，便喜云门、睦州说话。

---

① 《正续传》：指《僧宝正续传》。其卷六为《径山杲禅师》。

又为慈明大师普说云：余十七岁便知有宗门事，既落发，出去礼拜善知识，惟恐这一件事不明了，异时撞入驴胎马腹中去也，曾因看经，得个欢喜处。

五年丙戌（1106）

师十八岁。

按，为然侍者普说云：我初为僧，发蒙在奉圣初和尚处，入室，教看僧问法眼："如何是学人自己？"眼云"是汝自己"话。初嗣昌担板，云门下举话：师家须提撕三五番云：是汝自己。

是年，离受业，述偈云：古佛放光留不住，铁牛无脚也须行。虽然未踏曹溪路，且喜今朝离火坑。

大观元年丁亥（1107）

师年十九。

按，为妙圆居士普说：余十九岁游方寻知识。

师初至太平州，游隐静杯渡庵，主僧迎待甚厚，且顾伽蓝神而言曰：昨宵将三鼓，梦此神，告以今日云峰悦禅师来，且戒其为待耳。师谢不敏，及隐静老宿以悦语为示，恍然过目成诵，终不忘，自此人谓是"云峰后身"。

按，《云卧庵主书》① 云：丙子秋，师于鄂渚舟中具言之，故详载《纪谈》。

又按，《武库》② 曰（《武库》题篇之说，详见于后"癸酉

---

① 附于《云卧纪谈》卷下。
② 《武库》：《宗门武库》，宗杲著。

年"）：师初依瑞竹绍珵和尚，乃琅琊之的孙。因请益雪窦拈古、颂古，珵令自见自说，师洞达微旨，珵称于众曰：杲必"再来人"也。

又按，为慈明大师普说云：昔在众看玄沙语，见瑞岩唤主人公因缘，有欢喜处，遂诣珵通消息，云云。

是年秋，游庐阜而至郢州。

二年戊子（1108）

师二十岁。

按，为钱承务普说云：初行脚时，曾参洞山微禅师，二年之间，曹洞宗旨一时参得。

又按，《武库》曰：郢州大阳见元首座、微和尚、坚首座。微在芙蓉楷会中首众，坚为侍者十余年，师周旋三公座下，尽得其旨趣，于授受之际，皆臂香以表不妄付授。乃自惟曰：禅有传授，岂佛但自证自悟之法？遂弃之。

又，为方敷文普说云：微却有悟门，只是不合将功勋五位、偏正回互、五王子之类许多家事来传，被我一传得了，写作一纸，榜在僧堂前，大丈夫参禅，岂肯就宗师口边吃野狐涎唾？尽是阎老子面前吃铁棒底。

三年己丑（1109）

师二十一岁。

按，为真空道人普说云：山僧大观三年至舒州，依海会从禅师，乃罗汉南公嗣子也。

师未几至宝峰挂搭，受宣州化主。

十二月二十日，离泐潭，洞山广和尚送师颂曰：杲公化主化宣阳，彼处檀那尽吉祥。回复祖师堂上献，生生世世永馨香。

四年庚寅 (1110)

师二十二岁，持钵宣州。

按，为然侍者普说：四月八日，遇奉圣初和尚上堂，问话毕，初顾视笑曰：宝峰化主，何不出来？我即出问：承和尚有言：金莲从地涌，宝盖自天垂，为复是神通妙用？为复是法尔如然？答曰：金莲从地涌，宝盖自天垂。进云：鸾凤不栖荆棘树，燕雏犹恋旧时窠。答曰：三年不相见，便有许多般。进云：只如适来僧道"昔日世尊，今朝和尚"又作么生？初便喝。进云：这一喝未有主在。初回头取拄杖稍迟，我便云：掣电之机，徒劳伫思。拍手一下，归众。你看我那时何曾安排来？

政和元年辛卯 (1111)

师二十三岁，持钵宣州。

师为①侍者曰：宝峰作丐②，以一年为限，余以目录未遂，余八个月，因馆于兄之象。

一日，夜至五鼓，睡中见马祖唤云：起，施主西门俟汝之久。师盥沐罢，将至奉圣寺前，偶邑人周节夫与仆荷橐而至，于旅亭少憩，语次，诘师此行，师以实对，节夫乃邀至其居，出橐

---

① 为：《中华大藏经》收明本作"谓"。
② 丐：《中华大藏经》收明本作"匃"，今依《嘉兴藏》本改。

金以足目录，津遣回山，乃是年八月也。

后师两住径山，节夫往来无间，师待之甚厚，盖不忘其往日之惠也。

二年壬辰（1112）

师二十四岁，居侍者寮。

按，《武库》曰：湛堂一日至寮，见看经次，乃问：看甚经？对曰：《金刚经》。湛堂曰：是法平等，无有高下，为什么云居山高，宝峰山低？对曰：是法平等，无有高下。湛堂曰：你做得个座主使下。一日侍次，湛堂视师指爪，云：想东司头筹子不是汝洗？师即承训，交代黄龙忠道者，作净头九个月。

按，《普说》：某自闻湛堂和尚此说，终身不养爪甲，才长一菽不剪，湛堂和尚便于手指上出现，此乃诚服其训导也。

三年癸巳（1113）

师二十五岁，在净头寮。

因书云峰悦和尚小参语于座右，一日，广道者至寮见之，乃私语湛堂曰：宣州杲兄以云峰小参为警慕，非碌碌余子之比。湛堂曰：此子他日必能任重致远。

是年八月，复归侍者寮。

四年甲午（1114）

师二十六岁。

一日，湛堂问曰：你今日鼻孔为什么无了半边？对曰：宝峰门下。湛堂曰：杜撰禅和。

又一日，于妆十王处问曰：此官人姓什么？对曰：姓梁（梁乃湛堂姓也）。湛堂以手自摩头曰：争奈姓梁底少个幞头？对曰：头虽不同，鼻孔仿佛。湛堂曰：杜撰禅和。

又一日，问曰：杲上座，我这里禅，你一时理会得，教你说也说得，教你做拈古、颂古、小参、普说你也做得，只有一件事不是，你还知么？对曰：什么事？某甲不知。湛堂曰：囝，你欠者一解在，你不得者一解，我在方丈里与你说时便有禅，才出方丈便无了，惺惺思量时便有禅，才睡着时便无了，若如此，如何敌得生死？对曰：正是某甲疑处。

五年乙未（1115）

师二十七岁。

是年季夏，湛堂示微恙，及疾亟①，师问曰：和尚若不起此疾，教某甲依附谁，可以了大事？湛堂良久，乃曰：有个川勤，我亦不识他，你若见他，必能成就此事，若见他，了不得，便修行去，后世出来参禅。

湛堂迁化后，其平日说法语要不许抄录，太半师忆持诵出集成，携谒洪觉范，以议编次。觉范题其后云：石门云庵示众之语，多脱槀曰，于时衲子视之，如春在华木而不知其所从来，余每谓此老人可以起临济之仆，哲人逝矣，切嗟悼之，以谓世莫有嗣之者。湛堂于余为弟昆，自其开法，未尝闻其举扬，殁后百余

---

① 疾亟：病极重。亟，有极点、尽头等意。

日，得此录于杲上人处，读之喟曰：云庵余波，乃发生此老种性耶。

按，《塔铭》曰：政和乙未（1115）七月二十二日，洪州宝峰住山准公入灭，阇维之，得五色舍利无数，目睛不坏，建塔于南山之阳，其徒志端、宗杲与同志李彭等相与议曰：孰能铭吾师之塔？彭曰：无尽张公于真净父子有大法缘，吾师行解相应，非张公之文不足取信后世，众中有可往见公者乎？彭愿录行状以献。师曰：某甲虽不识公，闻公家风，先行业而后机辩，愿请以行。

六年丙申（1116）

师二十八岁。

往兜率求照禅师书，为绍介，之荆南，求塔铭于无尽居士丞相张公天觉。李商老以诗送师云：落絮霏霏搅客心，鸣鸠历历唤春阴。未于莲社添宗炳，先向兰亭减道林。远峤云屯钟声晚，诸天目断薜萝深。诗缘病废苦无思，为子送将聊一吟。

相见次，立而问曰：上人只么著草鞋远来？曰：某数千里行乞，来见相公。公曰：年多少？曰：二十八。公曰：水牯牛年多少？曰：两个。公曰：什么处学得这虚头来？曰：今日亲见相公。公笑曰：且坐，吃茶。才坐，复问：远来有何事？师趋前曰：泐潭准和尚示寂茶毗，目睛、牙齿、数珠俱不坏，舍利无数，山中耆旧皆欲相公大手笔作塔铭，激励后学，特特远来冒渎钧严。公曰：被罪于兹，未尝为人做文字，今有一问问上人，若道得即做，若道不得，与钱五贯，裹足归兜率参禅去。曰：请相公问。公曰：闻准老眼睛不坏，是否？曰：是。公曰：我不问者个眼睛。曰：问什么眼睛？公曰：问金刚眼睛。曰：若是金刚眼睛，在相公笔头上。公曰：老夫为他点出光明，令教照天照地去也。师复趋前曰：先师多幸，谢相公作塔铭。公笑而已，又问曰：汝草履行乞数千里，通名以见余，尔师准，吾知之久矣，尔不远辛苦而来，于准亦有得乎？对曰：若有得，则不来见大丞相也。公曰：咄，者掠虚汉。

由是著之。其序略云：舍利，孔老之书无闻也，先佛世尊灭度，弟子收舍利，起塔供养，赵州从谂舍利多至万粒，近世隆庆闲、百丈肃烟气所及，皆成舍利。大体出家人本为生死大事，若生死到来不知下落，即不如三家村里省事汉。临终付嘱，一一分明，四大色身，诸缘假合，从本以来，舍利岂有体性？若其梵行精洁，白业坚固，虚明廓彻，预知报谢，不惊不怖，则依正二报毫厘不失。世间粗心，于本分事上，十二时中不曾照顾，微细流注，生大我慢，此是业主，鬼来借宅，如此而欲舍利流珠，诸根不坏，其可得乎？

又，按，张德远丞相作师《塔铭》曰：湛堂归寂，师谒张公无尽求准塔铭，无尽门庭，高天下，少许可，见师，一言而契，下榻朝夕与语，号之曰"妙喜"，字之曰"昙晦"。

师既归，以道路之艰，乃告于商老，商老作《清饿赋》以戏师。商老与师最为莫逆，往来石门、欧阜①，追随无间。以师卞急②，因作《佩韦赋》以赠之曰：李子曩有卞急疾，中岁少愈，

---

① 欧阜：指云居山。云居山原名欧山。
② 卞急：急躁。

夷粹自得，唯妙喜公政尔无敌，拽断鼻绳，因风奔逸，念佩韦之戒，作赋以勉之曰：妙喜来前，药言甚力。吾尝折肱，泛滥在昔。邾子好洁而废于炉，魏妓授歌而取诛殛。祢衡持桃杖而大骂，周公出火攻于下策。袁彦道掷樗蒲而怒，王蓝田践鸡子于屐。或逐蝇而拔剑，或捣蜂而聚液，是皆丧大真于俄顷，蹈祸机于飘忽。妙喜于是开怀以受，尽言止乎是也，乃曰：此吾之三益，盍书之以为吾盘盂机杖之铭乎？故李子夜呼灯、醉索笔，为妙喜三令五申之而不惜也。

李作此赋，乃是年六月二十五日夜也。

七年丁酉（1117）

师二十九岁。

是年，阅①《大宁宽和尚语录》，求序于觉范，其略曰：余犹及见前辈，能言老黄龙同时所游从，有若杨岐会、翠岩真、大宁宽，皆一时号明眼，而会真②所得法子，照映江左，语言布寰宇，独宽公少见机缘。有石门宗杲上人，抗志慕古，俊辩不群，遍游诸方，得此录，读之，喜曰：虽无老成，尚有典刑。此语老成典刑也，其可使后学不闻乎？即唱衣钵，从余求序其所以，命工刻之。呜呼，杲之嗜好可谓与世背驰，彼方尊事大名誉者，传受其语，而杲独取百年物故老僧之语，欲以夸学者，不迹迂乎？虽然，会有赏音者耳。

师在宝峰，虽未参得禅，先会汾阳十智同真，爱他面目现

---

① 阅：《嘉兴藏》本作"開"。
② 会真：慧洪《石门文字禅》作"会与真"。

在，遂作颂云：兔角龟毛眼里栽，铁山当面势崔嵬。东西南北无门入，旷劫无明当下灰。因举似觉范，觉范叹曰：作怪，我二十年做工夫，也只道得到者里。

八年戊戌（1118）

师三十岁，参潜庵源禅师于豫章之章江。

按，《武库》曰：潜庵老源和尚退居章江，师参扣之久，一日，室中举：僧在大愚①会中诵《金刚经》，至"应如是知，如是见，如是信解，不生法相"，蓦然有省，遂白芝，通所悟，芝遂指禅床前狗子云：狗子噇！僧无语，芝便打（即慈济大师宝缘，嗣北塔祚和尚，奉敕住南华，与云峰悦和尚厚善）。潜庵举前话：至"不生法相"处，芝云"狗子噇"，你作么生会？师对曰：狗子。潜庵大称赏之，谓其不生法相也。师后曰：大愚芝禅师方便善巧，如珠走盘，不留影迹，今以实法与人，岂不孤佛祖之心乎？

时请海会从禅师住豫章观音，师以亲近故，乃述疏云：道须神会，妙在心空。体之不假于聪明，得之顿超于闻见。无容拟议，岂用提撕？长老从公，心契一如，道超三际。白云岩畔，红莲已散于秋风。章水岸头，玉蕊再敷于春色。念群生之扰扰，嗟六趣之纷纷。背正投邪，迷源逐浪。不逢达士，谁挑暗室之灯？罕遇当人，孰指衣中之宝？愿从勤请，无用劳谦。

李商老手录之，仍题其后曰：妙喜为观音请竹灵叟疏，作语

---

① 大愚：大愚守芝禅师。

奇峭，若久致力于斯文者，乃知般若之灵验如此，何必读《四库》书然后为也？

宣和元年己亥（1119）

师三十一岁，依兜率照禅师席下。

尝语侍者：余宣和改元二月自观音而往龙安兜率，至路中，例经改德士①，遂憩一山院，以易冠裳。山中卒无布卖，遂以被单制鹤氅。

草堂和尚时住黄龙，灵源和尚退居昭默堂，江西法席以此为冠。师三至山，灵源与语不倦，谓其徒曰：杲禅神全似我晦堂老和尚。莫之挽留，乃作四颂以赠师，期为叔世②之舟筏，而屡造草堂室中，堂尝曰：宣州杲兄见地明白，出语超迈，乃吾家千里驹耳。因升座次，师为众请益，进语有云"拈得道旁芒草索，翻身击碎铁围山"之句，堂深喜之。

时韩子苍③宰分宁，洪觉范寓云岩，师与二公从游久之。一日师作《觉范顶相赞》，有"种空花，抽暗楔"之句，二公击节大称赏之。

按，子苍送师诗云：忆昔④分宁日，逢师溪上头，裁书访彭泽，倚杖话荆州（时师得陈莹中书，欲再往荆州访无尽居士）。

---

① 改德士：改僧人为德士，实是改僧人入道教信仰。据《佛祖统纪》卷二十六，宋宣和二年（1120），帝诏佛教归于道，合为一教，僧人改穿道教徒服饰，改称僧人为德士。
② 叔世：衰世，乱世，犹如佛教的末法之世。
③ 韩子苍：韩驹（1080~1135），字子苍，宋诗人，官至著作郎等。
④ 昔：《嘉兴藏》本作"惜"。

二年庚子（1120）

师三十二岁。

是年春，再谒无尽居士于荆渚，同唐子西①馆于府第之西斋，为法喜之游。

一日，居士问曰：佛具正遍知，亦有漏网处。师曰：何谓也？居士曰：吾儒尚云：西方有大圣人，不治而不乱，不言而自化，然尧、舜、禹、汤皆圣人也，佛何故略不言及之耶？师曰：且尧、舜、禹、汤与梵王、帝释有优劣否？居士曰：尧、舜、禹、汤岂可比梵王、帝释哉？师曰：佛以梵释为凡夫，余可知矣。居士曰：何以知之？师曰：吾教备言，佛出则梵王前引，帝释后随。居士击节，以为高论。

居士又一日语师曰：余顷在江宁戒坛院寓居，再阅雪窦拈古，至百丈再参马祖因缘，雪窦云：大冶精金，应无变色。投卷曰：审如是，岂得有临济今日耶？遂有颂曰：马师一喝大雄峰，深入髑髅三日聋。黄檗闻之惊吐舌，江西从此立宗风。因举似平禅师，平后致书云：去夏阅临济宗派，知居士得大机用，愍诸方学语之流，来求颂本，乃成颂寄之，曰：吐舌耳聋师已晓，槌胸只得哭苍天。盘山会里翻筋斗，到此方知普化颠。今又数年，诸方往往以余聪明博记，少有知余者。公自江西法窟来，必辨优劣，试为老夫言之。

师曰：居士见处，与真净、死心符合，近世得此机用，独二

---

① 唐子西：唐庚（1071~1121），字子西，进士出身，受宰相张商器重。

老矣。

居士曰：真净何谓？

师乃举其颂云：客情步步随人转，有大威光不能现。突然一喝双耳聋，那咤眼开黄檗面。

复举死心拈提语云：云岩敢问雪窦，既是"大冶精金应无变色"，为甚却三日耳聋？诸人要知么？从前汗马无人识，只要重论盖代功。

居士跃然抚几曰：不因公语，争见死心、真净用处？若非二老，难显雪窦、马师。由是仰而叹，俯而悲。叹则叹二老与我同志，悲则悲真净已殁而新老又不及识。慨然久之，乃述偈以示师云：马师喝下立宗风，嗟我三人见处同。海上六鳌吞饵去，栖芦谁更问渔翁？既而请违，无尽嘱师曰：子必见圜悟，吾助子往。遂津致行李来京师。

师于是年十月离渚宫，无尽乃十一月薨背。

按，《与唐立夫舍人书》云：某宣和庚子同尊丈居无尽书斋及八个月，从游甚乐。因作京师之行，自兹分携，遂成契阔。

三年辛丑（1121）

师年三十三岁。

按，《答关无党书》曰：伏自渚宫作别，遍游襄沔，取道南阳，以冬春雨雪连作，没溺道涂，其劳有不可胜言者，二月十七日始至香严，少此息肩。偶天宁老子遣价相邀，既是道旧，初不苦辞，因卷袡①此来，作度夏计。

又按，为郑成忠普说云：山僧往年行脚，将入京师，至邓州②天宁，有一蔡州道士遣人至藏司③，借《华严》《宝积》二经，余窃知其为佳士，翌日相见与语，果然符合也。

四年壬寅（1122）

师三十四岁。

初至京师，拟依法云佛照杲和尚会下，适佛照退居景德铁罗汉寺，踌躇④将半月，未决去留，因追绎湛堂遗训。时佛杲和尚居蒋山⑤，乃竟欲往焉，而同志勉之曰：江淮岂此老久留？都下有阙，必此来也。遂依咸平普融平禅师法席。

按，《答王大受书》云：密首座，某与渠同在普融会中相聚，尽得其要领。一日因上堂，谢知客有语云：三门头忽有个无面目汉来，又如何与伊相见？师乃问僧：今日和尚上堂怎么道，你作么生会？不得道远来不易，不得道且坐吃茶，不得道后架洗脚，不得道寮舍不便，你别著得甚语？僧无语，师乃举似普融，融云：你离却"作么生与伊相见"师云：且坐吃茶。融云：我情知你跳不出。师云：和尚离却"如何与伊相见"融云：且坐吃茶。师云：犹较些子。

咸平乃太宰王公大观功德寺，太宰往来无间，而独喜与师谈

---

① 袡：僧人服装。
② 邓州：今属河南，在河南省西南部。
③ 藏司：寺院中管理经藏的藏主之居舍，藏主之寮。
④ 躇：《嘉兴藏》本作"蹰"。
⑤ 蒋山：今江苏南京的紫金山，又名钟山。

论，师之酬酢阔略主宾，其徒有阴忌之者，师颇无奠居意，太宰由是以府第后华囿易庵，迁师居之。

五年癸卯（1123）

师三十五岁，居太宰庵。

阖府敬事，过于所亲，四事丰美，用适师意。庵中不事烟爨，二膳及宾客往还，凡有所须，皆府中应给，既亲以道，遂尔佚居。

六年甲辰（1124）

师三十六岁。

九月，圜悟有天宁之命，诏既下，乃私自庆曰：此老实天赐我也，幸早届都城，速慰所愿。屡以湛堂、无尽委寄之语以白太宰，欲预往天宁，俟圜悟之来，其阖府挽留之意愈笃，乃密令仆役移行李于宅库，及圜悟将次国门，始托关无党，私喻钥吏，独窃祠部而往，乃自惟曰：当以九夏为期，其禅若不异诸方，妄以余为是，我则造无禅论去也，谩自枉费精神，蹉跎岁月，不若弘一经一论，把本修行，庶他生后世，不失为佛法中人也。遂赎清凉《华严疏钞》一部赍之天宁。

七年乙巳（1125）

师三十七岁。

四月，抵天宁挂搭。

按，为礼侍者普说云：五月十三日因张康国夫人请圜悟禅师升座，举：僧问云门：如何是诸佛出身处？门云：东山水上行。若是天宁即不然，如何是诸佛出身处？熏风自南来，殿阁生微凉。向这里忽然前后际断，虽然动相不生，却坐在净裸裸处。入室次，圜悟曰：也不易，你得到这个田地，可惜死了不能得活，不疑语句，是为大病。不见道：悬崖撒手，自肯承当，绝后再稣，欺君不得？须信有这个道理。遂令居择木堂，作不厘务侍者，每日同士大夫入室，只举"有句无句，如藤倚树"，才开口，便道"不是"。如是将半年。

一日，同赵表之方丈药石①次，把箸在手，忘了吃食，圜悟顾师而语表之曰：这汉参得黄杨木禅也。师遂引"狗看热油铛"为喻，圜悟曰：只这便是金刚圈、栗棘蓬。居无何②，扣圜悟曰：闻和尚尝问五祖此话，不知记其答否？圜悟笑而已。师曰：若对人天众前问，今岂无知者耶？圜悟乃曰：向问"有句无句，如藤倚树"时如何？祖曰：描也描不成，画也画不就。又问：忽遇树倒藤枯时如何？祖曰：相随来也。师闻举，乃抗声曰：某会也。圜悟曰：只恐你透公案不得。云：请和尚举。圜悟遂举，师出语无滞，圜悟曰：今日方知吾不汝欺也。遂著《临济正宗记》以付之，俾③掌记室，分座训徒。师乃炷香为誓曰：宁以此身代众生受地狱苦，终不以佛法当人情。乃握竹篦为应机之器，于是声誉蔼著，丛林咸归重之。

按，圜悟跋示师法语后云：杲首座昔游丛林，遍见大有道之

---

① 药石：禅林晚间之粥，又称药食。
② 居无何：过了不久。无何，不久，很短的时间之后。
③ 俾：使，把。

士，轩昂腾踏，不可羁縻，曾于渚宫与无尽居士投契，公雅重其器，每嘱曰：应须见佛果。宣和中，会余被旨领天宁，渠即先一日入堂，已而造室中，发语果异，尝升座举"诸佛出身处，熏风自南来"，即大瞥然，自尔命于方丈侧，寅夕与之锻炼，以白云老师①昔所示"有句无句"，渠尽伎俩，百种开展悉列下，几乎以为心俸移换。初无实地，因志诚语之。昔佛鉴与余正兴是谤，使更绝意探赜，当不较多，后来蓦然猛省，尽脱去机筹知见玄妙。因为渠云正好参禅也，即踊跃向前，从头一一加针锥，始浩然大彻。余不喜得人，但喜此正法眼藏有觑得透底，可以起临际正宗，遂于稠人中指令分座训徒。久之，会都下多故，理瓶锡出汴，临分，书此以作别，间年余，自平江虎丘，得得上欧阜，再集至山之次日，入首座寮，阖山数百衲子耸动，屡作师子吼，揭示室中金圈、栗蓬、大钳锤，本色久参之流，靡不钦服，而德性愈恬稳，洪无净之风，怗怗不较胜负，只欲深藏山谷，效古老火种刀耕，向钁头边，收拾攻苦食淡兄弟，木食涧饮，草衣茅舍，避世俟时清平，即发悲愿，真大丈夫慷慨英灵奇杰之人所企步，因再为细书，仍作是跋焉。

又书送师持钵颂后：呆公妙喜，宣和末投诚于天宁密室，四十二朝昏，而于一言之下领略，寻掌盂入廛市，发意甚锐，临行，作偈以饯之，不惟以一期小缘，要欲结万人之志，洪荷此千二百斤担子，既已了能事，即入记室，椎拂之下训徒，四方云衲骈臻。遽遭金人渝盟，彼彼拂衣出汴，相分岁华，聿②会于云居

---

① 白云老师：五祖法演禅师。
② 聿：此处作助词用。

首众，即持旧语，俾书之。

按此二跋，师乃是四月初一日挂搭圜悟，初二日入院，五月十三日悟道，自四月初一日至五月十三乃四十二日，悟道后，持钵化缘毕，入书记寮，明矣。

钦宗皇帝靖康元年丙午（1126）

师三十八岁，居天宁记室，分座训徒。

按，圜悟举师立僧上堂曰：鹞儿未出窠，已有摩霄志。虎子未绝乳，已有食牛气。况复羽翼成？况复爪牙备？奋迅即惊群，八面清风起，一条脊梁硬似铁，一条白棒掀天地，相与建法幢，展衲僧巴鼻。

按，《祭圜悟文》云：某宣和末谒无尽居士于渚宫，是时年盛气锐，眼高四海，公不惜推毂①之力，寅缘幸会，始获投足于汴都天宁之室，咨决大事。会升堂，举"诸佛出身处，熏风自南来"之句，涣然冰释，寻以古今商确"有句无句"，晨锻夕炼，了无凝滞，蒙于稠人中指令分座，有"相与建法幢"之语（《七会录》以"相与建法幢"为云居上堂，非也）。一日，徐师川②同圜悟至寮，见圜悟顶相，师川指云：这老汉脚跟未点地在。师谓师川曰：瓮里何曾失却鳖？师川云：且喜老汉脚跟点地。师云：莫谤他好。一日。圜悟问曰：据虎头，收虎尾，第一句下明宗旨，如何是第一句？对云：此是第二句。又问：岩头跨德山门便问"是凡是圣"？德山便喝，作么生对？云：杀人须是杀人刀，

---

① 推毂：举荐。
② 徐师川：徐俯（1075~1141），字师川，号东湖居士，官至参知政事，工诗文。

活人须是活人剑。

四月，赐紫衣、师号。

按，《塔铭》曰：师于"有句无句"言下，得大安乐法，纵横踔厉，无所疑于心，大肆其说，如苏、张之雄辩，孙、吴之用兵，如建瓴水、转圜石于千仞之阪，诸老敛衽，莫敢当其锋，于时士大夫争与之游，雅为右丞相吕公舜徒所重，奏赐紫衣，师号"佛日大师"。时女真之肆骄，取禅师十数，师为首选。圜悟遣惇上人侍行，有西竺密三藏，俱馆金明池上，日与论义，密深敬服，虏酋壮师不少屈，由是一众获免其行。

师于是年八月出京。

按，吕居仁《送惇上人之云居省师》诗曰：杲公昔踏胡马尘，城中草木冻不春。胡儿却立不敢问，其谁从者惇上人。袖手归来两无语，而今且向江西住。云居老人费精神，送往高安滩头去。

高宗皇帝建炎元年丁未（1127）

师三十九岁，居扬州天宁。

十月，同琳普明渡江，省侍圜悟于金山，信宿①而别，偕隆藏主之吴门，少憩宝华，次虎丘，遂馆于前资。

按，《武库》曰：圜通秀禅师云：雪下有三种僧，余丁未冬在虎丘亲见之，不觉失笑。乃知前辈语不虚耳。

---

① 信宿：连续住两夜。

二①年戊申（1128）

师四十岁，居虎丘。

按，为钱子虚普说曰：余昔请益湛堂"殃崛摩罗持佛语救产难"因缘，湛堂虽设方便，余实不晓，后因在虎丘看《华严经》，至菩萨登第七地，证无生法忍，云：

佛子，菩萨成就此忍，即时得入菩萨第八不动地，为深行菩萨，难可知，无差别，离一切相、一切想、一切执着，无量无边一切声闻、辟支佛所不能及，离诸喧净，寂灭现前。譬如比丘具足神通，得心自在，次第乃至入灭尽定，一切动心、忆想、分别，悉皆止息。此菩萨摩诃萨亦复如是，住不动地，即舍一切功用行，得无功用法，身、口、意业念务皆息，住于报行。譬如有人梦中见身堕在大河，为欲渡故，发大勇猛，施大方便，以大勇猛施方便故，即便寤寤，既寤寤已，所作皆息。菩萨亦尔，见众生身在四流中，为救度故，发大勇猛，起大精进，以勇猛精进故，至此不动地，既至此已，一切功用靡不皆息，二行、相行皆不现前。……此菩萨摩诃萨，菩萨心、佛心、菩提心、涅槃心尚不现起，况复起于世间之心？②

师云：到这里打失布袋，湛堂为我说底方便，忽然现前。

十月，省觐圜悟于云居，道由金陵，访韩子苍待制，留五宿而别，泛舟泝流，以抵星渚。至山次日，入首座寮。

按，子苍答师书云：邂逅金陵，虽适我愿，然始不谓遽往庐

---

① 二：原本作三，误。
② 《华严经》卷三十八《十地品》。

山，故对床夜谈，不过四五，自离岸至今，不闻消息，极以忧悬，得书，乃知到山旬日，道路安稳。又知便首众僧与老和尚分座说法，良深慰喜。昨烦作《觉范行状》及出世、入寂月日，欲为作一铭，托同安入石，切不可缓也。秉拂略曰：夷门昔日呈家丑，拈出无边栗棘蓬。今日欧峰孤顶上，幸然无事又相逢。相逢即且置，其中事作么生？若有道得，便请归堂。若道不得，打葛藤谩你诸人去也（云云）。

会中时多龙象，以圜悟久虚座元，俟师之来，颇有不平之心，一闻提唱，无不屈服。及冬至秉拂，昭觉元禅师出众问：眉间挂剑时如何？师云：血溅梵天。圜悟时于座下以手约云：住！住！问得极好，答得更奇。元乃归众，丛林由是改观。

三年己酉（1129）

师四十一岁，云居首座寮。

一日因遗火，烧却帘。次日告香，拈"狗子无佛性"话云：欲识佛性义，当观时节因缘。云门大师道：若是得底人，道火何曾烧着口？遂作颂云：赵州狗子无佛性，道火何曾口被烧？昨夜忽然帘上发，南海波斯鼻孔焦。

时圜悟有归蜀意，师于中夏遣参徒于云居山后寻得古云门旧址，欲创庵以居。

按，圜悟《与耿龙学书》云：杲佛日一夏遣参徒踏逐山后古云门高顶，欲诛茅隐遁，其志可尚，今令谦去。山叟为书数语及疏头，亦欲辍长财成之，可取一观。渠正欲奉锄，更在高裁也。

圜悟是年闰八月退云居，复示师住庵法语云：古德住山，率刀耕火种，不蓄长物，萧然布衲，粗衣粝食，将大有为也。慕义学道，兄弟相从，一切以宽量大度包纳之，不暴怒，不峻阻，慈悲喜舍，以身帅之。盖庵居五七间，不比丛林宽广，咳唾动静，无不与耳目相接，若一一责之以礼，则久久生怨，蓦地颜色相及，便见参商①，即搅道义。岂不见药山数十年牛栏庵，只七八人，其后皆为大法器；风穴和尚单丁久之，只二三相从，后来麟象骈集，答问汪洋，谓之众吼；沩山十年煮橡栗吃，晚年大安来者，著五百众；大梅入深山幽谷，初不与世接，因盐官僧采拄杖，乃逢之，问酬径截，后半千人。今既不得已作避世隐遁，正欲韬晦，俟时清平，然后行己之愿，岂可以小忍而乱大谋哉？一切但仔细和合，先防自犯三业，提向上那一著子，教兄弟日有趣向，自然忘倦向前去也。俗谚所谓，相见易得好，共住难为人。要须廓落宽容，半见半不见，且图长久，断与常流异矣。教中道，如为一人，众多亦然。三家村里数间茅屋，立成个本分规绳，不严不缓，凡百折衷，他日便更多多益办也。古人佩韦佩弦②，各攻其偏，惟务中道而行，况辩智过人，不能照此细务，但患逞俊太过，一色便自性，久之便不好耳。此去有人议论，应当回转著，亦令赞叹，非常人所可及，乃善。更有一个急要最后句，不免略说之：佛法无多子，久长难得人。

四年庚戌（1130）

师四十二岁。

① 参商：参星与商星。两星不同时在天空出现，比喻人与人感情不和睦。
② 佩韦佩弦：佩韦自戒和佩弦自戒，古人自我警戒的两种形式。据《韩非子·观行》：西门豹之性急，故佩韦以缓己，韦指熟牛皮。董安于之性缓，故佩弦以自急，弦指弓弦。

是年春，迁海昏①云门庵。

时开善谦、荐福本、东林颜、雪峰空，凡二十余人侍师，而往朝参暮请，声誉蔼著。

九月，以盗贼猖獗，避地湖湘。抵长沙，访佛性泰禅师于谷山。师与之虽法门昆季，而未之识，一见，果合符契，商今确古，语必终日，坐必达旦。佛性喜杨岐正宗，有赖于师，特揭振祖堂以馆之。

一日，师曰：香严悟道颂，"一击忘所知"五字，曲尽其妙，后七句皆注脚耳。佛性曰：五祖师翁颂狗子无佛性，只消"赵州露刃剑"足矣，余皆剩语。二人欣慰，各以为然。

边境既肃，遂作江西之行。

按，子苍《寄圜悟书》云：妙喜庵于云门方成法席，以贼近境散去，近来丰城相见，云过谷山见泰老，甚安稳也。

绍兴元年辛亥（1131）

师四十三岁。

登仰山，邂逅东林珪禅师。

按，东林跋颂古云：余靖康元年结茅，分宁西峰，建炎四年迁仰山，明年，妙喜自湖外来，一见相契，遂定杨岐宗旨，二月复还云门庵，题高庵悟禅师语要，示学徒云门举起竹篦五颂。

二年壬子（1132）

师四十四岁。

---

① 海昏：古地名，汉高祖时始置的一个县，其辖地在今江西省北部。

深山阒寂，所处皆正因学道之士，而师不倦椎拂，日夕与之锻炼。

一日，为众曰：此事人人具足，各各圜成，只向自己分上办取。世尊初生下，一手指天，一手指地，周行七步，目顾四方，云"天上天下，唯我独尊"，意在那里？意在钩头。只要各各自知独尊，只如长庆棱和尚悟道了，有颂云：万象之中独露身，唯人自肯乃方亲。昔年谬向涂中觅，今日看来火里冰。这个须是自肯始得，我说底尽是涂中事，去禅床角头觅，说佛说法，说妙说玄，事理心性，尽是涂中事，且那个是独露底身？大丈夫汉须是自肯始得，那里去古人舌头上觅？才见人道"是"，你也道"是"；道"不是"，你也道"不是"，只在声色上走，有什么交涉？

又曰：今时人尽是顺颠倒不顺正理，如何是佛？即汝心是。却以为寻常，及至问如何是佛？答云：灯笼沿壁上天台。便道奇特，岂不颠倒耶？

又曰：我这里禅，如击石火，当一击时，拈起法烛，点着便行，才眨眼，便蹉过也。这些子不妨是难。

又曰：兄弟，做工夫不消举因缘，只去近处看，只如六祖为明上座云：汝但善恶都莫思量。当怎么时，一切不思量，还我明上座本来面目。但恁么看。

又曰：此事大段近，因甚不会？良久，曰：只为分明极，翻令所得迟。

三年癸丑（1133）

师四十五岁。

东林珪禅师自仰山来同居，各作颂古一百一十篇。

按，东林《书颂古后》云：绍兴癸丑四月，余过云门庵，同妙喜度夏。山顶高寒，终日无一事，相从甚乐。妙喜曰：昔白云端师翁，谢事圆通，约保宁勇禅师夏居白莲峰，作颂古一百一十篇，有提尽古人未到处，从头一一加针锥之语。吾二人今亦同夏于此，事迹相类，虽效颦，无愧也，遂取古公案一百一十则，各为之颂，更互酬酢，发明蕴奥，斟酌古人之深浅，讥诃近世之谬妄，不开知见户牖，不涉语言蹊径，各随机缘，直指要津，庶有志参玄之士可以洗心易虑于兹矣。

临川太守曾公纡①以广寿②虚席，请师，莫之得，遂托待制韩公子苍及舍人吕公居仁以书劝谕，庶几肯就，而师坚志莫屈。

按，子苍书云：昨颜知藏归，附书奉劝，以彼太阒寂，山下时有劫掠，似非禅定之所，不若与众来此，或须卓庵，极易事耳，不知何故，了不见听？今郡守钦仰道德，且采众论，特屈公高躅③，说法广寿。不肖语之曰：此公誓不出世，虽坚请，必不来，然自闻议定，一方道俗无不延跂④。昔汾阳累请不出，后来自要住院，乃知通人或出或处，岂尝固执？况今禅道颓坏，所以圜悟望公振起杨岐之风，若孤峰顶上草衣木食，终不为人，此则独觉行也，岂圜悟之意哉？

九月，同珪禅师之临川，访子苍、居仁，谒草堂和尚于疏山，因馆子苍之西斋。

---

① 曾公纡：曾纡（1073~1135），字公衮。晚号空青先生，有书法之名。
② 广寿：寺名，临川广寿寺。
③ 高躅：崇高的品行。
④ 延跂：伸长头颈，踮起脚跟。形容仰慕或企望之切。

按,《普说》云:子苍为此事甚切,与某鼻孔厮拄者半年。

四年甲寅（1134）

师四十六岁。

是年二月,作七闽之行。

按,子苍《赠别诗》,其略曰:幻世吾方梦,迷津子作舟。禅心如密付,当为少淹留。又有"还应雪峰老,领众待云门"之句。

三月,至长乐,馆于广因寺。因游雪峰,适建菩提会,真歇了禅师请为众普说,其略曰:今夏在广因开个灯心、皂角铺子,随分说些粗禅。室中问一句子,不思量计较,天真自然,道得一句,便与一拶,拟议不来,劈脊一棒,别无细腻工夫。忽然打发一个半个,却教上来就大炉韛①,事同一家。

按,为超、明、海三大师普说云:尼长老妙道,号"定光大②师",往年在雪峰诸处参禅,闻我在广因,遂破夏来求挂搭。山僧向他道:我自是客,问取长老去。长老诺之。其时只七十僧。一日两遍入室,因为光藏主举话次,道:在外面听得,有欢喜处,便来吐露云:适闻和尚举"不是心,不是佛,不是物",已理会得。当时便问他:不是心,不是佛,不是物,你如何会?云:妙道只恁么会。道声未了,山僧云:囝,多了个"只恁么会"。渠乃瞥地。

林适可司法创庵于洋屿,延师居之。时宗徒拨置妙悟,使学

---

① 就大炉韛:鼓风烤火。韛(bài),鼓风的皮囊,俗称风箱。
② 大:底本作"太"。

者困于寂默①,因著《辨正邪说》②而攻之,以救一时之弊。

按,《示遵璞禅人》③法语云:甲寅春,余自江左来闽,有祥云县懿长老开法莆中,衲子辐凑,璞亦从之为表里,余知其未稳当,恐误学者,以书致懿,令暂来。懿畏得失,迟其行。遂因小参痛斥其非,揭榜于门,以告四众。懿不得已,乃破夏来,诘其所证,只如旧时。遂语之曰:恁么见解,何敢嗣圜悟?便退却院来。懿夏末果不食言,璞亦继至。一日入室,余问僧:德山见僧入门便棒,临济见僧入门便喝,雪峰见僧入门,便道"是什么",睦州见僧入门,便道"现成公案,放你三十棒",这四个老汉还有为人处也无?僧曰:有。余曰:劄。僧拟议,余便喝出。璞闻之,忽然脱去从前许多恶知恶解,遂成个洒洒地衲僧。懿亦相继,于一言之下,脚踏实地。

有弥光禅人,丛林号"光状元"者,盖在洋屿最初得法,一日入室次,师问曰:吃粥了也?洗钵盂了也?烧香了也?行道了也?去却药忌,道将一句来。光云:裂破。师厉声曰:你又来这里说禅也?光于言下契悟,呈颂云:当机一掾怒雷吼,惊起法身藏北斗。洪波浩渺浪滔天,拈得鼻孔失却口。师即挝鼓说偈以证云:龟毛拈得笑哈哈,一击万重关锁开。庆快平生是今日,孰云千里赚吾来?

又,鼎需禅人入室,师问曰:内不放出,外不放入,正当恁

---

① 寂默:指默照禅。
② 《辨正邪说》:对作《辨邪正说》宗杲批评默照禅的作品,今已不存。
③ 《示遵璞禅人》:此信存于《大慧语录》卷二十四。此处所引宗杲对遵璞事迹的一段说明,附于此信之后。

么时如何？需拟对，师以竹篦打至三下，需忽大悟，不觉叫曰：和尚，已是多也。师又打一下，乃示一偈云：顶门竖亚摩醯眼，肘后斜悬夺命符。瞎却眼，夺却符，赵州东壁挂葫芦。

又，大悲闲长老，年八十有四，随众入室。师问：不与万法为侣是什么人？闲曰：扶不起。师曰：扶不起是什么人？速道！速道！闲拟对，师便打，忽然大悟，复示以颂：一棒打破生死窟，当时凡圣绝行踪。返笑赵州心不歇，老来由自走西东。

庵居才五十三人，未五十日，得法者十三辈，答曾天游侍郎①、吴元昭提刑问道书，示祖元禅人、昙懿长老②等十三颂，以颂戏了然居士郑举之③，作珪竹庵赞④，拟泉大道作薑苴⑤歌、送文纪道者持钵。

闽士郑昂，早聪锐，该洽三教，粗见尊宿，所至谈禅自若，闻师力排默照为邪，昂忿气可掬。一日持香来，声色俱厉，引释迦掩室及达磨、鲁祖面壁等语与师辩白。师曰：我只将你屋里底为你说。庄子曰：言而足，终日言而尽道；言而不足，终日言而尽物。道物之极，言默不足以载。非言非默，义有所极。孔子曰：参乎！吾道一以贯之。曾子曰：唯。此亦言而足处，但揩大多错会。《肇论》"释迦掩室于摩竭"四义，是皆理为神御，故口以之而默，岂曰无辩？辩所不能言也，何得向黑山鬼窟里坐地？先圣诃为解脱深坑，极可怖畏。蒙庄座主尚不滞于默然，况祖师

---

① 《答曾侍郎》，收入《大慧语录》卷二十五。
② 《示祖元禅人》《示祥云懿长老》等，收入《大慧语录》卷十一。
③ 《示了然居士》，收入《大慧语录》卷十一。
④ 《竹庵珪和尚》，收入《大慧语录》卷十二。
⑤ 薑苴：不整洁。

门下客？才开口便落今时，有甚交涉？尚明不觉作礼。师复徵以生死大事，乃省悟悦服。

是冬，以浴司拾官夫所伐弃树梢焊浴，县尉私意追扰庵邻，师即拂衣。过莆阳，宪使、督尉躬请不已，戏作偈寄檀越曰：云门烧浴盗官柴，带累傍人枉受灾。寄语屿头诸施主，已成鲍老送灯台。

五年乙卯（1135）

师四十七岁。

正月，赴蔡子应郎中天宫庵之命，泉南给事江公少明创新庵于小溪之上，延师以居。

按，韩子苍《答少明书》云：窃知草庵得妙喜师开山，不喜妙喜得此庵，喜此庵得妙喜。然此道人，孤高绝俗，与世寡合，此正其所长，以故恶嫉者众，惟旷怀伟度，乃能期之于物外，若得安居，使圜悟之风焜耀泉南，实丛林盛事。

又按，师答郡王孟公仁仲、枢密徐公师川书云：去春入闽憩广因、洋屿，及八个月而蔡子应以莆中灵岩天宫庵见招，坐席未暖，江少明复以今新庵遣人相延，遂领长乐五十三衲子卷祴此来。四月初一入庵，见今内外度夏者二百人，皆丛林老成从游士夫，一时名士，如李参政汉老①、江给事少明、蔡子应郎中、储彦伦、李端友、蔡春卿正卿诸公咨问扣击，拳拳不倦，虽庵居幽僻，正拙者之所宜也。

一日，因师示众，举自颂赵州庭前柏树子话，拈云：庭前柏

---

① 李参政汉老：李邴（1085~1146），字汉老，得法于妙喜禅师。

树子，今日重新举。打破赵州关，特地寻言语。敢问大众，既是打破赵州关，因甚特地寻言语？良久，云：当初将为茅长短，烧了元来地不平。

李参政闻之，忽然有省，乃谓师曰：若无后语，邲亦领略不得。别后以书与师曰：近扣筝室，伏蒙激发蒙滞，忽有省入，顾惟根识暗钝，平生学解尽落情见一取一舍，如衣坏絮行草棘中，适自缠绕，今一笑顿释，欣幸可量，非大宗匠委曲垂慈，何以致此？自到城中，著衣吃饭，抱子弄孙，色色仍旧，既亡拘滞之情，亦不作奇特之想，其余夙习旧障，亦稍轻微，临别叮咛之语不敢忘也，重念始得入门而大法未明，应机接物，触事未能无碍，更望有以提诲，使卒有所至，庶不玷于法席矣。

蔡子应郎中亦以书通所得于师，略曰：某近看"狗子无佛性"一语，恰似平地钉个系驴橛子，一除除却，顿觉廓然，本无罣碍，一切文字语言已没交涉，故见得竹篦子彻底分明，信知从上佛祖切要为人处，尤无多子，便见自己脚根下一段大事，明如皎日，廓若太虚，从本已来，不生不灭，不变不易，赤骨历地，著一丝毫不得，直饶千佛出世，亦无摸索处。菩提烦恼，真如涅槃，皆为剩法，华梢柳眼，种种胜妙境界，尽是槟榔阿罗，应时瓦解冰消，庆快有不可胜言者，因作颂曰：云门篦子，逢人便举。有眼无睛，徒劳下语。二曰：狗子无佛性，截断衲僧命。打破赵州关，识得云门病。枢此回若不遇老师，空被从前一知一解以为殊胜，埋没过此一生，岂不可惜也？

师之所答，备于语录。

六年丙辰（1136）

师四十八岁，住泉州云门庵。

四月十六日，圜悟和尚讣音至，举哀拈香，指真云：这个老和尚一生多口，搅扰丛林，近闻已在蜀中迁化了也，且喜天下太平。云门昔虽曾亲近，要且不闻他说着个元字脚，所以今日作一分供养，点一盏茶，烧此一炷香，熏他鼻孔，即非报德酬恩，只要辱他则个。

召大众云：既不闻他说个元字脚，又无恩德可报，何故特地作这一场笑具？还委悉么？冤有头，债有主。偶因失脚倒地，至今怨入骨髓。

遂烧香祭文，略曰：某近蒙大丞相张公委僧祖秀，报成都府昭觉圜悟先师，去年八月初八日示寂、阇维，烟所及处，五色舍利如菽，道俗祖送，悲动闽蜀，间关万里，讣音不以时，乃以是年四月戊戌朔十六日癸丑，成服，设伊蒲之馔①，用展哀思。呜呼！先师道德高大，麾斥八极，顾其得法之由，与夫平生出处，大略遭遇明天子，表帅丛林，照映先烈，上自宸扆②公卿，下逮闾里负贩，草木昆虫，户知之矣，宁复钩棘叙致，为世俗文字不情之具乎？独念孤陋不肖，蒙被剪拂之赐，含凄哽塞，其忍默然（自叙云云）。重念先师眷眷如此其至者，岂于某有所私也？要之以付托之重，俾于镢头边觅本分种草，期得一个半个，恢张临济已坠之宗，开凿后昆眼目，贵不虚阅世，实先师之志愿也，不肖

---

① 伊蒲之馔：佛门素食。
② 宸扆：指帝廷、君位。宸，指帝王的住处。扆，指帝王座后的屏风。

安足以承遗训？区区图报，未知所从，此其所以含凄哽塞，不能自已，倾倒底蕴，先师实临之。

至晚小参，举：僧问长沙：南泉迁化向什么处去？沙云：东家作驴，西家作马。僧云：未审意旨如何？沙云：要骑便骑，要下便下。师云：今日忽有人问云门：圜悟老师迁化向什么处去？只向他道"入阿鼻大地狱去也"，未审意旨如何？饮烊铜汁，吞热铁丸。或问：还救得也无？云：救不得。为什么救不得？是这老子家常茶饭。

十月，李参政汉老、吕舍人居仁、郑编修尚明同访师，令莆田郑元亮写师顶相，三公述赞，书其上（赞见后录）。师自题曰：赵州云：似则打杀老僧，不似则烧却帧子。尽谓此本逼真，独未见有下毒手者，放过一著，两手分付钝叟（钝叟，尚明自号也），作释迦出山相赞、赵州和尚、圜悟和尚真赞①。

七年丁巳（1137）

师四十九岁，住小溪云门庵。

按，《祭圜悟和尚文》曰：

大丞相张公德远出蜀，先师饯别，临分袂握手，以不肖孤踪，嘱之寻访，以至忍泣，意欲推挽为出世利物之事。张公之在闽也，以先师之故，忘位貌之崇，招以尺书，偶缘疾疹，不果一干典谒。然某素有不出人前之戒，业已退藏，岂复有所觊觎哉？

又按，《塔铭》曰：浚在蜀时，勤亲以师嘱，谓真得法髓。

---

① 《释迦出山相》《赵州和尚》《圜悟和尚》，收入《大慧语录》卷十二。

浚造朝，遂以临安府径山延之。恐师痛事韬晦，必欲致师，移书泉守刘公彦修趣其行。不得已，幡然而起。

按，《题佛灯珣禅师祭文后》云：余绍兴丁巳春赴临安府尹之命，主国一①法席。

又按，《答泉守刘公书》云：五月初，离泉南，冒大暑，艰苦备尝，七月，方抵三衢，吕丞相易疏帖，遣人至衢相候。

超然居士赵表之曩与师同法席于大梁欧阜，每以不宜游出世为戒。时表之偶辟南外宗正司，师赴径山适会衢之官驿，师述偈见意云：超然妙喜两同参，蓦地相逢各负惭。我去住山君跃马，前三三与后三三。

十七日，至临安。

二十一日，开堂于明庆寺。下座次，少卿冯公楫问曰：和尚常言不作这虫豸，为什么今日败阙？对曰：尽大地是个杲上座，你作么生见？冯公拟议，师便掌之。时群僚失色，冯大笑曰：长老与楫，佛法相见。

二十四日，入院。

九月，归受业。众请小参，说偈：山僧昔为童子时，一念知道出家好。却因脱白此伽蓝，今日重来称长老。兵戈之后亡者多，现前耆宿喜无恼。以尊就卑离我人，咸请举扬无上道。后生当发勇猛心，四海求师宜拨草。径山奉劝不虚施，辩口维摩须靠倒。

次，宁国众道友请升座，说偈：只这些儿住处，是吾生长之

---

① 国一：径山本是唐代国一禅师法钦的道场。

地。别去二十七年，日月疾如弹指（政和元年辛卯持钵，至绍兴七年丁巳，计二十七年）。走遍天下丛林，意图出离生死。报答父母重恩，不是等闲游戏。平生得个刚强，方与佛祖出气。今朝依旧还乡，亲戚百无一二。道是昔人犹非，道非昔人犹是。莫作是非论量，透过世间出世。殷勤普劝诸人，急著眼睛看取。

冬，持钵邻郡，访双槐居士郑禹功于琏市，作佛灯珣禅师真赞①、金华圣者画像赞②，题吴氏六湛堂③。

八年戊午（1138）

师五十岁。

乃入院之明年，众将一千，皆诸方角立之士。师行首山令，起临济宗，憧憧往来，其门如市，学徒咨扣，日入玄奥，规绳不立而法社肃如也，由是宗风大振，号临济再兴。

时给事冯公济川、无著道人妙总，同坐夏山中冯馆不动轩，日只一食，长坐不卧。

按，示永宁郡夫人法语④云：一日因示众，举药山初参石头及马祖因缘，济川、无著才闻提撕，各有省悟，下座，济川随师上方丈，云：某甲理会得。师曰：居士如何？济川云：恁么也不得，苏嚧娑婆诃，不恁么也不得，悉哩娑婆诃，恁么不恁么总不得，苏嚧悉哩娑婆诃。师曰：梵语唐言，打成一块，咄哉俗人，得此三昧。师遂至无著寮，举济川语，无著云：妙总曾见郭象注

---

① 《佛灯珣和尚》，收入《大慧语录》卷十二。
② 《金华圣者》，收入《大慧语录》卷十二。
③ 《六湛堂》，收入《大慧语录》卷十一。
④ 《示永宁郡夫人》，收入《大慧语录》卷二十二。

《庄子》，识者以为庄子注郭象。师乃举岩头"婆子话"问之，无著遂作颂曰：一叶扁舟泛渺茫，呈桡舞棹别宫商。云山海月俱抛弃，赢得庄周蝶梦长。师以颂示之曰：汝既悟活祖师意，两段一刀直下了。临机一一任天真，世出世间无剩少。我作此偈为证明，四圣六凡尽惊扰。休惊扰，碧眼胡儿犹未晓。

按，为莹上座普说云：因遣道谦往零陵问讯紫岩居士，谦中途打发大事，及归，老僧半山亭望见，便云：这汉和骨都换了也。谦闻之大惊。

这些验人处，设使释迦、达磨来亦不让。

作《不动轩记》、答枢密富公季申问道书[1]。

冬，行化吴门，作慧日雅禅师真赞[2]。

九年己未（1139）

师五十一岁。

是年龙象骈集，坐夏者一千七百有奇，举悟本、道颜二座元，分座训徒。

按，《真赞》曰：一千七百痴衲子围绕这个无明叟，以神龙未有封号，敷奏于朝，蒙赐，侯曰"广润"，庙曰"灵泽"，谒丞相张公德远于四安，求圜悟和尚塔铭。

按，《画像赞》曰：初识公于京师，后十五年，再会吴之四安。

又按，《答佛性泰禅师书》，属者访张丞相弟兄，舣舟雪川为

---

[1] 《答富枢密（季申）》，收入《大慧语录》卷二十六。
[2] 《慧日雅和尚》，收入《大慧语录》卷十二。

数日之款，已为先师制得塔铭，见刊石，他日寻便奉寄。

答陈季任少卿、赵道夫待制、刘彦修、宝文、彦冲通判问道书，作布袋和尚、临济和尚画像赞，赠医师王公继先、参政刘公大中颂，题超然居士六法图，作普照英禅师真赞，祭韩子苍待制、江少明给事文。

十年庚申（1140）

师五十二岁，创建千僧阁。

时侍郎张公九成、状元汪公应辰登山问道于师。张与师谈格物之旨。师曰：公只知有格物，而不知有物格。公拟议，徐曰：师岂无方便邪？师笑而已。张曰：还有样子否？师曰：不见小说所载？唐有与禄山谋叛者，其人先为阃守，有画像存焉。明皇幸蜀，见之怒，令侍臣以剑击像首。其人在陕西，忽头落。公闻之，顿领厥旨，乃题偈于不动轩壁间曰：子韶格物，昙晦物格。欲识一贯，两个五百。

又一日，问曰：前辈既得了，何故理会临济四料拣则甚？议论间，师曰：公之所见只可入佛，不可入魔，岂可不从料拣中去邪？公遂举克符问临济，至"人境两俱夺"，不觉欣然。师曰：余则不然。公曰：师意如何？师曰：打破蔡州城，杀却吴元济。公于言下得大自在，尝曰：某每闻径山老人所举因缘，豁然四达，如千门万户，不消一踏而开，或与联舆接席，登高山之上，或缓步徐行，入深水之中，非出常情之流，莫知吾二人落处。然九成了末后大事，实在径山老人处，此瓣香不敢孤负他也。

一日，与师坐于方丈，偶僧持师顶相，求师自赞。师曰：无垢试为题之。公点笔疾书，曰：击石扬沙，驱雷逐电。一触其锋，神飞胆战。未及领略，火蛇烧面。公掷笔于案，自有得色。师笑曰：意未尽在。公曰：和尚如何？师应曰：何不道：此是阿谁？径山老汉。公唯唯，复书之。

答刘大中参政、张仲旸提刑、许寿源司理问道书，作祭喻弥陀文、佛灯珣禅师塔文，赞草堂和尚像。

十一年辛酉（1141）

师五十三岁。

千僧阁告成，师遣介泉南求记于李汉老参政，其略曰：师于临济为十二代孙，其道大，故其摄者众；其门峻，故其登者难；其旨的，故其悟者亲；其论高，故其听者惊且疑。而同时者讥毁嫌谤，不胜其忿。然四方学者，或自谓亲证，或几号罢参，皆肩摩袂属，沓来于座下，而公所遇之，未尝假词气、接殷勤，拒之而不去，疏之而益亲，至于水洒梃逐，而户外之屦常满。平时不喜者，亦皆钳喙结舌，叹息其不可及。吾不知公之道，自有以使之耶。院去城百里，自唐国一禅师始斩蓬藋、驱龙蛇而居之，寺无常产，山之神龙实助其缘化。公至之始，众才三百，二年，法席大兴，众将二千，而院有僧堂二，不足以容，创意于寺之东，凿山开址，建层阁十楹，以卢舍那南向，峣然居中，列千僧案，位于左右，设连床，斋粥于其下。经始于十年春，越明年春告成。余尝问道于公，闻之而叹曰：非成是阁之难，致其众之难；非致其众之难，道行而不能使其众不至之难。一阁之成，在公何足道？而循袭龌龊之者，以为奇特，不亦陋甚矣哉！独喜其道行而众从之，故为书其本末，且以谕夫（云云）！

是年四月，侍郎张公九成以父卒哭，登山修崇，师升座，因说圜悟谓张徽猷昭远①为铁铲禅，山僧却以无垢禅如神臂弓，遂说偈曰：神臂弓一发，透过千重甲。子细拈来看，当甚臭皮袜？

次日，侍郎请说法台州，了因禅客致问，有"神臂弓一发，千重关锁一时开，吹毛剑一挥，万劫疑情悉皆破"之语。未几遭论列，以张坐议朝廷除三大帅②事，因及径山主僧应而和之。五月二十五日，准敕九成居家持服，服满别听指挥。径山主僧宗杲追牒，责衡州。

按，张子韶答何中丞伯寿书曰：九成忽弃老亲，此心痛割，欲死无路。四月十四，奄经百日，顾此冤苦无所舒豁，径山老人道眼明彻，超然在生死之表，而一众凡千七百人皆不为名闻，精心学道，宜饭此处，可以少慰先考之心。是日登山，十八下山，而除帅在月末，事理昭灼，当益安命义。

按，师答冯给事济川书云：张子韶四月十四日以父卒哭，十六日请升座，十八下山，除三大帅却在四月末。今坐此得罪，事体昭明，岂偶然哉？皆前报世中因缘会遇，一切欢喜顺受，偿足自定矣（二十八日，除太保韩公世忠、少师张公俊，充枢密使，少保岳公飞充枢密副使）。

先是元丰戊午，慧云塑释迦文像，有异人丁生语寺僧曰：若像之毁，是人婴祸。于时慧云后昆忘丁生之谶，毁像新之，正此日，师责衡州。

---

① 昭远：张昭远，张浚的兄长。
② 三大帅：韩世忠、张俊、岳飞。

七月，至贬所时，昭远知临川，师以偈戏之曰：小郡知州说大禅，因官置到气冲天。常携铲子勘禅客，谁知不直半分钱。昭远亦戏以偈酬师曰：小庵庵主放憨痴，爱向人前说是非。只因一句臭皮袜，几乎断送老头皮。

是年冬，李参政泰发以绝句寄师，其引云：适衡，闻州郡欲免旬呈，师毅然不可曰：无以我累人，此意岂流俗泛泛者所能窥之哉？感叹成小诗曰：十亩荒园旋结茅，芥菘挑尽到同蒿。圣恩未许还磨衲，且向阶前转几遭。

按，为卢时用普说云：初到衡阳，诸处道友送钱来，因遣两侍者往岳山、沩山散处斋僧，衡人初不知是说，因普说，方与言宣律师问：韦驮天神世间功德，何者最大？曰：斋僧功德最大，云云。人即听信，稍知归向焉。

十二年壬戌（1142）

师五十四岁，居衡州。

廖季绎通直之西园，四方衲子云委川会，赢粮景从，庵无以容来学，散处花药、开福、伊山，遇小参、入室，会集其所，师则篮舆往而据丈室。

其年，蕴闻禅师复至临安，见有以费孝先①之术决前定休咎②，因试问焉，其诗曰：雁回始觉潇湘远，石鼓滩头莫怨天。一住十年秦楚隔，木弓重续旧因缘。盖谓衡阳及移梅阳矣（衡阳有回雁峰、潇湘、石鼓滩，自辛酉至庚午移梅阳，恰十年，或

---

① 费孝先：宋代易学家，精通占卜，以术名天下。
② 休咎：吉凶，善恶。

云,古者以梅木为弓)。

是年,接草堂禅师书,慰问曰:不续音问逾年,常思慕矣。游人所传径山道旺,安众甚多,拙者常忧。古人云:道旺则魔盛,城高则卫生。今年中夏,忽闻难作,将谓小挠,秋来方得的音,乃知有此祸患,可谓教法凌迟,丛林凋丧,遂致祸及弘护者。赖吾仁久炼真空,顿明心地,不以为忧。世谛如电光,身心如梦幻,乐然随顺,那事无妨,善恶业报,今古难逃。以此段灵光独耀,想所至处,法法圆成,必有神明知鉴,互相安稳,唯望宽怀,一致度外。昔黄檗胜、云居舜皆有此患,后得归源,传扬正法,心契佛祖,岂虚然耶?如来成道,魔难坚固,老拙暮景相侵,住世不久,今守残喘待尽而已。汝正英锐,莫忘初志,料想此生难得再晤,余宜保爱,以顺世缘。

师答书,略曰:自到衡阳,一向谢绝宾客,四方书问,一切阔略,独于吾叔祖老师未能忘怀,虽欲具状致起居问,亦无由得达视览,然瞻仰教诲,未始顷刻置念也。本宗上座至蒙惠书,种种安慰,褒扬存抚,不替昔时。返覆数过,不忍去手,足认[①]为物作则、曲折周旋之意,下情感戴,何时可忘?愿叔祖龙天密护,法寿与赵州、安国师辈齐年,某打个筋斗回来,尚及依栽松道者例妄意如此,不识老师,那时肯放一线道否?

师仍以金帛,嘱去僧蕴闻曰:恐汝到宝峰而此老去世,可设盛馔,以书读而祭之。既至,草堂已圜寂,僧如所教也。

[①] 认:《中华大藏经》收明本作"仞",今依《嘉兴藏》本改。

十三年癸亥（1143）

师五十五岁。

按，《纪谈》①云：明禅师自辛酉随侍，过衡阳，日化于市。癸亥秋，辞往浙西持钵，期明年上元回。师送偈，有云：矗聻明大禅，孟浪绝方比。识得玄中玄，作得主中主。赤脚走长街，一日数百里。色力既勇猛，殊不畏寒暑。如是二三年，日日只如此。又云：甲子上元前，却要到这里。其随师者多效劳如此。仍作画像赞付之。

作丞相张公德远、向宣卿直阁画像赞，答内翰汪公彦章、舍人吕公居仁、隆礼郎中、夏志宏运使问道书，跋草堂和尚语录，阅《维摩经》有感，以颂示传禅师。

十四年甲子（1144）

师五十六岁。

示提举李献臣法语二十六段，答汪圣锡状元、宗直阁问道书②，作富季申枢密妙高堂铭③、延鸿寺钟铭，题蔡知县小庵④，张昭远徽猷请作维摩赞，作六祖画像赞，祭卫寺丞文。

十五年乙丑（1145）

师五十七岁。

---

① 《纪谈》：《云卧纪谭》，二卷，宋僧云卧庵主晓莹撰。
② 《答汪状元（圣锡）》《答宗直阁》，收入《大慧语录》卷二十八。
③ 《富枢密妙高堂（并引季申）》，收入《大慧语录》卷十一。
④ 《蔡知县小庵（并引）》，收入《大慧语录》卷十一。

正旦试笔，题韩司谏乐谷①，蔺庭彦知县请作入定观音赞②，作寂音尊者赞③，题魏邦达侍郎净心阁、汪圣锡状元燕坐轩④，示廖季绎知县、真如道人、空慧道人法语，答林少瞻、严子卿、陈阜卿问道书，以颂代书，谢张丞相惠兜罗绵⑤，戏题如如庵曰：契此如如理，岂论皮与髓？打破枯髑髅，百花生碓觜。

十六年丙寅（1146）

师五十八岁。

解空居士、侍郎刘公季高，手写《华严经》一部施师受持，仍请为众普说，发明奥旨。师以衣盂⑥建阁于花药寺之方丈，设龛像，以所施经奉安其上。

真如道人请作补陁大士赞、文殊问疾赞⑦，作死心和尚、普融平禅师、佛性泰禅师真赞⑧，示陈次仲通判法语，作胡明仲侍郎、徐明叔郎中画像赞，答徐稚山侍郎、曾天隐宗丞问道书。

等观居士廖季绎以书告疾，示之颂云：左心小肠肝胆肾，右肺大肠脾胃命。于斯识得本来人，七颠八倒那伽定。

十七年丁卯（1147）

师五十九岁。

---

① 《韩司谏乐谷》，收入《大慧语录》卷十一。
② 《入定观音》，收入《大慧语录》卷十二。
③ 《寂音尊者（觉范）》，收入《大慧语录》卷十二。
④ 《魏侍郎净心阁》《汪状元燕坐轩》，收入《大慧语录》卷十一。
⑤ 兜罗绵：兜罗树的絮状花。
⑥ 衣盂：衣食器具。
⑦ 《文殊问疾》，收入《大慧语录》卷十二。
⑧ 《普融平和尚》《佛性泰和尚》，收入《大慧语录》卷十二。

侍者以师与衲子问答古今语句请名。

按，《题篇首①》云：余因罪居衡阳，杜门循省外，无所用心，间有衲子请益，不得已，与之酬酢。禅者冲密、慧然随手抄录，日月浸久，成一巨轴，持来，乞名其题，欲昭示后来，使佛祖正法眼藏不灭，余因目之曰《正法眼藏》。

寻以印本寄曾文清公，公欲作颂谢，但得二句，曰：摩酰太多临济少，唯有云门师恰好。因复书，请续后句。既启封，即曰：争如瞎驴灭却休，露柱灯笼皆绝倒？公得师指示，喜悰盈怀，已而以偈寄龙团茶与师曰：苍璧团团不暗投，舌端有眼似离娄。莫言茗碗无三寸，解问如何是赵州？师答之曰：赵州传语庞居士，近日无端会吃茶。却笑旧来多卤莽，不将龙②焙入脂麻。

作徐稚山侍郎画像赞，题芗林居士向伯恭无热轩③。

时李汉老参政薨背，师作文遣僧致奠。偈曰：泉南道友，零落殆尽，今唯蔡郎中一人而已，不若生祭之，乃戏为文曰：致祭于灵岩山下、半风半颠、大脱空居士之灵，惟灵，铁器市里牙人，脱空场中主将，黑豆换人眼睛，只做这般伎俩。将谓阎老不知，一向起模画样。而今死去见渠，看你有何凭仗？镬汤炉炭横行，剑树刀山逆上。我侬闻说欣然，呆汉攒眉惆怅。人情敢不周旋？薄奠聊陈供养。郭郎线断俱休，呜呼哀哉尚享。

僧未至而蔡公卒。复系之以词而祭之，其略曰：呜呼，始以前文与公相戏，此意未达，公已瞥地，二俱偶然，初无实义。公

---

① 题篇首：《正法眼藏》第一则中宗杲著语之"妙喜曰"。
② 龙：原本作"笼"，依径山版《嘉兴藏》本改。龙焙，茶名。
③ 《向侍郎无热轩（并引伯恭）》，收入《大慧语录》卷十一。

既去矣,文焉敢弃?就而祭之,是法如是。

性空道人筑屋于城之西门外,谓之廖氏山堂,迁师居之。

十八年戊辰(1148)

师六十岁。

正旦书事,寄无垢居士曰:上苑玉池方解冻,人间杨柳又垂春。山堂尽日焚香坐,长忆毗耶多口人。

示黄子余知县法语,作李王见法眼画像赞、普化和尚画像、长灵卓禅师真赞①,答刘季高侍郎、李彦嘉宝文问道书②,题喻子才郎中观我庵③,作李泰发参政转物轩铭④、示幻住道人智常法语。

作祭荐福本长老文云:阿谁无生?阿谁无死?学道参禅,正要了此。汝今既了,吾复何憾?付明眼人,判此公案。

十九年己巳(1149)

师六十一岁。

答无垢居士论正法眼藏书⑤、向伯恭侍郎问梦书⑥、李泰发参政⑦、似表郎中问道书⑧,示邓子立直殿法语⑨,跋周子充手书

---

① 《长灵卓和尚》,收入《大慧语录》卷十二。
② 《答李宝文(茂嘉)》,收入《大慧语录》卷十二。
③ 《喻郎中观我庵(子才)》,收入《大慧语录》卷十一。
④ 《李参政转物庵(并引泰发)》,收入《大慧语录》卷十一。
⑤ 《答张侍郎(子韶)》,收入《大慧语录》卷二十九。
⑥ 《答向侍郎(伯恭)》,收入《大慧语录》卷二十九。
⑦ 《答李参政(泰发)》,收入《大慧语录》卷二十八。
⑧ 《答李郎中(似表)》,收入《大慧语录》卷二十九。
⑨ 《示无相居士(邓直殿子立)》,收入《大慧语录》卷二十。

《华严经》①，作马大师、庞居士赞②、路彦捷寺丞画像赞，祭刘彦修宝文、彦礼直阁文，题自顶相。

示继明禅人曰：光裕显大，迺道之疣也，背道而驰求，迺其贼也。疣之与贼，若人之身有蛲蛔，木之实有蠹蝎，决欲血气充盛，而秀出于林，安得容此物于其间哉？疣之与贼，此之谓也，苟闻其道而晦其迹，光裕显大，不驰求而自昭著矣，苟未闻其道而欲去其疣而亡其贼，则疣之疣、贼之贼者也。吾佛圣人设教，亦如是而已，吾虽闻道矣，而不能晦其迹，而蹈祸机，亦疣贼之谓也。继明禅人，学佛者也，画吾像而求自赞，因作是说，以示明而自警，非敢自谈己德，而复作疣之疣、贼之贼者也。

二十年庚午（1150）

师六十二岁。

师自赞：身著维摩裳，头裹③庞公帽。资质似柔和，心中实躁暴。开口便骂人，不分青白皂。编管在衡阳，莫非口业报？永世不放还，方始合天道。

为趋时者，巧加诬讪之语，取怜势位，以是年六月二十五日，准命移梅州，取道郴阳，抵曲江，访舍人朱公翊于西园，作云门匡真禅师画像赞。

七月十四日，至曹溪，留信宿，作昺禅师真赞。

按，题其语录云：绍兴庚午夏，自回雁迁梅阳，道过韶石，

---

① 《示周子充写华严经》，收入《大慧语录》卷二十。
② 《庞居士》，收入《大慧语录》卷十一。
③ 裹：《嘉兴藏》本作"裹"。

礼老卢①于窣堵波下。适遇堂头明侄禅师，举扬宗旨。

二十六日，至南海，馆于光孝方丈之西轩，凡三十二日。

示何文缵、彭彦祥、郑子寿、顾廷美、张彦清、元览等法语，庄彦质未画师像，预以素缣求赞，云：只此便是妙喜真，何用画工更忉怛？彦质抬眸子细看，南无急性王菩萨。

八月二十九日，离五羊。

九月十五日，抵罗浮。

十月初三日，至贬所。

按，《纪谈》，师抵梅阳，郡守谢朝议语僚属曰：朝廷编置所谓长老者，但一僧耳，兵马②东偏隙地，从其居止。既而僧行日至，几数百指，施锹镢而平基址，运竹木而缚屋庐，听其指呼，无敢怠者。守虽闻其服勤如此，亦未知果何人也？于是延见一二，观其能为。南闽修仰③书记适承命，乃与守从容弥日，语论英发，确古商今，逢原左右。守复徵：等伍更有蕴异能者否？仰遂告以负大经论者有之，博极书史者有之，诗词高妙者有之，翰墨飘逸者有之，其所以未能明彻，则佛祖大事因缘而已，是以不惮艰险，随侍而来，得依仁政，幸莫大焉。守且骇异，知其徒皆为法忘躯之士，自是于师日益加敬。

二十一年辛未（1151）

师六十三岁，居梅州。

---

① 老卢：六祖慧能俗姓卢。
② 兵马：兵马司。
③ 修仰：南闽人，曾为草堂和尚掌书记室，随侍大慧到梅阳。事迹见《云卧纪谭》之《南闽修仰书记》。

太守遣其子谢纯粹求入道捷径，示之以法语八篇。

作雪堂行禅师语录序、祭安抚刘公方明文。

二十二年壬申（1152）

师六十四岁。

示张观察法语，以颂代书寄张圣者，贺福圣长老出世，答不二居士注《金刚经》求印证书华心居士杜撰水陆仪文书以颂滑稽，敏棕皮归蜀，作觉明居士夏志宏画像赞。

二十三年癸酉（1153）

师六十五岁。

作送黎文晦归龙川序、南安岩主画像赞，跋雪峰空禅师语录，书古寄婺女使君、李公献臣，书古送立禅人归双林，曰：

空手把锄头，油瓮捉泥鳅。步行骑水牛，纸人火上游。人从桥上过，猛虎当路坐。桥流水不流，高峰驾铁舟。立禅归到双林寺，说与渠侬且罢休。妙喜为君重说破，咄！且莫瞌睡。

按，《云卧书》云：师是年坐间，凡有所说，则法宏首座录之。自大吕申公执政至保宁勇①禅师，四明人，得五十五段而罢兴，宏遂以老师洋屿众寮榜，其间有"兄弟，参禅不得，多是杂毒入心"之语，取稟而立为《杂毒海》，今刊本名《武库》②者，乃绍兴十年春，信无言等闻师语古道今，聚而成编，福清真兄戏以《杜预传》中"武库"二字为名，及庚午，师偶见是集，曰：

---

① 勇：原本作"永"，依明月堂本改。
② 《武库》：《宗门武库》，本名《杂毒海》，宗杲集。

其间亦有是我说话，何得名为武库？以是知"武库"之名，实非师意也。

二十四年甲戌（1154）

师六十六岁。

太守杨公王休建华严会，请为众普说，说偈略曰：

绍兴甲戌上元节，自在居士兴善利。梅民服化咸欢喜，仁风惠泽家家至。善哉奇特大因缘，不可思议绝伦比。上祝吾皇万万春，当与天地相终始。

示唐彦举觉轩法语，以颂代书，答归宗华侄长老，题圜悟和尚所付《楞伽经》授鼓山宗逮长老，题临济正宗法语，跋古塔主语录。

韦参军以花圃建庵，迁师居之。

二十五年乙亥（1155）

师六十七岁。

正旦，临安净空居士陈安常、不空居士张处俊各具一百问答，遣价求印证，师题其后云：自问自答，自倒自起。处俊安常，各说道理。一人摇头，一人摆尾。蚊锥铁牛，卖弄口觜。赏伊胆大，来呈妙喜。尽令而行，埋入地底。放过一著，各自看取。若不放过，打出骨髓。且道是赏伊罚伊？明明向你道，尚自不会，岂况盖覆将来？

师自衡迁梅，六年之间，遐陬远俗，靡不从其摄化，家绘其像，敬事虔肃，有若临淮之大士，南安岩之定光。

十二月，蒙恩自便。

按，《龙王殿记》云：二十五年冬，天度清旷，权纲独揽，诏有司理冤枉，还之梅阳。梅为南方烟瘴之郡，医药绝少，多有不及东归者。

按，答经略方公务德书云：往岁南迁，参随僧行，零落瘴乡，六十三人，义难以忘，今之所存，于兹无几，间或熏炉茗碗，必异于众，盖不忘南荒朝游夕处之义也。

按，为张县尉普说：在梅阳六年，受人供养，临行，庵中所有动使之物，尽散与人。平昔所收些施利，悉用办斋，遍请合郡僧道、士庶，并见任官云。

二十六年丙子（1156）

师六十八岁。

正月二十一日，离梅阳，太守邓公酢宾礼①委官兵津发，居民扶老携幼，遮道祖饯，眷恋有不胜情者，盖其道使之然也。

取道汀州，二月，至赣川。时无垢居士、侍郎张公子韶自横浦蒙旨守永嘉，师维舟俟之，用慰契阔。既见，留连款语，遍赏名山。留题马祖庵，诗云：中有奇道人，机锋如劈箭。谓师也。公因以自画像需赞，师点笔疾书，有"贫儿索旧债"之句。

已而联舟东下，至庐陵，众信请说法于祥符寺，作庐陵米价颂②。次太和，游青原，分袂于临江之新淦，作湖湘之行。

按，无垢《赠别诗》云：相别十七年，其间无不有。今朝忽

---

① 邓公酢宾礼：邓酢，字宾礼，广东始兴人。
② 收入《大慧语录》卷十之《颂古》。

相见，对面成老丑。人生大梦耳，是非安足究？欲叙惓惓怀，老大慵开口。公作湖南行，我赴永嘉守。重别是今日，南比又奔走。已猷相过盟，长沙不宜久。

邑宰黄公元绶迎师，馆于东山寺。

三月十一日，被旨复僧。谢恩升座，有"青毡本是吾家物，今日重还旧日僧。珍重圣恩何以报？万年松上一枝藤"之句。

示黄元绶如是居士法语云：渝川江亭一见，心已许之，既而来驿舍吐露，若合符契，自庆验人眼不让古人。

作黄世永主簿净智庵铭。

至宜春，憩于光孝寺。方外道友钱子虚计议，请为众说法。时丞相和国张公德远居长沙，其母秦国夫人问道于师。

按，《殿记》曰：浚窃惟先妣秦国太夫人晚闻道于径山佛日大师，得自在无畏法。呆有忠君爱物之志，非若声闻、独觉之私，厌生死而乐寂灭也，是以浚与之游。或者迷惑世网，循利背义，排斥己异，移怒于师，有识者愤之。秦国卧疾将亟，曰：妙喜老师，此生无复见也。

老婆有私恩未报，和公凡三走介之宜春，趣师之行，由是兼程而至。秦国捐馆矣，和国公语师曰：先妣愿供养和尚一年，为报德之私，今无复得，某谨遵遗训。师幸少留，以九夏之期，尽其敬奉，一慰先妣之愿，二伸人子之心。

师不可得而辞，遂馆于光孝寺之东堂。

六月，却饶州荐福之命，以偈遣四专使云：万死一生离瘴网，前程来日苦无多。收拾骨头林下去，谁能为众更波波？

题大沩智禅师语录后，示罗孟弼法语。

七月，秦国丧灵归蜀，师亦次舟至荆南，和公力挽同往，师无入蜀意，遂作桑梓之行。尼慧觉以师顶相求赞，故有"虽然未即过江东，且随觉禅看西蜀"之句。中书舍人唐公文若，字立夫，于道自谓有所趣向，每闻蜀僧言师有未语已前之验。立夫时召赴行在，维舟谒师。相见次，曰：莫是子西之后否？立夫曰：乃大人也。师曰：尊丈与某昔在无尽府第相从甚久，不如公有个无师自得底道理，但未吃得径山手里竹篦在。立夫乃俯首感叹，然后炷香以致谢诚，遂连樯而之鄂渚。

按，示太守祠部熊公叔雅法语有云：近在渚宫见一破家散宅底汉，欲操吾刀，入吾室，便要杀人放火，被妙喜不动干戈，实时擒下，不必见赃而后知其为贼。盖指立夫也。

又按，立夫跋师示熊法语后云：径山赃物并案款上纳，异时鄂州有一点杂毒入心，定却翻案也。缚虎须急，缓则噬人。事不两存，要识方便。若只旗枪两下，又涉廉纤（云云）。

别后，以颂寄师云：人皆养子防身老，临济生儿不养家。三尺竹篦千古令，更无一物是生涯。

武当军节度使李公师颜请说法于府第。

示徐敦济提刑法语，已而下赤壁，次临皋，望东坡雪堂，因作颂曰：力将正说分邪说，梦到黄州与惠州。竹屋数椽容老儿，大江千古只东流。

抵九江，太守朱公请说法于能仁寺，而以庐山圜通敦请住持，三辞而不获，因举道颜长老补其处，然后解维。

十月，至宣城，馆于敬亭山。

作普明琳禅师真赞①，谒方外道友、太守枢密楼公仲晖，作颜简卿简室铭、汤承事庆龄庵铭。

适明州阿育王山专使至，准朝命住持。

十七日，祗受，次宁国，入山东，安存悼往，三宿而别。

十一月，渡钱塘，由会稽。双槐居士郑禹功参议以诗迎师于旅亭，有"底事病魔浑不染，只将正见洗蛮烟"之句。帅座参政魏公良臣请说法于能仁寺。

十三日，就明州光孝寺开堂。

十五日，入院。

腊月，访天童觉禅师及诸邻峰。

二十七年丁丑（1157）

师六十九岁。

住育王。裹粮问道者，万二千指，百废并举。檀度响从，冠于今昔。云岩典牛游禅师以颂寄师云：五浊海底辗屎猪，跃出那边三脚驴。铎声既已喧四衢，云间腾踏天马驹。谛听典牛一句子，世上有你何用余？于是增修厨屋，凿二新泉，曰妙喜，曰蒙。

按，泉铭略曰：育王为浙东大道场，地高无水，僧众苦之。绍兴丙子，佛日受请，周旋其间，令僧广恭穿穴兹地为大池，锹锸一施，飞泉盆涌。知军事秘监姜公见而异之，名曰"妙喜"，无垢居士为之铭，末句有云：谓余未然，妙喜其决之。师因说偈

---

① 《普明琳禅师》，收入《大慧语录》卷十二。

于其后，仍作"蒙泉铭"，曰"广利东泉"，曰"蒙源玲珑，万窍通，声淙淙，出无穷，良施工，不落空，铭泉者为谁？山僧妙喜翁"。寺以众多食贫，常住伏腊不给，陈请海岸闲地仅千顷，命工开筑，以为南亩，费缗钱十万余，师率八万四千人结般若胜会，人出缗钱，余竭衣盂以成，岁入用赡斋厨。左丞相汤公思退敷奏，诏赐其庄名"般若"。

六月，吊衡阳太守石公彦和于新昌，迁佛智禅师塔，作正堂辩禅师语录序、广福寺钟铭、东坡先生画像赞，跋文殊道禅师偈颂，答枢密楼公仲晖、节使曹公功显、侍郎曾公吉甫、侍郎荣公茂实、妙德居士、黄公节夫问道书，示张晋彦运使、罗宗约参议、赵师厚观使、孙长文通判、鲍梦符教授、吕舜元机宜、郭仲堪知县、曾叔迟机宜法语，示内都知董德之入道颂，作杨岐五世赞，黄龙忠道者、天童觉禅师二老揖让图赞。

时有太学上舍生杨麟冠带拜师于堂上，垂泣云：愿从和尚出家。语未讫，掷下巾帽，袖中出剪刀，自落其发。师疾呼左右执手，问其故，乃以实对，因摄授之。

次日，上堂云：已著槽厂，将错就错。骑却圣僧，不妨快乐。龙象蹴踏，非驴所作。堪笑诸方，妄生穿凿。休穿凿，祥麟只有一只角。

十二月，主天童觉禅师丧。

二十八年戊寅（1158）

师七十岁。

正月初十日，被旨迁住径山。

二月二十八日，就灵隐寺开堂。

三月初九日，入院，坐夏千余众。

按，《塔铭》，师之再住此山，道俗钦慕，如见其所亲。虽老，引接后进不少倦。

一日，忽厨屋倾仆，盖神龙欲师兴建之始，师即挝鼓示众云：去岁育王方修了，今日径山又倒却。云堂大众一时惊，只有老僧浑不觉。敢问大众，因甚不觉？岂不见道，不哑不聋，不做大家公？由是广其址以新之，重建孚佑王殿，及严像设，置东坡祠，像于殿之右庑。

示佛照居士、郑提干、内都知张公一之、邓伯寿直殿、永宁郡夫人善因①法语，作王德祖医师、荣茂实侍郎、方务德侍郎画像赞，答苏仁仲提举问道书、孙知县擅改《金刚经》书。以颂代书，戏答继明长老，曰：既作虫豸，又住鹤鸣。如水入水，似金博金。夜听水流岩下石，晓看山起面前云。此境此时谁得意（道得末后句，则不孤负老僧）？

九月，遣参徒之零陵，求孚佑王殿记于丞相张公德远。

冬，行化嘉禾，次吴门，吊方外道友信安郡王孟公仁仲，设无碍会于虎丘，以旌平日道义。长老灵沼请作佛智裕禅师真赞。

抵无锡，枢密巫公子先②而次谓之锡山莲社，请说法于南禅寺，陈阜卿侍郎撰疏，有"十七年现居士身，不动本来面目；几万里漂罗刹国，还归旧处风光"之句。

---

① 永宁郡夫人善因：永宁郡夫人，曹氏善因。见宗杲《示永宁夫人》，《大慧语录》卷二十二。

② 巫公子先：巫及，字子先，一作子光，官至枢密院使。

孙尚书仲益①为前径山讷老作塔铭，讷之嗣法最老，请师署名其后，由是，师致书仲益，其答略曰：觌顷见佛果于开宝，时公道价籍籍满都国矣。靖康以还，崎岖兵乱，偶然不死，又罹罪罟，流窜岭海，仰瞻一世龙象，如有仙凡之隔，只自愧叹。

又曰：公高风绝尘，已出世外，而非意之干，同逐客放臣迁贬之例，正如痴儿搏空捕影，只堪一笑耳。然佛法遇厄而后，奇胜乃见，所以化服同异也。

又曰：僧最出所赐书，开读三反，幸甚过望，承欲移舟②临贲③衰老，至惠山旋棹，僧伽危坐一塔之中，有熟视而不见者，一睹天人，信有命也。

又曰：自公入吴，一佛出世矣，侯王而下，皆获瞻礼，独觌尚未一诣，遂无以借口，觌方欲上书谢事，得请后书疏小间，当由临安入山，抠衣听法，一洗尘陋。

又曰：皇恐，大雅侄归依至道，曲蒙与进，庶几班斤郢斫也，讷老塔铭重辱书名其后，衰陋有光焉。

二十九年己卯（1159）

师七十一岁。

正月，泛太湖。

按，示徐诚颂曰：绍兴己卯正月旦，我因持钵入太湖。徐诚

---

① 孙觌（1081~1169），字仲益，号鸿庆居士。
② 移舟：靠岸。
③ 临贲：光临，敬语，指贵客到访。

权摄婆施罗①，助我敷演此三昧。长老元弗迎归翠峰为众说法，作雪窦明觉禅师真赞。

二月，却福州西禅之命。

三月，求退于朝，才进表，即渡江之四明。临安府尹张侍郎偶致书于师，其略曰：窃闻拂衣禅席，再挽莫回，翩然清风，已趣高驾。此固不可以宠利势力迎屈，然岂不念圣天子以公名德之盛，增重名山，以佛法护行阙，幸为小驻，以副上意？偶职在守土，朝命是依，谨差衙校陈愈浒布区区，万冀深察，使张京兆，异日为白莲社中人，请自兹始矣。师即答书。

四月，再归径山。上堂，有"重理旧词连韵唱"之语。

孝宗皇帝在普安潜藩，七月二日，遣内都监黄彦节②命师就山中举扬般若，说偈云：大根大器大力量，荷担大事不寻常。一毛头上通消息，遍界明明不覆藏。献上，上嘉叹之。

是年，重建库院、行堂、西寮、仓院等处，作寂室光禅师语录序，作维摩示疾、九祖伏驮尊者、达磨面壁、二祖立雪、言法华画像赞，示徐敦立提刑法语，答丞相汤公进之、舍人张公安国问道书。

五月，吊无垢居士于海昌，作文以祭之。

六月，持钵雪川③，作端狮子赞，示给事刘公行简入道颂、莫闰甫法语，题曹叔宝忘知轩，作道场辩禅师、护国远禅师真

---

① 婆施罗：船师。意为通达自在。
② 黄彦节：居士，字节夫，号妙德。彦，原本作"念"，依《嘉兴藏》本改。事迹见《居士分灯录》卷二等。
③ 雪川：浙江湖州境内的一条河，湖州的别称。

赞，以颂代书，寄张钦夫定叟学士。

冬，行化云间，作船子和尚赞。内翰莫公俦请为众普说于普照寺。

作三一堂铭，跋吕居仁送范司理序，薛令人请题嗣法需长老真，故有"常忆首山好言语，新妇骑驴阿家牵"之句，示昆山张知县法语。程咏之运使以无垢居士与三川道人论"不愁念起，惟怕觉迟"颂，请师书其后。

无垢颂曰：念是贼子，觉是贼魁。搥杀贼魁，贼子何归？堂堂大路，惟吾独之。越南燕北，辽东陇西。撒手便到，何虑何疑？神剑在山，锷冷光寒。魑魅魍魉，莫之敢干。此名真觉，秦时䥏铄。

师说偈曰：说觉说念，翻背作面。无念无觉，何处摸索？起是谁起？觉是谁觉？豁开户牖，大虚寥廓。撒手前行不顾人，秦时①䥏铄何时作？

跋喻弥陀行实记，示内都知李公伯和、妙圜道人善宝、成季恭机宜法语。

三十年庚辰（1160）

师七十二岁。

三月，丞相汤公请说法于灵芝寺，以偈送师，育王开田次韵曰：毛锥子上通消息，大胜新开百丈田。居士不离香积界，老僧赢得日高眠。

---

① 时：原本作"是"，误，今依径山明月堂本和《嘉兴藏》本改。

孝宗皇帝居建邸，内都监黄彦节侍次，诵于妙喜处所授祖师偈：心随万境转，转处实能幽。随流认得性，无喜亦无忧。上闻之，理与神遇，欣惬盈怀，委内都监访师，请升堂，遂说偈以献曰：豁开顶门眼，照彻大千界。既作法中王，于法得自在。上甚嘉纳焉。寻复请为众说法，亲书"妙喜庵"三字，及制真赞，题曰：文囿赞真呈妙喜。师演成四偈，其引曰：宗杲伏承文囿至人颁示妙赞，大哉言乎！而思惟所不能及也。宗杲虽不敏，演成四章，谨缮写上呈，伏乞一目而掷之。偈见前录。

示显德居士御带黄公仲威入道颂，云：空却十方三世，去却千非一是。目前烜赫光明，日用随缘游戏。

题知省张公宗元随分楼、董公德之假山，跋王日休《龙舒净土文》，汪养源运使请作维摩居士赞，作孙长文画像赞、道端禅客端砚铭，示法音首座竖刹竿法语，以颂送邓子立直殿还都下、明长老归长芦，作祭超然居士赵表之文。

冬，行化宛陵，次当途，抵建邺。留守尚书韩公仲通率僚属请说法于保宁寺，长老昙华请为众普说于钟山，嗣法了明迎之苇江，少休仆役，题吕文靖公影堂遗事，次程子山侍讲韵，示可升禅人，示留守韩公法语，作达磨渡芦赞。

三十一年辛巳（1161）

师七十三岁。

正月，舟次仪真，太守徐公敦立请说法于天宁寺。适州学文宣王殿建造未圆，学徒告师，有以成就，师以说法施利二十万而助之。

次日，复携轴求书法语，以为引导，故有"葫芦必竟遭藤缠"之句。至京口，谒刘公信叔太尉，访吴傅朋郎中，请书"法宝轮藏"四字，游浮玉，次海门，作梦庵信禅师真赞，金坛谒参政汤公致远，溧阳访方外道友刘季高侍郎，取道荆溪而归，跋顾恺①之所画维摩像。

四月，谢事径山。

五月初一，遂所请，知省李公伯和施钱重建明月堂，为师佚老之居。

秋，往受业，庆忏轮藏。

按，《行记》，妙喜老师辛巳夏谢事径山，得请于朝，九月之山东，历阳张孝祥自宣城来致敬，请法要而别，施衣盂，重建选佛堂，作钱处和侍郎赞。

三十二年壬午（1162）

师七十四岁。

居明月堂，虽老而益健，以法求人接物为己任，学徒益亲，贤搢绅为道而至者无虚日。

二月②，之金陵，谒丞相都督张公德远。

按，《塔铭》曰：师虽方外士，义笃君亲，每及时事，爱君忧时，见之词气。晚自径山来秣陵，见某言：先人不幸无后，某之责，愿乞一给使，名借公重，庶有肯就者。某为恻然兴叹，遂奏其族弟道源奉师亲后。

---

① 恺：原本和径山明月堂本、《嘉兴藏》本都作"凯"。顾恺之，东晋著名画家。
② 二月：明月堂本作"三月"。

孝宗皇帝即位之九月，诏师问佛法大意，适师卧疾，特赐"大慧禅师"号，以为褒宠，二十八日受命，以颂谢招讨李公显忠①施观音像，作祭荣侍郎文。

孝宗皇帝隆兴元年癸未（1163）

师七十五岁。

正旦，作郑禹功双槐堂记。

三月，闻王师凯旋，作偈曰：氛埃一扫荡然空，百二山河在掌中。世出世间俱了了，当阳不昧主人公。

出衣盂，命阖山清众阅《华严经》七百余部，用祝两宫圣寿，保国康民。

六月，之宁国，上冢茸治。

七月初一日，还山。上复取向所赐宸翰，以御宝识之，曰赐大慧。

十二日，师已示微恙，大众力请说法于千僧阁，以为末后垂训。师委曲付嘱：老僧来日无多，汝等侍吾之久，宜各随所缘，以佛法为念，莫负初志，实吾所愿。其语恳励至切，于时众皆悲感。

十四日，夜有大星陨于寝室之后，流光有声，师闻，微笑曰：吾将行矣。

八月初二日，凌晨，法鼓震裂。

初九日，薄暮，学徒识师无意于世，环拥寝室，师以手摇曳

---

① 李公显忠（1109~1177）：李显忠，南宋将领，曾任淮西招讨使。

曰：吾翌日始行矣。至五鼓，亲书遗奏曰：臣宗杲深荷圣恩，臣今年已衰，遂辞圣世，伏愿陛下为天下生灵，保卫圣躬，力致太平，永光佛法，臣宗杲上奏。

及作丞相张公德远书，以端石砚寄别丞相汤公进之，以外护吾宗为嘱，仍书委曲①，以示参徒，曰：吾殁之后，丛林自有常典，切不可过仪，小师不得披麻戴孝，恸哭过情，恐混世俗，所蓄书画，老僧平日至爱，道友、彦光各送一本，庶以表意，口授委曲，付诸嗣法，云：吾自夏及秋，不美饮食，虽无甚疾苦，而幻体日见羸劣，盖世缘止于此也。汝既应缘一方，宜更坚持愿力，以报佛祖深恩，是吾之望。临行以数语为别，各宜悉及。

了贤等请偈，师厉声曰：无偈便死不得也？众告既切，不得已而书付了贤，呈大众云：生也只恁么，死也只恁么，有偈与无偈，是甚么热大？投笔就寝，吉祥而逝。

按，主丧事临安府察判罗公旦祭文曰：法鼓晨裂，流星夜坠，刹尺纸以上奏，即吉祥而飘逝，度门弟子净初等八十四人嗣法，自教忠弥光、西禅鼎需、东禅思岳、荐福悟本、能仁祖元、东林道颜、西禅守净、育王遵璞、开善道谦、伊山冲密、沩山法宝、雪峰慧日、禅师蕴闻、净居妙道、资寿妙总、明因慧照而次，数过百十，星分棋布，列刹相望，皆其嫡子亲孙，潜通密证，匿耀韬光，唯恐有闻于世者，殆不可胜数，士大夫恪诚扣道，亲有契证，如参政李公邴、侍郎曾公开、侍郎张公九成、吏部郎中蔡公枢、给事中江公安常、提刑吴公伟明、给事中冯公

---

① 委曲：事情的底细。

械、中书舍人吕公本中、参政刘公大中、直宝文阁刘公子羽、中书舍人唐公文若、御带黄公彦节、兵部郎中孙公大雅、编修黄公文昌、楞伽居士郑昂、秦国夫人计氏法真、幻住道人智常、超宗道人普觉，抠衣与列，佩服法言，如内翰汪公藻、参政李公光、枢密富公直柔、侍郎刘公岑、侍郎曾公几、侍郎徐公林、枢密楼公炤、尚书汪公应辰、左丞相汤公思退、侍郎方公滋、提举李公琛、侍郎荣公薿、尚书韩公仲通、内都知昭庆军、承宣使董公仲永、成州团练使李公存约、安庆军承宣使张公去为、开府保信军节度使曹公勋、中书舍人张公孝祥、御带宁远军节度使黄公仲威、直殿邓公靖、无住居士袁祖岩，其余空而往，实而归者众矣。

是月二十日，众以全身葬于明月堂之后，申明于朝，以所居为庵，仍建层阁，奉安宸翰。

按，丞相汤公书云：禅师道德，圣上所慕，易庵建阁，计皆得可，塔名师号，当为奏知。

按，《塔铭》曰：隆兴元年八月十日，大慧禅师示寂于径山明月堂，皇帝闻之嗟惜，诏以明月堂为妙喜庵，赐谥普觉，塔名宝光，其徒以全身葬于庵之后，卒被光宠，表之无穷，诚有以自致也，所赐御书，建阁藏于庵，与兹山不磨矣。

其八处九会升堂、语要、普说、小参、赞偈、机缘、长笺、法语，无虑数十万言，参徒道印编为六十卷，奉置于庵，宗珪、昙密、惟禋、宗演、净智、居士黄文昌哀其纲要，离为五册，刊行于世，蒙诏赐入大藏，同圣教以永其传。

师之爱人及物，等之以慈，怒骂嬉笑，得之天真，机辩迅雷霆，语言灿星斗，具大眼目，擒纵自如，破诸方之异解，死学者之偷心，必令实证实悟，得大自在而后已，所以始从分圜悟半座，至于数领庵园，一住鄮峰，两坐双径，奔走天下奇衲，悦服名公巨儒，如优昙花一现于世，以至上达天听，感动宸衷，特垂睿语之褒，旌以徽名之宠，奎章宝墨，云汉昭回，佛日重光，真风普被，其所摄化，倾仓倒廪，唾玉挥金，诚心乐施，唯恐其后。而师喜济惠，随得随与，况于细行，毫发无亏，虽迁遐裔，龙象拥随，忍死不弃，及其示寂，如失恃怙，龙神为之戴白（龙王圣属出现彩亭之上，举众见其冠白），鸟兽为之哀号，贤士大夫写词致哀，动逾百数，此皆法雨之所润，恩人利物之大凡也。若其荷佛祖重任，恢临济正宗，号令人天，指呼凡圣，殆非笔舌所能纪，今以平生出处大略，列岁月而编次，及前后之所闻见，敬录其实，以为万世标准云。

(《大慧禅师年谱》终)

大慧先师示现七十五年，言行出处，章章可法，咏老集为年谱，刊行于世，有补来学，但其间不能无误脱，宗演顷在众时，每览之，辄为嗟惜，后得江西莹云卧书，亹亹讥其阙失，与昔所闻，果若符契，逮开禧乙丑，青山无事，始获校订，删入六十余处，粗得无差。噫！云卧侍师于衡梅，可谓亲闻饫见，与育王、双径之会，舍拙陋，存亦无几，今若不正之，则是非之辩不息，由今而后，学者阅绎无疑，奋烈丈夫志，追跨前作，临济坠地之绪，庶可起焉，若真具大阐提，火此书可也，或未然，毋①忽龟鉴。

住华藏比丘宗演百拜敬书。

---

① 毋：原本和"径山明月堂本"均作"母"，今依新文丰版《嘉兴藏》本改。

《正法眼藏》所收佛教人物索引

（编号为《正法眼藏》中机缘法语的序号，解释见第一个序号所在的机缘法语中）

A

阿难（68、184、474、574、629）

安国玄挺（512）

B

芭蕉谷泉（555）

芭蕉慧清（277、497、624）

巴陵颢鉴（206）

白马行霭（346）

白水本仁（446）

白云善藏（463）

白云守端（45、237、267、337、449、465、567、641、659）

白云子祥（301）

百丈道恒（26、55）

百丈怀海（178、232、296、335、414、441、637、647、659）

报慈行言（396）

报慈藏屿（357）

报恩慧明（583）

报恩契从（205）

报恩玄则（538）

保福从展（14、197、214、302、420、562、586）

保福清豁（309）

保宁仁勇（20、32、63、105、138、142、256、347、391、417、539、612、654）

宝寿（622）

宝寿沼（227）

保唐无住（592）

宝月（364）

宝志（401、585、638）

北院通（320、428）

北宗神秀（234、593）

本生和尚（439）

般若多罗（281）

C

长庆大安（懒安）（585）

长庆道巘（623）

长庆慧棱（81、285、298、302、380、420）

长沙景岑（136、186、294、605、640）

长髭旷（484）

畅和尚（627）

曹山本寂（185、187、199、493、565、570、636）

承天传宗（565）

船子德诚（336）

慈明（石霜楚圆）（19、31、48、56、61、79、115、146、324、555、584）

翠岩可真（120、174、184、191、206、541、594）

翠岩令参（194、367、401）

D

打地和尚（373）

大安清干（625）

大安山省（315）

大乘德遵（195）

大乘慧果（275）

大颠宝通（345、576）

大龙智洪（190、588）

大梅法常（645）

大宁道宽（41、65、84、112、159、249、549）

大隋法真（66、78、98、659）

大沩怀秀（617）

大沩慕喆（真如）（33、71、135、268、341、434、559、570、578、622、632、637、642、656）

大阳警玄（明安）（279、580、659）

大愚守芝（翠岩芝）（36、83、173、240、276、330、333、

339、474、491、543、643、659）

大珠慧海（13、111、312）

耽源应真（627）

丹霞天然（549）

道生（23）

道吾悟真（103、151、488、543）

道吾宗智（326、336、391、430、656）

德山宣鉴（40、49、127、154、170、172、176、180、187、209、225、311、327、387、419、475、480、547、598、626、632、658、659）

德山缘密（圆明禅师）（160、351、494、530）

定慧超信（23）

定上座（236）

定州善崔（259）

鼎州德山（573）

东林常总（441）

东寺如会（440）

洞山良价（悟本、新丰）（30、226、254、279、287、305、356、387、460、559、565、569、598、626、659）

洞山晓聪（20、53、127、147）

洞山守初（1、77、103、113、116、140、318、397、657）

洞山自宝（27）

E

鹅湖大义（408）

鹅湖智孚（562）

鄂州茱萸（29、507）

二祖慧可（497）

F

法昌倚遇（43、133、444）

法华全举（1、22、45、73、165、284、339、503）

法眼文益（55、143、193、208、219、272、320、340、435、495、538、596、612）

法云法秀（圆通）（43、423）

法云善本（大通）（88）

法云杲（613）

风穴延沼（171、270、338、402、574）

奉先深禅师（386）

汾阳善昭（汾州）（64、83、189、270、341、368、441、474、521、577、621、651、659）

汾州无业（449、510、609）

浮山法远（659）

伏龙和尚（319）

佛日智才（87）

傅翕（傅大士）（20）

芙蓉灵训（606）

福清行钦（535）

福州海善（金銮）（584）

G

甘赟行者（174、450）

高亭简（634）

公安远（503）

古灵神赞（647）

鼓山神晏（91、101、175、407）

谷隐蕴聪（慈照、石门聪、石门）（195、204、224、395、441、620）

关南道常（554）

关南道吾（327）

灌溪志闲（36、169、327）

光孝慧觉（143）

广德周（273、496）

广慧元琏（196、225、270、425、452、483、527）

广慧真（402）

归宗怀恽（558）

归宗智常（6、36、42、49、52、432、443、606、659）

国清院奉（514）

H

杭州多福（382）

河北智隍（597）

禾山无殷（69、216）

荷泽神会（220）

洪州法达（389）

胡钉铰（227）

虎头招（417）

华林善觉（375）

华严休静（460）

花药进英（130、344）

黄龙诲机（黄龙诲玑）（403、579）

黄龙慧南（归宗南、南和尚）（13、21、35、51、59、99、176、191、269、278、444、541、590、603、607、619）

黄龙惟清（灵源和尚）（76）

黄龙悟新（黄龙死心悟新）（25、93、107、134、186、271、451、525）

黄龙祖心（晦堂和尚）（11、106、121、257、392、610）

黄檗慧（376）

黄檗希运（57、162、174、202、230、455、595、637、643、659）

黄檗惟胜（133、619）

慧林圆照（宗本）（88）

慧惛（510）

霍山景通（582）

齑上座（170、453）

J

嵇山章（427）

吉州志诚（593）

迦叶（68、474）

夹山善会（290、303、320、336、378、476、489、516、589、659）

嘉州白水（406）

嘉州黑水（579）

简大德（319）

荐福承古（26、62）

荐福院思（218）

渐源仲兴（391）

姜山爱（447）

姜山方（161、350）

江西志彻（557）

蒋山法泉（560）

金峰从志（229、421）

金华俱胝（297、530）

金山昙颖（448）

京兆米胡（七师）（642）

京兆蚬子（460）

京兆香城（428）

镜清道怤（243、369、461、550、570、578）

径山道钦（国一）（631）

径山洪諲（328）

径山鉴宗（361）

鹫岭明远（285）

K

开先智（353）

L

琅邪慧觉（1、8、27、40、50、80、114、167、189、232、292、297、371、410、415、470、507、577、639）

泐潭常兴（363）

泐潭洪英（宝峰洪英）（68、104、122、133、217、443、517）

泐潭文准（宝峰准）（85、124、182、233、317、372、534、617）

李翱（362、404）

李遵勖（270）

澧州高沙弥（430）

梁山缘观（371、580）

灵峰显英（584）

临济义玄（28、36、40、57、127、131、157、162、176、

207、225、236、265、278、289、292、306、334、342、419、433、448、452、455、475、533、551、643、653、659)

灵泉归仁（314）

灵树如敏（295）

灵云志勤（152、354、380、393）

六通绍（321）

六祖慧能（曹溪）（72、93、220、291、365、381、389、416、423、431、436、499、557、593、597、611、630）

龙光（653）

龙华灵照（482）

龙华晓愚（250）

龙济绍修（修山主）（74、75、194、612）

龙潭崇信（480、536）

龙牙居遁（356、388、471）

龙门清远（佛眼）（4、64）

鹿门处真（316）

鹿门谭（310）

庐山慧远（270）

鲁祖宝云（52、302）

洛浦元安（131、303、438、515、659）

罗汉桂琛（197）

罗汉系南（221、419、478）

罗山道闲（7、210、216、366、544、626、659）

M

麻谷宝彻（298、443、448、553）

马祖道一（马大师、江西）（52、70、147、235、247、331、362、371、373、377、399、441、481、542、560、572、604、609、659）

蒙山道明（381）

目犍连（317）

明招德谦（128、385、429、459、599）

木平善道（438）

睦州陈尊宿（道明）（38、355、370、442、487、490、659）

N

南际长老（33）

南泉普愿（52、89、174、178、202、251、262、279、302、363、443、450、457、595、605、608、659）

南塔光涌（485）

南台守安（532）

南阳慧忠（忠国师）（23、67、97、111、155、296、304、305、443）

南院慧颙（宝应）（82、177、206、252、270、292、338、477、602）

南岳怀让（129、431、572、604）

鸟窠道林（617）

牛头法融（77、246、363）

牛头智岩（364）

牛头智威（五祖）（512）

P

蟠龙可文（438）

盘山宝积（126、163、173、292、377、410、445）

庞蕴居士（16、70、283、399、540）

婆舍斯多（158）

菩提达摩（达磨）（27、40、47、68、154、223、281、497、616、659）

普贤（111、154、157、245、256、265、419、475）

破灶堕（71、288、467、517）

Q

虔州处微（528）

青峰传楚（538）

清凉澄观（96）

清凉泰钦（法灯）（95）

清凉普明（263）

清凉智明（386）

青林师虔（526）

清平令遵（43、232）

钦山文邃（236、387）

青原行思（220、437）

R

日容远（453）

瑞岩师彦（24、476）

S

三峰平（533）

三交智嵩（三交嵩、唐明嵩、唐明）（145、270、523、545）

三角总印（298、600）

三平义忠（337）

三圣慧然（15、28、109、162、172、241、242、264、524、622）

杉山智坚（52）

商那和修（68）

韶山寰普（370）

韶州法海（499）

摄摩腾（250）

神鼎洪諲（148）

十八祖伽耶舍多（368）

石巩慧藏（542）

释迦牟尼（世尊）（40、142、149、217、286、344、531、629、648）

十九祖鸠摩罗多（368）

石门了同（273）

石头希迁（石头）（144、154、235、283、331、345、411、437、481、484、495、518）

十五祖提婆（343）

石霜庆诸（普会）（117、231、287、348、378、391、464、516、544）

石霜性空（627）

守廓侍者（547）

首山省念（118、148、206、300、383、405、425、483、502、521、545）

首山怀志（405）

寿州良遂（553）

寿州智通（652）

双岭玄真（326）

疏山匡仁（46、216、366、369、376、429、471）

水潦和尚（560）

水陆和尚（228）

睡龙道溥（482）

蜀川西禅（358）

司空本净（179）

泗州大圣（127、270）

四祖道信（77、246、364）

嵩山峻极（467）

嵩岳慧安（288）

T

台州胜光（164）

太平慧勤（佛鉴）（86、332、596）

太原孚上座（359、519、611）

太子院一（274）

潭州龙山（253、254）

潭州秀溪（374）

天皇道悟（518、536）

天龙明真（539）

天圣皓泰（639）

天台德韶（150、388、435、471）

天童咸启（212、319）

天衣义怀（45、60、72、147、149、208、213、286、454、466、531、629）

天柱崇慧（616）

桐峰庵主（509）

投子大同（39、198、215、255、270、427、456）

W

王敬初（642）

魏府大觉（162、242）

维摩诘（72、100、270、466、657）

沩山灵祐（34、58、108、143、152、170、230、238、296、305、335、440、455、508、511、529、551、575、585、595、

627、637、643、658)

文殊师利（100、111、145、154、157、244、256、265、321、419、475、531、623、659)

乌臼和尚（17)

乌石灵观（325)

五台秘魔岩（582)

五台隐峰（481)

五泄灵默（411)

五祖法演（47、92、116、123、144、163、187、239、354、379、457、504、618、646、655)

五祖弘忍（黄梅）（381、535、593、597)

五祖师戒（250、474)

婺州苏溪（614)

婺州玄策（597)

X

西山亮座主（247)

西堂智藏（361、362)

西余净端（端师子）（413、473、587)

西院思明（188)

胁尊者（330)

显英首座（灵峰显英）（584)

香林澄远（498)

香严义端（615)

香严智闲（58、61、296、369、417）

新罗卧龙（462）

信州智常（291）

兴化存奖（28、109、162、242、261、303、444）

兴阳归静（188）

杏山鉴洪（289）

兴教坦（385）

须菩提（78、317）

玄沙师备（20、24、33、45、64、81、152、166、192、222、270、348、354、359、380、390、422、506、539、543、568、578、656、659）

雪窦重显（34、90、156、177、211、280、417、509、563、595）

雪峰义存（9、33、39、49、81、101、134、187、192、209、222、236、270、325、348、352、359、380、387、390、422、427、432、461、519、524、537、563、565、611）

Y

盐官齐安（387、644）

雁荡愿齐（548）

岩头全奯（豁）（2、209、236、378、387、476、520、544、571、598、626、659）

兖州降魔藏（234）

严阳善信（严阳尊者）（21、54）

殃崛摩罗（492）

杨岐方会（56、100、132、153、168、244、329、486）

杨岐甄叔（282）

杨亿（杨侍郎）（270、527）

仰山慧寂（34、108、136、230、238、241、264、296、409、440、455、485、508、529、551、575、595、637、643）

药山惟俨（85、99、144、210、331、400、404、414、430、500）

叶县归省（119、203、307、502、521、522）

益州西睦（501）

益州无相（金和尚）（592）

义丰（288）

颖桥安禅师（安铁胡）（171）

印宗（635）

永光真（426）

永嘉玄觉（603、630、659）

永明延寿（147、418）

涌泉景欣（321）

优波毱多（68、138）

幽州谭空（240）

越山师鼐（513）

越州乾峰（35、323）

云盖守智（94、125、628）

云盖志罕（322）

云盖志元（231）

云峰文悦（12、110、139、142、248、398、438、469、487、490、561、608、622、648）

云居道简（10）

云居道齐（95）

云居道膺（29、109、279、349、633、659）

云居晓舜（447）

云居元祐（412、468、531、566）

云门文偃（5、12、23、30、35、81、108、117、124、134、142、185、201、208、212、222、225、245、262、266、293、313、323、334、337、352、367、394、449、458、464、472、475、493、505、534、546、556、563、589、613、633、638、649、654、656）

云岩昙晟（85、279、305、414、430、656）

Z

漳州罗汉（554）

张拙（464）

障蔽魔王（272）

招庆道匡（210、380、479）

招贤会通（617）

赵州从谂（12、18、21、29、71、143、178、198、200、215、225、227、237、258、340、424、434、447、468、507、537、552、561、581、586、596、608、618、628、659）

真净（宝峰克文）（3、15、28、37、44、81、102、117、181、226、308、334、360、384、441、475、564、574、607、618、622、635、637、659）

镇州金牛（551）

镇州普化（377、433）

智门光祚（137、262、299、432）

智颛（141）

终南山惟政（650）

朱世英（360）

竺尚书（640）

遵布衲（99、370）

涿州纸衣（克符道者）（199、207、260）

资福如宝（201）

资福智远（550）

子湖利踪（89、164、342、601）

紫璘供奉（67、97）

紫玉道通（210）

主要参考文献

［宋］蕴闻：《大慧普觉禅师语录》，《大正藏》第 47 册，东京：大正一切经刊行会，1934

［宋］道谦：《大慧普觉禅师宗门武库》，《大正藏》第 47 册

［宋］道原：《景德传灯录》，《大正藏》第 51 册

［宋］李遵勖：《天圣广灯录》，《卍续藏经》第 78 册，台北："中华电子佛典协会"，2009

［宋］惟白：《建中靖国续灯录》，《卍续藏经》第 78 册

［宋］正受：《嘉泰普灯录》，《卍续藏经》第 79 册

［宋］悟明：《联灯会要》，《卍续藏经》第 79 册

［宋］普济：《五灯会元》，北京：中华书局，1984

《续传灯录目录》，《卍续藏经》第 83 册

［清］超永：《五灯全书》，《卍续藏经》第 81 册

［明］瞿汝稷：《指月录》，《卍续藏经》第 83 册

［宋］宗绍：《无门关》，《大正藏》第 48 册

［宋］智昭：《人天眼目》，《大正藏》第 48 册

［宋］重显、颂古、克勤评唱：《碧岩录》，《大正藏》第 48 卷

［宋］正觉、颂古，［元］行秀评唱：《从容录》，《大正藏》第 48 卷

［宋］正觉、拈古，［元］行秀评唱：《请益录》，《卍续藏经》第 67 册

［宋］义青、颂古，［元］从伦评唱：《空谷集》，《卍续藏经》第

67 册

　　［宋］子淳、颂古，［元］从伦评唱：《虚堂集》，《卍续藏经》第 67 册

　　［宋］睦庵编正：《祖庭事苑》，《卍续藏经》第 64 册

　　［清］净符汇集：《宗门拈古汇集》，《卍续藏经》第 83 册

　　［宋］惠洪撰：《禅林僧宝传》，《卍续藏经》第 79 册

　　［宋］祖琇撰：《僧宝正续传》，《卍续藏经》第 79 册

　　［金］志明撰，［元］德谏注：《禅苑蒙求瑶林》，《卍续藏经》第 87 册

　　［清］心圆、拈别、火莲集梓：《揞黑豆集》，《卍续藏经》第 85 册

　　［宋］晓莹：《云卧纪谭》，《卍续藏经》第 86 册

　　［后秦］僧肇：《肇论》，《大正藏》第 45 册

　　《六祖坛经》（宗宝本），金陵刻经处四种《坛经》合集本

　　［唐］玄觉撰：《永嘉证道歌》，《大正藏》第 48 册

　　［唐］澄观撰，［唐］宗密注：《答顺宗华严心要法门》，《卍续藏经》第 58 册

　　［五代］延寿述：《万善同归集》，《大正藏》第 48 册

　　［日本］慧印校订：《洞山悟本禅师语录》，《大正藏》第 48 册

　　［明］语风圆信、郭凝之编：《洞山良价禅师语录》，《大正藏》第 48 册

　　［宋］守坚集：《云门匡真禅师广录》，《大正藏》第 48 册

　　［宋］才良等编：《法演禅师语录》，《大正藏》第 48 册

　　［宋］赜藏主集，萧萐父、吕有祥点校：《古尊宿语录》，《卍续藏经》第 68 册，北京：中华书局，1994

　　［清］雍正编：《御选语录》，《卍续藏经》第 68 册

［北凉］昙无谶译：《涅槃经》，《大正藏》第 12 册

［唐］佛陀多罗译：《圆觉经》，《大正藏》第 17 册

［唐］实叉难陀译：《华严经》，《大正藏》第 10 册

［后秦］鸠摩罗什译：《法华经》，《大正藏》第 9 册

［唐］般刺蜜帝译：《楞严经》，《大正藏》第 19 册

［后秦］鸠摩罗什译：《维摩诘经》，《大正藏》第 14 册

［后秦］鸠摩罗什译：《金刚经》，《大正藏》第 8 册

陈垣：《释氏疑年录》，北京：中华书局，1988

周裕楷：《禅宗语言》，杭州：浙江人民出版社，1999

慈怡：《佛光大辞典》，北京：北京图书馆出版社，1989

袁宾：《禅宗辞典》，武汉：湖北人民出版社，1994

石井修道：大慧普觉禅师年谱の研究（上），《驹沢大学仏教学部研究纪要》第三十七号，昭和五十四年三月（1979.03）

石井修道：大慧普觉禅师年谱の研究（中），《驹沢大学仏教学部研究纪要》第三十八号，昭和五十五年三月（1980.03）

石井修道：大慧普觉禅师年谱の研究（下），《驹沢大学仏教学部研究纪要》第四十号，昭和五十七年三月（1982.03）